RENASCENÇA:

A SÉRIE DE TV NO SÉCULO XXI

RENASCENÇA:

A SÉRIE DE TV NO SÉCULO XXI

RODRIGO SEABRA

autêntica

EDITORA RESPONSÁVEL
Rejane Dias

EDITORA ASSISTENTE
Cecília Martins

REVISÃO
Aline Sobreira

CAPA
Diogo Droschi (sobre O nascimento de Vênus, *Sandro Botticelli, 1483)*

PROJETO GRÁFICO
Diogo Droschi

DIAGRAMAÇÃO
Larissa Carvalho Mazzoni

Dados Internacionais de Catalogação na Publicação (CIP)
(Câmara Brasileira do Livro, SP, Brasil)

Seabra, Rodrigo
Renascença : a série de TV no século XXI / Rodrigo Seabra. -- 1. ed. -- Belo Horizonte : Autêntica Editora, 2016.

Bibliografia
ISBN 978-85-513-0065-7

1. Comunicação de massa 2. Séries de televisão 3. Séries de televisão - História e crítica I. Título.

16-06674 CDD-791.457

Índices para catálogo sistemático:
1. Séries de televisão : História e crítica 791.457

GRUPO **AUTÊNTICA**

Belo Horizonte
Rua Carlos Turner, 420
Silveira . 31140-520
Belo Horizonte . MG
Tel.: (55 31) 3465 4500

São Paulo
Av. Paulista, 2.073 . Conjunto Nacional
Horsa I . 23° andar . Conj. 2310-2312
Cerqueira César . 01311-940 São Paulo . SP
Tel.: (55 11) 3034 4468

www.grupoautentica.com.br

Para
Sônia Seabra

Agradecimentos

À minha mãe, Sônia Seabra, que, mesmo "odiando séries" (na verdade, adora) e sem saber que este livro existia até o último momento, me deu tantas condições e incentivos para que ele se materializasse.

Ao meu pai, Kleber Rocha, que também não sabia do livro e, mesmo longe e a seu próprio jeito, se mantém do meu lado.

Ao insubstituível casal Patricia Petres – autora da orelha deste livro, amiga de décadas e apoiadora incontestável – e Tiago Fernandes – com quem tive dezenas de conversas sobre séries que inspiraram muitos momentos deste livro (sem ele nem saber).

Aos amigos Alexandre Alvim Ribeiro e Ricardo "Gordo" Trovão. Também a Beatriz Magalhães e Maria Helena Carreira Alvim Ribeiro. E a Terje Dee, Jeremiah Lawrence, Dave Saunders, Sara Linton e Jason Velky. Obrigado pelo apoio em diferentes momentos, de diferentes formas; pelas conversas sobre séries de TV e cultura pop; e pelo entusiasmo com que receberam a notícia deste livro.

Ao pessoal da Autêntica, que só ficou sabendo do livro já em estado adiantado, mas, naquela reta final, me deu o mais fundamental apoio para que o projeto fosse concluído – em especial a Rejane, a Cecília, a Aline e o Diogo, nomes tão competentes que povoam a página de créditos.

Sumário

Apresentação

Este livro começou a se formar em 26 de março de 2012. Sei disso com exatidão porque a data ficou marcada nas propriedades do arquivo de texto que eu, sem ter a menor ideia do que estava começando naquele dia, viria a desenvolver devagar nos anos seguintes.

Naquele instante em que nos conhecemos, ele não era mais que uma lista de termos e questionamentos de alguma forma relacionados a séries de televisão, formando quase três páginas de tópicos desgarrados. Cada um por algum motivo já vinha ocupando minha atenção havia algum tempo, mas aquele conjunto não tinha outra razão de ser, além de organizar pensamentos, anotar lembretes e dali procurar respostas para algumas dúvidas de fã. Era para ter terminado naquilo mesmo, sem outros usos.

O assunto das séries norte-americanas já era de meu grande interesse há tempos, e também há muito já tinha se estendido para além do "mero" lazer. Não apenas eu vinha seguindo os próprios programas na televisão com cada vez mais fervor como também minha formação jornalística me levou à autoimposta tarefa de acompanhar diariamente o noticiário e o colunismo específicos diretamente das fontes norte-americanas por anos a fio. Com isso, sem perceber, já tinha colecionado algum conhecimento a respeito dos mecanismos de funcionamento dos seriados, sem nunca ter parado para pensar mais detidamente e ligar as ideias.

Foi então que, por puro prazer, comecei a estender aquela lista despreocupada para algumas páginas, informalmente e quase que independentemente da minha vontade. Para ser honesto, nem me preocupava com aquele material que ia se erguendo sozinho sob uma dedicação diletante, menor que ocasional. Cada tópico se desenvolvia sem inícios nem finais, às vezes com algum trecho chamando o próximo e se encadeando naturalmente. Demorei meses para perceber que aquele malcuidado e já extenso rascunho, que ultrapassava as 40 páginas sem me perguntar se podia, estava pedindo para ser algo maior.

O livro que você ora tem em mãos nasceu assim, de mera curiosidade natural, como um projeto independente, partindo de pesquisa inteiramente original e sem ligação com quaisquer instituições. A intenção principal só se tornou clara depois: ser um grande retrato do momento especial que as séries vivem no começo do século XXI conforme a crítica e o público o percebem, e não necessariamente uma coleção de *insights* filosóficos, sociológicos ou midiáticos – que, claro, são leituras maravilhosas em seu próprio tempo e lugar.

O texto se dirige em especial àqueles que já enxergaram que expressões como "série de TV" ou "fazer TV" já não têm, há muito, a acepção que um dia tiveram, e agora querem saber mais sobre os comos e porquês.

O leitor-espectador lusófono pode usar este material para pensar mais a fundo na programação que gosta de acompanhar, e assim entender melhor o que é uma série de TV nos dias de hoje, como ela chega à nossa vida, de onde ela surge, quem a produz, como ela se organiza e se mostra, como pode ser relevante e outros desdobramentos de ordem prática. Partindo daquela preocupação pessoal, procurei sanar algumas das curiosidades mais comuns que eram também minhas (e, claro, indo bem mais longe quando percebi que o público não seria somente eu), expandir o vocabulário, dar exemplos conhecidos e talvez instigar novas e mais incisivas dúvidas, mas fugindo tanto quanto possível das formalidades acadêmicas, da aridez e das citações de teóricos. Não espere, com este texto, identificar a psicologia de um personagem ou técnicas literárias aplicadas ao roteiro, ou ainda a simbologia de certos programas ou a jornada do herói ou anti-herói. Queremos apenas falar do principal – a série de televisão – da maneira mais direta, e assim expandir o universo do espectador, iniciante ou experimentado, com informação que ele possa usar e observar em sua grade televisiva pessoal.

Nessa fuga do viés acadêmico, o texto foi pensado e elaborado prioritariamente a partir de notícias diárias e colunas publicadas pelos principais veículos norte-americanos de informação especializados em cobertura de televisão – obviamente, em inglês – e da audiência a tantas séries quanto foi possível, das muito novas às muito antigas. Ou seja, veio da prática cotidiana. As referências acumuladas desde o início nebuloso indicam quais foram as fontes que ocorreram naturalmente. Referências caso a caso não foram adicionadas ao texto, na intenção de deixá-lo mais fluido e com aspecto ainda menos acadêmico. Algumas declarações de agentes intimamente ligados à cadeia de produção foram aproveitadas de maneira expressa, bem identificadas, e todas podem ser localizadas nas referências ao final.

Consultas em português acabaram sendo raríssimas e vieram quase todas de (igualmente raras) buscas pela internet. Qualquer conteúdo que pareça similar a um preexistente na mesma língua só pode mesmo ser coincidência, como no caso de possíveis traduções e interpretações de uma mesma fonte. Nada foi planejado nesse sentido; era só uma questão de ir buscar as explicações e definições tão próximas da origem das séries quanto possível, no jornalismo norte-americano, na esperança de trazer para o Brasil uma massa teórica mais prática/realista e atualizada.

Antes ou depois de elaborar este aqui, nunca li um livro a respeito de séries de TV. Durante a escrita, tomei conhecimento de que há pontos de semelhança com obras recentes, como *The Revolution Was Televised*, de Alan Sepinwall (de cuja existência fiquei sabendo na época do lançamento, no final de 2012, já que acompanho a coluna do crítico, e cuja amostra disponibilizada *on-line* certamente consultei e consta das referências), e *Difficult Men*, de Brett Martin (de cuja existência só soube em meados de 2014, já com o material praticamente fechado). Peço desculpas a outros autores nessa área em português, não apenas porque continuo sem conhecê-los, mas também porque julguei essencial não procurar nada a respeito quando me dei conta do que estava escrevendo. Se tivesse me preocupado com isso, este texto ficaria eternamente empatado em dúvidas existenciais – o que já foi dito? Como foi dito? Para quem dizer? Como fazer a diferença? – e jamais teria sido escrito. Aliás, peço mais desculpas ainda se ele for redundante demais. Considere que muita coisa há de ser novidade para outros leitores.

A propósito, se, no começo, o único público era o próprio autor, também não é difícil concluir que o projeto nasceu sem ter um público-alvo específico. De maneira geral, o livro quer agradar a quem já aprecia séries de TV de forma descompromissada e gostaria de ter algum aprofundamento e perspectivas e conceitos mais bem consolidados, ou talvez a quem queira entender melhor os meandros de sua própria predileção. Ao elaborar o texto final, mantive em mente pessoas de idades variadas, que têm relações diferentes com as séries e preferências às vezes bem díspares.

Por causa disso, grandes apreciadores de seriados com algum tempo de janela podem (e vão) encontrar muita obviedade, mas podem também, quem sabe, ter a humildade de reconhecer a validade de se elaborar um quadro abrangente e compreensível do período em questão e ainda adquirir eventuais informações novas no decorrer de um texto que trata de um dos seus assuntos preferidos, aumentando assim seu repertório de termos, referências e argumentos. De maneira geral, dá para dizer que é um livro especialmente elaborado para o público brasileiro, com dúvidas, explicações e pontos de vista que são bastante nossos.

Outras intenções e as explicações adicionais seguem logo na abertura. Há uma divisão em capítulos com títulos, de modo a se construir uma linearidade fácil de identificar, dividida em blocos. Se algum trecho se mostrar mais aborrecido, peço que insista. Eles são curtos, interligados e importantes para se entender o quadro geral, e o que vem em seguida pode se mostrar tão diferente e tão mais pertinente ao mundo prático que você logo esquecerá o detalhe desinteressante. Ou assim espero.

Janeiro de 2016.

Introdução

1. Com vocês... a Renascença!

Você viu? A televisão anda boa pra caramba ultimamente!
– palavras do extravagante reitor Craig Pelton em *Community*.

Se o sempre ocupado e sobrecarregado espectador anda vendo com outros olhos os seriados de TV norte-americanos nos últimos anos, deve ficar ciente de que esse estranhamento não é uma questão de impressão pessoal. É realmente um privilégio poder acompanhar a programação de séries em anos mais recentes. Mudanças reais e objetivas no modo de se pensar a produção televisiva, ocorridas em torno da virada do século, permitiram um enorme salto evolutivo e uma consequente reintegração da importância da série de televisão, um fenômeno às vezes apelidado pela imprensa especializada como a "Renascença da TV" (*TV Renaissance*), uma nova era de ouro em comparação a outros momentos que ganharam qualificação parecida.

No começo do século XXI, as retrospectivas de fim de ano cada vez mais repetem o que foi dito em anos anteriores, sempre exaltando aqueles últimos 12 meses como excelentes para a ficção criada para a TV – se não com respeito aos mesmos títulos que se mantêm fortes uma temporada após a outra, então com relação a novas produções de igual relevância e grau de competência que vão surgindo.

É costumeiro que aquela mesma mídia especializada aponte como grande catalisador desse fenômeno as iniciativas da TV a cabo norte-americana no campo dramático, com sua ousadia em produzir para a televisão programas cada vez mais realistas, cinematográficos ("A TV é o novo cinema", dizem jornalistas e veículos de respeito), e, ao mesmo tempo, valorizando ao máximo as qualidades clássicas dos produtos próprios da TV, como a periodicidade semanal, a brevidade dos episódios e a serialização.

Segundo essa linha de pensamento, os novos critérios de qualidade propostos pelos diferenciados produtos da TV paga afetaram decisiva e imediatamente uma significativa parcela da produção que concorreria diretamente com eles, fosse também no cabo ou mesmo na televisão aberta. Todo o formato seriado teve a ganhar com a ascensão dos programas que seriam chamados de *prestige shows* – as séries de mais alta reputação, em qualquer subgênero, que constroem o bom nome de um canal ao tratar temas densos de maneira sofisticada e com valores de produção impecáveis, constituindo por isso a primeiríssima linha da televisão. Com eles, elevou-se o nível de exigência de maneira generalizada, incluindo-se outras séries que não necessariamente tinham pretensões de se encaixar nessa categoria e seriam antes tratadas como programas mais "comuns", o que veio a criar outra categoria, bastante ampla, dos grandes programas, muito recomendáveis, que viriam logo abaixo desse limite do *prestige*. E é claro que continuam pipocando aqui e ali umas poucas séries de qualidade muito baixa, mas é fato que, de maneira geral, produtores e criadores tiveram de se adaptar quando observaram a concorrência e quando segmentos mais atentos, e agora mais educados, do público começaram a exercitar melhor discernimento.

Essa grande mudança começou por revolucionar as expectativas de todos e, consequentemente, a mentalidade dos executivos de TV. A partir desse ponto, não tinha como não se estender aos ramos seguintes da cadeia de criação e desenvolvimento. Para atender à nova exigência, os roteiristas tiveram de olhar diferentemente para o material que estavam para produzir e então se esforçar em dobro, com mais elevados objetivos; os atores receberam desafios maiores, papéis mais polpudos, histórias cada vez menos ingênuas e propostas de trabalho mais interessantes; os canais de TV tiveram de adaptar suas estratégias de vendas e a elaboração de suas grades; produtores tiveram de rever sua postura frente tanto à novidade quanto às mudanças por que passava o cinema; e a imprensa veio observando, incentivando e analisando a mudança, sem dúvida ajudando a dar uma forma reconhecível a essa revitalização, que seria, então, consolidada pela visão do público – obviamente, o maior beneficiário de todo o processo, visto de maneira geral ou como nichos.

Não satisfeita em embaralhar todo esse meio de campo dentro de seus próprios limites territoriais, a televisão norte-americana, como referência mundial na criação de excelentes seriados, acabou exercendo impacto em toda a produção internacional. Mas, mesmo em tempos de comunicação globalizada, as produtoras estrangeiras só foram receber junto do grande público aqueles novos produtos e a sensação de novidade que os acompanhou. Só puderam perceber o fenômeno com certo atraso, distantes da origem. Então, não apenas por suas características culturais e geográficas próprias, mas também por esse descompasso, muitos países, inclusive o Brasil, ainda não conseguiram reproduzir o inegavelmente eficiente modo norte-americano de se fazer boa televisão, ainda que consigam facilmente emular o que de pior os Estados Unidos também exportam. Outros mercados, no entanto, mobilizaram-se com mais rapidez e hoje começam inclusive a despontar no cenário mundial.

A presença desses produtos culturais norte-americanos na vida do brasileiro não é nenhuma novidade já há décadas. Entretanto, a veiculação das séries em uma apresentação mais próxima da original é algo que só se viu com a franca disseminação da TV a cabo em terras brasileiras, algo bem mais recente – e era uma apresentação bastante diferente daquela a que estávamos acostumados, depois de tantos anos de ingerências por parte da mídia nacional em termos de aberturas, músicas-tema, dublagens, cortes e todas as outras alterações indevidas. Por causa disso, muitos espectadores ainda não compreendem direito o funcionamento desse universo que não é exatamente nosso, mas de que nos apropriamos, do qual ficamos fãs – e, claro, fãs descompromissados, nem sempre preocupados com os mecanismos e detalhes que o compõem.

Durante a apresentação a seguir, é importante ter em mente, a cada explicação e a cada introdução de assunto, que praticamente nenhum desses elementos que formam a série de TV como a conhecemos hoje nasceu da maneira como são descritos neste momento. Mas também não é nossa intenção abordar detalhadamente o histórico de cada um desses elementos ou formar uma bem-apurada linha do tempo da televisão, nada desse tipo, e sim tirar um retrato da série de TV como ela se apresenta hoje, em toda a sua complexidade construída. Nem sempre será importante falar de como eram as coisas antes ou de quando foi introduzida determinada prática. Muito foi e vem sendo modificado nas etapas de criação, desenvolvimento, distribuição e consumo ao longo dos anos; muita coisa amadureceu por exigência do processo de produção. Da mesma maneira, pode ser que alguns aspectos ainda estejam em meio a uma transição de que ainda nem nos damos conta.

Convém apenas pincelar um pensamento comum entre acadêmicos, jornalistas e mesmo entre o público mais experimentado de que, talvez e *grosso modo*, a televisão já teria experimentado uma primeira era de ouro que ia do fim dos anos 1940, quando o horário nobre foi inventado e as transmissões de dramaturgia tiveram seu primeiro *boom*, até 1960. Outros dizem que uma segunda teria acontecido em algum momento antes do ano 2000 – especialmente quando se trata do começo dos anos 1980, com inovações estéticas e de roteiro rumo a um maior realismo, até meados dos anos 1990, quando essas tendências se consolidaram. Sob essa perspectiva (aqui deixada propositalmente vaga), a era de ouro dos anos 2000 seria a terceira. Para outros, tudo o que houve foi apenas uma evolução natural; a atual poderia ser tanto uma segunda (depois da explosão inicial) quanto até mesmo uma primeira era de ouro – um momento definidor, no qual a televisão finalmente pôde ser equiparada ao cinema e à literatura. O que importa é saber que o mais próximo de um consenso que se consegue hoje é, de fato, o estabelecimento de uma real era de ouro a partir da virada do século XXI.

No decorrer do texto, o privilégio será dado à série norte-americana roteirizada, com eventuais menções a produções inglesas aqui e ali. Com isso, foram excluídos *reality shows* e programas de competições – que, de fato, costumam usar engrenagens muito parecidas, com algumas adaptações. E isso se dá não apenas por uma maior facilidade de pesquisa e sistematização, mas acima de tudo porque... sejamos francos: para ilustrar o que estiver lendo, a grande maioria dos espectadores buscará exemplos em séries norte-americanas, de longe as mais populares e mais lembradas pelos fãs do gênero. Então, pra que complicar?

É indiscutível que a Inglaterra tem uma representação enorme em termos de séries e minisséries televisivas, que são hoje, em parte, baseadas em moldes norte-americanos (ainda que com outros contextos, outro humor e temas bem diferenciados), e outros países europeus, como os escandinavos, além de Austrália, Canadá e Japão, também têm uma importante produção na área. Mas o caso é que foi mesmo na TV norte-americana que o formato da série que acompanhamos no Brasil ficou consolidado e alcançou seu ápice em quantidade e qualidade, tornando-se inclusive o grande padrão da dramaturgia televisiva para aquele país, acima da *soap opera* (novela diária), do programa de auditório, das reconstituições ou do filme para a TV, por exemplo. Nos Estados Unidos, o chamado horário nobre da televisão aberta, período do dia quando audiência e faturamento são maiores (aproximadamente entre 19h e 23h), é ocupado quase que exclusivamente pelos seriados.

Também para facilitar a identificação, serão citados como exemplos os nomes mais famosos e conhecidos do grande público. Mas é claro que cada espectador pode e deve dirigir seus pensamentos para suas séries preferidas, ou talvez aquela que foi cancelada muito cedo, ou ainda aquela outra de que aparentemente só você se lembra, e ninguém mais.

2. E o que é uma série? O que não é? O que poderia ser?

Ah, qual é? Não pode ser assim tão difícil. Veja a porcariada que eles põem na TV. Olha só, isso aqui mesmo poderia ser um programa. Isso aqui, esta nossa conversa. Estou falando sério. Acho uma ótima ideia. Sobre o que é o programa? Sobre nada! Nada de história! Esqueça a história!

– cena de *Seinfeld* em que George Costanza explica para Jerry que criar uma série é muito fácil.

A primeira coisa a se esclarecer é o que é uma série de televisão. É fácil e tentador pensar que a definição é óbvia, mas, afinal, a série da qual queremos falar é um programa de TV que se diferencia da minissérie e da telenovela, não é um especial, não é *soap opera*, não é um *reality show*, *game show* ou *talk show* e não tem caráter jornalístico. Portanto, parece fundamental para o entendimento de todo o resto estabelecer as características que vamos ter em mente deste ponto em diante e que fazem esse tipo de entretenimento se distanciar de outros e se firmar como um nome à parte.

A propósito disso, convém lembrar que, em inglês, programas de TV de qualquer natureza, incluindo seriados, são chamados pelo simples nome de *TV show*, mas *TV series* para particularizar as séries é também de uso comum.

Então, consideremos o seguinte: estamos falando da série roteirizada que conta a história de um grupo relativamente pequeno de personagens e não carrega em si uma previsão de encerramento (ao contrário da minissérie ou da novela, ainda que sejam todas variações da narrativa em folhetim). A periodicidade é quase sempre semanal – decididamente não é diária, mas há exceções que procuram justamente subverter essa regra geral e assim acabam por reafirmá-la nos outros contextos. Em sua exibição original, a tendência é de que seja um programa majoritariamente noturno (ou não diurno), cujo direcionamento fica, em princípio, aberto ao público adulto em geral. O programa não se realiza em uma exibição única e fechada em si mesma (como um especial ou um filme), e sim é dividido em episódios que podem contar uma história contínua ou fechar um caso a cada iteração, ou ainda conseguir uma combinação de ambos. E, finalmente, seus valores de produção, tanto econômicos quanto estéticos, pelo menos na atualidade, costumam ser bastante superiores aos da telenovela ou da *soap opera* diárias – "valores de produção" entendidos como não somente aqueles que se referem ao investimento financeiro em quesitos de ordem material, como figurino, maquiagem, locações, cenários, mas também de esmero em toda a parte técnica, roteiro, pesquisa, nível de exigência dos atores, contratação de profissionais tarimbados para direção, fotografia, iluminação, edição e afins.

Deve ficar claro que muito do que será discutido adiante pode e deve se aplicar também a outras atrações televisivas, já que muitos dentre os tipos de programa mencionados antes poderão ser também considerados como espécies de série, é claro, quando tomamos definições mais amplas. O tipo de jornalismo desenvolvido em *Anthony Bourdain: No Reservations* ou programas de reconstituição de acontecimentos, como *Medical Detectives,* acabam constituindo séries, assim como *reality shows* não competitivos, como *Queer Eye For The Straight Guy* ou *Extreme Makeover*, programas de ciências, como *Cosmos* ou *Mythbusters,* ou as aventuras de *Man vs. Wild* e *Survivorman.*

Existe também uma infinidade de séries diurnas para público infantil que não serão abordadas, mas que seguem mais ou menos os mesmos parâmetros. A definição exposta anteriormente não se pode pretender completamente exaustiva e é apenas uma forma de delimitar um universo para sistematizar melhor o assunto – e, ainda assim, ele resulta enorme e heterogêneo o suficiente para encher muitas páginas.

3. Cada vez mais canais disputando sua atenção

Este é o Canal do Chapéu, um canal 24h com notícias do chapéu, filmes do chapéu e tudo sobre chapéus.
– a série *Dinosaurs* sempre trazia paródias de programas e canais de TV, como essa, sobre o excesso de canais supérfluos no cabo.

Outra necessidade de primeiro momento é a de conhecer melhor essa tal "TV norte-americana". Para começo de conversa, pode ser novidade para alguns saber que muitas das séries que nós só conhecemos pelo cabo no Brasil são originalmente transmitidas pelos canais abertos dos Estados Unidos – livres, via ar, para qualquer cidadão.

Em 2016, as cinco maiores emissoras norte-americanas são abertas e todas transmitem séries originais. Ainda que essas redes de TV aberta tenham por princípio atingir a maior e mais variada audiência possível, é bem nítido que cada uma investe em um estilo de programação ligeiramente diferente do das outras, o que possibilita identificar certos perfis que, apesar de discerníveis, não são nem devem ser tomados como rígidos ou formais pelas redes ou para o nosso entendimento. O mercado de TV e a oferta de canais estão sempre em mutação, mas vale a pena ter pelo menos uma ideia de quem são essas entidades por detrás dos programas.

A ABC, apelidada pela imprensa de "*Alphabet Network*" (rede do alfabeto) por razões óbvias, é uma afiliada da gigante Disney desde 1996. Sua grade diurna, assim como a de algumas concorrentes, é repleta de *talk shows* e novelões intermináveis, como *General Hospital* ou *All My Children*. No século XXI, a programação do horário nobre da ABC tem um caráter também novelesco e mais feminino/feminista, o que não é uma verdade absoluta, mas é atestado por uma predominância de séries bem direcionadas, como *Desperate Housewives*, *Men In Trees*, *Revenge*, *Once Upon A Time*, *Grey's Anatomy*, *Ugly Betty* e *Castle*. Antes de assumir essa identidade, entretanto, a emissora era célebre por trazer programas de conteúdo mais diversificado, como *Bewitched* (ou *A Feiticeira*), *Batman*, *Twin Peaks*, *Charlie's Angels* (ou *As Panteras*), *Wonder*

Woman, *The Six Million Dollar Man*, *Fantasy Island* e *MacGyver*, entre outros sucessos. Há também uma preferência clara por comédias familiares no estilo mais tradicional, como o bloco *TGIF*, que incluía *Full House* e *Step By Step*. Esse perfil, entretanto, não impediu que a rede continuasse produzindo programas diferenciados e inovadores, como *Lost*, *Scrubs*, *Pushing Daisies*, *Boston Legal* e *Whose Line Is It Anyway?*.

Uma das maiores redes de TV do mundo, a conservadora CBS há muito se acostumou à liderança da TV norte-americana em números absolutos. Conhecida por "*The Eye*" (o olho) devido ao seu logotipo, a rede até já pôde, em certo momento, ser considerada uma pioneira em programação, tendo no catálogo *I Love Lucy*, *M***A***S***H* e a inglesa *The Prisoner*. Mas, com o tempo, ela foi se tornando cada vez mais adepta de modelos mais tradicionais de se produzir televisão. Seus programas investigativos mais quadradões, como *CSI*, *The Mentalist*, *Without A Trace* e *NCIS*, são líderes de audiência e conquistam um público mais velho. Também há uma preferência pelas comédias tradicionais e familiares de palco, como *Two And A Half Men*, *The Big Bang Theory*, *Everybody Loves Raymond*, *The King Of Queens* e *Cosby*, entre outras, que tentam segurar uma fatia mais jovem da audiência. Ocasionalmente, há espaço para boas séries que arriscam enredos mais imaginativos sem fugir demais do perfil, como *Northern Exposure*, *Early Edition* ou *The Good Wife*.

Já o canal Fox nasceu em 1986 com uma proposta diferente, mirando o público jovem adulto. Com uma programação rica em esportes e noticiosos, a Fox não tem medo de arriscar quando o assunto é seriado. Sua primeira comédia, *Married... With Children*, já mostrava as intenções, depois reforçadas pelas também juvenis *21 Jump Street*, *Ally McBeal*, *Beverly Hills 90210* e *Party Of Five*, entre outras. O arrojo original da Fox é bem demonstrado pelo fato de ela ter, ainda jovem, apostado na primeira *sitcom* animada em décadas, a revolucionária *The Simpsons*, além das muitas comédias de esquetes que são praticamente desconhecidas no Brasil, como *The Ben Stiller Show*, *In Living Color*, *The Tracey Ullman Show*, *MADtv* e outras. Outro acerto do canal foi continuar investindo em animações quando a família Simpson se provou um sucesso mundial, seguida então por *The Critic*, *Family Guy*, *Futurama*, *American Dad!*, *Bob's Burgers*, *King Of The Hill* e mesmo *Batman: The Animated Series* no segmento infantojuvenil. No quesito drama, conseguiu colher lucrativos e diversificados frutos em anos mais recentes com *The X-Files*, *24*, *House*, *The O.C.* e *Fringe*. Já nas comédias com atores, a Fox tem fama de antiquada e "canceladora", e se destaca com menos frequência. Mas ainda vale mencionar alguns nomes que fizeram sucesso por arriscar ir mais longe, como *Malcolm In The Middle*, *That '70s Show*, *Arrested Development*, *Titus* e *The Tick*.

Conhecida pelo apelido de "*Peacock Network*", ou "rede do pavão", por conta da ave colorida em seu logotipo, a NBC foi a primeira das grandes redes a nascer (1947), a primeira a transmitir nacionalmente um programa em cores (1954) e a primeira a implementar som estéreo (1985). O ponto mais forte de sua programação em horário nobre residiu por mais de 20 anos em grandes comédias históricas, como *The Cosby Show*, *I Dream Of Jeannie*, *The Facts Of Life*, *Friends*, *Seinfeld*, *Frasier*, *Wings*, *Cheers*, *Mad About You*, *3rd Rock From The Sun*, *NewsRadio* e *Will & Grace*, entre muitos outros títulos reconhecíveis. No entanto, a rede tem amargado baixa audiência nos últimos anos na parte ficcional, mesmo com bons exemplares como *30 Rock*, *The Office*, *Parks And Recreation* e *Community* tentando reerguer o nome do canal. Também se tenta resgatar a era de dramas premiados, como *ER* e *The West Wing* e mesmo a *Law & Order* original, que já foram muito importantes para manter a NBC no mapa. Ultimamente, à parte o sucesso ocasional de uma série ou outra, são os *reality shows* e a transmissão do futebol americano que vêm reabilitando os números da emissora, enquanto o outrora prestigioso segmento das *sitcoms* de meia hora foi quase abandonado por completo em certo momento.

A mais jovem e menos assistida das redes principais é a CW (geralmente considerada à parte das "Quatro Grandes"), nascida em 2006 da união de dois canais preexistentes, o UPN (de propriedade da CBS) e o WB (vinculado aos estúdios Warner Bros.). O primeiro trazia experiência com *Buffy The Vampire Slayer*, *Veronica Mars*, *Everybody Hates Chris* e duas representantes da franquia *Star Trek*, entre outras séries de menor monta e reprises de clássicos. O segundo vinha de mais casos de sucesso, como *Dawson's Creek*, *Felicity*, *Charmed*, *Gilmore Girls*, *Smallville* e *Supernatural*, algumas das quais seguiriam adiante já na nova casa. Isso porque o nascente CW continuou essa tendência de programação mais jovem, se preocupando demasiado com o visual e a boa forma dos atores e com situações e roteiros ditos "*sexy*". O novo canal investiu em dramas com atenção especial ao público entre 18 e 34 anos, especialmente feminino, e abriu mão, pelo menos em um primeiro momento, da produção de comédias (à exceção de *The Game*, enquanto outras foram herdadas dos canais preexistentes). Em sua programação pós-fusão, novas séries se destacaram, como *The Vampire Diaries*, *Gossip Girl*, *Arrow*, *The Flash* e *Jane The Virgin*.

Há outros canais menores na TV aberta, mas eles não trazem seriados inéditos de entretenimento em sua programação, apenas novelas (originais e adaptadas), reprises de séries dos outros canais, infomerciais, noticiário local e programas infantis e religiosos. Há também muitos canais em língua espanhola. E existem ainda os canais públicos, sem fins lucrativos, dentre os quais merece atenção a rede PBS, que apresenta adaptações de textos clássicos, programação infantil educativa (como *Sesame Street*, ou *Vila Sésamo*), filmes independentes e documentários sobre ciências e história norte-americana. Essa programação é composta por contribuições de uma ampla rede de colaboradores que produzem localmente, mas é também em boa parte importada da Inglaterra. São muitas as produções inglesas de primeira qualidade vindas do grupo BBC, da ITV e do Channel 4, incluindo séries como *Downton Abbey*, *Fawlty Towers*, *Mr. Bean*, *Doctor Who*, *Monty Python's Flying Circus*, *Sherlock*, *Prime Suspect*, *One Foot In The Grave* e *Upstairs Downstairs*.

Enquanto isso, o provimento de TV paga dos Estados Unidos funciona de maneira semelhante ao que temos no Brasil, com operadoras e pacotes diferenciados. Detalhes técnicos à parte, podemos dizer que a coisa se resume a canais de *basic cable* (algo como "cabo básico"), um pacote mais barato, mais amplamente assinado e geograficamente mais disponível, e canais *premium cable*, que são exclusivos para quem os paga à parte, além das modalidades de *pay-per-view*. A lista de canais disponíveis em cada pacote varia de acordo com a operadora contratada e com a localização do assinante, mas existem redes mais comuns e de amplo alcance.

Em termos de conteúdo, no entanto, a diferença com relação ao Brasil não poderia ser mais crucial. No cabo norte-americano, a produção própria de dramaturgia não só é intensa como procura premiar o assinante (*basic* ou *premium*) com um grau de qualidade muito maior que o dos bons canais abertos, enquanto no Brasil a produção própria no cabo parece voltada a aproximá-lo cada vez mais de nossa lamentável TV aberta. Até poucos anos atrás, não era comum esses canais pagos investirem pesado em séries próprias, que eram apenas uma aqui e outra ali, junto a telefilmes e desenhos animados. De maneira geral, o foco do *basic cable* continua sendo nas reprises, seja de séries já encerradas ou mesmo de algumas que ainda estão em produção em outros canais.

Hoje, entretanto, ao lado dessas muitas reprises, temos excelentes seriados próprios em canais que vêm se tornando renomados produtores, dentre os quais se destacam AMC (com produções ainda em pouco número, mas muito elogiadas, como *Mad Men*, *Breaking Bad*, *The Walking Dead* e *The Killing*), FX (que estreou com *The Shield* e depois seguiu com *Nip/Tuck*, *Justified*, *Damages*, *American Horror Story*, *Louie*, *Fargo* e outras), seu canal-irmão FXX (que começou em 2013 herdando *It's Always Sunny In Philadelphia*, *The League* e *Wilfred* do FX e trazendo reprises de outras boas comédias mais antigas), e ainda o USA (*Psych*, *Monk*, *Burn Notice*, *Mr. Robot*, *La Femme Nikita*, *Royal Pains*, *The 4400*), o TNT (*The Closer*, *Men Of A Certain Age*, *Falling Skies*, *Saving Grace*) e o SyFy (*Eureka*, *Battlestar Galactica* e a franquia *Stargate*, entre muitos outros títulos de ficção científica).

Entre os mais tímidos e/ou iniciantes na área, estão TV Land (muitas reprises, especialmente de comédias, com recente adição de originais, como *Hot In Cleveland* e *The Exes*), WGN America (caso semelhante, estreando com *Salem* e *Manhattan*, e, posteriormente, fazendo sucesso com *Underground*), MTV (séries ocasionais, como *Teen Wolf*, em meio a uma infinidade de *reality shows*), TBS (*My Boys*, *Sullivan & Son*, a nova casa de *Cougar Town* e muitas reprises), A&E (*The Glades*, *Longmire*), Comedy Central (*South Park*, *Reno 911!*, diversos programas de esquetes, como *Key & Peele* e *Inside Amy Schumer*, e os sucessos quase-jornalísticos *Daily Show* e *Colbert Report*), IFC (um novato nesse mercado, com *Portlandia* e *The Increasingly Poor Decisions Of Todd Margaret*, entre outras poucas), El Rey (também recém-inaugurado, com *Matador* e *From Dusk Till Dawn*), BET (voltado para o público negro e ainda engatinhando no mundo de séries de TV), Lifetime (um canal essencialmente de filmes melodramáticos para a TV, mas também com séries como *Army Wives* e *Drop Dead Diva*), ABC Family/Freeform (muitas reprises e alguma produção própria para público feminino jovem) e Disney Channel (idem, e mais séries animadas). Outros ainda se mostram dispostos a entrar mais pesado nesse mercado de dramaturgia seriada, como a BBC America (com sua estreante *Copper*) e o Sundance TV, especializado em documentários e filmes independentes, mas já apresentando a muito elogiada *Rectify* e com planos de investir mais nas séries de ficção.

No cabo *premium*, a joia no topo é a HBO, produtora de dramas largamente prestigiados, como *The Sopranos*, *The Wire*, *Game Of Thrones*, *Boardwalk Empire*, *True Blood*, *Six Feet Under* e muitos mais, além de outras tantas comédias, como *Sex And The City*, *The Larry Sanders Show*, *Curb Your Enthusiasm*, *Silicon Valley* e *Veep*. O canal Showtime vem logo atrás, com *Dexter*, *Homeland*, *Weeds*, *Californication*, *The L Word*, *The Tudors*, *Dead Like Me*, *Episodes* e mais um belo monte. Existem outros ocasionais ou emergentes, como o Starz (de *Spartacus* e *Boss*), mas a maioria dos canais *premium* ainda dá mais atenção ao "cinema em casa", ou seja, filmes originalmente para cinema.

Cabe mencionar que todos esses canais podem ser levados à casa do assinante também por serviços de satélite, dentre os quais se destaca o DirecTV, que é detentor de um exclusivo canal de entretenimento chamado Audience Network. Já a casa de reprises e de programas originais de outros tipos, o Audience começou a investir a seu jeito em dramaturgia própria, salvando as séries *Friday Night Lights* e *Damages* do cancelamento em suas respectivas emissoras, e depois com seu primeiro drama original, *Full Circle*.

A produção de séries na TV paga pode apresentar diferenciais gigantescos com relação àquilo que é visto na TV aberta, com especial atenção aos canais *premium*. O caso é que a Comissão Federal de Comunicações (ou FCC, na sigla em inglês) mantém constante vigilância sobre os canais abertos e estabelece um bocado de regras para, em teoria, "proteger" os valores das famílias norte-americanas de conteúdos considerados ofensivos na televisão transmitida pelo ar. Só que esse órgão não regulamenta a programação da TV paga. Os departamentos de autocensura dos canais de *basic cable*, sob pressão dos anunciantes, reforçam esses limites e muitas vezes vão além, em nome do puritanismo e dos "bons costumes". Como dependem de comerciais e competem em audiência com os canais abertos, eles tendem a manter praticamente aquela mesma postura que a FCC reserva à TV aberta, abrindo eventuais exceções somente para horários e/ou públicos específicos.

Mas no *premium cable* as coisas são outras. O espectador adulto e com suficiente maturidade deve entender que isso significa muito mais do que nudez e linguajar liberados: as próprias temáticas e abordagens das séries podem ir muito além e não restringem as liberdades criativas dos escritores e diretores.

Segundo alega o grosso da imprensa especializada, essa tendência hoje predominante no cabo teria sido iniciada justamente por programas considerados mais arrojados e contundentes da velha TV aberta. Isso porque, na virada da década de 1980 para 1990, a FCC passou a permitir a abordagem de temas mais pesados com cenas de maior detalhamento visual, o que veio beneficiar em muito o segmento dos dramas, já que eles puderam conferir mais realismo aos crimes, aos relacionamentos humanos, aos casos médicos, às situações de violência e às tramas em geral. Programas como *Hill Street Blues* (nos anos 1980) e *NYPD Blue* e *The X-Files* (nos anos 1990) introduziram uma atmosfera mais sombria e um melhor senso de continuidade nas séries policiais e investigativas, talvez antes excessivamente idealizadas e estilizadas.

Então, prestando atenção a esse filão incipiente, a HBO, que já vinha com experiências em antologias como *Tales From The Crypt*, comédias como *The Larry Sanders Show* e muitas minisséries dramáticas, finalmente produziu seu elogiado primeiro drama seriado, nos idos de 1997. Essa precursora era *Oz*, que tratava do cotidiano e das políticas de poder entre detentos e gerência de uma prisão de segurança máxima. Hoje reverenciada como um clássico, *Oz* arrombou portas na TV e foi recebida em sua época com um misto de choque e esfuziante admiração, tanto pela extrema competência demonstrada pelos realizadores quanto pelo realismo urgente de sua narrativa – "não era mais simplesmente a TV, era a HBO", parafraseando o *slogan* da rede. Longe das amarras próprias da TV convencional, a linguagem e principalmente a violência podiam ser fiéis ao que se esperaria do universo retratado ali, de modo que situações envolvendo drogas, religião, homossexualidade, discriminação e outros temas controversos eram escancaradas e exigiam maturidade do espectador.

Dessa tentativa inicial bem-sucedida para uma experimentação com apostas muito mais altas foram poucos passos. De repente, os espectadores se viram servidos de um canal que desestabilizava os poderes na grade televisiva e transbordava qualidades muito diferentes das que eram encontradas em qualquer concorrente. A HBO inaugurava uma era de ouro – essa mesma que veio a ser apelidada de Renascença –, estreando com intervalo de poucos anos *The Sopranos*, *The Wire* e *Deadwood*, hoje apontadas como a trindade-símbolo da impressionante virada de qualidade dos anos 2000, sem desmerecer outras grandes e celebradas representantes que foram contemporâneas das três na mesma rede, como *Six Feet Under*, *Rome*, *Carnivàle* e as também sempre presentes e elogiadas minisséries e comédias do canal.

O roteiro

4. A alma de uma série de TV

No sistema judiciário criminal, o povo é representado por dois grupos distintos, porém igualmente importantes: a polícia, que investiga os crimes, e os promotores de justiça, que processam os infratores. Estas são suas histórias.

– a abertura de quase todos os episódios de *Law & Order* mostra qual é a cara da série.

Como é natural em qualquer gênero textual, os roteiros para séries de televisão exigem o conhecimento de técnicas específicas, o domínio de conceitos bem particulares e uma mentalidade direcionada. Existe uma infinidade de cursos e livros com o intuito de ajudar escritores a se tornarem roteiristas de TV, expondo as técnicas, dissecando o cotidiano e as características do escritor e fornecendo exercícios.

Entretanto, neste momento, a palavra não se dirige ao aspirante a escritor, e sim ao espectador que tem um mínimo de interesse no assunto. Abordar o roteiro sob esse ponto de vista exige mais do que apenas listar curiosidades, mas deve ser feito brevemente e em linhas gerais. A intenção é apenas a de que o fã de séries em busca de aprofundamento saiba reconhecer práticas e intenções comuns que ocorrem aos roteiristas quando da concepção de uma série ou de um episódio. Para isso, recorremos a explicações de especialistas, que são unânimes e contundentes ao apontar os aspectos centrais. O assunto começa aqui, mas ainda será bastante explorado adiante, oportunamente.

Roteiristas profissionais da velha guarda concordam, por exemplo, que uma série de TV, qualquer que seja, guarda uma contradição essencial: ser "a mesma coisa" toda semana, enquanto tem de ser sempre nova e atraente, com uma história diferente por episódio. Isso porque todas as séries, sem exceções, funcionam com base em algo chamado *franchise* (um dos vários usos da palavra) ou *template*, que traduziríamos como "premissa", "modelo" ou "molde" – termos que aqui devem ser considerados como técnicos, ligeiramente diferentes da acepção comum. Essa tal premissa se diferencia da que usualmente conhecemos por se aplicar melhor em âmbito atemporal – ou seja, conhecendo o molde, podemos apostar no que esperar de futuros episódios. Não é, portanto, exatamente aquela mesma palavra que se usa às vezes, talvez incorretamente, para falar de uma eventual "introdução" à história, como na expressão "partir da premissa". (Assim como acontece em livros e filmes, também com relação a séries essa descrição prévia nem sempre é confiável. Fiquemos com o termo técnico.) Além disso, trata-se da premissa para uma série inteira, e não para a trama de cada episódio ou somente uma iteração (como num romance ou filme). E é melhor evitar a palavra "fórmula" neste momento, ainda que ela também servisse.

A premissa é o que faz da série o que ela é. Ela dá a direção ao esforço criativo e faz um programa ser único e diferente, aquele em particular, e não uma outra coisa qualquer que seria para nós irreconhecível sob aquele nome. Um episódio feito segundo aquele molde pertence àquela série e somente a ela. *House* é *House* sempre que houver um mistério da medicina a ser resolvido por aquele gênio irascível que se interessa por doenças, mas não liga para as pessoas. Esse molde da série é muito mais específico e particularizador do que o vago rótulo "série médica" poderia descrever.

Para descobrir qual é a premissa de uma série, comece reparando no título, na música-tema ou na narração de abertura. Muitas vezes, já vai estar tudo ali mesmo. Um bom exemplo é a fala que abre os episódios da *Star Trek* original: "Espaço: a fronteira final. Estas são as viagens da nave estelar *Enterprise*. Sua missão de cinco anos: explorar novos mundos e procurar novas formas de vida e novas civilizações, audaciosamente indo aonde nenhum homem jamais esteve". Pronto, isso é o que todo mundo deve saber sobre a série para já ter uma boa ideia do que ela é antes mesmo de assistir a qualquer episódio. Todos eles estarão de acordo com essa premissa.

Encontrado o modelo ideal, não se pode mais fugir dele sob pena de alienar o público e construir um episódio muito diferente daquilo que foi proposto desde sempre. Imagine os seis protagonistas de *Friends*: em que tipo de atividade eles vão se meter em uma dada semana? Viajar pelo país em uma perua e resolver mistérios sobrenaturais? Trabalhar em uma revista mensal e lidar com prazos, textos e orçamentos? Ou será que vão se encontrar sempre no mesmo lugar para tomar um café, discutir as desventuras da vida de jovem adulto com humor e apoiar um ao outro nas situações cotidianas – como diz o tema de abertura?

Em um julgamento apressado sob um olhar leigo, essa história de se obedecer a uma premissa poderia parecer algo prejudicial. Afinal, ela se caracteriza meio que como uma fôrma da qual é impossível escapar e que em muitos aspectos cerceia o ato de contar as histórias. Só que a intenção é justamente essa. O molde é o melhor amigo do roteirista, porque é uma delimitação do escopo da série, fora do qual ele não tem como pensar em um episódio consistente e só conseguiria elaborar roteiros aleatórios e irreconhecíveis. É a primeira coisa que um escritor deve conhecer ao abordar uma série: ele deve saber sob que regras está jogando, os limites que fazem um episódio se encaixar naquela série ou então virar outra coisa, uma esquisitice aos olhos dos fãs. Aliás, não se trata de um conceito parado no tempo. Assim como os roteiros, os moldes das séries também vêm se aperfeiçoando a seu modo; é de sua natureza justamente serem enxutos, logo, se não podem ficar mais complicados ou mais extensos que as habituais três ou quatro linhas, vão ficando mais imaginativos e sofisticados.

Idealmente, a premissa deve ser bem definida antes da filmagem do primeiro episódio. Mas a realidade é que nem sempre as coisas se traduzem tão bem da mente do escritor para o papel e do papel para a ação frente às câmeras. Veremos que esses episódios iniciais às vezes precisam ser refeitos, e refinar o molde é uma das grandes razões para isso, de modo que mais episódios possam ser escritos com base naquela fundação.

É por isso que, mesmo em meio a um processo tão criterioso quanto a criação de uma série, pode acontecer de, por alguma razão, um episódio-piloto ser aprovado com uma premissa fraca e mais episódios serem encomendados sem que os roteiristas tenham ainda conseguido destilar um modelo definitivo para fazer daquilo uma série. Os autores e roteiristas profissionais Lee Goldberg e William Rabkin dizem que isso ocorreu em *Baywatch*, a infame série de modelos atuando como salva-vidas e correndo em câmera lenta. Durante os primeiros meses, tudo o que eles tinham em mãos era um bando de gente bonita vestida de vermelho – claro, um belo chamariz de princípio. Mas eles não sabiam o que fazer com aquele pessoal, que tipo de história contar. Até que, em um episódio, introduziram na trama um desastre central, puseram os belos salva-vidas para resolver situações críticas irreais e inventaram dramas pessoais que se desenrolavam em segundo plano. Nesse dia, encontraram o "molde *Baywatch*" de se escrever um episódio – e a partir daí a série poderia prosseguir com roteiros minimamente aproveitáveis durante muito tempo.

Uma segunda constatação defendida pelos escritores de séries em geral é a de que – por contraintuitivo que possa parecer – a história contada nos episódios é bem menos importante do que nos acostumamos a acreditar. Os grandes e verdadeiros motivos pelos quais as pessoas assistem às séries são os personagens, seja pela curiosidade que despertaram logo no começo, seja porque se criou o costume de acompanhá-los. O público quer vê-los reagirem a situações novas, mas não vai sempre guardar os detalhes da trama principal ou secundária. A história em si pode nem ser tão atraente em todos os termos e quase todas deixarão passar algum furo maior ou menor, desde que não abusem da lógica (o que certamente depõe contra qualquer programa). O extremamente bem-sucedido produtor Chuck Lorre revela o ponto principal de suas séries: "As histórias devem tratar daqueles personagens vivendo sua rotina. Obstáculos aparecem em seu caminho – e é daí que vem a comédia". Mas a forma como os personagens lidam com seu cotidiano às vezes extravagante deve ser sempre condizente com aquilo que se conhece de sua personalidade já consolidada, e essa consistência dos personagens – se não do nível ou teor das histórias – é que deve ser uma marca de todo bom roteirista.

Uma evidência disso é o grande sucesso dos *reality shows*, que são totalmente centrados em "personagens reais" e com andamentos mais livres (mas, não se engane, nunca desprovidos de roteiros para as situações vividas). Além disso, temos o fato de que a expressão "*care for/about the characters*" (ou "se importar com os personagens") é uma das mais frequentes e comuns entre a imprensa e os participantes de fóruns na hora de se avaliarem as qualidades de uma série nova. Outra evidência está na prática cada vez mais comum em algumas comédias de propositalmente não se concentrar em uma história central para o episódio, dividindo a atenção em dois ou três *fronts* ou apostando em um fiapo de história contado por meio de uma verdadeira "colagem" de piadas, que podem ou não avançar a trama e podem ou não levar a alguma conclusão razoável para aquele episódio. Mas isso não importa: o negócio, nesse caso, é prestar mais atenção nas reações dos personagens do que no enredo.

Para que o público continue voltando a eles e os amando durante anos, personagens de séries devem ser não apenas muito consistentes em sua personalidade. Reza a cartilha antiga de criação de séries que eles praticamente não mudam sua forma de pensar e agir – nem podem mudar. Não é à toa que um dos lemas nos bastidores de *Seinfeld* era "*No learning*!" (ou "Nada de aprender!"): jamais haveria uma lição de moral para personagens ou público. Realmente, pouco se aprende, todos são turrões, meio emburrecidos e muito "esquecidos", especialmente nas comédias, mas ainda também em grande monta nas séries dramáticas episódicas. Tramas são desenvolvidas em um minuto e descartadas logo adiante para que aquelas pessoas continuem sendo quem sempre foram. Ou seja, consistência muitas vezes vai significar o oposto de coerência entre um episódio e outro. É comum que novas experiências sejam elaboradas no decorrer e esquecidas com o fechamento do episódio. Não se deve confundir isso com o desenvolvimento da própria história em arcos, o que efetivamente acontece; estamos falando das personalidades que estrelam as histórias.

Convém ressaltar mais uma vez: esse é o pensamento antigo e tradicional, ainda aplicável a determinados tipos bem específicos de tramas (e essencialmente exposto por Goldberg e Rabkin em seu livro *Successful television writing*). Hoje, estão cada vez mais comuns as séries que permitem um efetivo desenvolvimento de personagens em passos pequenos e como parte de um quadro maior, de forma que o espectador possa acompanhar sem choques. Veremos adiante que esse desenvolvimento é atualmente até bem desejado; em dado momento, o personagem vai acabar dizendo algo que não seria característico dele em outro ponto da narrativa. Ele muda aos poucos, amadurece, descobre coisas sobre si mesmo. Só o que permanece é a máxima de que ele deve continuar reconhecível para o espectador, e o programa ainda poderá incluir outras pessoas que continuarão bidimensionais e não evoluirão ao mesmo tempo.

Uma consideração final e fundamental a respeito da premissa: qualquer série ficcional é elaborada essencialmente em cima de conflitos que envolvem os personagens principais. Se não houver conflito, aqueles personagens não têm como se revelar e não há necessidade de série. Então, para manter a atenção do espectador, esses problemas propostos devem ser todos muito razoáveis, bem implantados, justificados e explicados dentro do universo próprio da série. Qualquer tentativa de beirar o absurdo e de envolver elementos estranhos e/ou pouco plausíveis que fujam da premissa acordada entre quem produz e quem consome vai saltar aos olhos do espectador e fatalmente macular a confiabilidade do programa. E, se os problemas devem ser muito bem calculados, as soluções para eles devem ser mais ainda. Resolver os conflitos de maneira ligeira, que descaracterize personagens, que envolva algum milagre vindo de fora (*deus ex machina*), que simplesmente não faça sentido ou de qualquer outra maneira que leve o espectador a pensar em solução melhor ou mais lógica é algo que vai depor contra a seriedade do programa e, por consequência, afastar a nossa atenção. No momento em que o espectador é tomado pela impressão de que passou a "valer tudo", interrompe-se instantaneamente a crença naquele universo, a importância dos personagens se desfaz e diminui a motivação para continuar acompanhando a história. Veremos, muito adiante, a expressão "pular o tubarão", que costuma (ou costumava?) ser usada quando, no curso de uma série, certa solução abusa da boa vontade do espectador.

A menção a "crença naquele universo" merece um comentário. Nossa postura quando aceitamos uma obra ficcional é a de concordar com aquela realidade como plausível. Como nem sempre convém sair acreditando tão facilmente em mundos e regras inventados, costumamos usar, para podermos desfrutar a peça em questão, um artifício a que se dá o nome, justamente, de suspensão da descrença. Isso significa deixar de lado o ceticismo habitual do nosso mundo e abraçar, temporariamente, determinados elementos de uma obra de ficção que pareceriam improváveis, mas que fazem sentido dentro daquele contexto (superpoderes são um exemplo). Veja que esse é um ato voluntário de imersão na história, e não implica (e nem é uma desculpa para) engolirmos roteiros ou soluções que, em certo momento, resolvam desafiar aquela mesma lógica que foi estabelecida previamente pela própria história. Quando aceitamos as regras e, por consequência, criamos determinadas expectativas, relaxamos dentro de nossa suspensão da descrença para aproveitarmos a narrativa; se essas regras são subitamente ignoradas em nome de alguma conveniência, a história de imediato nos aliena. E é aqui que se encaixa a questão das tais boas soluções: melodrama exagerado, distorções de continuísmo, subversão das leis da física ou reações que não condizem com o que se espera dos personagens, entre outras falhas, não pedem suspensão da nossa descrença; pedem um roteirista melhor. Fazer essa distinção é fundamental na hora de escolher um bom programa (ou filme, ou livro, ou quadrinho).

Voltando àqueles preceitos anteriores para a construção de uma série: ainda que sejam historicamente tidos como indispensáveis e continuem válidos em muitos exemplos óbvios – especialmente nas comédias e na TV aberta –, é exatamente o rompimento com as regras clássicas que pode ser um dos grandes pontos focais da Renascença da TV, cujos carros-chefes são dramas fortemente bem amarrados e veiculados principalmente na TV a cabo. Supõe-se que as características próprias dessas séries de alto escalão demandariam naturalmente o crescimento e a complexificação dos personagens ao longo da narrativa. Mas não se pode afastar a possibilidade de que os personagens de programas mais sofisticados obedeçam, ao mesmo tempo, a dois princípios aparentemente opostos: serem concebidos com uma complexidade enorme que vai se desvelando aos poucos, mas que é, digamos, uniforme ou estática (no sentido de que se desvela, sim, mas não ocasiona mudança), ao passo que os personagens também não necessariamente evoluem ou aprendem no decorrer dos episódios de maneira tão efetiva quanto muitos críticos gostam de supor. Ou seja, em certa medida a regra tradicional (de quase não mudar) continuaria vigente, e somente uma análise caso a caso poderá dizer se e o quanto ela foi subvertida em uma situação ou outra.

Nesse contexto, a Renascença tornou mais claramente aplicável à TV uma diferenciação, que antes se aplicava quase que exclusivamente ao cinema, entre séries *high-concept* – aquelas cuja premissa é absolutamente simples, sucinta e abrangente de todos os episódios – e séries *low-concept*, que usam uma premissa apenas como um começo para redirecionar as tramas, transformá-las e distanciá-las do conceito inicial, desenvolvendo os personagens de maneira declarada, construindo analogias duradouras com questões sociais e filosóficas e assim por diante. É uma distinção bastante técnica e pontual, e normalmente fica distante da apreciação do público, porém costuma ser referenciada pela imprensa.

Ora, se o molde não muda e não mudam os personagens, nada mais natural que também vejamos ao longo da série uma mesma cena recriada com frequência. Não é um acaso nem uma coincidência, claro. Em inglês, isso é chamado de *signature scene*, ou "cena que serve como assinatura única da série". Pouco a pouco, somos conduzidos a reconhecer um tipo de cena como o retrato típico de uma série: a conversa ao longo dos corredores de *The West Wing*, os ângulos interessantes de *Breaking Bad*, a discussão na cozinha de *Brothers & Sisters*, a câmera giratória na mesa redonda em *That '70s Show*, as sequências com elevadores em *The Good Wife* (ou os inícios sempre em tela preta com áudio), as quatro amigas conversando em uma lanchonete chique em *Sex And The City*, toda a turma de *The Big Bang Theory* comendo de caixinhas na sala do apartamento, os segmentos cheios de efeitos visuais próprios de *CSI*, os *close-ups* em olhos de *Lost*... Sempre há uma cena-chave que se repete e ajuda a dar uma feição muito particular a um programa.

5. O serial e o episódico, um turbulento caso de amor

As pessoas costumavam assistir a séries de TV sabendo que os personagens continuariam os mesmos. Fosse Archie Bunker [da comédia All In The Family*] ou Thomas Magnum [da policial* Magnum, P.I.*], você assistia porque era confortável e aquele era sempre o mesmo cara. Mas esta série me mostrou mudanças e ajustes, e eu aprendi com ela que esses seres humanos são capazes de expressar um amplo espectro de emoções.*
– o ator Bryan Cranston fala de como sua *Breaking Bad* forçou o amadurecimento dos personagens.

A discussão em torno de molde e desenvolvimento traz à tona uma questão mais prática: a série terá uma trama serializada ou episódica? É o momento de o espectador se perguntar: "Espera aí... Se é uma série... não é necessariamente 'serializada'? E se toda série tem episódios, não é sempre 'episódica'?". Temos de dar razão a quem estranha esses termos. São traduções mais ou menos apropriadas dos adjetivos em inglês *serialized* (ou *serial*) e *episodic* – e, tudo bem, aparentemente não fazem muito sentido em português, mas são as melhores palavras para descrever a diferença proposta. O mais recomendável é esquecer esse questionamento razoável e abraçar de todo o coração os termos. As coisas ficam mais claras adiante.

A série episódica permite que cada história se feche ao fim do episódio e não se relacione à trama da semana seguinte, a não ser por conter os mesmos personagens centrais e uma mesma mitologia geral que paira sobre o conjunto (da qual faz parte a própria *signature scene*). O espectador poderia até mesmo acompanhar a série fora de ordem que não faria muita diferença. À parte qualquer possibilidade de flexibilidade dentro do molde, os roteiros preferem seguir uma estrutura engessada da qual não fogem: mostra-se o problema, investiga-se o problema, resolve-se o problema, e na semana que vem é tudo outra vez. Se, mais cedo, foi melhor evitar a palavra "fórmula", é porque aqui, quanto aos roteiros, ela se enquadra melhor – aliás, também na língua original dos seriados, quando as palavras *formula* e *formulaic* (para o roteiro formulaico) são mais apropriadas para esse tipo de trama. Por essa razão, quando fazemos referência a esse tipo de série, fala-se muito no "caso da semana" (ou também "monstro da semana" e "paciente da semana").

A trama episódica visa ao espectador que, por qualquer motivo, não está interessado em seguir uma história longa e muito menos a trajetória dos personagens. Quem já conhece o esquema daquele seriado pode mesmo pegar um episódio no meio e saber tudo o que está acontecendo. É o que acontece na maioria das séries policiais investigativas, como *Without A Trace*, *Criminal Minds*, *Numb3rs* e as franquias *NCIS*, *Law & Order* e *CSI*, na *Star Trek* original, na britânica *Doctor Who* e nas também investigativas-ao-seu-modo *House*, *Monk* e *Psych*, entre muitas outras.

Por sua vez, a série com trama serializada representa um passo adiante com relação à historicamente prevalente estrutura episódica, pelo menos no que diz respeito ao formato considerado mais típico. Ela conta uma história que tende a ser contínua, ou seja, os episódios dependem uns dos outros e poderiam ser considerados como capítulos de uma história maior. O que aconteceu hoje tem reflexos, nem sempre se resolve plenamente e continuará se desenvolvendo na semana que vem. Os personagens, portanto, têm como crescer em detalhes e até aprender uma coisa ou outra, desde que (diz a máxima dos seriados de TV) não mudem suas características básicas. Por causa disso, algumas pessoas tendem a comparar as tramas serializadas com novelas – e aqui se deve lembrar do que foi estabelecido na definição anterior e concluir, mais uma vez, que a comparação não se sustenta por mais de uma razão. A única semelhança que é possível apontar entre os dois casos é essa noção de continuidade.

Com relação ao espectador, esse tipo de série exige muito mais envolvimento intelectual e emocional, como em um longo livro, e não é um compromisso com o qual todos vão se identificar. Se deixamos passar um episódio, provavelmente vamos ficar um pouco perdidos no seguinte. Por outro lado, quem tem a perseverança de acompanhar uma série assim costuma considerá-la bem mais compensadora que uma episódica. O espectador costuma se apegar muito mais às serializadas do que às episódicas, e justamente por esse motivo os seriados serializados fazem muito sucesso nas vendas de DVDs – adquire-se a temporada completa como se compra um bom romance.

Seguindo esse raciocínio, a trama serializada pode ser um bom negócio para a emissora em um primeiro momento, dada a fidelização do espectador e a possibilidade de repercussão infinitamente maior que a de séries episódicas, mas é um tipo de série que não se dá muito bem em reprises. Afinal, não se pega temporada pela metade, e não se exibem episódios em qualquer ordem ou horário. E é claro que o oposto da fidelização também é verdadeiro: quando não se criam laços logo de começo, é comum se abandonar a série como um todo. Esse tipo de série costuma perder audiência depois da(s) primeira(s) temporada(s) e se estabilizar bem abaixo do prometido inicialmente. Não é uma regra rígida, claro, mas é o que acontece com frequência.

As séries dramáticas e de conteúdo fortemente serializado são certamente o tipo específico de série de televisão que mais cresceu e se multiplicou dentro da Renascença iniciada no fim do século XX – na verdade, é justamente esse crescimento que pode ser apontado como o grande catalisador de toda a transformação que se vê. Destacam-se nesse contexto a complexidade e a qualidade das tramas extensas, a humanidade cada vez mais transparente de personagens que, de fato, evoluem (vagarosamente) e a cumplicidade em graus antes impensáveis que esse tipo de série cria com o espectador cativo. Exemplos dessa onda incluem *The Wire*, *Breaking Bad*, *Heroes*, *The Walking Dead*, *Lost*, *Game Of Thrones* e *Mad Men*, entre outras do primeiro escalão. Algumas adotam arcos que ficam, na maior parte, restritos à temporada, ainda que dentro de um universo maior da série, como no caso de *Dexter*, *Buffy*, *The L Word* e *24*.

Essa renovação do papel da série contínua veio alterar a importância do episódio como produto isolado, ao menos para o espectador mais assíduo. Isso porque o contexto alargado das tramas diminui o grau de independência e a caracterização individualizada de um episódio, fazendo com que ele se torne uma parte quase indiscernível de um todo, um "capítulo de um livro maior", como comparam alguns comentaristas. A própria concepção dos roteiristas muda nesse sentido, uma vez que eles começam a focar o arco da temporada em detrimento daquele roteiro clássico em que o episódio traz uma proposta nova, um desenvolvimento e uma conclusão autocentrada. Que fique claro, no entanto: à sua maneira renovada, o episódio continua tendo limites bem definidos e uma estrutura tradicionalmente própria dividida em atos, o que reforça decisivamente o valor do formato "série de televisão", diferentemente, por exemplo, da minissérie.

Uma consequência dessa mudança, com repercussões práticas que serão vistas mais adiante, é que fica cada vez mais difícil, para o público e para os críticos, enxergar e julgar o episódio separadamente da trama maior – assim como também separar os méritos de seu roteiro e sua direção em particular, a atuação em um momento específico, a autossuficiência como "apresentação fechada da semana", entre outros aspectos. Note-se, aliás, que episódios continuam a ter títulos que já são largamente ignorados pelo grande público, considerando que a prática de se exibi-los na abertura se perdeu com o tempo na grande maioria dos seriados.

Até pouco tempo atrás, era comum que uma série se caracterizasse facilmente sob um tipo ou o outro, e a distinção entre episódico e serial ainda é utilizada hoje normalmente. Mas isso não significa que seja vedado a um exemplar típico de um lado trazer características do outro, como a episódica *CSI* criando um arco de dois ou três episódios com elementos de uma história em comum, ou a serializada *Lost* adicionando um episódio que não avançava a história maior, mas abordava um aspecto lateral, fechado, que até poderia passar despercebido. O que se observa hoje é que, apesar de muitos programas, como a própria *CSI* e suas derivadas, continuarem largamente episódicos, já parece implausível que os criativos roteiristas atuais se apoiem unicamente em tramas fechadas e não estabeleçam o que se convencionou chamar de mitologia da série – o conjunto de conhecimentos a respeito dos personagens e da trama que vai muito além do molde.

A propósito dessa mitologia: é louvável o esforço das séries de TV serializadas – e não apenas delas, mas de obras de ficção em geral – em manter o continuísmo (entre cenas e tomadas) e a continuidade de tom, trama e ritmo ao longo de extensos arcos ou de temporadas. Algumas equipes de programas mais complexos e longevos, como *Game Of Thrones*, *The Wire* e *Lost*, mantêm um *expert* com essa função exclusiva de servir como consultor de *status* para os outros. É comum que esses assessores ou os próprios responsáveis pela série montem catálogos ou guias de informações (chamados de "*bibles*", ou "bíblias"), ou então quadros de anotações atualizados constantemente para que os roteiristas não se percam nos detalhes. E, sim, papel e quadros físicos são muito usados mesmo em tempos de computadores.

Uma alternativa inicial ao engessamento episódico aparece na forma da trama paralela. Em primeiro plano, fica o "caso da semana", como de costume; junto a ele, é contado um segundo caso menor que alarga as possibilidades de um personagem, com, digamos, um microconto de sua vida pessoal, tudo fechado em uma hora. Quase sem querer, expandem-se a personalidade e a história daquele(s) envolvido(s). Partindo daí, podemos ir para uma segunda opção, que estabelece amarras vagas entre dois episódios. Talvez um coadjuvante seja visto outra vez, por exemplo, ou haja uma referência explícita a um fato ocorrido anteriormente, sem nunca pressupor que o espectador esteja a par de tudo, de modo que a audiência de um episódio ainda não interfira em nada na do outro, mas que eles tenham essa confluência mesmo assim.

Levou algum tempo até que os roteiristas concluíssem que o segredo para atrair as duas preferências de espectadores (e criar programas melhores e mais atraentes) está na combinação das duas características: episódios que funcionem separadamente, mas que contribuam para a corrida maior que a temporada ou a série como um todo querem estabelecer. É um fenômeno relativamente recente e um efeito, claro, bem mais difícil de se conseguir. Essa mistura que se vê hoje com mais regularidade está lá na raiz da era de ouro, em séries como *ER*.

O caso mais comum é o de os episódios conterem uma história fechada a cada semana, mas, ao mesmo tempo, premiarem os mais interessados ao seguir uma história maior na trama de fundo. Um dos grandes exemplos disso no século XXI está em *The Good Wife*. Há também aquelas séries que mesclam episódios fechados com outros continuados de uma forma que faça sentido (como bem fizeram *The X-Files* e *Person Of Interest*). Outras apostam em misturas inusitadas de serial com episódico. Por exemplo, a popular *Batman*, nos anos 1960, era exibida duas vezes por semana na forma de episódios duplos, com o começo em uma noite e a conclusão em outra (ou seja, serializados entre si), mas ambos formando um único episódio isolado do resto da série (tornando a série episódica). Já a série sobre psicoterapia *In Treatment* complicava esse arranjo um pouco mais: ao passo que ia ao ar cinco noites por semana, trazia a cada episódio um paciente diferente que só era visto outra vez no mesmo dia da semana seguinte, continuando sua própria história. Ou seja, a série funcionava quase como se fossem cinco séries semanais distintas, trazendo o mesmo personagem central do terapeuta e cinco tramas serializadas que se alternavam. E existem ainda séries que começaram de um jeito, passaram para o outro, voltaram atrás, misturam tudo e não se fixam (como *Supernatural*). Até a sempre episódica *South Park* se decidiu por uma trama serializada em plena décima nona temporada, com muito sucesso. Outros exemplos de séries que de alguma forma combinaram os dois tipos de narrativa são *Burn Notice*, *Justified*, *Veronica Mars*, *Buffy The Vampire Slayer*, *Nip/Tuck*, *The West Wing* e *ER*.

A bem da verdade, essa distinção acaba ficando praticamente restrita às séries dramáticas, uma vez que a grande maioria das comédias é mesmo de natureza episódica. Isso não impede que vez por outra apareça uma *Weeds*, *Hung* ou *The Last Man On Earth* (serializadas) e *30 Rock* ou *Community* (mistas). Além disso, nas demais comédias puramente episódicas, sempre existe aquele aspecto da história que não fica contido em um episódio só, mas se recolhe ao pano de fundo e acaba voltando ao primeiro plano adiante. É o caso de "Howard e Bernadette vão se casar" (*The Big Bang Theory*), "Ross e Rachel estão dando um tempo" (*Friends*), "Jamie está grávida" (*Mad About You*) ou "Jerry e George escrevem um piloto de série" (*Seinfeld*). Mas é fato que comédias têm muito menos (e menores) arcos do que as séries dramáticas, quando têm, apelando mais nesse sentido às piadas recorrentes.

Ao mesmo tempo que a distinção não é exatamente levada a ferro e fogo e alguns episódios conseguem fugir um pouco da fôrma onde são produzidos, chega a ser impressionante que, mesmo com todo o caminho já percorrido, em alguns casos possamos pegar um episódio, digamos, na décima temporada de uma série policial e acompanhá-lo sem precisar de nenhuma informação anterior. É quando a noção de molde fica absolutamente óbvia, como se os roteiristas estivessem obcecados em direcionar o episódio no sentido de não ter amarra alguma. Claro, não é o que acontece dessa maneira tão consciente e fria. Mas o modelo é proposto na premissa, e então é dessa maneira que a "máquina" de produção funciona depois de muitas décadas de experiência. A propósito, o ofício do roteirista também se altera bastante quando ele muda de uma série episódica para uma serializada, incluindo sua interação com os colegas, a dinâmica das reuniões diárias, a sintonia com o *showrunner*, a mentalidade na elaboração de cada roteiro, o grau de liberdade permitido e por aí vai. Só não convém para o momento sobrecarregar o leitor-espectador com tais detalhes.

Ao contrário do que pode aparentar, essa discussão sobre tipos de trama pode ter implicações mais profundas do que simplesmente identificar qual o estilo de cada série ou qual a preferência de cada espectador. Há, por exemplo, quem questione a honestidade da emissora e os efeitos danosos no caso do cancelamento prematuro de uma e de outra – porque não é de bom-tom deixar uma história contada pelo meio. Também se cria uma dúvida quanto à integridade dos roteiristas – se eles realmente sabem o que estão fazendo nas tramas serializadas, ou se em dado momento estão "jogando a toalha" e deixando de se importar nas episódicas.

Outros ainda se perguntam se a capacidade, a inteligência e o interesse do público são levados em consideração ao se construir uma série de um tipo ou de outro – em outras palavras, se algum roteirista não estaria chamando seu público de burro, ou outro estaria exigindo demais. Alguns vão ainda mais longe e discutem o possível *status* de arte aplicável a cada tipo de série em particular. Ao lado dessas questões maiores, que pedem mais reflexão e teorização, podem ficar também duas outras de caráter mais imediato e mais palpáveis ao espectador: será que a série episódica tem como desenvolver bem os personagens? E será que a trama serializada necessariamente os desenvolve, considerando que, afinal, ela também deve seguir um molde?

Essas duas questões ensejam uma última e igualmente importante distinção fundamental que vai afetar a nossa compreensão da imensa maioria das séries, em especial as dramáticas, independentemente de tema ou premissa. Consiste no seguinte: de um lado, existem aquelas que jogam seu foco nos personagens, em quem eles são, quão complicados, como se manifestam e aprendem com a vida; de outro, estarão os seriados que têm mais preocupação em dar seguimento à história, seja serializada, seja episódica, deixando o desenvolvimento dos personagens em segundo plano. Não é uma divisão taxativa; o foco em um dos lados ainda permite que o outro aflore em ocasiões, só que de forma bem mais lenta se comparada com a intenção principal. Uma união harmoniosa dessas características é um objetivo muito desejável, como veremos. É curioso como o público pode perceber isso intuitivamente, elegendo sua preferência e mesmo um sucesso com apenas um par de episódios. Mas, claro, nem sempre vamos nos deter na intenção dos roteiristas de criar exatamente um desses dois ritmos.

Levando essa diferenciação a um certo extremo, dizemos que, se a trama anda a passos largos, cheia de eventos e reviravoltas, não há tempo para aquela pausa contemplativa que revela quem são os personagens que a estão vivendo, seu histórico, seus pensamentos, seus segredos, suas motivações e sua natureza. Isso virá a conta-gotas em momentos esparsos, sem muitas sutilezas, quando sobrar um espacinho no roteiro agitado ou quando assim se fizer necessário em prol do andamento furioso da história. Inclusive, o pouco que se verá de desenvolvimento de personagem nesse contexto costuma ser lugar-comum, justamente porque o programa não está nem um pouco preocupado com isso; quer mais é fazer a ação correr e mostrar consequências bem imediatas.

Já em um *character study* (estudo de personagem), os personagens são largamente analisados e desvelados por meio de diálogos que se passam em situações pequenas e cotidianas, já que os grandes acontecimentos são bem espaçados. Expressões faciais e nuances na escolha de palavras levam a aspectos diferentes dos interlocutores, a aprendizado, mudanças de humor e de atitude que podem durar alguns episódios. Vamos nos deter por mais tempo em embates verbais ou dilemas emocionais, enquanto a história subjacente – sempre há alguma, por mais mundana, às vezes até pouco relevante – avança a passos de tartaruga. É quando temos a sensação de que nada de fato "aconteceu" no episódio; a série dá a impressão de não andar e é comumente classificada por crítica e público como lenta. Mas, em um bom desenvolvimento de personagens, acontece muita coisa, se não aos olhos, então em instâncias mais sutis da nossa percepção. Ficamos mais familiarizados com aquelas pessoas que participaram do episódio, nos envolvemos, conhecemos melhor quem elas são. De certa maneira, elas ficaram mais próximas de nós, revelando, além da lateralidade de suas reações, sua profundidade e um constante senso de novidade em seu caráter.

Exemplos de séries mais recentes que configuram estudo de personagem são alguns representantes máximos da Renascença, como *Mad*

Men, *The Sopranos* e *True Detective*. Em todas, há personagens que são analisados com calma, pessoas que vão aprendendo a ser de um jeito ou de outro, e o processo de aprendizado é o verdadeiro objeto de apreciação do programa. É claro que uma história acontece e evolui ao longo de cada episódio, mas em ritmo mais vagaroso, comparativamente.

Observa-se, então, essa polarização no sentido de que a maioria das séries pende mais para um lado do que para o outro e sacrifica o estilo oposto. Só que outras, mais hábeis, podem combinar características e dificultar a classificação. É quando ocorre a tal combinação desejável. Aliás, nem é preciso falar da série como um todo. Isso pode acontecer episódio a episódio – um mais contemplativo, narrando a história de alguém, outro mais corrido, chacoalhando o *statu quo* dos envolvidos – ou então com sequências de um tipo e de outro se alternando e nos fazendo compreender, ao mesmo tempo, quem são aquelas pessoas e tudo o que elas estão fazendo naquele mundo, mas nunca deixando de lado a ação e as reviravoltas. Está nessa mistura um dos grandes segredos do sucesso de, por exemplo, *Lost*, *Game Of Thrones* e *Breaking Bad*. Não foi à toa que *The Walking Dead*, uma série essencialmente de ação, suspense e horror, passou a bater recordes de audiência depois que começou a trazer episódios também centrados em desenvolvimento e aprofundamento de personagens, com excelentes resultados.

Sob uma perspectiva histórica, é bem mais fácil identificar dezenas de outras séries que apostaram e continuam apostando em personalidades rasas e trama mais ágil, retrocedendo até o ocasional ponto da bidimensionalidade, como fazem às vezes os dramas policiais. Não é uma questão de ter um personagem principal forte e memorável, mas sim de testemunharmos suas atitudes esperadas frente a novas situações. Veja que *House* tinha justamente esse tipo de protagonista, e ficamos conhecendo detalhes interessantes de sua história à medida que o acompanhávamos. Mas, apesar da tridimensionalidade crescente, o médico se mostrou a mesma pessoa do primeiro aos últimos episódios, sem alterar sua personalidade e suas motivações aos olhos do espectador. E não é uma coincidência que, justamente lá no final, ele revele ligeira promessa de evolução. Essa "perspectiva-de-mudança-enfim" é uma marca, quase um clichê, de últimos episódios de séries episódicas mais voltadas para o caso da semana. Depois de anos, aquele é finalmente o momento quando o personagem vai evoluir, e aí deixamos de acompanhá-lo justamente porque, de certa forma, a série se descaracteriza e vira outra coisa.

Essa diferenciação evidente como assunto da imprensa e ao alcance dos espectadores é algo mais recente, apesar de que, é claro, sempre houve o seriado que apostava mais em conhecermos personalidades e trajetórias de vida. O estilo mais intimista de contar histórias ganhou bastante vulto na virada do século. Junto à renovada importância do próprio subgênero do drama, à serialização tomando a frente nas preferências e à emergência da TV a cabo, como veremos adiante, podemos dizer que o estudo de personagem constitui um quarto elemento-chave para entender a identificação desse período como uma Renascença.

6. Por dentro – e caindo fora – de um roteiro clássico

Oh, meu Deus! Mataram o Kenny! Desgraçados!
– em dezenas de episódios nas primeiras temporadas de *South Park*, alguém matava o Kenny... e ele sempre reaparecia vivo no episódio seguinte.

Com relação à elaboração do roteiro em si, o assunto há de ser ainda mais breve. Muitos escritores da escola clássica diziam que não existe variação no esqueleto, independentemente do tipo de série que se esteja escrevendo – se é comédia ou drama, episódica, contínua ou a cobiçada mistura de ambos. O clássico roteiro escrito para a televisão seguiria, então, uma sequência fixa.

De acordo com essa forma de pensar, o mais tradicional é começar com uma cena chamada de *cold open* ou *teaser*. É a primeira coisa que se vê no episódio, antes mesmo da abertura. Na grande maioria dos casos, especialmente nas séries episódicas, trata-se da exposição do "problema da semana", uma cena de curta duração que evolui rapidamente e culmina com a abertura da série, levando-nos aos comerciais e ao suspense quanto ao que virá. A função do *cold open*, claro, é a de criar interesse no espectador pelo episódio que se segue. Nas comédias, ele pode ser ocasionalmente usado como um esquete cômico solto sem relação com o restante do episódio, mas o importante é que seja sempre fechado com uma boa piada. Já as séries policiais, por exemplo, quase sempre mostram um crime sendo cometido ou descoberto. É comum que a cena culmine com um personagem soltando uma frase de efeito (uma piada mais incisiva, nas comédias), e então temos a deixa para a abertura.

Depois desse primeiro bloco de comerciais, entra o primeiro ato (ou segundo, se considerarmos o *cold open* como um ato). Serão as tentativas iniciais de se resolver o conflito exposto na abertura. Os personagens tomam conhecimento das consequências imediatas do acontecido e abrem caminho para outras descobertas e outros obstáculos, até que se veem em um aparente impasse e mais um momento de tensão – corte para os comerciais.

No retorno, um novo ato, com os personagens tentando outro direcionamento, encarando mais consequências, e tudo caminha para uma situação aparentemente limítrofe – uma crise que nos deixa apreensivos quanto aos destinos dos personagens. Mais comerciais, e então acontece um ato final, quando todas as situações anteriores confluem e, de alguma forma, resolvem-se para melhor ou para pior: ou o herói se salva, ou tudo desanda de vez e é deixado no ar, ou o crime é desvendado, ou alguém tira uma conclusão que mudará tudo dali em diante, ou ninguém mais corre perigo, ou lições são aprendidas, ou um vilão se revela com uma deixa para o episódio seguinte, etc. Independentemente do tipo de série ou da história maior contada na temporada, a conclusão de cada episódio deve ser pungente por si só.

Nas comédias, é muito comum (mas não obrigatória) a existência de um miniato depois da conclusão, chamado *tag*, que é veiculado junto aos créditos finais. A *tag* é quase sempre uma piada à parte, presta-se a diversas finalidades e pode ou não ter relação com o enredo do episódio. Em *Frasier*, por exemplo, ela era sempre um esquete somente visual, acompanhado da música de encerramento; nas primeiras temporadas de *30 Rock*, quase não temos *tags*; muitos dos fechamentos de *Seinfeld*, assim como muitos dos *cold opens*, são trechos de apresentações em *stand-up* do protagonista; nos melhores momentos de *Friends*, os escritores puxavam a *tag* para o lado do *nonsense*. Enquanto isso, em *Scrubs*, nunca há *tags*, somente os créditos sobre telas com os momentos mais "estranhos" do episódio; e *The Middle* incorpora os créditos aos últimos momentos do ato final, sem *tag* e sem quebras. Também os dramas podem ter *tags*, mas muito mais raramente, pois é mais comum que eles tenham epílogos propriamente ditos encerrando a história de um modo mais fluido. Quando a *tag* aparece à parte, pode ser usada para dar um vislumbre de uma história paralela que vai se desenvolvendo ou então deixar uma dica do que veremos no episódio da semana seguinte.

Para ficarmos com um exemplo dessa estrutura de roteiro posta em prática em uma série de uma hora, vejamos o típico episódio do drama investigativo episódico *House* – pelo menos nas primeiras temporadas. Nem todos os episódios transcorrerão rigorosamente da mesma forma, claro, mas existe uma sequência que é mais comum e facilmente detectável.

O *cold open* mostra uma pessoa entrando em uma situação de risco e assim desperta a atenção do espectador, que se pergunta o que está acontecendo. Levado ao Hospital Princeton-Plainsboro, o paciente tem seu caso analisado pela equipe de Gregory House no primeiro ato. O tratamento inicial é baseado em pouca informação, e, geralmente, haverá alguma melhora – mas é claro que a doença não era aquela que se cogitava. O paciente não apenas recai, ele piora. Então, pode ser que haja mais um ato só com investigação, no qual o chefe acusa alguém de mentir e cria intrigas em meio aos seus comandados e colegas. No ato seguinte, enquanto os médicos procuram diagnósticos diferenciais e fazem mais exames, aparece um sintoma novo, que leva a uma escalada de situações até chegarmos a um caso de vida ou morte: "Fazemos ou não a cirurgia arriscada? Damos ou não o remédio mais forte?". No ato final, ainda sem saber o que há de errado com o paciente, um irritado House interage com sua equipe, com a família do paciente, com Cuddy e/ou Wilson... e encontra a solução por uma associação milagrosa de ideias que só ele poderia conceber. No epílogo, depois da cura, as eventuais tramas paralelas envolvendo o personagem principal e os secundários dão um passo adiante ou se resolvem, para terem algum efeito mínimo em episódios seguintes.

Seguindo esse formato, serão três ou quatro, talvez até cinco atos grandes ao todo. A quantidade varia segundo o autor que se consulta, o subgênero, a natureza episódica ou serializada, o ano de produção e até o próprio molde da série específica. Essa divisão é geralmente marcada pelos blocos de comerciais, mas as duas coisas só têm essa relação no meio televisivo. Afinal, a quebra de um texto em atos vem de muito antes, de peças e óperas, e, segundo afirmam os teóricos, guarda relação com o funcionamento da psique humana. Ao que parece, espectadores em geral se sentem mais à vontade para acompanhar a ação quando ela se dá por partes, com recordatórios, interrupções e reinícios – na TV, idealmente, a cada 10-12 minutos, um pouco mais ou um pouco menos. Uma novidade recente é a quebra dos dramas mais longos em seis atos, de forma a se veicularem mais comerciais, em detrimento da trama, que fica mais artificial, apelativa (por causa de mais ganchos no final de cada ato) e menos crível. De modo semelhante, comédias de TV, que sempre se basearam em três atos, agora já arriscam uma divisão em quatro com resultados irregulares, dada a pressa de algumas soluções. Mais sobre o roteiro específico delas será visto adiante.

Ao passo que esse modelo de drama já pode ser considerado antigo e clássico em termos de TV, ele não está nada obsoleto. Na verdade, está em pleno uso na segunda década dos anos 2000 e ainda se presta muito bem às séries episódicas. Só que, desde o final do século XX, essas convenções formais vêm sendo fortemente subvertidas e reinventadas, o que tem sido essencial para a chamada Renascença. Programas serializados permitem uma liberdade formal muito maior e quase não seguem uma construção fixa – talvez ainda um arremedo pálido desse esqueleto descrito antes. Para a elaboração de uma série, de um episódio e mesmo de um roteiro, as regras vêm sendo torcidas e até ocasionalmente quebradas em prol de uma visão cada vez mais arrojada.

A criação

7. A solidão do roteirista

Seu trabalho como roteirista de TV é tornar real a visão do showrunner*, não a sua própria.*
– Lee Goldberg, roteirista e produtor, esclarecendo a função de um escritor para a televisão.

A vivência de um escritor no reino da televisão quase sempre começa com o que comumente se chama de "roteiro especulativo" (*spec script*). Se uma pessoa acredita que tem uma boa ideia para um programa que já está na TV, ela resolve, por sua própria iniciativa, escrever um episódio, sem envolver encomenda, pagamento ou mesmo o conhecimento de outras partes. Imagine um roteiro feito em casa por uma pessoa qualquer que se inspirou e achou que podia contar uma história naquele universo, sem prazo a ser cumprido, sem pretensões, sem conexão oficial alguma com o produto original – não muito distante daquilo que a geração da internet conhece como *fanfiction*.

Falando de maneira grosseira e apressada, esse roteiro, por um golpe de sorte, tem de cair nas graças de um produtor da série por obra de um agente, que o aspirante também deve ter a sorte de conseguir. Não tenha dúvida: pode demorar literalmente anos até que alguém resolva ler as palavras de um mero entusiasta que não faz parte da equipe regular de escritores. É tão remota essa possibilidade que o mais certo é que o esforço acabe se mostrando infrutífero, como comprovam os inúmeros *spec scripts* jogados no lixo todos os anos por falta de interesse da produção, inaptidão do amador em acertar o tom ou até mesmo pelo eventual encerramento da série. Mesmo gente de outras áreas dentro da indústria – coadjuvantes, editores, diretores de elenco, figurinistas e afins – tenta enviar *spec scripts* às pessoas influentes com quem tem contato, mas a maioria acaba sendo rechaçada da mesma maneira que os desconhecidos.

Se der muita sorte e tiver seu roteiro lido e apreciado em meio à pilha que se forma, ainda sem envolver um tostão, o roteirista *freelancer* pode então ganhar uma chance em uma equipe fixa de escritores – conseguiu um emprego na área. Sua tentativa inicial pode ser reescrita e se transformar em episódio ou não, e mais uma vez seria questão de sorte. O trabalho conseguido nem precisa ser necessariamente na mesma série para a qual ele escreveu seu roteiro; pode ser um programa que já vem bem estabelecido, já tem sua cara bem delineada. Por isso, ele deve aprender rápido a mesclar seu estilo pessoal e seus pontos de vista com as características da série onde entrou.

São requisitos que o roteirista mostre desenvoltura (escreva para diferentes tipos de série), seja prolífico (porque o ritmo de produção de roteiros é absurdo) e traga muita criatividade à mesa, além de ter conhecimentos pelo menos razoáveis das muitas técnicas de confecção de roteiro. Também é preciso observar que séries "reciclam" o mundo constantemente. Uma referência inesperada é justamente o que cria graça ou curiosidade, ajuda e enriquece o roteiro. Ou seja, escritores devem conhecer muito de textos clássicos, da cultura pop em geral e dos acontecimentos de sua época – e, acima de tudo, conhecer muita, muitíssima televisão. A reverência às outras séries e a coisas que já foram feitas na TV é uma das características mais importantes no universo dos seriados.

Nos Estados Unidos, é essa a grande forma de se entrar no mercado de criação de séries. É só assim, ou então por ter escrito qualquer outra coisa, como um romance de sucesso ou uma peça que alguém calhou de ver. A coisa funciona dessa maneira tão exclusiva devido ao esquema ultraprofissional e industrial – e francamente próximo do irreal – já estabelecido por lá. Em outros mercados, essa iniciação e o processo que se segue podem ser bem mais flexíveis em termos de aceitação de material novo.

8. O pré-natal e o pós-parto de uma série televisiva

Nós produzimos mais pilotos fracassados do que a força aérea francesa!
– Jack Donaghy, em *30 Rock*, estressado com as grandes quantias que sua NBC perdia em projetos ruins.

Em sua imensa maioria, séries de TV são criadas por um escritor que já tem experiência anterior em escrever para outras séries ou alguma vivência similar na área de roteiros para a televisão. Já detentora de algum *know-how*, essa pessoa tem então uma ideia que ela considera nova e adequada para desenvolver em uma série.

Essa ideia, aliás, pode ser inédita ou então adaptada de alguma outra fonte. Além da eventual concepção original, não custa lembrar que séries podem ter outras origens interessantes e inusitadas, partindo dos mais tradicionais livros, filmes, outras séries preexistentes ou mesmo programas de rádio e chegando, no século XXI, às tramas televisivas derivadas de quadrinhos (*The Incredible Hulk*, *Smallville*, *The Tick*, *Arrow*), curtas de animação (*South Park*), comerciais de TV (*Cavemen*), perfis do Twitter (*$#*! My Dad Says*), *podcasts* (*Maron*, *The Ricky Gervais Show*) e canais do YouTube (*Annoying Orange*, *React To That*).

A relação com o cinema, no entanto, continua sendo especial e vem de longa data. Mas falamos aqui de filmes que já existiam sozinhos antes e apenas inspiraram a criação de uma série incidental derivada, ou seja, são duas entidades autônomas, sem qualquer senso de continuidade. Em geral, isso significa adaptar a história e repensá-la decisivamente. Por exemplo, lá na década de 1970, *The Odd Couple* e *M*A*S*H* já se firmavam como duas das melhores adaptações de filmes para seriados de todos os tempos, longe de serem as primeiras ou únicas de sua espécie mesmo naquela época. Ainda que às vezes originados de livros, muitos universos só deram origem a séries de TV depois de ficarem estabelecidos de fato em formato de longas-metragens, como *Columbo*, *Planet Of The Apes*, *Hannibal* ou *About A Boy*.

É fato inclusive que algumas séries alcançaram sucesso e qualidade muito maiores na televisão do que em sua modesta encarnação original, caso de *The Dukes Of Hazzard*, *Highlander*, *Buffy*, *Stargate* e *Friday Night Lights*. Outras conseguiram resultados bem razoáveis nas duas mídias, como *Parenthood*, *Terminator*, *Blade*, *Alien Nation*, *Bates Motel* e *Fame*.

O caso de *Fargo* é emblemático nesse sentido: o premiado longa de 1996 dos irmãos Coen cedeu apenas a ambientação e o estilo a uma elogiadíssima série homônima, em 2014, que a maioria dos veículos especializados noticiou erradamente como sendo "uma adaptação" do filme. Só que não era; a série não trazia nada da trama e dos personagens originais e passou à história da TV por méritos próprios.

Há ocasiões, no entanto, em que o filme original é popular demais e tem uma aura autoral muito forte, difícil de ser igualada. Quando é assim, a própria existência do longa estabelece um patamar altíssimo para se desenvolver uma série de TV, que já é concebida com boa chance de empalidecer frente ao original. Foi o que aconteceu com os clássicos oitentistas *Weird Science* e *Ferris Bueller's Day Off* e suas respectivas derivações televisivas. Mais recentemente, houve uma tentativa de transformar o sucesso cinematográfico *Zombieland* em série, mas a celeuma negativa em torno do único episódio produzido foi tão grande que a ideia acabou, sem trocadilhos, sepultada. Até mesmo *Casablanca*, que já era adaptação de uma peça de teatro, gerou uma série para a TV, que falhou miseravelmente não só em captar qualquer essência do filme como também em se estabelecer como um programa por conta própria.

É importante que o espectador não se deixe levar por notícia de adaptações entre uma coisa e outra, tendo em vista que nem tudo o que é bom para ser filme se presta a ser série, e vice-versa. Aquilo que se completa e se fecha bem em duas horas pode jamais dar certo na forma de um seriado semanal, assim como histórias longas pensadas para a divisão em episódios e temporadas nem sempre vão se dar bem em versão condensada. É difícil explicar por que algumas séries derivadas de filmes dão certo e outras não; o mais provável é que não haja fórmula alguma e que os casos devam ser discutidos um a um. À parte as óbvias diferenças de intenções, os ritmos são completamente diferentes, e mesmo que os roteiristas encontrem meios de adaptar, são grandes as chances de o público encontrar algo bem diferente do que esperava e de o projeto dar com os burros n'água.

Pois bem, assim como acontecia lá com o roteirista amador, esse profissional gabaritado que teve ou adaptou uma ideia também escreverá um *spec script*. Mas a melhor parte é que ele já vai estar em contato com outros escritores e produtores – na verdade, quando o escritor já é experimentado, a dinâmica convencional se inverte, e são os canais de TV que passam a requisitar as ideias do profissional. Conseguir uma reunião com uma companhia produtora se torna bem mais fácil depois de algum tempo no mercado e com o reconhecimento dos colegas.

Uma produtora tem por função justamente captar e analisar essas novas ideias, inicialmente, e depois viabilizar sua produção, entrando em contato com os grandes estúdios e possibilitando toda a organização do pessoal que vai orçar, escrever, contratar atores e equipe técnica. A produtora pode já ser parte de um conglomerado de mídia (que também é dono do estúdio e de emissoras), pode trabalhar sob contrato de exclusividade, de forma que todos os seus projetos sejam sempre produzidos por um mesmo estúdio, ou pode ser independente e vender seu conteúdo para diversos compradores. A maioria das produtoras cujos nomes você vê depois dos créditos finais de uma série são mesmo ligadas a grandes estúdios, do ponto de vista da estrutura empresarial, e produzem programas especificamente como parte deles e com vistas a eles. Mesmo entre essas, há algumas que têm a prerrogativa contratual de agir como *freelancers* para outros agentes, no sentido de que, uma vez rejeitado um projeto pelo estúdio-mãe, ele ainda pode ser oferecido a alguma outra parte interessada.

Em um segundo momento, são os estúdios que vão fornecer as condições materiais – capital, locações e estrutura – para aquele projeto se tornar realidade, e então finalmente fazer seus contatos e vender o produto para um canal de televisão. Aí entra uma curiosidade: as mesmas grandes companhias que são donas dos estúdios e de produtoras também têm canais, mas uma coisa não está necessariamente vinculada à outra. Como já visto, as emissoras têm perfis a serem obedecidos, e muitas vezes o programa produzido não se encaixa; ou então pode acontecer de a emissora decidir deixar de lado um determinado projeto, e o estúdio fica livre para vendê-lo a outro canal.

O resultado é que uma série pode ser produzida, por exemplo, pelos estúdios Walt Disney Pictures and Television, que são ligados à emissora ABC pela gigante Disney, e acabar sendo exibida no canal Fox, de propriedade do conglomerado rival 20th Century Fox. Mas também existem cotas que ditam que uma porcentagem da produção de um estúdio deverá ser obrigatoriamente exibida pelo canal associado ao mesmo grupo, assim como há privilégios à emissora na hora da venda de programas... Enfim, ainda que com regras e acordos, as negociações entre estúdios e emissoras podem ficar mais ou menos livres. Há inclusive uma perspectiva de aumento nessa tendência que reflete as enormes liberdades criativas surgidas nos últimos anos – o livre trânsito como mais uma faceta da Renascença.

O que resulta dessa associação entre criador, produtora e os canais é um conceito que será oferecido à rede e é chamado de *pitch* (traduzindo literalmente, uma proposta a ser "lançada" ou "jogada" para o comprador). Feita essa proposta inicial, a emissora decide dar sinal verde à(s) produtora(s), em associação com o estúdio, para contratar elenco e equipe e filmar um episódio-piloto, ou simplesmente piloto, uma representação da premissa da série que pode vir a ser o seu primeiro episódio. Note como diversas séries dão esse criativo "título" ao seu primeiro episódio ("Pilot" ou alguma variação disso). Executivos então assistem, avaliam potencial, públicos e perfis, expõem as filmagens a audiências-teste fechadas e, se confirmada essa etapa, a emissora fará um pedido inicial de mais episódios – e é importante salientar que literalmente dezenas de *pitches*, e mesmo de pilotos realizados, são recusados todos os anos.

Um ponto fundamental a se considerar é que mesmo o piloto filmado não é um produto redondo e acabado, apenas uma apresentação inicial de um conjunto de ideias que estão sendo testadas no vídeo. Quando elas são levadas adiante, algumas coisas podem funcionar bem e outras não. Por causa disso, é uma característica indispensável aos executivos enxergar além do primeiro plano e assim, quem sabe, dar uma chance para as coisas se ajeitarem além da tentativa inicial ou então cortar de vez aquela premissa que não mostrou potencial para render uma série competitiva. Não é regra um piloto deficiente dar origem a uma série ruim, assim como nem todo (raro) piloto excepcional tem potencial para sustentar muitos episódios adiante.

Isso nos leva a compreender que alguns aspectos da série podem mudar entre a época da gravação e aprovação do piloto e a encomenda dos subsequentes episódios, o que pode levar um tempinho. Nesse intervalo, o piloto pode inclusive ser completamente regravado para atender melhor aos ajustes feitos pelos escritores, depois que eles já visualizaram todos os elementos interagindo no vídeo. É comum, por exemplo, a extinção ou fusão de personagens, a troca de atores pela completa reelaboração de um papel (que pode mudar até de sexo), a manutenção de uma situação original com os diálogos todos reescritos, e também mudanças de uma locação que pode ser adicionada para criar outro ritmo ou de outra que foi cortada do projeto original porque não estava funcionando bem.

Isso acontece não apenas para corrigir desvios e tornar a série mais interessante, mas também para acatar possíveis intervenções da emissora (chamadas "*notes*") e, quem sabe, até pela súbita indisponibilidade de um ator que estava no piloto original e, no meio-tempo, acabou sendo contratado para trabalhar em algum outro projeto. Existe inclusive a prática de atores comprometidos com um piloto ou uma série em potencial assinarem um contrato concomitante com outro piloto em nada relacionado. O atual, que veio antes ou é mais polpudo, é considerado preferencial, e o segundo é chamado de "opção" nos próprios termos dos contratos. Se a primeira série se realiza, o segundo contrato perde a validade; se der errado, aquele outro trabalho estará na fila.

Já ficaram famosos os casos de pilotos abandonados que acabam vazando para as mãos dos fãs, como os das adaptações de quadrinhos *Global Frequency* e *Wonder Woman*, o da comédia/aventura de ficção científica *Heat Vision And Jack* (dirigida por Ben Stiller e estrelada por Jack Black e Owen Wilson), o da comédia *Nobody's Watching* (sobre dois amigos tentando criar séries melhores que as que eles tinham na TV), e mesmo uma primeira versão do piloto de *The Big Bang Theory* com premissa, logotipo, coadjuvantes e cenários bem diferentes, entre muitos outros que frequentam listas na internet. Vale dar uma olhada em muitas dessas preciosidades, seja para lamentar a recusa, observar diferenças, seja para morrer de rir dos tropeços que os executivos conseguiram evitar.

Uma vez cumprido o requisito de oferecimento preferencial à rede-mãe, que financiou o piloto, alguns dos rejeitados podem ser então apresentados a outras redes, talvez mais condizentes com eles, ou então passam por nova etapa de desenvolvimento para que uma eventual boa ideia não se perca apenas por conta de um projeto inicialmente mal executado. Mas é fato que pouquíssimos conseguem sobreviver a essa repescagem, e a maioria das premissas são simplesmente abandonadas depois de mais algum esforço. Uma honrosa exceção se apresenta na figura de *Game Of Thrones*, cujo milionário piloto foi originalmente rejeitado. Enxergando o potencial da ideia e sem querer perder o investimento, a HBO ordenou que o material fosse quase totalmente retrabalhado, e o plano se pagou, levando assim à série de extremo sucesso que se viu posteriormente. Em tempo: a um piloto rejeitado, cabe apenas essa terminologia; nunca faz sentido falar em "cancelamento" de um piloto que foi filmado e rejeitado como fazem alguns veículos mal informados.

Determinados pilotos são produzidos com uma espécie de "obrigação de exibição". São os chamados *put pilots*. Eles acontecem quando a emissora quer demonstrar uma confiança maior naquela possível série, ou pelo menos no piloto em formação, e então se compromete a exibi-lo da maneira como resultar, independentemente de depois encomendar a série ou não. Nesse tipo de contrato, a não exibição do piloto acarreta multas pesadas e possivelmente outras penalidades.

Há casos excepcionais em que um bom roteiro, ainda no papel, pode ser o suficiente para a aprovação da série para um número preestabelecido de episódios. Quando isso acontece, diz-se que a ordem da emissora é do tipo *script-to-series*; a costumeira etapa de apresentação de um piloto é simplesmente pulada. Isso é uma prerrogativa da emissora e não tem momento certo para acontecer, mas se dá mais comumente quando a emissora simplesmente está muito confiante nas ideias apresentadas e no pessoal envolvido, como acontece nos casos de produtores famosos ou astros principais fortes o suficiente, ou então quando a história já é conhecida – uma adaptação de material previamente já explorado de alguma forma, como em outra série, um filme ou um texto clássico. É claro que há casos em que a emissora quer fazer uma certa graça com os envolvidos e/ou o público, como se afirmasse de antemão que determinada premissa é "tão boa" que não precisa de teste. Ou seja, o espectador há de ter certo cuidado com essa estratégia.

A produção de série sem avaliação do piloto é algo mais corriqueiro na TV paga, em que temporadas são pedidas de uma só vez, incluindo o episódio inicial. Mas existem exemplos recentes de séries da TV aberta que receberam esse tratamento, como as derivadas de *Law & Order*, as adaptações *Hannibal* (baseada na história do psicopata Hannibal Lecter, personagem da literatura criado por Thomas Harris e visto em filmes como *Red Dragon* e *Silence Of The Lambs*) e *Dracula* (do texto clássico de Bram Stoker), e também a tentativa de volta à TV do astro Michael J. Fox em uma comédia solo. Esse expediente pode ser usado ainda quando acontece uma coprodução entre a emissora e algum outro distribuidor internacional, o que garante de antemão o financiamento do projeto sem piloto e, ao mesmo tempo, acelera a urgência na entrega da temporada.

Outra variação da regra geral é o chamado *backdoor pilot*. A expressão tem certa abrangência e quer dizer algo como "um piloto que não é apresentado claramente como tal e chega disfarçado de outra coisa". No seu sentido original, o *backdoor pilot* é um longa-metragem para a TV explicitamente realizado com o propósito de apresentar a ideia de uma futura série (em oposição a filmes ou telefilmes em geral que, por acaso, podem acabar originando uma série oportunista). Se a estratégia não der certo, não temos necessariamente um piloto recusado, mas sim um filme feito para a TV como outros tantos. O produto tem como se fechar em si mesmo e até render algum lucro. Esse procedimento já foi bem mais explorado, especialmente nos anos 1980, e então caiu em certo desuso, mas ainda continua uma opção válida para a introdução de uma série nova. Lá no começo da década de 1990, a adaptação original de *The Flash* para a TV começou com um longa desse tipo fazendo o papel de piloto, ainda hoje considerado um dos melhores filmes do gênero de super-heróis. Outro exemplo notório é o da minissérie em duas partes *Battlestar Galactica*, de 2003, especialmente planejada para ser um evento fechado que, se bem recebido, daria origem a uma série regular – o que de fato ocorreu no ano seguinte, levando a quatro temporadas de sucesso.

Mais recentemente, uma segunda acepção para o termo tornou-se muito comum: o uso de um ou dois episódios de uma série já existente para introduzir o conceito e os personagens de uma nova série que ainda está em gestação. Desse modo, aquele episódio em particular vai ter o duplo papel de episódio "comum" da série antiga e de um quase piloto – ou *backdoor pilot* – da série vindoura. Pode-se exemplificar isso com o fato de *CSI* ter, em episódios aparentemente ordinários, introduzido os elementos para *CSI: Miami* e depois *CSI: New York* sem que estas duas tivessem tido pilotos no sentido convencional. A audiência e o burburinho ocasionados por esse teste de terreno darão aos executivos uma ideia do potencial do programa que se pretende criar.

O experiente diretor e especialista em pilotos David Nutter, em entrevista ao *site* io9, deixa uma palavra final a respeito do que deve ser um bom episódio-piloto, independentemente de a série depois decolar ou não: "Que programa vai me deixar emocionalmente envolvido? Que roteiro me faz querer correr as páginas e, quando acaba, me deixa ansioso pelo segundo episódio? É esse que vai ser o vencedor, é ele que tem o que interessa. Se o roteiro do piloto não está bom e só temos os personagens e uma perspectiva de melhora, não adianta. O que não está no papel nunca vai transparecer na ação. Os conflitos, as escolhas de vida são o mais importante. Veja *Roswell*: três garotos alienígenas tentando sobreviver por conta própria. Ou *Sarah Connor Chronicles*: um menino e sua mãe em fuga. Em *Arrow*, o protagonista está voltando para casa e perdeu o pai. São famílias desfeitas, são tentativas de se consertar o que está errado. É isso o que quero ver em um piloto. É um começo, e as coisas decolam a partir dali. Você tem de se sentir parte desse processo".

9. O malabarista que conduz a carruagem

É como pintar um quadro e escrever um romance ao mesmo tempo que você faz sua declaração de renda.
– é assim que o roteirista e produtor Matthew Carnahan (*House Of Lies, Fastlane*) descreve o trabalho de um *showrunner.*

Quando uma produtora aceita fazer um piloto ou quando a emissora o compra (e se torna "parceira criativa", no jargão), elas não estão adquirindo somente aquele produto; estão assinando também com o criador da série, que vai junto para desenvolver melhor suas ideias. Na grande maioria dos casos, ele se tornará o que se chama de *showrunner* do programa. Para comparar: estamos acostumados com a hierarquia do cinema, na qual o diretor é o grande orientador, a grande referência pra se fazer um filme. Todos respondem a ele e à sua visão das coisas, inclusive o roteirista. Em uma série de TV, não é o diretor de cada episódio quem confere a visão do resultado, mas sim o *showrunner* da série como um todo, que é o responsável por tocar adiante o dia a dia do *show*.

Dá para imaginar por que esse é considerado o trabalho mais estressante na produção de uma série de TV. Poderíamos em um primeiro momento pensar na divertida vida do então chamado "escritor-chefe" Rob Petrie em *The Dick Van Dyke Show*, só que a coisa pende com muito mais ênfase para as suadas atribulações de Liz Lemon em *30 Rock*. Além de ser o criador, principal arquiteto e responsável por tudo de bom e de ruim que advém do programa, o *showrunner* escreve muito e tem de participar das reuniões com os outros escritores, fornecendo e discutindo ideias e aprovando roteiros, ao passo que administra o orçamento (mas não decide o investimento da emissora), negocia exigências e contratações com executivos, lida com os atores e seus agentes, auxilia o responsável pela trilha sonora a escolher cada música ou faixa incidental utilizada, discute longamente cada roteiro com cada diretor de episódios e acerta detalhes técnicos com editores, iluminadores, figurinistas e afins.

É importante entender, no entanto, que os roteiros de uma série norte-americana (da maioria delas, pelo menos) são feitos por uma equipe, e não por apenas um redator. A propósito disso, vem ao caso abordar a famosa sala dos roteiristas. A sala é e deve ser sempre considerada pelos participantes das reuniões como aquilo que os norte-americanos chamam de "*a safe place*", um lugar seguro onde ideias loucas, inclinações políticas, piadas ofensivas e experiências pessoais às vezes bem íntimas podem ser discutidas livremente, sem perigo de censura ou achincalhe, tudo para o bem do roteiro e do programa em pauta. De fato, muitas situações da vida dos roteiristas ou de pessoas que eles conhecem acabam mesmo indo parar na tela, seja literalmente, seja com algum exagero dramático (o feriado inventado Festivus, de *Seinfeld*, é um exemplo famoso de uma esquisitice saída da vida real de um roteirista). O *showrunner* deve promover continuamente essa noção de local seguro e fechado aos olhos exteriores.

Da equipe fazem parte o *showrunner*, roteiristas veteranos e novatos (que discutem ideias), assistentes de roteiristas (que auxiliam de muitas formas e ainda tomam notas das reuniões), o profissional chamado de coordenador de roteiros (*script coordinator*), que centraliza os roteiros de toda a equipe e faz o contato com outros setores, e ocasionalmente consultores técnicos e algum ator principal e/ou produtor com poder de interferir na história.

Ao contrário da visão mais comum que se tem dos roteiristas, esse grupo é normalmente composto, na maioria, por pessoas expansivas, sociais e inclinadas a trabalhar em equipe. Devotam muito tempo ao ofício – é normal passar em torno de 12 horas por dia na sala, seis dias por semana, ouvindo e imaginando de tudo – e todos, inteligentes e talentosos, querem ver suas ideias sendo aproveitadas, em um clima, ao mesmo tempo, de colaboração, mas também de competição quanto aos rumos a serem tomados. Ou seja, é bem mais corriqueiro do que se pensa haver discordância e bate-boca durante as reuniões, e cabe ao *showrunner* mediar esses dissensos e transmitir segurança para que o debate continue contribuindo para a construção e não se torne negativo. "A televisão é um meio profundamente colaborativo e, ainda que eu compreenda totalmente por que os roteiristas querem sempre deixar sua marca pessoal no material, no fim das contas nosso trabalho é servir ao programa e ao espectador", explica Kate Powers, escritora-assistente em *Mad Men*, *Breaking Bad*, *Rectify*, *The Good Wife* e outras.

O *brainstorming* com a liberdade já discutida é apenas o primeiro momento da dinâmica desse grupo. Há, então, uma segunda etapa, chamada de "*break the stories*" ou "*break the episode*". Isso não será mais feito pelo grupo inteiro, mas por um roteirista em especial que se destacou dentro daquela discussão – quem deu a grande ideia, quem a desenvolveu ou compreendeu melhor ou quem o *showrunner* designar para tanto dentro do esquema colaborativo. A expressão quer dizer, literalmente, "quebrar a história", ou o episódio ou um roteiro em particular. Isso significa (e a expressão pode ter outros significados em outros contextos) tomar a ideia geral, a sinopse e os muitos detalhes aventados que tiveram o acordo e a colaboração de todos e "quebrar" tudo em situações e diálogos que componham o roteiro final, transformando a ideia em algo prático. É essa pessoa quem receberá o crédito por aquele roteiro.

Considera-se que, no ritmo cotidiano da televisão, um prazo razoável para a escrita da primeira versão de um roteiro para um episódio qualquer fica entre sete a 10 dias, depois de ter sido bem discutido e delineado com começo, meio e fim em reuniões. Essa primeira versão será, em seguida, apreciada pelo *showrunner* e pelos colegas escritores durante novas reuniões; os diálogos e situações serão todos otimizados, e só então o roteiro estará aprovado para produção – tudo isso ao mesmo tempo que novas ideias para novos episódios já estão sendo discutidas e delineadas, e enquanto episódios anteriores já estão sendo editados e fechados para exibição. A última mexida naquele roteiro quase finalizado pode acontecer durante a leitura coletiva pelos atores (*table-read*), quando o roteirista encarregado e o *showrunner* vão ouvir os diálogos na prática e ter uma última chance de reescrever termos, falas ou reações antes da filmagem e de toda a alocação de recursos financeiros e logísticos.

Curioso é perceber que a sala dos roteiristas em si e o clima de constante reunião são regras gerais largamente seguidas, mas há casos raros de séries (notadamente episódicas) nas quais os roteiristas trabalham isolados uns dos outros e se reúnem apenas com o *showrunner*. Nos casos de times em constante colaboração, era comum até em um passado recente que alguém escrevesse somente para um personagem como forma de dar uma voz diferenciada a ele, enquanto outros roteiristas faziam o mesmo por outros personagens. Parece que isso já não acontece hoje na grande maioria das equipes.

O nome do *showrunner* não necessariamente deve aparecer em todos os roteiros; em tese, ele vai ser só o responsável geral pela condução da história. No livro *Showrunners: The Art Of Running A TV Show*, Joss Whedon, *showrunner* em sucessos na TV que depois se transformou em consagrado diretor hollywoodiano, explica que, em sua carreira, identificou dois tipos de *showrunner*. Alguns preferem delegar e deixar o membro da equipe brilhar por sua conta, desde que ele entenda bem a premissa, enquanto outros são controladores e tendem a reescrever todos os roteiros e inserir seu nome como coautor ou mesmo roteirista único, em casos extremos. Fora essa distinção, é claro que, mesmo nos casos mais tranquilos, sempre há aquelas situações especiais, como começos e finais de temporada, ou grandes reviravoltas, quando o chefe toma para si a responsabilidade mais imediata do "*break*". Devemos ter em mente, no entanto, que, mesmo delegando a tarefa para seu seleto time de escritores, o *showrunner* deve estar ciente de cada movimento, cada alteração, cada discussão.

Estendendo um pouco mais a comparação com o cinema, com que tantas pessoas estão mais familiarizadas, podemos dizer que a figura do *showrunner* é tão forte na produção de uma série que a função do(s) diretor(es) dos episódios acaba sendo diminuída e influindo bem pouco na história. É claro que, na maioria dos casos, ainda cabe ao diretor pelo menos opinar a respeito de como conduzir melhor a cena, se não a história – movimentos de câmera, ângulos, posicionamento e inflexão dos atores –, mas a visão criativa a ser impressa no produto final dificilmente será a dele. Como explica Bryan Cranston, ator de *Malcolm In The Middle* e *Breaking Bad*, o diretor muitas vezes será um mero convidado para aquela posição em meio a uma equipe já estabelecida, "então deve sempre se portar como um ótimo convidado".

Em uma mesa-redonda de indicados ao Emmy, o ator Liev Schreiber (*Ray Donovan*) arrisca uma declaração ligeiramente mais controversa. Segundo suas próprias palavras, "nessa era de ouro dos roteiristas, ser um diretor na televisão é um trabalho realmente difícil. Eles são obrigados a se adaptar em um grupo que já está funcionando muito bem sem eles e onde todo mundo é mais importante do que eles. No cinema, eles tinham toda a autonomia, e aí a gente vai e pega esses caras, que são verdadeiros artistas no cinema, e os coloca nessa situação na qual eles têm de trabalhar com outras pessoas por uns oito a dez dias e então ir embora deixando seu produto para trás". Seu colega Josh Charles (que, na mesma época, estava em *The Good Wife*) concorda: "Eles trazem muita coisa boa para o conjunto, mas são frequentemente ignorados".

É comum que pilotos e finais de temporada confiram mais destaque ao diretor, muitas vezes com o próprio *showrunner* ou algum eminente convidado assumindo as rédeas. Mas os episódios "de carreira" são dirigidos, com bem menos pompa, por integrantes de um time mais ou menos fixo e particular daquele programa. Isso não impediu que alguns diretores de televisão com carreiras extensas e brilhantes também se tornassem célebres ao longo dos anos, como James Burrows (com literalmente mais de mil episódios de *sitcoms* no currículo, dos quais mais de 50 foram pilotos), Jack Bender, Timothy Van Patten e Jay Sandrich, para ficar apenas com uns poucos exemplos.

Esse quase descompromisso chega a tal ponto que os próprios atores da série podem arriscar sua mão na direção de alguns episódios quando querem ganhar uma experiência que pode ser útil para a profissão deles. Dirigindo, atores aprendem muito do que exigir de outros atores e entendem melhor o que os diretores querem de uma cena. Assim, não é de todo estranho ver no cargo de diretor nomes como Hugh Laurie (*House*), Laura Innes (*ER*), David Schwimmer (*Friends*), Kelsey Grammer (*Frasier*), Bill Bixby (*The Incredible Hulk*), Jennifer Love Hewitt (*Ghost Whisperer*) e tantos outros que quiseram aperfeiçoar suas habilidades do outro lado da câmera.

No entanto, andam ganhando espaço os projetos autorais de determinados diretores que têm uma visão forte e particular sobre como deve ser conduzida uma série. Em vez do revezamento e da quase desimportância habituais, vemos, de 2010 em diante, alguns poucos diretores conferindo uma feição única a temporadas inteiras, trabalhando ombro a ombro com o *showrunner* que conta sua história. Ainda é uma exceção, uma tendência incipiente limitada a projetos de estimação na TV a cabo, mas é algo a não se perder de vista, tendo em vista a atual movimentação entre o cinema e a TV que veremos adiante.

Voltemos ao *showrunner*. Quando vemos os créditos na tela, o cargo não aparece com esse nome, já que essa não é uma terminologia formal das entidades de classe da televisão. Geralmente, o *showrunner* figura como um dos produtores-executivos (*executive producer*, ou como *supervising producer*), ao lado de outros que podem ou não ser tão responsáveis quanto ele, mas que certamente têm influência sobre o teor do programa, como o dono da produtora ou o ator principal.

É bastante comum que, pelo menos de início, esse cargo seja mesmo ocupado pelo escritor que criou a série. Mas e quando o conceito original veio de outra fonte, como uma série de livros ou um filme? Como já visto, o *showrunner* é "apenas" o encarregado de tocar o dia a dia da série. Ele não precisa necessariamente ser o criador do conteúdo em questão, mas sim o condutor. Em casos de derivação de conteúdo, ele pode ser simplesmente um roteirista que pegou aquela trama e a desenvolveu em forma de série para a TV.

E ainda, dependendo do grau de experiência que o criador tem nessa função e do controle que quer exercer, as funções dos produtores-executivos podem ser exercidas por outra pessoa simplesmente contratada para tal ou divididas por uma dupla ou um grupo, e o *showrunner* terá sempre a posição de escritor-chefe. Para dar um exemplo curioso, na mesma *30 Rock* já mencionada, a criadora, escritora, produtora e protagonista Tina Fey acabou dividindo as tarefas de produção com Robert Carlock – ela cuidava da parte criativa, e ele, de todo o restante.

Quando vemos grandes nomes, que não os dos atores, associados a uma série, pode saber que falamos de produtores, muitas vezes no papel também de *showrunners*, que fizeram do programa a sua voz. Se tantos passam quase anônimos, outros se tornam tão grandes quanto os programas que criaram e, de alguma forma e em algum momento, conduziram. Raros são os que conseguem dar um ar autoral, uma cara única e sempre distinta para seus programas.

É o caso de Gene Roddenberry (*Star Trek*), Norman Lear (criador, desenvolvedor, produtor e escritor de meia dúzia de comédias de grande sucesso nas décadas de 1970 e 1980), Joss Whedon (*Buffy The Vampire*

Slayer, Angel, Firefly, Dollhouse), David E. Kelley (*Chicago Hope, Ally McBeal, The Practice, Boston Public, Picket Fences, Boston Legal*), Dick Wolf (*Miami Vice*, franquia *Law & Order*), Stephen J. Cannel (*The Rockford Files, The Greatest American Hero, The A-Team, 21 Jump Street*, entre outras), Shonda Rhimes (que, em certo momento, criou uma noite só sua na ABC, com *Grey's Anatomy, Scandal* e *The Catch*, além de *How To Get Away With Murder, Private Practice* e *Still Star-Crossed*), Jason Katims (com histórias fortemente centradas em relações humanas e autenticidade, como *Friday Night Lights, Parenthood, About A Boy, Boston Public, Roswell, Us, The Path* e a ovelha negra *Pure Genius*), Steven Bochco (revolucionário com *Hill Street Blues, L.A. Law, NYPD Blue, Doogie Howser M.D.* e *Hooperman*), Bryan Fuller (*Dead Like Me, Pushing Daisies, Wonderfalls, Hannibal, American Gods*) e Glen A. Larson (a versão original de *Battlestar Galactica*, e ainda *The Fall Guy, Magnum P.I., Knight Rider* e os sempre lembrados fracassos *Manimal* e *Automan*). Nesses exemplos, todos os nomes são criadores e produtores das respectivas séries com poderes de vida ou morte, mas nem sempre, ou não em todos os momentos, eles foram os *showrunners* do dia a dia. Curiosamente, a tal "santíssima trindade" da HBO nos anos 2000 foi conduzida pelo que a imprensa chama de "os três Davids" – David Chase (*The Sopranos*), David Milch (*Deadwood*) e David Simon (*The Wire*). São apenas alguns exemplos que se destacam em meio a tantos outros.

Para se ter uma ideia da pressão exercida sobre o *showrunner* iniciante, tome-se o já bem conhecido exemplo de Damon Lindelof em *Lost*. O roteirista, então com pouca experiência, foi chamado por uma executiva conhecida sua, juntamente ao escritor e diretor J. J. Abrams, para desenvolver a nova série, que teria como base uma ideia do executivo Lloyd Braun e um roteiro prévio de Jeffrey Lieber que precisava ser retrabalhado. Até aí, tudo dentro dos afazeres normais. Só que duas questões se levantaram de pronto: ainda no começo, Abrams disse que não queria se comprometer em longo prazo, porque já estava produzindo a série *Alias* e preparando o filme *Mission: Impossible III* (e ele raramente voltou a se envolver, o que derruba a já clássica meia verdade que frequentemente coloca Abrams como "o criador" de *Lost* simplesmente por ter se tornado depois um grande nome; primeiro, porque foi um cocriador tardio, ao lado de Braun, Lieber e Lindelof; segundo, porque sua participação então se resumiu a reescrever partes do piloto e dirigi-lo, além de criar a curta sequência de abertura; terceiro, porque praticamente não teve envolvimento nos meses e anos seguintes. Ou seja, não foi ele quem criou a trajetória de sucesso da série); e, logo na sequência, exibições de teste do episódio inicial reescrito pela dupla se comprovaram um grande sucesso antes mesmo de ir a público. Ou seja, para a ABC ficou claro que havia ali uma boa série a ser encomendada para mais 12 episódios, mas também que caberia a Lindelof capitaneá-la sozinho.

Em entrevista ao *Hollywood Reporter*, Lindelof explica como foi o começo do processo: "Eu não dormia. Ficava viajando o tempo inteiro entre o Havaí [onde a série era filmada] e minha casa. Tudo o que podia dar errado realmente deu. Eu estava com extrema dificuldade para criar histórias e escrever os roteiros. Nunca tinha feito aquilo antes. E todo mundo achava que eu estava fazendo um ótimo trabalho assim mesmo". Quem lê somente a declaração de Lindelof acredita que ele estava totalmente sozinho nesse primeiro momento, mas a verdade não é bem essa. O roteirista Javier Grillo-Marxuach conta, em um artigo tão interessante quanto extenso publicado em seu *site*, que, antes mesmo de começarem as filmagens do piloto, "a ABC financiou um pequeno '*think tank*' de roteiristas para trabalhar bem próximo a Lindelof e Abrams e definir o que a série deveria ser [depois do piloto]". Grillo-Marxuach fazia parte desse time inicial, juntamente com o célebre Paul Dini (de *Batman: The Animated Series*), e descreve Lindelof naqueles momentos iniciais como "visivelmente sobrecarregado". Um dia antes de a primeira versão do roteiro para o piloto ficar pronta, a equipe já se encontrou para desenvolver os conceitos e a mitologia do que viriam a ser os possíveis episódios seguintes. Que fique claro: o primeiro roteiro oficial nem estava fechado, a filmagem do piloto só seria concluída meses mais tarde e a série estava longe de ser aprovada, mas o time já existia então em plena atividade.

Grillo-Marxuach relembra os sofridos primeiros dias: "Nas costas de Damon recaiu a tarefa monolítica de estabelecer qual o ritmo certo não apenas para nossas revelações dos mistérios da ilha, mas também com relação a como negociar com todas as forças criativas que tinham como interferir na série. Mesmo em nosso regime autocrático, no qual se acredita que o *showrunner* é a autoridade máxima, o que se vê ainda é um processo colaborativo no qual um monte de gente – que muitas vezes tem mais poder que ele, especialmente no caso de um novato como Damon – tem como gerar, contestar e burilar ideias até que o *showrunner*, o tempo todo sob a ameaça de veto do estúdio ou da emissora, decida o que vale a pena e o que não. O ritmo criativo de *Lost* nessa primeira fase gestacional, assim como o grosso da primeira temporada, foi ditado então, quase que exclusivamente, pelo gosto e pela sensibilidade muito pessoais de Damon. Era ele, por exemplo, que afirmava constantemente, na sala dos escritores, que relações disfuncionais entre pais e filhos são a raiz de todo o drama, algo que acabou ficando bastante evidente ao longo de toda a série".

Então, para dividir as tarefas, ter um ombro onde se apoiar e poder se concentrar somente na parte criativa, fugindo das demais responsabilidades do cargo de condutor, o desesperado *showrunner* novato chamou seu colega de outras empreitadas e espécie de mentor, Carlton Cuse, que o convenceu a seguir no projeto formando uma dupla de comando. Lindelof confessa que "tinha uma esperança secreta de que ninguém fosse assistir ao programa. Na minha cabeça, nós faríamos 13 episódios de *Lost* e a coisa toda desandaria como em *The Prisoner* [a antiga série *O Prisioneiro*]*:* um desastre épico e caríssimo, que, na realidade, era um programa muito bom".

Mas a história foi bem diferente. Aquela primeira leva de episódios se mostrou um estrondoso fenômeno de aceitação de público e crítica. "Todo mundo queria me carregar nos ombros. Então eu literalmente me fechei na minha sala, tranquei a porta e chorei. Pensava, 'Vamos ter de produzir mais do que isso, não somente os 13 iniciais, talvez até uma segunda temporada'. A sensação foi horrível". O resultado é que Lindelof e Cuse, com um esforço monumental – muito bem documentado pela imprensa ao longo dos anos –, levaram adiante um dos mais bem-sucedidos seriados de todos os tempos até a sexta temporada. E o antes inexperiente *showrunner* se tornaria, nos anos seguintes, um escritor bastante requisitado tanto para a TV quanto para o cinema.

Ele não está sozinho. Outros *showrunners* a cargo de sucessos já deram declarações parecidas em entrevistas – Vince Gilligan, por exemplo, chegou a agradecer pela greve de roteiristas de 2007-2008, que deu a ele tempo para repensar toda a trajetória da então nascente *Breaking Bad*; o astro Kiefer Sutherland diz que Joel Surnow não sabia o que escrever para as últimas 11 horas da primeira temporada de *24*. Muitos certamente passaram apertos semelhantes sem falar nada, enquanto tantos deixaram o desespero mais aparente ao ter de levar ao ar episódios elaborados às pressas para fechar temporadas.

10. Sai um chefe, entra um patrão

Nossa "dança das cadeiras" de showrunners *não é assim tão incomum na televisão.*
– Robert Kirkman, criador dos quadrinhos que deram origem à série *The Walking Dead*, respondendo em seu Reddit AMA a respeito dos bastidores meio tumultuados da série.

Se o próprio termo "*showrunner*" hoje é mais conhecido e essas figuras são mais famosas e mais visadas que em outras épocas, isso é reflexo do mundo muito interconectado em que vivemos, mas se deve também à supervalorização do chamado "gênio criativo" na TV paga norte-americana, cuja produção de séries com alto grau de liberdade criativa vem crescendo tremendamente. Apesar da importância e do papel do *showrunner* na indústria permanecerem os mesmos, nunca antes os fãs puderam conhecer tão de perto as pessoas por detrás de suas séries favoritas, saber seu nome, finalmente ver seu rosto, acompanhar suas notícias e se corresponder com elas. Acredite: você pode nem ter ideia de quem eles são, mas existem muitos fã-clubes dedicados a *showrunners*, verdadeiros cultos ao "grande criador".

Entretanto, ocorre que, às vezes, essa pessoa tão valiosa ao espírito da série se afasta da função ou é demitida. Os estúdios (e, em menor grau, as emissoras) detêm controle sobre quem toca a série em frente. Se não concordarem com o andamento das coisas ou, por exemplo, com atrasos na entrega de roteiros, põem os números na balança e podem simplesmente demitir o principal encarregado se julgarem mais vantajoso. Pode acontecer também de ele se desgastar na função, estar esgotado ou querer deixar o lugar para outro chefe criativo que vá direcionar a série com alguma diferença e assim dar a ela nova vida.

O fato é que a troca de *showrunners* é uma realidade e uma constante no mundo das séries de TV. E é no eventual momento de uma mudança que, muitas vezes, podemos perceber as diferenças de abordagem entre esses profissionais, que estão sempre equilibrando dois comportamentos opostos: um muito focado em microgerenciar criativamente o seu "bebê" a todo custo, como um tirano, e aquele que deve primar por delegar tarefas e conseguir supervisionar todas as áreas ao mesmo tempo sem se transformar em um relapso desinformado. O ideal é que ele seja um misto das duas coisas, mas sabemos que, como em todas as profissões do mundo, existem profissionais de todas as naturezas – e autores em área artística são historicamente custosos.

Aliás, se o *showrunner* em questão é "um artista com uma visão", é de se imaginar como pode ser tensa sua relação com o estúdio e os canais. Para que seu tão esmerado produto chegue às telas de milhões, ele muitas vezes deve se dobrar às interferências de executivos que estão apenas de olho nos lucros, às objeções tantas vezes esquisitas dos departamentos de usos e costumes dos canais, aos cortes de orçamento que vão impedir determinadas cenas de serem filmadas como deveriam, aos setores de *marketing* que vão criar campanhas e comerciais com conteúdo equivocado e daí por diante. Por causa disso, muitos profissionais ficam célebres com apenas uma grande série no currículo e tantos desistem dessa carreira em particular e vão tentar outros setores.

Decorre daí que, no caso de um *showrunner*-criador quase onipotente sair de cena seja lá por qual razão, é difícil que um programa continue sendo exatamente o mesmo, porque muitos dos valores que agradavam aos fãs estavam intimamente ligados às maquinações daquela pessoa. Por outro lado, se as características-chave da série foram bem consolidadas, um bom time de escritores permaneceu e todo mundo sabe o que deve continuar fazendo, a saída do timoneiro não precisa significar o afundamento do navio, apenas uma substituição – porque outro *showrunner* sempre precisa entrar em seu lugar.

Diversos sucessos passaram por esse contratempo e podem comprovar os dois lados. *Cheers* é um bom exemplo: Glen e Les Charles, dois dos cocriadores da série, afastaram-se ao final da segunda temporada, mas isso não impediu que outras nove temporadas viessem na sequência e a transformassem em um clássico das *sitcoms*. Só que também é sempre lembrado o caso de *The West Wing*. As quatro primeiras temporadas do drama político são consideradas pela crítica e pela audiência cativa como um dos pontos mais altos da história da TV, enquanto as três temporadas seguintes, já sem a presença dos dois *showrunners* – Aaron Sorkin, o escritor principal, saiu junto com Thomas Schlamme, que tocava os outros aspectos da produção –, são unanimemente denunciadas por um notável desvio na identidade do programa e na qualidade dos arcos e dos diálogos.

A temporada

11. Uma temporada leva o tempo que precisar

Nem sei mais o que significa uma encomenda de temporada inteira. Eu vi que, em The New Adventures Of Old Christine, *o primeiro ano foram só os primeiros 13 episódios, e aí Julia Louis-Dreyfus ganhou um Emmy por eles. Em* The Office, *o primeiro ano foram só seis, e depois disso eles ganharam uma segunda temporada completa. Então já não tenho mais certeza de como funciona essa coisa de temporada.*

– Tina Fey não fazia ideia de qual seria o futuro de *30 Rock* quando sua série começou a ser produzida.

Pois bem, aprovado o piloto, é hora de se pensar em como será a primeira temporada da série. Uma temporada é uma leva de produção (por esse motivo, é também chamada em inglês de "*production cycle*") e/ou exibição contínua de episódios, com um término previsto conforme acertado em contrato. Ou seja, é uma espécie de encomenda delimitada com um início e um fim. Note-se que o número de episódios na temporada e a época de produção variam a cada contrato.

Não existe uma regra clara de quantos episódios cabem na encomenda inicial da emissora para a temporada inicial. Se falamos de uma série tradicional da TV aberta, geralmente é alguma coisa entre oito e 13 episódios para começar os trabalhos, contando o piloto; se é na TV a cabo, cujas temporadas são bem mais curtas, essa encomenda também corresponde a algo entre oito e 13 episódios, mas com uma pegadinha: na maioria das vezes, isso já vai perfazer a temporada inteira.

Em outras palavras: no cabo, temporadas não são formadas aos poucos, e sim pedidas de uma vez só. Tenha em mente que esses números efetivamente variam (pouco) a cada caso, dependendo dos planos da emissora para aquela série e, às vezes, da própria natureza do seriado.

Então, na medida em que essa leva inicial (*first run*) é exibida e a audiência é aferida, pode ocorrer (ou não) o pedido de mais episódios. Muitas séries podem durar somente esse primeiro momento e ser retiradas do ar, em caso de uma resposta negativa do público. Para a segunda leva, mais uma vez, não existe uma regra única; tudo depende de como foi a ordem inicial e da necessidade da emissora. Se começamos com 13, o mais comum é que se peça o chamado *back nine* ("os nove restantes", terminologia emprestada do golfe), de modo a se completar a temporada-padrão de 22 episódios (13 iniciais mais nove); ou pode ser o caso de o *back nine* até manter esse nome, mas ser constituído de um número maior de episódios; ou ainda podem-se pedir só quatro ou cinco episódios a mais, e depois haver outra ordem, até que se complete a temporada. O que importa é saber que uma primeira temporada na TV aberta não costuma ser encomendada de uma só vez, e sim em sucessivas porções menores.

O leitor pode estar pensando: se a emissora aposta no novo programa o suficiente para chegar a esse ponto de indecisão e então pedir o restante da temporada, por que não aproveitar para renovar a série de uma vez para uma segunda temporada? O raciocínio faz sentido em teoria, mas existe na prática uma questão de custos muito altos, no atual momento e na TV aberta, para a encomenda de uma segunda temporada sem saber em detalhes o comportamento dos episódios até o final daquela primeira leva – aliás, é na encomenda do *back nine* que os produtores fazem a primeira renovação da equipe criativa, deixando para trás muitos dos roteiristas que ajudaram a tirar o programa do chão e chamando outros que irão dar seguimento. Os números da nova leva devem, no mínimo, manter-se estáveis, se já estavam bons o bastante para assegurar a temporada completa, e o burburinho *on-line* tem de aumentar para criar a expectativa para o ano seguinte.

Uma observação curiosa que se tira desse raciocínio é a de que a segunda temporada e as subsequentes são pedidas por inteiro, e não em estágios como a primeira. Parece haver algo nos contratos de produção que estabelece esse procedimento, mas as redes talvez tivessem a lucrar se reestudassem essa história. O espectador talvez tivesse mais motivos para apreensão, já que em todas as temporadas haveria aquela mesma indecisão da primeira; mas, por outro lado, os roteiristas teriam de se esmerar mais a cada recomeço para garantir o novo *back nine*, e isso poderia ser um ganho.

Falando de maneira geral, uma temporada pode ser gravada a qualquer época e vai ter a duração combinada, mas só toma forma mesmo quando vai ao ar. Vamos supor que uma emissora, no mês de março, dê a ordem de produção para uma nova temporada de um certo programa. Nos meses seguintes, são elaborados tantos roteiros quanto for o número de episódios encomendados para aquela temporada, o elenco se reúne (ou se forma, no caso de uma primeira temporada) e acontecem as gravações, digamos, a partir de julho. Se a série estrear em setembro, dizemos que a temporada começou naquele mês. Com relação àquela leva, quando a estreia ocorrer, em setembro, a temporada pode já estar toda gravada ou não. Se não for o caso, as filmagens dos episódios finais podem continuar juntamente com a exibição dos primeiros episódios.

Produzido o número combinado de episódios, o contrato é cumprido, a encomenda é finalizada – mas só quando da exibição do último episódio é que a temporada se encerra. Começa então mais uma época intermediária de novas negociações para uma nova temporada e um respiro do ponto de vista criativo, se for contratada uma temporada seguinte. A equipe começa a pensar em novas histórias e esboçar novos roteiros, o elenco sofre alterações ou não, novos contratos são assinados... mas não há episódios inéditos sendo exibidos.

Esse é, idealmente, o modelo de temporadas. Há variações e outros detalhes envolvidos na prática, inclusive casos em que contratos para mais de uma temporada são celebrados de uma tacada só. E é claro que outros tipos de programa que não as séries abordadas aqui também são pensados em temporadas, como as competições, os *reality shows* e mesmo programas de caráter jornalístico (documentários científicos, apresentações musicais, etc.).

Um parêntese para a questão da identificação. Nos Estados Unidos, chama-se temporada de *season*; na Inglaterra, de *series*. Dizemos que estamos na temporada X do programa Y – por exemplo, a quinta temporada (*season five* ou *series five*) de *Grounded For Life* ou a primeira temporada (*season one* ou *series one*) de *Twin Peaks*, e assim por diante. Se a temporada começa em um ano e termina no seguinte, como é muito comum, usam-se os dois anos como marcadores. Assim, a terceira temporada de *Spin City*, por exemplo, aconteceu em 1998-1999.

Para identificar episódios dentro de cada temporada, as notações variam. Cada equipe de produção usa um código diferente, escolhido segundo normas próprias da produtora. É comum combinar de alguma forma o número da temporada com o número de produção do episódio (que não é a ordem de exibição), mas nem sempre obedecendo a alguma convenção que tenha aparência lógica. Vamos usar como exemplo o episódio quatro da segunda temporada de alguns programas: enquanto em *Babylon 5* ou *Happy Endings*, ele foi o 204 (simplesmente unindo a temporada 2 ao episódio 04), em *The Big Bang Theory*, ele teve a designação 3T7354; em *Buffy*, foi o 5V04; em *Smallville*, o código era 175054; já em *Everybody Loves Raymond*, o quarto episódio levado ao ar foi na verdade o quinto produzido naquela temporada, daí seu identificador 9705 – e o 9704 foi exibido em seguida, ou seja, foram invertidos na exibição, segundo a conveniência dos produtores ou da emissora. Atente, portanto, que a ordem de produção pode diferir da ordem de exibição dos episódios, especialmente em comédias e demais séries muito episódicas. Às vezes, isso pode acontecer por força das tomadas de audiência – um episódio considerado mais sólido pela emissora passa na frente dos produzidos antes, geralmente a contragosto dos agentes criativos. Isso de fato terá um efeito negativo mesmo na continuidade de séries episódicas, e voltaremos a essa particularidade adiante, quando falarmos de motivos para cancelamentos. Mas, no momento, é tudo em nome da maior audiência.

Na internet, os fãs costumam se referir exclusivamente à ordem em que os episódios são levados ao ar, usando as notações s02e04 ou 2x04 (para *season 2, episode 4*). Já a imprensa, quando precisa se referir a um episódio em particular (como no caso das *recaps*, discutidas mais à frente), costuma usar algo como 2.04.

Na televisão norte-americana, existem épocas preestabelecidas, ainda que flexíveis, para o começo e o término de temporadas de séries. Curiosamente, esses períodos do ano também são chamados de temporadas ("*seasons*", do mesmo jeito). Talvez até pudéssemos fazer uma distinção desse segundo sentido de temporada apelando a uma tradução que chegou a existir por um curto período no Brasil – "estação" –, mais literal e talvez até mais condizente com as estações do ano; talvez fosse uma forma de diferenciar melhor as duas coisas. Mas é fato que a palavra "temporada" está consolidada nos dois sentidos.

A mais tradicional e prestigiada, além de mais familiar aos espectadores, é a *fall season*, ou "temporada de outono" – note que, se falamos do hemisfério Norte, o outono começa em setembro. Esse começo de uma nova temporada de TV pode acontecer desde meados de setembro (sem uma data bem definida) até meados de outubro (idem), às vezes se adiantando ou se estendendo. É a época de estreias por excelência da TV norte-americana, mas essa é apenas uma regra comum, não uma imposição, e depende inclusive de quantos episódios foram encomendados para uma determinada temporada. É importante observar que esse é um uso consagrado na televisão aberta dos Estados Unidos, mas não é como ocorre em outros mercados ou mesmo na TV a cabo daquele mesmo país.

A quantidade de episódios em uma temporada pode variar bastante. Inicialmente, pode-se considerar como um padrão na TV aberta a encomenda de 20 a 26 episódios por temporada (22 como ideal, daí a conta anterior de 13 iniciais mais o já visto *back nine*), o que não casa bem com a estratégia de começar em setembro e terminar em maio, período que abrange aproximadamente 30-35 semanas. A diferença é coberta por reprises de episódios, que existem para evitar concorrências muito fortes na mesma noite de um evento ou então para o espectador se atualizar; pelo hiato de fim de ano, conforme veremos adiante; por uma ocasional programação especial, como eventos esportivos e entregas de prêmios, como os Oscars, Emmys ou Golden Globes; ou ainda a série pode ser temporariamente substituída para depois voltar e exibir seu final em abril e maio, por exemplo. É certo, entretanto, que sempre haverá uma exibição seguida de inéditos na época de estreia (seja o outono norte-americano, seja qualquer outra) e de aferição de audiência (novembro, fevereiro e maio) pela importância comercial que essas épocas representam.

A discussão sobre o tamanho da temporada não tem como ser estrita, porque passa por algumas variáveis e não há uma regra absoluta. Para começar, é preciso determinar se estamos falando de uma série da TV aberta ou da TV paga. No cabo norte-americano, é comum que só sejam produzidos de oito a 13 episódios por temporada, geralmente sob justificativas, primeiro, de reduzir o custo do programa e, segundo, de que o longo período de entressafra é essencial para se manter a boa qualidade dos roteiros (e um terceiro motivo vem sendo aventado: aplacar a ansiedade e diminuir a necessidade de compromisso dos espectadores). Existe uma tendência incipiente, iniciada em meio à movimentação da Renascença, de os canais abertos encomendarem temporadas mais curtas tendo como base o modelo bem-sucedido da TV paga. Mas atente-se que, enquanto o passar dos anos não provar o contrário, isso continua a ser apenas uma tendência genérica, uma experimentação possível aqui e ali, em especial aplicável a programas estreantes ou que estrelam nomes importantes com carreiras estabelecidas no cinema, por exemplo. A regra das "Quatro Grandes" (e da CW) continua a ser a de temporadas mais longas, em particular para os dramas serializados – é fato que a TV aberta continua apostando na estabilidade das temporadas longas, que dão mais tempo de atrair espectadores para um programa só, em vez de fragmentar ainda mais a audiência já dispersa dos dias de hoje, mas isso tende a mudar.

Para estabelecer o tamanho da temporada, temos ainda de saber se é uma temporada "cheia" ou se o programa será apenas um substituto de *midseason*. Também há uma variação de época; já foi comum encomendar mais de 30 episódios em uma só temporada completa, mas a fórmula foi burilada principalmente por questões econômicas até que se chegasse a essa média entre 20 e 26. Uma temporada que, por qualquer motivo, foi pensada como substituta costuma ter a metade disso, justamente entre 10 e 13 episódios. Mas como fica o caso de *Homicide: Life on the Street*, que teve apenas quatro episódios em sua segunda temporada em plena NBC (ou seja, uma rede aberta) e em plena década de 1990?

Durante a greve dos roteiristas de 2007-2008, muitos programas que estavam no ar tiveram suas temporadas diminuídas para números arbitrários, dentro das possibilidades de cada série (merece ser observado que a mesma greve também sepultou pelo menos uma mão cheia de ótimos programas que começavam então e não tiveram chances de crescer). Ocasionalmente, há a celebração de contratos fora do usual, que podem, por exemplo, prever de uma vez só a produção de duas ou mais temporadas ou ainda de um número pré-combinado de episódios, como ocorreu na série *Anger Management*, do FX: foram 10 episódios para testar o terreno em uma primeira leva, com previsão de nada menos que 90 adicionais, no caso de aprovação. Isso, claro, é altamente excepcional e é uma estratégia que o próprio canal qualifica como experimental e passageira, especialmente depois que outras séries que seguiriam esse modelo foram abandonadas com apenas os 10 iniciais. Será que, com 90 episódios semanais encomendados à disposição, os roteiristas vão saber o que fazer até o fim? E será que trabalharão duro para reter a audiência conquistada naquele começo promissor?

Apenas aproveitando a deixa dada pela questão contratual, vale esclarecer que os acordos para produção de episódios ocorrem completamente à parte de negociações salariais com atores. Os contratos de protagonistas e coadjuvantes têm funcionamento independente, com sua própria data para expirar, e serão reajustados ao fim de algum ciclo determinado (como uma temporada ou duas) de acordo com o sucesso da série. Ou seja, a série em si pode ter renovação para sabe-se lá quantas temporadas seguintes, mas a presença dos atores (e mesmo do *showrunner*) não é garantida para aquele período. É essa renegociação, baseada em lucros obtidos pela rede, que tantas vezes leva uma série a continuar no ar mesmo sem determinados astros que fizeram seu sucesso nas primeiras temporadas. Inclusive – é bom esclarecer, ainda que pareça óbvio para muita gente – na maioria das vezes em que um personagem antigo e estabelecido desaparece abruptamente de uma série sem tempo para uma solução criativa digna, em especial entre temporadas, isso se deve a desacordos envolvendo dinheiro e/ou tempo de contrato, o que certamente implica risco para a identidade da série em questão.

As séries na TV aberta que têm mais de 20 episódios por temporada, em especial as serializadas, devem ser estruturadas de maneira que não cansem os espectadores pela falta de consequências reais para os atos dos personagens. Ou seja, deve haver surpresas espalhadas, direções inesperadas, um pouco de choque ou um chamariz a cada episódio ou punhado de episódios de modo a manter o espectador interessado na história maior (o chamado *payoff*, ou a "paga" da série). As temporadas da TV a cabo, sendo mais curtas, podem se aproveitar disso por outro caminho, criando uma tensão crescente que só se resolva no final da temporada, e talvez ainda deixe um gancho espetacular a ser explorado na temporada seguinte. O que deve ser explicitado de diferença entre ambas é o tamanho dos arcos e seu devido fechamento. Exigir a atenção do público por mais de, digamos, uns 12 episódios sem entregar bons resultados pelo menos parciais é geralmente tido como abusar da paciência do espectador.

Deve-se levar em conta também que esses números valem nos Estados Unidos, mas que séries inglesas dificilmente passam de 12 episódios por temporada, chegando a existir temporadas que se resolvem em dois ou três episódios – *Taggart*, uma das séries mais longevas da TV inglesa, começou a ir ao ar em 1983, mas só décadas depois ultrapassou os 100 episódios, algo que nos Estados Unidos costuma acontecer depois de uns "meros" cinco anos. Isso se deve em boa parte, como não poderia deixar de ser, a um aspecto econômico: as redes norte-americanas são muito mais ricas, têm um mercado de anunciantes muito maior que as inglesas e ainda contam com as vendas de direitos de exibição a outros canais. Portanto, podem destinar muito mais dinheiro às suas muitas produções. Isso implica mais episódios por temporada e mais gente trabalhando em uma mesma série. A maioria das séries britânicas tem produção bem mais modesta e é escrita por uma ou duas pessoas somente, não por um time de roteiristas trabalhando sem parar, como nas norte-americanas.

Para os britânicos, essa situação tem um outro lado. Se as redes não encomendam muitos episódios de um programa por ano, isso significa que roteiristas e atores podem usar o restante de seu tempo para variar suas atividades, e eles efetivamente o fazem, escrevendo e atuando não só em outros programas de TV, mas também no cinema e no teatro.

Justamente pelo ritmo de trabalho muito mais intenso do mercado norte-americano, é comum uma certa hesitação entre os atores em assumir um compromisso com uma série. Se ela recai nas graças da audiência, aquilo se torna um trabalho certo e fixo (e um pagamento idem), com um texto forte no qual se apoiar e a possibilidade real de reconhecimento do grande público. Mas isso também significa passar a maior parte do ano ligados a uma equipe que vai mudar pouco e a um mesmo personagem que eles irão interpretar durante muito tempo, somente com chances ocasionais de uma escapadela rápida durante as temporadas para fazer um filme, por exemplo.

12. Somos a audiência, tememos a audiência

Todo mundo [na indústria] sabe que ninguém se importa de verdade com isso. Todo mundo sabe que esses números não representam nada. Só estamos esperando um sistema morrer. Estamos sangrando montanhas de dinheiro dessas corporações gigantes que não sabem valorizar outra coisa além desses números. E não há nada para substituí-los quando eles se forem. Não há outro vagão no qual pular. Só estamos esperando o capitalismo acontecer do jeito que ele sempre acontece, cavando até o fundo de uma coisa que está funcionando bem, tentando tirar disso até o último tostão, e, em certo momento, vamos perceber que o próximo centavo está fora do nosso alcance. Então, vamos descobrir, como que em um passe de mágica, como medir a audiência de um jeito diferente. Até que esse dia chegue, vamos continuar discutindo se tal número é melhor ou pior do que aquele, em uma escala que foi criada para medir coisas nos anos 1920, ou 1930, ou 1950. [...] Você não mede o peso de uma mosquinha de banana usando a mesma balança que usaria para medir o meu peso ou o seu. [...] Eis o que vai continuar acontecendo: cada vez menos gente vai assistir aos comerciais. E cada vez menos gente vai assistir a mais e mais programas. E é assim que as coisas vão acontecer.

– perguntado a respeito da incrível fragilidade dos conceitos atuais de fracasso e sucesso de público, o *showrunner* Dan Harmon expressou o que a maioria do setor criativo pensa a respeito dos números de audiência.

Já foi visto que um momento importante da programação da TV aberta acontece a partir de setembro, na chamada *fall season*, com uma nova leva de temporadas e séries estreantes que vão rejuvenescer a grade e despertar a atenção dos espectadores ávidos. Mas, afinal, por que começar justamente naquele mês, e todas ao mesmo tempo? E por que seguir esse modelo de temporadas fechadas e identificadas por números, em vez de dar uma continuidade irrestrita a um programa e, poderíamos dizer, "ir produzindo" indefinidamente?

Como não poderia deixar de ser, as razões são profundamente econômicas e se refletem em pelo menos três aspectos fundamentais. Começamos pelo fato de que a programação televisiva herdou suas práticas e sua terminologia do rádio. Já era estabelecido daquela época que a audiência tende a rarear durante o verão (julho e agosto), quando supostamente as pessoas tendem a viajar ou a ficar menos em casa, de forma a aproveitar mais o clima e as férias escolares, que, nos Estados Unidos, são mais longas no meio do ano. Pausar a programação durante esse tempo significa, portanto, pelo menos em teoria, corresponder às práticas e aos anseios da maioria da população.

Desse modo, faz sentido começar as temporadas depois do verão e assim atrair a audiência somente quando ela estiver mais disposta a ficar em casa e ver televisão à noite. Quando todos voltam ao trabalho, à escola e às suas rotinas, há também uma nova temporada de TV a ser desfrutada desde o começo, no horário nobre durante a semana. Esse pensamento persiste há anos e existia mesmo quando o modelo de temporadas era um pouco diferente do que observamos hoje, indo somente até fevereiro.

A divisão, por sua vez, permite a venda de pacotes de publicidade bem definidos por temporada. Isso porque, da mesma forma como as emissoras firmam contratos com os estúdios para a produção de temporadas bem particularizadas, elas também estabelecem preços e condições particulares para anunciantes considerando aquele período fechado. Para tornar isso possível e bem direcionado, serão sempre avaliados a quantidade de pessoas que veem o programa e o perfil típico dessa audiência.

E como fazer essa identificação tão eficaz? É quando entra a terceira faceta dessa organização: os números da Nielsen Media Research (ou Nielsen Pesquisas em Mídia, em tradução livre), a companhia responsável pela medição de audiência da televisão norte-americana, de maneira muito similar ao que faz o IBOPE no Brasil. Aliás, praticamente tudo o que for dito a respeito da Nielsen nos Estados Unidos é também verdade em alguma medida para o IBOPE, com eventuais adaptações aqui e ali.

Ao contrário do que muita gente pensa, a Nielsen não presta um serviço público. É uma companhia privada que é paga por seus contratantes (emissoras e anunciantes) para medir ao que os espectadores-consumidores assistem (e também o que eles adquirem em outras áreas de entretenimento e consumo, como a música). Seus métodos de medida vieram do rádio e foram adaptados para calcular a audiência televisiva a partir da década de 1950, dando origem aos populares *Nielsen ratings* (índices Nielsen) para a TV. Esses números são tomados na tentativa de refletir bem não apenas as quantidades (número de pessoas que assistem a um programa em determinado horário), mas acima de tudo os dados qualitativos (quem são essas pessoas, especificadas por gênero e faixa etária).

E se engana quem pensa que o foco primário da medição são os programas: na verdade, o que todos querem saber é quem estava assistindo aos comerciais veiculados durante aquela transmissão. Essa é a principal razão, inclusive, pela qual não se considera em absoluto a audiência de uma série fora do território dos Estados Unidos – em outras palavras, não importa se a série é popular no Brasil ou em qualquer outro país. Até hoje, o destino dela é decidido somente com base nos números tomados pela Nielsen dentro do país. Alguns jornalistas especializados especulam que isso pode mudar: com toda a revolução tecnológica na forma de se ver TV, aliada à já intensa internacionalização de parcerias, serviços e marcas comerciais e à própria qualidade da Renascença, outros mercados do mundo estão ganhando cada vez mais relevância, a exemplo do cinema. Não deveria ser surpresa se, timidamente, alguns começarem a ser contabilizados para o público geral de uma série e seu faturamento, para além da simples venda de direitos de exibição para os canais de fora dos Estados Unidos.

Vem daí um grande questionamento: é importante para o espectador conhecer os números Nielsen? Bem, não é importante analisar os detalhes geográficos, por exemplo, mas os programas preferidos de todos nós dependem desses números para continuar existindo. Caso alguém deseje entender a permanência no ar ou o cancelamento de alguma série (ou o adiamento, ou o pedido de novos episódios ou o que quer que venha a acontecer com o programa), pode investigar a história daquele programa em números e então verá o sentido das decisões tomadas.

Desde a década de 1970, desenvolveu-se a medição com base em dois *fronts* diários (nacional e local) e mais as chamadas *sweeps* em épocas específicas do ano. No caso das leituras diárias nacionais, são eleitas as grandes regiões de interesse de anunciantes (os 120 maiores mercados norte-americanos) e escolhidas algumas famílias (então apelidadas de "*Nielsen families*") para abrigar em casa um dispositivo de medição que vai acoplado ao aparelho de TV. Essa participação se dá em caráter temporário (em torno de dois anos), e a escolha é feita por meio de entrevistas. Para a medição nacional diária, esse dispositivo costuma ser o chamado *people meter* (ou *peoplemeter*).

Estima-se que, em 2014, haja medidores em por volta de 20-23 mil casas norte-americanas. Os números são apenas, digamos, "especulações bem-informadas" dos *sites* que fazem cobertura televisiva, uma vez que o próprio instituto não divulga a quantidade exata de famílias. O aparelho tem como grande recurso a capacidade de distinguir os muitos usuários de uma mesma casa por meios de códigos que as próprias pessoas digitam para se identificar. A captação de dados acontece quando essas pessoas assistem ao programa (e aos comerciais, o que é de suma importância) ao vivo, no momento em que ele está sendo transmitido.

É importante ressaltar que os gravadores de programação, como o TiVo, já eram bastante populares nos Estados Unidos (quase 50% de penetração nos lares, em dados de 2012 fornecidos pela própria Nielsen) bem antes de chegarem ao Brasil, onde conversores de TV a cabo com disco rígido embutido aportaram com um atraso de muitos anos, sem necessariamente se difundir da mesma forma. Não dá para minimizar seu impacto, acima de tudo negativo, na disputa por audiência. A pessoa passa a ter opção de gravar um segundo programa (ou até mais de um, no caso de aparelhos mais sofisticados) no mesmo horário em que assiste a um canal ao vivo, mas só vai assistir à gravação quando for mais conveniente para ela.

Se o programa gravado for assistido até as 3 horas da manhã daquele mesmo dia, com os comerciais, o *people meter* ainda conta essa exibição como válida para aquele mesmo dia (*same day*). O medidor também tem como saber se o espectador do programa gravado avançou ou não os comerciais e coleta informações a esse respeito. O mais surpreendente com relação a essa medição é a descoberta de que muita gente continua assistindo aos comerciais, mesmo com a possibilidade de adiantar para o bloco seguinte. "Os *ratings* mostram que as pessoas estão assistindo aos comerciais mesmo quando veem o programa gravado", revela Pat McDonough, vice-presidente sênior da Nielsen. A executiva especula que as razões para isso podem incluir comerciais mais atraentes, o fato de muitas pessoas simplesmente gostarem de assistir às propagandas, a comodidade de não mexer no controle remoto durante o programa ou mesmo o esquecimento de muitos espectadores de que estão assistindo a uma gravação.

Existe ainda uma coleta de dados que leva em consideração as 72 horas seguintes à exibição original (chamada Live+3 ou C3). Foi o primeiro esforço da Nielsen em computar a audiência que não era ao vivo, ainda em 2007, em seu então novo programa chamado "medição de audiência total" (*total audience measurement*). No começo, a iniciativa foi tida pelos anunciantes como bem pouco relevante, mas em 2016 já é considerada pelos canais como uma medição importantíssima e tão desejada pelas redes quanto a audiência divulgada no dia seguinte. Primeiro, porque mostra de forma um pouco mais realista o alcance do programa em questão, não importando se visto ao vivo ou gravado; segundo, porque a diferença de audiência entre programas pode cair e assim mostrar que quem era considerado deficitário está, na verdade, sendo competitivo. Entretanto, em termos de *ranking*, o que o cômputo geral mostra é que os gravadores digitais apenas reforçam os dados obtidos da audiência ao vivo, sem mudar a posição dos mais e menos assistidos. Os números dos retardatários acabam representando um inchaço generalizado dos números diários quase que por igual, e não mudam dramaticamente a posição de "vencedores" e "perdedores" de cada noite, mas mesmo assim possibilitam desempates e reavaliações da audiência absoluta aqui e ali. Afinal, esse aumento dos números somados é ainda uma excelente notícia para os investidores, representando maior exposição de uma forma ou de outra.

Com impacto ainda incipiente para os anunciantes, mas apresentando resultados cada vez mais significativos para as emissoras, está a medição referente aos sete dias seguintes à exibição (o Live+7 ou C7), introduzida em 2012 dentro da mesma iniciativa da Nielsen. O que se observa nessa leitura é um alcance ainda mais efetivo do programa em termos absolutos. Como diz Jeff Bader, presidente de programação da NBC, "o Live+7 não representa uma audiência 'potencial' do programa, mas sim uma real audiência do programa". Mesmo em pleno janeiro de 2016, durante o encontro bianual da Associação de Críticos de Televisão (TCA), o presidente da Fox Television, Gary Newman, confessou que "monetizar a audiência fora da Nielsen continua sendo um desafio para nós". O executivo revelou que contratos de publicidade mirando a medição C3 já tinham se transformado em regra naquele momento, e acordos envolvendo o C7 estavam rapidamente se tornando uma realidade entre as redes, o que já era conhecido desde 2014.

Para o cabo, entretanto, esse índice já é considerado tão mais representativo que, no fim de 2014, a HBO e o FX estabeleceram como regra para 2015 que não mais divulgariam a audiência chamada de *overnight* (aquela que junta a audiência ao vivo com o *same day*) logo no dia seguinte, mas somente o total observado ao final de uma semana depois da estreia do programa (o Live+7), contabilizando todos os espectadores do período. Com isso, os canais procuram delinear um quadro mais realista de seu prestígio, acabando de vez com a ênfase na medição tradicional e com o conceito de *appointment television* (ou "programação com compromisso de horário") e criando, claro, uma distorção comparativa significativa quanto aos seus concorrentes.

Fora desses contextos, no entanto, considera-se que os gravadores armazenam os episódios para serem assistidos em quaisquer outras situações, que acabam representando audiência literalmente nenhuma para o programa, mesmo que ele esteja efetivamente sendo assistido em algum momento e mesmo que os comerciais sejam gravados e vistos também. Ainda que os anunciantes não percam de vista essa perspectiva dos "dias seguintes", eles começam a rever a exclusividade de seu investimento em comerciais para a TV (sempre, e ainda, o mais vultoso), buscando pouco a pouco anunciar também em outras mídias para onde aqueles mesmos espectadores possam ter migrado para acompanhar suas séries, como as caixas de DVDs e os serviços disponíveis na internet.

Bem, então, durante a madrugada, todos os dados colhidos pelo *people meter* são automaticamente enviados para a central da Nielsen, na Flórida. Logo de manhã, a empresa já divulga à mídia e às emissoras os primeiros números da noite anterior, mas ainda sem levar em consideração, por exemplo, os diferentes fusos horários do país. Os números consolidados são divulgados à tarde. São geralmente fornecidos três valores, e sua leitura pode ser um tanto misteriosa.

O formato, em um exemplo aleatório, é similar a 4.4 – 1.2/5 (usando a notação original norte-americana). O primeiro valor (4.4) tem pouco uso para os publicitários. Ele indica o número absoluto de casas, em milhões, que foram expostas àquele programa naquele horário, sem quantificar quantas pessoas estavam em frente à TV. É, portanto, uma medição em quantidade de casas ou aparelhos de TV, mas não quanto ao número de pessoas e às características de cada uma. Todos os anos, é feita uma pesquisa para recalcular o sempre crescente número total de domicílios com aparelhos de televisão nos Estados Unidos.

Já o segundo valor (1.2) é chamado de *household rating* e não é mais um número absoluto. Representa a porcentagem do total de casas que têm TV, sem diferenciar o que as pessoas estavam fazendo naquele momento, como lendo, cozinhando, trabalhando, vendo TV ou qualquer outra coisa – às vezes, elas nem estavam em casa.

No exemplo, ele diz que 1,2% de todos os aparelhos de televisão existentes nos Estados Unidos estavam vendo aquele programa, o que ainda não é uma informação tão valiosa.

O terceiro valor (5) reduz o foco para o que interessa: é a porcentagem dentro do total de TVs ligadas e exclui quem estava fazendo outras coisas. Em outras palavras, de todas as TVs que estavam ligadas recebendo alguma coisa naquele momento, 5% estavam naquele canal vendo aquele programa. Esse número é chamado de *share* (participação), porque representa a participação real daquele programa entre as pessoas que estavam efetivamente em frente à televisão.

Para ilustrar melhor, vejamos uma situação radical. Vamos supor que todos os televisores dos Estados Unidos sejam desligados, com exceção de um único, que faz parte das famílias Nielsen. A audiência absoluta de todos os programas, claro, vai ser zero, com exceção de um canal, que terá a audiência de uma pessoa (representando algo como 20 mil outras pessoas). Esse programa marcará um número bem menor que 0.1% em *household ratings* (só uma televisão ligada no país, representando algumas mil, por ser uma família Nielsen). Mas o *share* seria de 100%, porque qualquer TV ligada (sabemos que é uma só, representando uma parcela maior) estava sintonizada naquele programa. Ele, sozinho, conseguiu toda a audiência do horário.

A estatística mais importante para emissoras e anunciantes e para determinar o destino de uma série é o *share*, pelo fato de que ele pode ser tomado por grupos separados por sexo e faixa etária. Portanto, os números Nielsen mais divulgados e comemorados pelas emissoras não são, na verdade, aqueles relativos à audiência como um todo, mas aqueles focados em alguma parcela dos espectadores. Como regra geral, essa parcela é a situada entre 18 e 49 anos, o público mais cobiçado pelos anunciantes. A terceira parte da leitura divulgada (no exemplo, o valor 5) quase sempre vai se referir a esse público, e não ao público em geral. Em qualquer caso, os gráficos mostrados na mídia ou aos executivos de propaganda sempre deixam claro a qual grupo o *share* se refere.

Dependendo da necessidade da emissora, pode-se calcular um *share* para um grupo ainda mais específico, como, vamos supor, "mulheres entre 20 e 29 anos". Partindo do exemplo proposto, os registros conseguidos com o *people meter* então teriam como dizer algo do tipo "daqueles 5% vendo o programa, metade fazia parte do público desejado para o programa em questão, de mulheres entre 20 e 29". Por esse motivo, é comum a imprensa se referir ao *share* pelo nome ainda mais específico de *demo*, ou "grupo demográfico".

Em última análise, portanto, o índice Nielsen é uma ferramenta que coleta dados demográficos de espectadores específicos e não mede exatamente a popularidade de um programa. Esses números são efetivamente tomados todos os dias, e os contratantes da Nielsen os usam para discriminar com alto grau de exatidão qual programa (com tais e tais anunciantes bem particulares) está sendo visto por qual público, e se aquela parelha anunciante-público está ou não dando certo. Calcula-se ainda a retenção de audiência entre um programa e outro, para se saber quais seriados combinam melhor entre si e assim se formar uma continuidade de interesses.

A audiência dos canais pagos é tomada juntamente com a da TV aberta, mas os números são considerados e divulgados em separado. Isso porque mesmo o *basic cable*, que é muito popular, não tem a mesma penetração que os canais transmitidos pelo ar, e a concorrência não pode ser encarada nos mesmos termos – ainda que, claro, ambos dividam exatamente o mesmo público total. Uma boa audiência no cabo não significa a mesma coisa que uma boa audiência em um canal aberto.

É fato também que esses números variam muito com os anos. Já foi comum conseguir audiências de 20 a 30 milhões de espectadores para algum evento na TV aberta; hoje, é de se comemorar quando esse número chega perto dos 20 milhões. A concorrência entre canais aumentou, o cabo ficou mais popular, o número de pessoas gravando um programa é altíssimo e a fragmentação dos meios (concorrência com a internet, principalmente) nunca foi tão grande. E deve-se lembrar que essa audiência não é dividida somente entre séries como as definimos antes, mas também entre programas de talentos (às vezes titânicos, como *American Idol* ou *Dancing With The Stars*), eventos esportivos (que têm uma audiência bastante expressiva), *reality shows* dos mais variados e absurdos e programas jornalísticos no período da noite.

Ao lado dessa medição nacional diária, existe outra forma de medição similar que é tomada localmente (também todos os dias) nos maiores mercados dos Estados Unidos. Ela é chamada justamente de medição local. Ao que consta, é feita com outras famílias e, claro, tem seu valor para os anunciantes, mas os dispositivos usados não aferem dados demográficos detalhados. É aí que entram as *sweeps* (literalmente, "varreduras"), justamente para complementar ou, melhor dizendo, para refletir com mais fidelidade os dados demográficos da medição local.

Em quatro épocas do ano – semanas em fevereiro, maio, julho e novembro – são enviados formulários às famílias Nielsen participantes da medição local (e, aparentemente, também a outros cidadãos selecionados, mas a Nielsen não divulga a metodologia exata) com questionários bem específicos, discriminando detalhadamente toda a audiência da semana em pormenores. Como não poderia deixar de ser, esses dados extras são especialmente valorizados tanto pelas emissoras quanto pelos anunciantes. Com isso, é costumeiro que o espectador tenha, naqueles quatro momentos do ano, uma programação mais "suculenta", com mais episódios duplos, participações especiais, tramas diferenciadas, eventos e outras jogadas de *marketing* que, em situação normal, não fariam parte da grade cotidiana.

Ora, se uma importante medição de audiência é realizada em maio e aquele mês representa o final da temporada de outono da TV aberta, as emissoras então tratam de "enfeitar" os episódios finais de suas temporadas, de modo a gerar números melhores para apresentar aos anunciantes. Ou seja, nos finais de temporada acontecidos em maio, espere o popular gancho, aquele acontecimento deixado no ar nos momentos finais e que só será resolvido na temporada seguinte: revelações bombásticas, sacudidas no elenco, casamentos, nascimento de bebês, retornos inesperados, casais que finalmente se descobrem aos beijos, mortes, formaturas e daí por diante. Em tempo: essa previsível estratégia, depois de décadas, dá sinais de desgaste. Os roteiristas têm cada vez mais introduzido os tais choques dramáticos no meio da temporada, levando a história para um ponto completamente diferente e culminando, nos finais, em algo que o público realmente não tinha como antever. Ponto positivo para uma TV mais original, ponto potencialmente negativo em termos de tramas menos realistas e mais novelescas. A conferir.

Por causa da recente descentralização das épocas de estreias e da diversificação dos meios de se assistir a conteúdo original, estima-se que esse modelo de *sweeps* esteja condenado e desaparecerá em poucos anos, deixando em seu lugar uma aferição mais sutil e mais fiel feita somente por *people meters* mais detalhistas – outro modelo que, por sua vez, também já está defasado, mas tende a durar mais tempo. Na prática, as pesquisas de audiência local feitas em novembro e fevereiro já foram praticamente destituídas de sua importância original em anos recentes, enquanto os *sweeps* de maio ainda lutam para se manter relevantes e a medição de julho continua pouco visada, mesmo depois de ter sido redescoberta junto com as oportunidades de programação da temporada de verão.

A metodologia Nielsen procura ser transparente até certo ponto, mas não é de hoje que se vê cercada por críticas de que já não aferiria de maneira fiel a audiência dos programas de televisão – críticas que são efetivamente externalizadas pela mídia especializada e pelo público e que são repetidas entra ano, sai ano. Mesmo os executivos de TV e a própria Nielsen admitem que, atualmente, seus dados não refletem a real audiência de um programa, mas eles também afirmam que ainda não se criou método mais eficiente e que seus números ainda são importantes e devem continuar a ser medidos. Mesmo os críticos do atual modelo concordam nesse ponto: substituir pelo que, se não há ainda uma alternativa? Outras companhias, como as concorrentes em medições TRA, ComScore, Symphony, Rentrak e a própria TiVo, complementam os números da tradicional Nielsen para as emissoras sem jamais substituí-los inteiramente.

Uma primeira grita dos críticos é a de que o método usado pela Nielsen já está defasado há muitos anos e não corresponde à população real e aos hábitos de consumo de TV dos Estados Unidos atuais. A metodologia de amostragem em si, claro, é muito válida e usada em instituições científicas no mundo todo, mas, segundo o alegado, a escala pretendida pela Nielsen (uma família representando milhões de outras) estaria hoje muito longe da atual realidade ultrafragmentada. Dessa forma, o fato de uma família Nielsen com determinado perfil se dedicar a uma atividade X no momento de uma exibição – seja vendo televisão ou não, estando em casa ou não, ou lendo alguma coisa e assim por diante – não significa que outras milhões de pessoas cada vez mais diferentes (que elas teoricamente representam) estejam se dedicando ao mesmo o-que-quer-que-seja. Em suma: além de o público estar cada vez maior, está muito mais heterogêneo, e a oferta é infinitamente superior ao que existia antes. Alega-se que a Nielsen não teria acompanhado essa mudança.

Além disso, a Nielsen tem acesso a somente um aparelho de TV por casa, quando hoje uma residência costuma ter várias TVs, com pessoas diferentes assistindo a cada aparelho. Também, ao mirar as famílias, o instituto ignora outros ambientes onde, às vezes, um número maior de pessoas assiste à TV em conjunto, como dormitórios, hospitais, refeitórios, etc. E existe também uma crítica com relação a um eventual atraso de tecnologia na aparelhagem, que ainda não é capaz de discriminar o público por critérios como nível de educação, renda e profissões.

Começando em 2014 e nos dois anos seguintes, a empresa tem planos de aumentar em 50%, em média, o número de famílias Nielsen nas regiões aferidas. A medida é bem-vinda em teoria, porque esse aumento, bastante significativo, ajudaria a sanar o alegado problema da falta de representatividade; mas é também uma insistência em um modelo já considerado falido do atual sistema de medição, que continua levando em conta apenas aparelhos de televisão.

E é aí que entra o maior e mais inequívoco problema encontrado pelo instituto: as formas alternativas de se assistir aos programas (e comerciais), representadas pelos gravadores de programação, pelos dispositivos móveis (telefones e *tablets* não contabilizados pela empresa) e pelos *downloads* e *streamings* via internet. Andrew Kubitz, vice-presidente executivo de programação do canal ABC, sintetiza uma visão unânime de executivos, ao afirmar categoricamente que "com os gravadores e a possibilidade de encaixar mais programação em sua agenda diária, mais pessoas estão assistindo a mais televisão". Todos os dados passíveis de análise – aumento do número de programas e de canais, crescimento populacional, melhoria da qualidade dos roteiros, explosão do número de fóruns e comentários *on-line*, democratização do cabo, audiência dos *downloads* ilegais, influência verificável da TV em diversos *fronts*, barateamento da tecnologia, audiência de programas especiais, entre tantos outros fatores – sugerem essa mesma conclusão.

Só que as pessoas estão assistindo a toda essa televisão sem necessariamente usar a própria televisão, ou usando-a de maneiras diferentes das preconizadas pela Nielsen. Os números considerados oficiais estão longe de refletir esse aumento generalizado e verificado de outras formas. O que eles vêm registrando, na verdade, a cada ano ou mesmo a cada episódio, é uma queda assustadora da audiência dos canais convencionais. A organização norte-americana Cabletelevision Advertising Bureau, que reúne as emissoras a cabo cuja renda vem de anúncios, calculou no começo de 2015 que a audiência ao vivo, tanto das redes abertas quanto dos canais a cabo, vinha caindo em média 10% a cada ano. A Nielsen corrobora a conclusão, anunciando que a indústria televisiva tradicional está entrando em um longo período de declínio estrutural como resultado da competição com serviços de *streaming*, que trazem bem menos comerciais, quando trazem algum.

Com isso, estamos frente à pergunta mais importante no que concerne à televisão no século XXI: como medir toda essa audiência, que ainda se encontra em atividade em algum lugar, para fazer a TV continuar funcionando como negócio? A resposta definirá se e como a televisão aberta norte-americana existirá nos próximos anos.

Um executivo veterano não identificado, em declaração ao *site* informativo Entertainment Weekly, deixa entrever o descompasso que existe atualmente entre a necessidade das redes abertas de manter modelos arcaicos e a tecnologia que modifica decisivamente o mundo em volta: "Sinto como se estivéssemos em uma situação do tipo 'ter o bolo e comê-lo ao mesmo tempo', em que os espectadores não percebem que precisamos de bons números para que esses programas cubram seus custos. Isso significa que os fãs têm de assistir à série ao vivo ou nos três dias seguintes, e também aos comerciais. Ainda temos boas noções do que constitui um sucesso, e isso certamente passa pela monetização dos programas. Se o espectador preferir ver o programa dentro de sua própria conveniência, então, sinto muito, ele pode protestar o quanto quiser [quando o programa for cancelado] que isso não vai ter efeito. Eles precisam ser nossos parceiros na missão de manter as séries vivas".

Outros executivos, no entanto, enxergam que os tempos são outros e que, se não há como frear os avanços nos hábitos do público – que constituem o elemento central de todo o processo –, então as mentalidades acessórias é que devem acompanhar esse movimento. Usando também a metáfora do bolo, Alan Wurtzel, presidente de pesquisa e desenvolvimento de mídia da NBCUniversal, afirma que "a Nielsen hoje é incapaz de fazer certas coisas, e o problema, então, só vem aumentando. O que me incomoda é que as pessoas, vendo esses números falhos, estão ficando com uma impressão de que o bolo – o uso do meio televisivo – está diminuindo. E ele não está. Pelo contrário, está aumentando. Só que isso não está sendo medido. Se o bolo estivesse diminuindo, nós todos estaríamos com um problemão. Mas se está aumentando e as fatias é que estão ficando menores, então tudo bem. Porque o trabalho do pessoal da programação e de outras áreas da empresa é justamente aumentar essas fatias". No mesmo painel promovido pelo Paley Center, seu colega David Poltrack, diretor de pesquisas da CBS, estende o problema aos anunciantes: "eles não querem aceitar a nova realidade. Essencialmente, os anunciantes vêm limitando o campo de atuação da Nielsen. Enquanto isso, a gente vê o pessoal de mídia e as agências dizendo que anunciar na televisão não funciona mais, e isso é uma absoluta inverdade".

Essa "televisão alternativa" já tomou de assalto principalmente os mais jovens, que estão abandonando o hábito de ver TV ao vivo e deixando isso para os mais velhos, que não correspondem ao grupo de consumidores mais almejado pelos executivos. Já se constatou que a idade média do público espectador de programas ao vivo está a cada ano mais alta. Essa é mais uma crítica suscitada pelo atual modelo – não à Nielsen, mas às emissoras; afinal, toda a lógica aponta para o fato de que os maiores de 50 anos tiveram mais tempo para acumular economias e controlam como isso será gasto pela família, seja em prazeres, seja necessidades. Ou seja, eles também deveriam ser bem considerados, apesar de os adolescentes gastarem de maneira mais indiscriminada. Em 2014, a justificativa para o cancelamento do faroeste *Longmire* foi a de que seu público médio teria em torno de 60 anos e isso era "indesejado", mesmo que os números absolutos de audiência fossem ótimos para um pequeno canal a cabo como o A&E – consta que era nada menos que a segunda maior audiência do canal. Mais uma vez obrigado a sofrer as consequências desse pensamento equivocado das redes, o público protestou em massa na internet, com razão, e a Netflix então resgatou a série, aproveitando-se da burrada cometida pelo canal de mentalidade engessada. Foi apenas um exemplo, entre muitos, de série que fala a um público mais velho e por isso corre o risco do mais injusto e sem sentido dos cancelamentos.

Enquanto isso, uma pesquisa da Viacom levanta a forte suspeita de que os *tablets* já eram, lá em 2012, a segunda forma mais popular de se assistir a um programa de televisão, ainda atrás do próprio aparelho de TV, mas superando *laptops* e *smartphones*. Considerando que uma das conclusões mais consistentes advindas das análises de *share* é a de que o segmento mais difícil de encontrar e conquistar é o de homens jovens, essa dificuldade tende a piorar, já que esse é também o grupo mais propenso a utilizar novas tecnologias e não assistir à TV em tempo real.

Privilegiando a audiência ao vivo, o instituto estaria, portanto, medindo quase que somente a audiência da parcela mais idosa e assim pouco reflexiva da população como um todo. Mais do que isso: com uma metodologia enganada dando as cartas, a redes estariam sem querer forçando um "envelhecimento" da programação, já que os programas com apelo junto ao público jovem adulto são desfavorecidos e cancelados com mais frequência (por tabela, excluindo ainda mais esse grupo de consumidores), enquanto os *shows* que perpetuam valores mais antiquados vão sendo preservados. Certamente, essa situação não reflete o que se passa na real sociedade norte-americana. O público mais jovem nunca antes quis tanto assistir à boa TV que se produz hoje – mas que seja do jeito dele!

Cabe aqui um breve parêntese para estabelecer uma relação desse assunto com a inevitável questão afim da pirataria. Não é novidade que a indústria da TV, a exemplo dos segmentos fonográfico e cinematográfico, tem de aprender a lidar com a acessibilidade que o meio *on-line* criou para os consumidores de produtos culturais. Como esse esforço ainda se encontra no começo, causa surpresa o fato de Jeff Bewkes, CEO da Time Warner (dona da HBO, que representou sozinha 27% do lucro da empresa em 2015), avaliar positivamente os recordes de *downloads* ilegais de *Game Of Thrones*. Ao ser informado de que um episódio tinha alcançado mais de 1,5 milhão de *downloads* e que mais de 193 mil pessoas compartilharam o arquivo ao mesmo tempo (dados do *TorrentFreak*, e recordes não apenas com relação a uma série de TV, mas para qualquer arquivo do tipo *torrent* até aquele momento), Bewkes lembrou que o pacote HBO, que sempre foi pago e exclusivo, vê-se às voltas com outros tipos de pirataria há mais de 20 anos. "Em nossa experiência, percebemos que isso leva a uma maior penetração de público e consequentemente mais assinantes e maior saúde financeira da HBO, com menos necessidade de propaganda de terceiros [...] Isso é melhor do que ganhar um Emmy".

Considerando-se o altíssimo custo de produção da série, filmada em diversas locações em países diferentes, com extensas tomadas de CGI e um elenco principal que sempre se contou às dezenas, será mesmo possível as contas fecharem? Presume-se que o mais alto executivo de uma gigantesca empresa de mídia que já vinha operando de maneira diferente dos modelos tradicionais (tanto em negócios quanto em produção de conteúdo), quando dá uma declaração dessa importância, não esteja desinformado, iludido ou vivendo no passado, mas sim que saiba exatamente do que está falando. Por outro lado, esse é o mesmo Bewkes que um dia declarou que a Netflix era "tão perigosa quanto o exército da Albânia" – e todos sabemos a dimensão que o serviço veio a tomar em pouco tempo e a concorrência imensa que passou a representar para a Warner.

É então que observamos que esse tal recorde foi quebrado durante a quarta temporada, em 2014 (e seria superado naquele mesmo final de temporada), ao mesmo tempo que os números oficiais de exibição na HBO já vinham aumentando semana a semana e registrando as maiores audiências obtidas até então pela série em seu meio televisivo original. Mais tarde, naquele mesmo ano, *Game Of Thrones* superou *The Sopranos* como a série de maior audiência da história do canal até então. Se, em 2015, a quinta temporada foi lançada em 173 países ao mesmo tempo (também um recorde de transmissão simultânea) justamente a fim de legalizar os números de audiência, será então que o raciocínio de Bewkes valeria para qualquer programa de qualquer canal, inclusive os abertos? A reação do canal pareceu ser outra quando, naquele mesmo 2015, os primeiros episódios da quinta temporada apareceram na internet todos de uma vez antes da estreia. A HBO ficou tão preocupada que partiu para uma caça às bruxas e não ofereceu qualquer *première* aos críticos na temporada seguinte. O caso dá o que pensar. Fecha o parêntese.

Para os apreciadores das séries, é desolador imaginar que o futuro de ótimas produções possa ser decidido somente com base em um sistema que se mostra hoje tão claramente falho e ineficaz. A fim de sanar esse descompasso enorme e manter uma medição realista, a Nielsen vem procurando – tardiamente e sob uma chuva de protestos, é bom salientar – atualizar seus procedimentos, *software* e *hardware* e incluir diferentes fontes de programação, como no caso de novos aparelhos e serviços que as pessoas hoje usam em suas casas para ver programas, além das mais tradicionais formas via cabo/satélite e via ar. O que se observa quando todos os números são tomados juntos – uma prática bastante recente e ainda incipiente – é uma diferença assombrosa com relação à metodologia tradicional. A soma do público ao vivo com aquele que gravou no DVR e o que assistiu *on demand* revela audiências comparáveis às da década de 1990 para alguns programas que de outra forma se considerariam insuspeitos.

Espera-se que o instituto comece a trabalhar no rastreamento de pelo menos uma parte da chamada "atividade viral" dos espectadores, ou seja, as suas manifestações por meio das muitas válvulas de escape proporcionadas pelo meio *on-line*, fora do contexto das tão específicas *sweeps*. Uma tentativa nesse sentido é a aliança entre a Nielsen e a rede social Twitter, com vistas a medir a penetração de determinado programa por meio dos *posts* de usuários, a começar da temporada de outono de 2013. Os resultados servem de complemento aos índices atuais, sem substituí-los nem cegamente se somando a eles, mas auxiliando no quadro geral de audiência e na compreensão dos gostos e do comportamento do público. Em comunicado quando do lançamento da parceria, a Nielsen reconhece que o Twitter já há tempos se mostrava como um dos principais meios utilizados pelo público para comentar em tempo real a programação televisiva, prática que já vinha sendo denominada pela imprensa como *dual-screen viewing* ("assistir em duas telas", em tradução aproximada, ou "usar uma segunda tela", como a área de publicidade prefere). Os próprios canais já vinham incentivando o uso da segunda tela na forma de perfis criados sob o nome de cada programa – um modo de fazer a série "conversar" diretamente com o espectador e ainda trazer informações exclusivas e lembretes – e também mostrando *hashtags* na tela durante a transmissão como forma de estimular os espectadores a comentarem o conteúdo. Em 2015, a aposta se pagou quando a série de verão *Mr. Robot* se mostrou um exemplo definitivo desse novo tipo de sucesso: enquanto a audiência ao vivo era apenas entre comum e baixa, os números tomados do Twitter e do DVR mostravam que, ao contrário, o público tinha abraçado em peso a nova série.

Também por iniciativa do instituto, uma comissão formada em 2012 por representantes de diversas áreas (redes de TV, estações locais, publicitários, etc.) decidiu ampliar a definição de "audiência de TV" e conseguiu a implementação de instrumentos de medição em serviços *on demand* (como a Netflix, notória por nunca divulgar seus próprios números) e redes de *games* (como Xbox e PlayStation), que serão capazes de detectar a audiência dessas fontes não apenas no aparelho de televisão, mas também quando forem acessadas por *tablets* – tudo isso ainda dentro do reduzido escopo das famílias Nielsen, o que é certeza de causar novas discrepâncias. Inicialmente, o grau de detalhamento dessa medição é modesto e majoritariamente quantitativo, mas é um primeiro passo para que sejam feitos acordos entre o instituto e os serviços que proveem programação, e para a divulgação de dados qualitativos mais úteis.

A medição começou a ser feita em 2013 e, no ano seguinte, já representava tanto para as redes abertas tradicionais que elas passaram a investir mais em seus serviços *on demand* de marca própria e a estimular seus espectadores a deixarem de usar seus gravadores de programação. Com isso, de acordo com Matt Strauss, gerente geral de serviços de vídeo da gigante Comcast, em entrevista ao *site* TV Guide, em meados de 2014, todos os 100 programas mais assistidos ao vivo já são disponibilizados em algum serviço *on demand* apenas algumas horas depois da exibição original, e os números são contabilizados em conjunto com a audiência ao vivo e com o Live+3 e Live+7. Um detalhe com relação aos episódios *on demand*: a maioria das emissoras não dá a possibilidade de avançar comerciais, o que significa monetização daquela audiência, ao mesmo tempo que o espectador tem a liberdade de assistir quando preferir, com a vantagem de não precisar gravar nada, pois fica tudo à disposição.

Um detalhe técnico complica a vida do instituto: as medições de televisão e dos vários conteúdos digitais, conforme feitas atualmente, usam protocolos que retornam resultados finais bastante diferentes (como em "audiência absoluta" *versus* "audiência por minuto" *versus* "audiência média" *versus* "audiência individual", entre outros). Unir esses números discrepantes sob um total consolidado realista constitui ainda outro desafio. Com essa intenção, foi anunciada para o final de 2015 uma iniciativa chamada Total Content Ratings (algo como "índices de conteúdo total"), de forma a apresentar medições unificadas de todas as modalidades, para que redes e anunciantes decidam eles mesmos quais números usarão para embasar suas estratégias.

Pra fechar os problemas da Nielsen, há ainda as suspeitas, constantemente levantadas por grupos aqui e ali, de alteração dos dados coletados para favorecer uma emissora ou um setor anunciante e, acima de tudo, para manter a própria Nielsen relevante nesse sistema de medição. A empresa continuava a ter, em pleno 2015, quase um monopólio em sua área, e não apenas ela própria, mas também outras companhias relacionadas desejam que o modelo da Nielsen continue funcionando – bem para alguns, mal para outros – exatamente da forma como acontece hoje.

13. As muitas fatias do primeiro semestre

Ah, que coisa boa, é a semana dos sweeps!
– comemora o Dr. Frasier Crane, de *Frasier*, quando percebe que uma paciente com um problema muito interessante acaba de ligar para seu programa de rádio.

Quando chegam as festas de fim de ano, as emissoras adotam um raciocínio semelhante àquele das férias de verão. Pelo lado do público, menos gente está preocupada em seguir sua série favorita, já que muitos viajam ou recebem parentes em casa e, no geral, vão dedicar mais tempo à família. Além disso, os canais precisam preparar programação especial de Natal e Ano Novo, com os filmes repetidos de todos os anos, os shows, as retrospectivas e afins. Ou seja, de qualquer ângulo que se veja, é tempo para uma pausa na exibição dos inéditos.

Portanto, a partir de meados de dezembro, segundo a prática mais comum, começa o período conhecido como hiato (*hiatus*). Fora a grade festiva, o que se vê são muitas reprises das séries habituais durante pelo menos umas três semanas. Visto no quadro geral e desconsiderando os casos particulares, esse período está cada vez mais restrito à pausa das festas, uma vez que está ficando comum que produções retomem o ritmo logo na primeira semana de janeiro, sem perda de tempo. "Quase não há mais interrupções na TV, e eu não estou reclamando", comenta o crítico Matt Roush em sua coluna semanal.

Depois disso, pode acontecer de o hiato se estender um pouco mais em janeiro, mas por outros motivos. O principal é um problema já discutido: o descompasso entre o número de episódios por temporada e número de semanas no ano. As emissoras não vão querer "desperdiçar" episódios (que custaram caro) em um mês de pouco interesse comercial. Daí, em fevereiro, não apenas eles serão inéditos e mais atraentes, mas também constituem o retorno da série e, com isso, em teoria, servem para reavivar o interesse do espectador em um mês de *sweeps*.

Essa parada durante a temporada regular, no entanto, pode ser vista de certo modo como uma aposta. A teoria diz que a série que saiu de férias deixando algum gancho vai ter mais chance de retornar em bons termos, seja em meados de janeiro, seja já em fevereiro, porque o espectador tende a manter seu interesse. Aquelas que não o fizeram (como é comum entre as comédias, pelo menos durante a temporada) terão uma tendência a voltar com menos embalo e a se recuperar mais devagar.

Como tantas práticas envolvendo as séries de TV, o hiato tem uma definição ampla e essa apresentação mais comum entre dezembro e janeiro, mas está longe de seguir regras rígidas. Por exemplo, a própria nomenclatura é aberta: à parte as razões mais claras e comuns, qualquer época em que uma série é deixada fora do ar sem ter sido cancelada pode ser chamada de hiato. Aliás, como não há uma data de retorno fixa a ser seguida, uma série pode até mesmo ser deixada em hiato indefinido por uma temporada inteira, digamos, sem ser formalmente cancelada. Tudo depende da conveniência do estúdio, da emissora ou do criador do programa. Costuma ser desesperador para os fãs que a série não retorne rapidamente do hiato normal de fim de ano, pelo medo de ela ser cancelada e/ou perder seu horário permanentemente para outra série. Longos hiatos dessa natureza são comuns, e todos os anos alguma série será a vítima.

Ocorrências particulares de uma série também podem forçar um ocasional hiato literalmente a qualquer momento, como a gravidez de uma atriz, uma demissão, um falecimento ou o que o valha. Claro que não é o mais comum e será um deus-nos-acuda na emissora, mas pode acontecer. E mesmo a usual pausa agendada de fim de ano pode seguir um cronograma completamente diferente, com, digamos, a suspensão dos inéditos ainda em outubro e o retorno já no começo de janeiro – muitas vezes até como estratégia para evitar a alta concorrência dos *sweeps* de novembro.

A TV a cabo, claro, não segue esse mesmo esquema, mas vem às vezes adotando uma prática que não deixa de ser semelhante, chamada *split season* (temporada dividida). Isso significa exibir uma primeira parte da temporada com um pacote de episódios inéditos – já de acordo com algum cronograma fora do usual, como de costume –, então pausar durante sabe-se lá quanto tempo e só aí exibir a metade final. É curioso como essas duas metades, ainda que possam estar separadas por até um ano ou mais, continuam sendo consideradas como uma temporada só, em vez de duas distintas – pelo menos para os canais, uma vez que o público vai, sim, muitas vezes ter a impressão de que são duas temporadas e esperar de cada uma arcos, aberturas e ganchos próprios.

Essa quebra não deve ser vista da mesma maneira que um hiato na TV aberta – por definição, uma pausa por motivos mais razoáveis –, mas sim como uma estratégia para conquista de público. Como exemplo, podemos tomar a maioria das temporadas de *South Park*, iniciadas em março-abril, interrompidas durante meses no meio do ano e terminadas em novembro-dezembro. Ou ainda a derradeira temporada de dois dos maiores sucessos da história da TV, *Breaking Bad* e *Mad Men*.

A decisão de dividir ao meio é puramente comercial. A TV a cabo faz isso para dar mais exposição e longevidade às suas curtas temporadas, além de focar seus episódios mais suculentos em épocas de tomadas de audiência – lembrando que alguns canais a cabo estão quase tão preocupados com números quanto a TV aberta. Abertamente expressa nas palavras de executivos de emissoras, essa tática visa manter aceso o interesse do espectador por mais tempo durante o ano, tendo em vista que canais pagos não terão assunto para 20 a 26 semanas como acontece nos canais abertos. Usa-se como desculpa secundária a preocupação de se manter a qualidade superior dos roteiros, no sentido de que essa pausa costuma ajudar a equipe criativa, menor que a da TV aberta, a respirar e produzir com mais calma. Mas que o espectador não se engane: é uma estratégia de executivos e pode, inclusive, ter o efeito contrário ao desejado.

É comum também que o começo ou o fim da segunda parte coincida com a estreia de alguma outra série, também de modo que o combinado atraia a atenção do espectador para a novidade. Com essa prática, os canais ainda evitam a concorrência de determinados eventos com os quais não têm como competir, como a exibição do Superbowl. Essas emissoras também correm um risco ao dividir a temporada de um programa que não é exatamente um sucesso e pode não atrair os mesmos números no retorno – talvez um risco até maior, visto que, para começo de conversa, ele é transmitido via cabo e geralmente já tem uma audiência e uma visibilidade mais modestas.

Cabe aqui um parêntese para se observar o que é feito internamente nos canais abertos durante o hiato. Os executivos aproveitam essa época menos corrida para dar seguimento à chamada *pilot season*, ou temporada de produção de pilotos. Na verdade, isso é parte de um processo de produção que dura mais de um ano, mas que não é difícil de resumir.

Tudo começa no intervalo do meio do ano (a *summer season*, que será vista adiante), quando há menos movimento, e as emissoras abrem as portas para a captação de novos projetos das produtoras. Recebem normalmente uma quantidade absurda de propostas (*pitches*), e apenas uma pequena porcentagem delas será chamada de volta durante o outono para o primeiro compromisso: a elaboração de um roteiro completo. Muitas leituras e sugestões depois, o fim do ano verá um roteiro final, feitas todas as alterações e anotações dos executivos e as apreciações de orçamento.

É em janeiro, e durante o hiato, que a coisa toma uma forma mais definitiva. O roteirista fica sabendo se seu piloto será ou não filmado, e vem daí a terminologia "*pilot season*", eminentemente interna, que não diz respeito ao espectador, mas ao funcionamento da máquina de produção de séries. Seguem-se a escolha de elenco e equipe e então a filmagem propriamente dita, ainda em janeiro, fevereiro e até meados de março. Nos meses seguintes, acontecem a edição e a apreciação pelos executivos e por públicos de teste, com tempo suficiente para mais alterações e novas exibições. Em maio, durante as *upfronts* (que serão vistas adiante), é divulgado aos anunciantes e ao público quais pilotos foram aprovados e darão origem a encomendas de séries que farão parte da safra de outono daquele ano. Curiosamente, nada disso impede um ocasional piloto desgarrado de ser filmado, apreciado e até aprovado em qualquer outra época do ano, mas serão casos bastante excepcionais e com menos chances de aceitação pelas grandes redes abertas, que sem dúvida fazem o máximo para centralizar o recrutamento.

O modelo de *pilot season*, entretanto, tem uma tendência a se alterar por causa da importância conquistada pela TV a cabo. O caso é que os canais pagos não seguem essa regra e têm como política se manter abertos à apreciação, ao desenvolvimento e à maturação de novos programas durante todo o ano, e não somente em uma época específica. Em janeiro de 2014, a Fox foi a primeira a desafiar essa tradição das emissoras abertas, com resultados risíveis. A decisão, tomada por um executivo isoladamente e retratada pouco tempo depois (com a demissão do executivo), deixou entrever em um primeiro momento o apoio de profissionais da indústria que se sentiam pressionados e injustiçados com a excessiva competição trazida pela antiga prática. Afinal, muitos pilotos com grande potencial são simplesmente descartados todos os anos simplesmente por não terem tempo para se ajustar no roteiro ou durante as filmagens. Mesmo que a declaração tenha sido precipitada e um espetáculo vazio, indicou que existia uma demanda e poderia significar mudanças iminentes caso outras emissoras decidissem considerar uma reavaliação com base no sucesso do cabo. Ainda não há como ter certeza, e só as notícias dos próximos anos poderão dar uma resposta.

Voltando ao ponto de vista do espectador, passamos então ao *midseason* (ou "meio da temporada", em tradução livre), que é um período algo indefinido durante e depois do hiato de fim de ano. Considera-se que começa em janeiro, quando o hiato ainda é vigente para muitas das séries da grade normal, e vai até o começo de abril. Mas esse é outro conceito sem bordas estritamente definidas. Eventuais estreias consideradas como de *midseason* podem aparecer tão cedo quanto no finalzinho de dezembro ou tão tarde quanto no início de abril, sem muitos embaraços.

Esse período funciona como uma espécie de coringa para as emissoras e pode ter diversos usos, dos quais alguns mais comuns se destacam – e não é difícil perceber que algumas dessas práticas podem ser usadas em conjunto. Primeiro, ele pode ser um momento alternativo para um começo de temporada em um horário que vinha sendo utilizado para outros fins, seja para série nova, seja para reestreia de uma existente. Por essa razão, o *midseason* é também conhecido como "segunda temporada". Em vez de iniciar junto com toda a *fall season*, a estreia pode ser adiada para o *midseason* por razões diversas, seja por atraso de produção, para evitar competição com outros eventos ou outras séries já consideradas como muito fortes, por uma ordem de episódios menor que uma temporada cheia, por estratégia da emissora para evitar a medição de audiência em novembro, etc.

A verdade é que a estreia de novas séries em pleno janeiro nem sempre foi uma prática tão comum quanto é hoje. A primeira vez em que se falou de começar a temporada em um *midseason* foi em 1965, quando o então presidente da emissora CBS, preocupado com o desempenho insatisfatório de sua programação, interrompeu a temporada que vinha se desenrolando e partiu para essa iniciativa arriscada. A ideia era – e de certa forma continua sendo – reconquistar com novos programas a audiência que se perdeu nos programas malfadados da temporada regular de outono. Foi com a criação do *midseason* que veio a existir o modelo de temporada vigente hoje, de setembro a maio. No modelo anterior, a temporada terminava em fevereiro, e o restante do ano era preenchido com reprises, pura e simplesmente. Para se ter tempo de averiguar o desempenho das novas séries, estendeu-se o período da temporada de outono em três meses, e aí nascia o modelo que conhecemos hoje.

Outro costume próprio dessa época é dividir o tempo da temporada completa entre duas séries, de modo que uma comece normalmente no outono, com menos episódios, e outra ocupe seu lugar na grade mais tarde, seja uma série nova tentando atrair a audiência de uma já estabelecida, sejam ambas séries veteranas que não conseguiram temporada cheia e agora dividirão espaço. Isso não significa necessariamente que alguma das duas esteja à beira do cancelamento, mas também não costuma ser uma boa notícia para a produção e para os fãs, por razões óbvias.

Uma terceira prática comum deriva do cancelamento adiantado de alguma série que estreou no outono e se saiu muito mal em audiência até o fim do ano. Se ela for retirada do ar, a grade de programação terá um buraco a ser sanado. Ainda com a possibilidade de faturar naquele horário (especialmente na importante medição de audiência dos finais de temporada, em maio), as emissoras tentam emplacar alguma coisa nova. Já contando com essa ocasional falha de algum programa, elas encomendam e mantêm guardados alguns pilotos e minitemporadas sem previsão de estreia, que servirão de *midseason replacements* (ou "substitutos de meio de temporada").

Pode-se pensar, então, que uma série estreada no *midseason* já nasça condenada, com pouca visibilidade e a desconfiança da própria rede. Ainda que inúmeras tenham falhado em chamar a atenção do público quando nessa incômoda posição de estreantes tardias e com pouco tempo para mostrar serviço, existe um punhado de bons exemplos que foram adiante depois de um começo tímido. Um caso citado constantemente é o de *Grey's Anatomy*, que teve uma primeira temporada bastante curta iniciada no fim de março de 2005 e acabou conquistando audiência e se firmando como série regular, com uma segunda temporada em setembro daquele mesmo ano. Também podemos falar dos clássicos *Batman*, na década de 1960, *The Incredible Hulk*, na década de 1970, e *Married... With Children*, no fim da década de 1980; das cultuadas *The Wonder Years* e *Buffy The Vampire Slayer*; e, mais recentemente, de *Empire*, *Parks And Recreation* e *The Office*, entre outras. Todas estrearam tardiamente por uma razão ou outra, mas conseguiram conquistar seu espaço.

A *midseason* da TV aberta ganhou uma importância renovada nos anos 2010, com o sucesso das temporadas mais curtas da TV a cabo – ou seja, por força da própria Renascença e das mudanças que ela ocasionou. Isso se deve ao fato de que os canais abertos começaram a copiar o modelo da TV paga e encomendar temporadas menores de um número muito maior de séries, levando o modelo vigente, de setembro a maio, a uma reformulação parcial. Se cada uma dessas séries tem uma temporada de 12 episódios, em vez dos 24 de uma leva completa, a segunda ocupante de um determinado horário terá necessariamente de estrear em janeiro ou fevereiro. Se, antes, a série de *midseason* era considerada um "tapa-buracos", hoje ela muitas vezes pode ser apenas mais uma alternativa válida e devidamente planejada para estrear naquela época, sem um caráter emergencial.

O que é normalmente considerado final do *midseason* (meados de março) é algumas vezes denominado à parte como *spring season* (temporada da primavera), ainda que não se trate de um período em particular ou destacado na TV aberta dos Estados Unidos. Afinal, durante a primavera, o que mais se vê são as temporadas simplesmente caminhando e chegando ao fim. Quando muito, as emissoras fazem ajustes na grade de programação, mudando alguns horários e dias para a importante tomada de audiência em maio e para ajeitar melhor as novas séries do *midseason* junto às preexistentes.

Por outro lado, essa curta *spring season* pode ser uma época prolífica para estreias na TV paga, que não segue fielmente os usos, contratos e filosofias da TV aberta e quer justamente oferecer alternativas para o espectador, como uma programação inédita e de boa qualidade em contraponto às reprises oferecidas pela TV aberta depois do fim das temporadas. Mesmo carros-chefes de um canal a cabo, como *Mad Men*, *The Sopranos* ou *Game Of Thrones*, têm suas estreias agendadas para a *spring season* (março, abril ou maio), ou ainda em pleno julho.

Toda essa esquematização vem sendo remodelada aos poucos nos anos 2010. Os canais abertos já manifestam abertamente a intenção de eliminar a exibição de reprises em determinadas épocas (como dezembro ou março) e de oferecer programação inédita o ano todo por meio da produção de ainda mais conteúdo, mas com temporadas bem mais curtas. Contribui para esse rearranjo a volta triunfante das minisséries aos canais abertos, depois de ficarem por anos relegadas aos canais a cabo. Afinal, elas representam uma forma mais barata de se ocupar a programação com um número menor de episódios, na forma de um evento fechado, dando a opção ao espectador de continuar depois seguindo sua série regular ou então começar a acompanhar uma série nova, digamos, em fevereiro. O procedimento mais adotado inicialmente é o de dividir a grande e tradicional *fall season* em partes (o começo em setembro, o *midseason* e então uma *spring season* meio adiantada) e exibir dentro daquele extenso período até três programas diferentes, que se sucedem ocupando um mesmo dia e horário.

14. Movimentação no meio do ano

É chegada a hora de testar a estante e seus parafusos. A programação de verão já se apresenta com sua habitual severidade. E a telinha, onde há pouco gorjeavam melodiosos pássaros, está agora repleta de repetições e reprises, rejeitos, reposições e reversões a estados mais primitivos.

– Harriet Van Horne, crítica de televisão norte-americana, assim descreveu a temporada de verão em sua coluna, em 1958. Em 2016, as coisas ainda estão mudando devagar nesse sentido.

Maio não é apenas o mês em que as temporadas acabam e quando ocorrem os *May sweeps* (que, na verdade, começam no finalzinho de abril). É também a época das *upfront presentations* (algo como "apresentações em primeira mão"), mais conhecidas como *upfronts*. Na terceira semana do mês (última semana dos *sweeps*), as grandes emissoras alugam espaços de eventos em Nova York para apresentar à imprensa e aos anunciantes seus novos programas e seu novo calendário para a temporada de outono.

A grande intenção dos *upfronts* é negociar vendas de publicidade para a temporada que começa em setembro, tendo por base análises demográficas de todos os tipos imagináveis e tabelas de custos dos programas. As "Quatro Grandes" (ABC, CBS, Fox e NBC) e mais a CW procuram realizar suas apresentações cada uma em um dia da semana, e alguns canais menores a cabo que seguem a *fall season* e trazem intervalos comerciais (como TBS, FX, TNT, USA) se aproveitam da época para organizar seus próprios eventos com os mesmos objetivos.

É pouco antes da semana de *upfronts* que a imprensa especializada fervilha com anúncios de renovações, cancelamentos e novidades sobre pilotos aprovados. Posteriormente aos eventos, os canais disponibilizam para o público descrições e vídeos dos novos programas que estão preparando. Os anúncios costumam contar com a presença de executivos das emissoras, *showrunners* e atores veteranos ou recém-contratados, em apresentações elaboradas com projeções, luz e música. Além disso, departamentos comerciais ficam a postos para receber propostas e divulgar números da temporada que se encerra e perfis de público-alvo para as séries que virão.

Os anunciantes farão seus acordos nos dias que se seguem. Eles sabem o que esperar de séries veteranas e negociam com base nos números que conhecem, mas, na prática, estão limitados a fazer apostas no potencial dos novos programas que ninguém sabe como se sairão na audiência. Suas únicas referências são os índices registrados pela emissora naquele dia da semana, as diferentes expectativas que as próprias emissoras têm para suas séries novatas – muito embora, é óbvio, elas nunca vão deixar de dizer em público que todos os seus novos programas são vencedores – e a primeira avaliação que a imprensa em peso fará das novidades, logo em seguida às apresentações dos *upfronts*. O contrato então firmado guarda algumas ressalvas, de modo que o patrocínio possa ser deslocado para outra série, em caso de cancelamento, ou renegociado para um valor menor, se a série alcançar um sucesso abaixo do esperado.

Vale anotar que emissoras do Canadá também participam como compradoras de séries norte-americanas (e as exibem simultaneamente aos Estados Unidos); pouco tempo depois, acontecem os *upfronts* das emissoras canadenses, onde são apresentadas as novidades locais e aquelas mesmas séries norte-americanas, novas ou de retorno, agora com vistas ao mercado canadense. Os britânicos, por sua vez, costumam divulgar suas novas produções sem pompa nem antecipação, apenas semanas ou mesmo dias antes da estreia.

O feriado norte-americano do *Memorial Day*, na última segunda-feira de maio, marca o fim das temporadas e o começo da já então chamada *summer season* (temporada de verão) – mesmo que ainda não seja oficialmente verão, e a nomenclatura continua válida até meados de setembro. Como já visto, esse meio do ano constitui um período normalmente tido como o mais estéril para a exibição de séries de TV. Entretanto, nos bastidores, é o momento em que novas contratações estão sendo feitas, novas ideias estão sendo gestadas e os primeiros episódios da próxima temporada de outono entram em produção. Para muitos, é também hora de começar a informalmente chamada "temporada de desenvolvimento" de futuras novas séries dos canais abertos – não aquelas que estrearão em setembro ou outubro logo adiante, mas dali a mais de um ano. Essas ideias serão desenvolvidas com vistas à *pilot season* durante o hiato de dezembro-janeiro, como já visto. Uma prática cada vez mais comum na TV como um todo é a de oferecer às redes não só um bom roteiro de piloto já aprovado por um produtor em potencial, mas um projeto que já venha atrelado aos astros principais e a um diretor, a fim de evitar os gargalos da temporada de desenvolvimento.

O verão norte-americano é também época de reprises (*reruns*) das temporadas encerradas, o que dá às séries regulares uma segunda chance de serem descobertas pelo público – e a tática de fato já funcionou para muitos programas de ótima qualidade (*Cheers* é um exemplo) que não tinham tido uma temporada muito prestigiada, especialmente por força da concorrência. Na TV aberta, é possível inclusive encontrar um ou outro exemplo de sucesso que nasceu como "série de verão", como demonstram *The O.C.* e *Melrose Place*.

Já para a TV paga, a importância da *summer season* vem crescendo a cada ano como uma época alternativa para estreias, principalmente sob a justificativa de se evitar a concorrência dos canais abertos. Além disso, para as séries de outros países, especialmente as do Canadá, é o momento de brilhar em um mercado grande e novo como os Estados Unidos. As redes abertas norte-americanas investem nessas importações, que geralmente têm qualidade bem competitiva, justamente para exibir nessa época mais parada, garantindo a audiência com custos muito mais baixos do que teriam com a produção de uma série nova.

É este o melhor momento para abordar uma prática da TV aberta chamada de *burning off*, ou "queima" de episódios. A expressão não fica restrita à temporada de verão; pode se aplicar a qualquer situação em que uma emissora resolva acelerar a exibição de uma série na qual simplesmente não está levando fé, apesar de já ter custeado sua produção. Em vez de cultivar e promover a série cuidadosamente como mais um estimado produto, ela lança os episódios no ar sem muito zelo ou alarde.

Em sentido geral, isso pode significar práticas diversas: desde exibir dois episódios de cada vez, ou duas vezes por semana, até mudar o agendamento da série para tapar um buraco no *midseason* ou para um horário considerado morto (o chamado *graveyard slot*), como o sábado à noite. O importante é tentar gerar um mínimo de retorno com um investimento visto como uma canoa furada desde antes da exibição, com quase nenhum gasto em divulgação. São séries tão efêmeras que fica até difícil dar exemplos de que a maioria dos espectadores possa se lembrar. Mas mesmo programas que um dia tiveram algum êxito de audiência já foram vítimas do *burning off* em seus episódios finais, como *The Drew Carey Show*, *Samantha Who?* ou *Scrubs* (queimada durante o *midseason*, em janeiro).

Pois o sentido mais específico do *burning off* é mais bem ilustrado nessa época de verão. Como vimos antes, algumas séries são retiradas do ar antes que perfaçam a exibição de toda a encomenda inicial, por não alcançarem números suficientes para se manter. Quando isso acontece, os ocasionais episódios que restaram gravados podem ficar em espera para serem exibidos, com pouca ou nenhuma promoção, nesse período entre temporadas. A intenção da emissora é de simplesmente não mais transmitir a série, por acreditar que está perdendo dinheiro e/ou audiência com ela. Mas, muitas vezes, por força de contrato, ela é obrigada a veicular todo o restante da temporada da forma como for.

Além disso, quando chega aquela época do verão em que a grade de programação fica bem menos disputada, é preciso tapar buracos no *lineup* (o conjunto de séries da emissora) e criar alternativas para as intermináveis reprises das séries regulares. Alguns episódios que sobraram guardados na gaveta, além de dezenas de pilotos recusados (mas arquivados) todos os anos pelas redes, podem atrair um mínimo de interesse e de retorno do investimento, e alguns programas podem até conseguir uma sobrevida se alcançarem certa repercussão. Essa segunda alternativa, a dos pilotos, tem cada vez menos lugar nas emissoras abertas, mas ocasionalmente pode render excelentes frutos.

Por exemplo, talvez o espectador já tenha ouvido falar de uma certa série chamada *Seinfeld*... É uma brincadeira, claro, com aquele que viria a se tornar um dos seriados mais famosos de todos os tempos. *Seinfeld* teve seu piloto exibido como um mero teste de audiência no dia 5 de julho de 1989, conseguiu números decentes para um piloto exibido despretensiosamente e foi ganhar quatro episódios adicionais quase um ano depois, resultando em uma diminuta primeira temporada que alcançou excelente resultado em seu horário pós-*Cheers*. Outras oito se seguiriam, e o resultado se tornou nada mais e nada menos que um ícone cultural do fim do século XX.

A comédia

15. Situações hilariantes do dia a dia

Pra muita gente, a vida não passa de um chutão constante na uretra. Então, às vezes, quando você volta pra casa depois de um longo dia de chutes na uretra, tudo o que você quer é assistir a um programa com pessoas boas e agradáveis que se amam e no qual, não importa o que aconteça, tudo vai terminar bem depois de 30 minutos.
– BoJack Horseman, protagonista da série animada homônima, falando de seu programa ficcional que fez sucesso nos anos 1980.

Seinfeld é um perfeito exemplo de *sitcom*, um gênero radiotelevisivo duradouro, sempre popular e que constantemente presta reverências à sua própria história. A *sitcom*, hoje, é a mais típica comédia que você encontra com frequência na TV norte-americana, mas tem um modelo seguido também por outros países, a Inglaterra em particular. O nome vem de *situation comedy*, ou comédia de situações, um gênero que já existia no rádio e foi adaptado para a TV. Consiste primariamente em retratar com humor situações que poderiam ser vividas no cotidiano doméstico ou profissional de qualquer pessoa – um ponto de crucial importância para a identificação dos cidadãos comuns que vão formar o público do programa. Nos canais abertos, sua duração atualmente é de em torno de 22-24 minutos mais os comerciais, perfazendo meia hora, o que não impede ocasionais episódios um pouco mais longos e os episódios duplos, comuns nos fins de temporada.

A *sitcom* é uma narrativa em que personagens fixos e outros participantes ocasionais, todos com traços e personalidades bem definidos, reagem com humor uns aos outros e às situações do dia a dia, em episódios, na maior parte, fechados em si mesmos, mas com características, situações e piadas que se tornam recorrentes e características daquela série com o passar do tempo. O termo "*sitcom*" diferencia esse tipo de comédia de outras formas do gênero, como a *stand-up comedy*, feita pelo comediante sozinho no palco, o programa de esquetes ou *sketch comedy* (tipicamente o *Saturday Night Live*, mas também muitos outros, como *Portlandia* ou *Key & Peele*), a *improv comedy* ou comédia improvisada (como o *Whose Line Is It Anyway?*) ou os *featurettes* (curtas cômicos originalmente de cinema que eram comuns no começo da TV norte-americana, como *Our Gang*, e que dariam origem a animações como o famoso *Merrie Melodies*).

Já se convencionou que as comédias de TV vão abordar pelo menos um de três ambientes: a casa da família (e família estendida), o local de trabalho ou o grupo de amigos. Combinações também são comuns, com um dos subgêneros prevalecendo. Os dois primeiros tipos são mais tradicionais e os exemplos são muitos. A primeira *sitcom* a merecer essa denominação na televisão, *Mary Kay And Johnny* (1947), foi uma legítima representante do subgênero familiar e refletia em muito a vida cotidiana do casal protagonista, Mary Kay e Johnny Stearns. Na sequência, a histórica *I Love Lucy* (1951), protagonizada também por um casal, Lucille Ball e Desi Arnaz, popularizou enormemente a comédia familiar ao (re)introduzir a plateia nas gravações e retratar também situações do trabalho de Ricky Ricardo (Arnaz) como *band leader*. Desde então, *Bewitched* (no Brasil, *A Feiticeira*), *The Addams Family*, *The Partridge Family* (ou *A Família Dó-Ré-Mi*), *Happy Days*, *The Cosby Show*, *Married... With Children*, *Everybody Loves Raymond*, *The Middle*, *Black-ish* e *Modern Family*, entre dúzias de outras, vêm mantendo a chama acesa, e tudo indica que assim continuará por muito tempo. Esse foco na família costuma trazer um humor muito leve e tradicional (sempre com exceções, claro, como *Arrested Development*), e a intenção é justamente a de interessar os núcleos familiares norte-americanos.

Quase tão antiga quanto a familiar, a comédia no local de trabalho veio trazer para o primeiro plano os colegas loucos e os mal-entendidos profissionais garantindo o humor. Podemos apontar *Mary Tyler Moore*, *Cheers*, *Wings*, *Taxi*, *Murphy Brown*, *NewsRadio*, *Scrubs*, *30 Rock*, *Barney Miller*, *Brooklyn Nine-Nine*, *Superstore*, *The Office* e a clássica inglesa

Fawlty Towers como grandes expoentes do subgênero. A audiência dessas séries vai depender do grau de, digamos, "esquisitice" apresentado pelos personagens. Algumas serão vistas pelas mesmas famílias que apreciam as *sitcoms* familiares, já que os adultos se identificarão com os trabalhadores; outras apelarão a jovens iniciando a vida profissional; e eventuais nichos podem ocorrer, como os *nerds* ou apreciadores de alguma mania muito específica.

Na ausência dos parentes, são os amigos que fazem as vezes de família. A dinâmica dos grupos de amigos na chamada *hangout comedy* vem ganhando cada vez mais ênfase, talvez por permitir maior variedade de situações e liberdade de locações, ou talvez por falar diretamente com o público-alvo mais desejado pela televisão, aquele entre os 20 e os 40 anos. O nome tem sua raiz no local onde aqueles amigos sempre se encontram, o *hangout* (lugar para se reunir e passar o tempo).

Trata-se de uma comédia possivelmente mais "pesada" (desventuras sexuais, por exemplo, são a norma), muito focada na vida urbana e quase sempre repleta de referências à cultura pop tanto da época quanto de anos anteriores, retratando um bando de amigos quase sempre jovens adultos que lidam juntos com as dificuldades da maturidade e dos relacionamentos. O diálogo "esperto" e rápido e os *insights* sobre a vida adulta podem muitas vezes ser mais importantes do que as piadas escancaradas. Estão aí *Friends*, *Happy Endings*, *Seinfeld*, *My Boys*, *The Big Bang Theory*, *Cougar Town*, *How I Met Your Mother*, *Coupling* (sucesso inglês, com uma desastrosa e curta versão norte-americana) e outras para não nos deixar mentir. A comédia romântica quase sempre se situa entre as *hangout*, mas não é difícil imaginar as desilusões de solteiros em busca do par ideal também situadas em ambiente familiar ou profissional.

Enquanto as comédias familiares muitas vezes (mas não necessariamente) tendem a reforçar convenções sociais e/ou aquelas próprias das *sitcoms*, as comédias *hangout* têm um caráter muitas vezes oposto a isso, buscando justamente a subversão e o ridículo dessas convenções – uma maneira óbvia de se identificar com públicos mais jovens e, em teoria, mais rebeldes. A intenção é quase sempre a de distorcer valores disseminados pela tradição dos pais, pela publicidade e por toda a cultura que veio antes. Além disso, a comédia *hangout* representou uma ruptura de estilo formal com os dois modelos anteriores ao possibilitar uma quantidade maior de situações em um mesmo grupo, quando faz convergir os ambientes de amigos, família e, ocasionalmente, também trabalho (vide *Cheers*, às vezes tida como a primeira grande *hangout comedy*, ainda que passada no ambiente profissional). *Workaholics* trouxe um exemplo mais recente de fusão dos três tipos em uma só série.

Um tipo particular de série que cabe lembrar, independentemente do subgênero, é aquele que a imprensa especializada apelidou de *cartoons* justamente por certo parentesco com desenhos animados. São comédias bem particulares, nas quais os atores reais agem e reagem como se fossem personagens de animação, vivendo situações mais absurdas que o usual, exagerando expressões e falas com caras e bocas e contando às vezes com efeitos sonoros e visuais que reforçam o caráter cartunesco. Não se engane ao identificá-las, porque os exemplos são poucos e raros – uma série *cartoon* é algo difícil de ser feito da maneira certa. Dentre eles, destacam-se mais recentemente *It's Always Sunny In Philadelphia*, *Scrubs*, *Crazy Ex-Girlfriend* e *Unbreakable Kimmy Schmidt*.

Por fim, existe ainda uma linha na comédia que não foge aos três tipos básicos e sempre acaba pertencendo a algum deles, mas que tem por base um personagem "real", ou quase isso. O caso é que determinados comediantes tradicionalmente de palco (que fazem as já mencionadas *stand-up routines*), em vez de interpretarem simples papéis fictícios em uma série, usando outro nome e outro histórico, preferem criar um programa em torno de uma versão ficcional de si mesmos, geralmente mais sarcástica ou derrotista do que são no mundo real. Os episódios, por sua vez, também focam em acontecimentos mais ou menos verídicos ou levemente distorcidos da vida do sujeito ou de pessoas que ele conheceu, misturados com encenações de casos que ele costumava contar em suas apresentações em clubes e teatros.

Dezenas desses comediantes, que nem sempre são necessariamente atores por formação, já fizeram a transposição para as comédias de TV em papéis os mais aleatórios, mas poucos foram aqueles que seguiram esse caminho específico de criar para si uma *persona* mais próxima de quem eles são na verdade (a ponto de, às vezes, adotarem seu próprio nome para batizar o personagem). Esse artifício já era muito comum nos primeiros anos da televisão e vem sendo explorado em *sitcoms* desde então, com momentos de maior ou menor presença nas telas e no imaginário, mas sempre com representantes notáveis, como Jack

Benny, Bill Cosby, Jerry Seinfeld, Garry Shandling, Jerrod Carmichael, Jim Gaffigan, Louis C.K. e Bob Newhart.

16. Mirando um alvo fugidio com uma flecha torta

Acredito que 99% das séries de sucesso tendem a mudar imensamente entre o piloto e o episódio 10 ou 12.
– Bill Lawrence, criador e produtor de *Scrubs*, *Cougar Town*, *Spin City* e *Clone High*, entre outras.

Uma *sitcom* tem muito mais particularidades, regras, usos tradicionais e modos consolidados do que um drama, que é um subgênero mais flexível. Isso porque a comédia televisiva tem como uma das características mais marcantes a de ser extensiva ao público em geral, sem fazer muita distinção, ao contrário dos dramas direcionados a nichos, que permitem mais experimentação. Quando focam demais em determinada faixa etária ou usam um tipo de humor hermético demais, elas tendem, intencionalmente ou não, a alienar e perder parte do público maior.

Apenas a título de curiosidade, devemos esclarecer o que significa essa abertura das comédias a um "público em geral". Realizadores de cinema e TV costumam dividir a população como um todo nos chamados quatro quadrantes, cada um com suas peculiaridades e preferências. São eles: masculino e feminino abaixo dos 25 anos, masculino e feminino acima dos 25 anos (e algumas fontes trariam variações desse esquema, mas, no fundo, são a mesma coisa). No caso dos filmes, os *blockbusters* hollywoodianos lançados no verão norte-americano já costumam ser designados por padrão como "filmes de quatro quadrantes" por serem pensados dessa forma desde sua concepção, sempre tentando reunir elementos aqui e ali que atraiam literalmente qualquer pessoa; já na televisão, de audiência e apelo muito mais fragmentados, a intenção pode ser atingir em cheio um quadrante específico (e por isso os canais adotam determinados perfis informais) ou até conseguir abarcar dois e se sustentar por muito tempo. Só ocasionalmente algum programa (em geral justamente as comédias, como *Friends*) se torna um sucesso estrondoso por conseguir acesso aos quatro quadrantes do público.

Entretanto, como já sugerido, é claro que podem existir destinações pretendidas de modo mais intencional aqui ou ali nas *sitcoms*. Por exemplo, há eventuais comédias voltadas para um público mais velho, enquanto produções típicas dos Estúdios Disney são escritas tendo em mente os pré-adolescentes. (Estamos tão acostumados com as séries do período noturno, e tantas vezes as consideramos tão bobinhas ou ingênuas, que não é difícil nos esquecermos de que elas não são dirigidas nem aconselháveis para crianças até certa idade.) E existem as que procuram abordar óbvia e especificamente temáticas próprias do público negro norte-americano – implicações sociológicas à parte –, ou então apenas as mulheres ou apenas os homens, com piadinhas sexistas geralmente ruins. Mas, de modo geral, comédias não têm a pretensão de ser tão segmentadas quanto os dramas e, nos últimos anos, vêm tentando incorporar em seus elencos personagens de diferentes históricos, idades e etnias, às vezes com caracterizações muito bem-sucedidas e originais, às vezes ainda apelando aos estereótipos mais surrados e sem graça.

Por esse motivo, os pilotos da maioria das comédias de TV aberta costumam ser trabalhados à exaustão de modo a interessar à maior parcela de público possível, o que tantas vezes faz com que esse episódio inicial não se decida do ponto de vista narrativo e acabe sem foco, com uma premissa confusa e personagens ora explicados demais, ora simplesmente jogados na tela aos borbotões. Por causa disso, uma nova *sitcom* nunca deve ser julgada apressadamente pelo primeiro episódio; ela demanda certa paciência do público, que não pode se deixar levar somente pela apresentação inicial.

De maneira geral, uma série de qualquer natureza leva algum tempo para descobrir e então passar a explorar seus pontos fortes – prerrogativa de que o cinema, por exemplo, não dispõe, pois cada filme tem de se acertar sozinho em uma duração delimitada. Pois as comédias televisivas quase sempre vão demorar mais que a maioria dos dramas para descobrir seu ritmo e seu molde ideal ao longo da encomenda inicial ou da primeira temporada.

Um bom exemplo disso é o que ocorreu com *Cougar Town*. Concebida a partir de uma brincadeira com mulheres maduras redescobrindo a vida de solteiras e sendo sexualmente agressivas com rapazes mais jovens (na gíria, elas são chamadas de "*cougars*", ou "pumas"), a série logo percebeu que havia um engano na premissa e na intenção dos produtores. Foi forçada, ainda com poucos episódios, a evoluir para sua real vocação, inicialmente uma incógnita: mostrar as desventuras de um grupo de amigos mais ou menos bem-sucedidos em torno dos 40 anos. Descoberta a premissa, a série passou a fazer graça com seu próprio título em todas as aberturas de episódios. O criador e *showrunner* Bill Lawrence declarou tempos depois que finalmente conseguira transformar sua série em "um programa decente que, infelizmente, está preso a um dos piores títulos da história da televisão". É a prova da disparidade que pode existir entre a ideia inicial e a execução no dia a dia.

Para compensar, as comédias não apresentam um lado serializado tão forte e por isso exigem bem menos comprometimento do espectador. Se a série tiver sorte de atrair pelo menos uma audiência razoável no começo e assim se mantiver no ar, ela pode ter tempo de se encontrar e assim ver o grande público redescobri-la adiante como um produto mais redondo. Depois que se acostuma com o programa, rever o piloto quase sempre será um exercício de estranhamento de personagens, situações e até locações. Tudo parecia muito diferente quando os elementos da série ainda estavam procurando seu lugar.

17. Os estranhos tijolinhos de uma comédia norte-americana

Aqui foi sua primeira casa. E foi um lugar feliz, cheio de amor e alegria. Mas o mais importante é que, por causa do controle de aluguel, era uma verdadeira pechincha!

– na última cena de *Friends*, Chandler finalmente toca no delicado assunto de como é que Monica conseguiu viver por tanto tempo em um apartamento tão grande no coração de Nova York.

A razão para esses reajustes é que, para elaborar uma *sitcom*, existe um mundo de requisitos de naturezas diferentes a que o(s) escritor(es) deve(m) obedecer com pouca possibilidade de fuga. Como já foi dito, não existe aqui a pretensão de se entrar em análises e teorias do texto ou da literatura especializada nem nada assim, mas o espectador mais interessado não vai precisar de nada disso para identificar essas pequenas maquinações que estão ali, ao alcance do que é visto na TV.

Comecemos pela construção da narrativa e do roteiro. Há determinadas convenções que um escritor deve utilizar já sabendo que o público as compreenderá e esperará por elas, independentemente de língua ou nacionalidade. Não falamos necessariamente de lugares-comuns (como a velha piada "Eu te amo/Obrigado", já usada por todas as *sitcoms* possíveis), mas de pré-construções consagradas que serão inseridas na ideia geral da comédia como garantias sem as quais provavelmente não seria o tipo de comédia que nós viemos a conhecer. O melhor dos exemplos é a cena no sofá; pense no símbolo maior da *sitcom* e você provavelmente terá o sofá. Nem é preciso pensar muito para entendê-lo no contexto das comédias familiares ou das *hangout comedies*, nas quais ele é o grande coadjuvante. Mesmo séries tipicamente focadas no local de trabalho vão ter situações passadas no sofá, como vemos em *The Office*, *Just Shoot Me* ou *Scrubs*. Outro elemento sempre presente é o encontro romântico (*date*) em que alguma coisa não funciona; não há comédia que não tenha retratado isso e criado as mais diversas e divertidas desculpas para fazer as coisas darem errado.

Mais recursos? Procure pelo personagem que nunca é mostrado na tela (*unseen character*) e que, ainda assim, garante muitas risadas. Kramer, em *Seinfeld*, sempre mencionava seu amigo Bob Sacamano, jamais visto; Norm vivia bebendo no bar de *Cheers*, mas sua esposa, Vera, que servia como motivo de muitas piadas, nunca apareceu – piada que foi continuada na derivada *Frasier* com Maris, ex-mulher de Niles; ainda na década de 1970, *Rhoda* trazia apenas a voz do porteiro Carlton por dezenas de episódios; também a mãe de Howard é somente ouvida aos berros em *The Big Bang Theory*; em *Scrubs*, o Dr. Kelso falava com rancor da mulher, Enid, e do filho gay, Harris, sem apresentá-los ao espectador ou aos colegas do hospital; *Will & Grace* tinha (ou não tinha?) Stan, marido de Karen.

Há ainda os tipos de personagem mais ou menos fixos que aparecem em toda *sitcom*. Exemplos disso são o "pobre coitado", o "espírito livre", alguém que é sempre ingênuo, o obcecado por sexo, o idiota de plantão e assim por diante. Em muitas comédias, ainda que não necessariamente como regra geral, existe um personagem não específico que se torna "o vórtice". Ele toma muito tempo de tela, cria conflitos e em geral é uma pessoa de algum modo problemática – e daí vêm as piadas. Todos os outros giram ao redor e têm de lidar com suas complicações. Um exemplo que vai ficar na cabeça de muita gente por muito tempo é o excêntrico Sheldon Cooper, de *The Big Bang Theory*, mas também JD em *Scrubs* ou Cartman em *South Park*.

E não se pode nunca esquecer do essencial "*straight man*", ou "o cara sério", aquele que serve de escada para os outros personagens. Geralmente, ele não está por dentro da situação e vai perguntar o que está acontecendo, entender pela metade, criar mal-entendidos, ser alvo fácil de piadas. O *straight man* pode ser um personagem fixo, sempre o mesmo, mas o mais comum nas comédias atuais é que esse foco mude em situações diferentes, considerando que todos agem de maneira cômica em algum momento em contraposição a algum colega.

Outra situação que garante não só piadas, mas também páginas e páginas de roteiro é a do chamado "*will-they-won't-they*", ou "vão-ou-não-vão" (ficar juntos). Casais como Sam e Diane (*Cheers*) ou Ross e Rachel (*Friends*) passaram para a história da televisão norte-americana com seus casos mal resolvidos durante as muitas temporadas de suas respectivas séries – o primeiro inclusive já empresta seu nome para esse recurso, que a partir de certo momento passou a ser apelidado de "situação Sam e Diane". Essa tensão entre personagens e os conflitos resultantes garantem o interesse estendido do público. Não é um pressuposto tão essencial que deva ser enxergado universalmente – em *Mad About You*, eles já são casados; em *30 Rock*, a principal relação é de mentor-aprendiz; em *Will & Grace*, ninguém espera que o casal central fique junto –, mas são muitas as séries que se fiam nesse recurso narrativo, inclusive as dramáticas (que serão abordadas adiante). Ele existe, com algum grau de importância, em dezenas de outros exemplos, como *The Big Bang Theory* (que resolveu a indecisão ainda nos primeiros anos e depois a recriou e explorou), *Sex And The City* (Carrie e Mr. Big), *Frasier* (Niles e Daphne), *The Office* (Jim e Pam), *That '70s Show* (Eric e Donna), ou ainda em *Californication* e *Scrubs*, que diluíram um pouco esse artifício para torná-lo uma espécie de coadjuvante em meio às tramas principais. Outras subverteram a expectativa: para desespero da emissora, *NewsRadio* fez questão de unir dois dos protagonistas logo no segundo episódio, enquanto, em *Seinfeld*, Jerry e Elaine já tinham ficado juntos antes de a série começar e não havia mais qualquer tensão.

Uma característica reconhecível, e de enorme importância, em praticamente todas as comédias norte-americanas já feitas é o chamado *bickering*, ou seja, a implicância entre personagens. Os conflitos gerados quando um personagem irrita, repreende ou faz graça com o outro provocam situações cômicas que são a base das comédias. Esse recurso, entretanto, tem um ponto de equilíbrio muitíssimo delicado e tem de ser usado com uma moderação bem pensada a cada cena. Afinal, aquelas pessoas, sejam parentes, amigos ou colegas de trabalho, devem continuar convivendo e demonstrar motivação para que a série siga existindo e sendo atraente, engraçada e surpreendente. O exagero geralmente é percebido pelo espectador e o leva a crer que todos na série se odeiam e que há algo de muito errado naquela convivência – e a má impressão afastaria o público. Por que mesmo aquelas pessoas continuam convivendo? Será que elas ainda se gostam e tudo termina bem, como uma comédia deve ser? Será que ainda há afeto, um senso de união com o qual o público possa se identificar? Quando uma série consegue passar com méritos por cima do *bickering* e apresentar uma resolução emocionalmente satisfatória, os críticos costumam dizer que ela "*has a heart*" ("tem um coração"), ou seja, que ela, no fim, consegue demonstrar bons sentimentos, conciliação e boas intenções apesar dos conflitos, e assim deixar o espectador com um sorriso satisfeito. Acredite, é um mérito ocasional não alcançado universalmente.

E, finalmente, alguns espectadores, e especialmente detratores, vão querer tirar satisfações dos velhos recursos das piadas sexuais e dos estereótipos descarados. Primeiramente, que fique claro que a própria discussão é um clichê; mesmo quem não conhece nada de séries gosta de apelar para esses dois argumentos surrados. E depois, justamente por isso, deve ficar estabelecido que esses dois pontos de pretensa controvérsia já se tornaram, a essas alturas, estéreis e perfeitamente redundantes. Porque, sim, as duas coisas são constantes e verdadeiras, goste-se delas ou não, ache-se que empobrecem o produto ou o enriquecem. Mas isso não importa, uma vez que os dois recursos fazem parte da alma da comédia norte-americana e mesmo da comédia como um todo, provavelmente em qualquer lugar do mundo. Se a pessoa não consegue aceitá-los bem, que fique longe também das *sitcoms*, porque isso não vai melhorar com o tempo.

Afinal, é fato, por exemplo, que *Friends*, uma das comédias mais populares da história da TV, era totalmente baseada em sexo, em uma insistência intencional que estava na própria ideia inicial de seus criadores.

Note-se a presença ostensiva do tema em todos os 236 episódios, com maior ou menor importância, mas inapelavelmente lá. Outra notável, *The Big Bang Theory*, foi completamente estabelecida em cima de estereótipos que vinham ficando populares como coadjuvantes em muitas séries anteriores. Tão importantes eles se mostraram que se criou então um programa que os alçava ao centro da ação e os transformava aos poucos em seres humanos mais profundos, assim demonstrando uma renovada viabilidade do velho recurso. Os espectadores continuaram querendo assistir-lhes, como comprovou o (enorme) sucesso continuado da série. E isso para citar apenas duas mais óbvias, porque discussões e piadas sexuais e abordagens estereotipadas estão presentes em todas as *sitcoms*. Portanto, uma discussão muito mais construtiva que poderia nascer dessa observação é a de quanto e como usar esses dois recursos de maneira mais inteligente e pertinente, já que eles nunca irão embora mesmo. É lícito também discutir que série resulta melhor ou pior conforme essa utilização é mais ou menos gratuita.

Existem também noções para a construção de uma série que definitivamente afastam a possibilidade de enxergá-la como uma imitação do real. Em outras palavras, algumas exigências do meio televisivo viabilizam o produto série, mas, ao fazer isso, depõem contra sua credibilidade ("e quem precisa de credibilidade em uma comédia de TV?", poderiam perguntar) e fazem com que ela seja somente isso, uma obra ficcional de TV que funciona como tal. Obviamente, para começo de conversa, os personagens tendem a tomar decisões e apresentar conclusões e comportamentos quase sempre extremados – é onde está a graça, longe do pensamento equilibrado. Mas muitas outras coisas simplesmente não precisam fazer sentido, considerando as regras normais de funcionamento do mundo. É por isso que as pessoas entram nas casas umas das outras sem bater, às 6 horas da manhã ou no meio da madrugada, de acordo com a conveniência da piada; telefonemas também são feitos e recebidos em qualquer horário; carros e celulares surgem e desaparecem em momentos oportunos sem questionamentos; pessoas cochicham alto na frente das outras sem serem ouvidas.

Afinal, já reparou como personagens de muitas comédias populares dificilmente se preocupam com dinheiro e costumam ter estilos de vida incompatíveis com o quanto aparentemente ganham? E isso quando trabalham em algum momento. Essa despreocupação é algo comum no universo das *sitcoms* e é também uma forma de fazer a coisa funcionar como série, mas longe da vida real. Não é necessariamente uma regra fixa, como comprovam séries mais conscientes desse aspecto econômico, como *Roseanne* ou as mais recentes *Mom*, *Broad City*, *Everybody Hates Chris*, *2 Broke Girls* e *The Middle*, mas é um artifício fácil de encontrar em muitos outros exemplos.

Ainda que a constatação pareça óbvia, é necessário deixar bem claro que a economia das séries de TV é, de fato, completamente irrealista e não deve ser considerada a sério pelo público. Apartamentos e casas geralmente custam bem mais do que o salário estimado dos personagens lhes permitiria ter ou alugar; danos e prejuízos materiais, em geral, não causam preocupação para além do final do episódio; alguns personagens reclamam de sua condição de penúria, mas vivem rodeados de condições decentes, comem em restaurantes, nunca param de comprar e, sabe-se lá como, sempre voltam ao ponto onde estavam no começo do episódio. Apenas um exemplo já considerado clássico: lá no primeiro episódio de *The Simpsons*, a família não tem dinheiro para comprar presentes de Natal; logo no segundo, Marge Simpson compra caras entradas para a ópera. Essa abordagem insistentemente irrealista da economia – e é o caso de destacar aqui novamente as comédias, ainda que em certa medida isso também aconteça nos dramas – não passa despercebida pela imprensa especializada, que vez por outra questiona como e com que fidelidade o norte-americano médio (o espectador por excelência) está sendo retratado na TV.

Em tempos passados, a maioria das comédias pretendia criar identificação com a pessoa comum, que trabalhava durante algum período do dia e então voltava à sua vida pessoal. Depois das *hangout comedies*, muitas vezes não era mais necessária essa separação, e a própria representação do trabalhador comum mudou dramaticamente nas telas. Com isso, alterou-se também a tal questão da identificação. O que se seguiu, e ainda está em curso, é uma ocasional idealização excessiva de situações cotidianas que não condizem com as realidades dos mais jovens. É uma expectativa que poderíamos chamar de "estilo de vida *Friends*", ou uma versão bastante confeitada do que deveria ser a vida real. Naquela série, apenas um único episódio explorou a diferença de renda dos seis protagonistas, para jamais tocar no assunto novamente. Talvez isso já tenha feito muito norte-americano (ou brasileiro) pensar se havia algo de errado com suas vidas comuns, já que elas em nada se parecem com aquilo.

Outra incoerência é escalar gente muito nova para fazer papel de adolescentes e seus pais. Isso vem da obsessão da TV em nossos tempos de mostrar juventude em detrimento da plausibilidade (e assim atrair mais e mais aquele público-alvo entre 18 e 49 anos). Muitas vezes, a diferença de idade entre os atores é de 11 ou 12 anos apenas. É um ponto comumente contestado pela imprensa e mesmo pelo público, que muitas vezes coça a cabeça em descrença e se manifesta. De maneira semelhante, aparece o "problema" do camarada comum casado com uma beldade que, numa situação real, dificilmente olharia para ele (e que, aliás, costuma ser muito mais esperta do que o próprio). O caso é que, em qualquer televisão do mundo, beleza e vida idealizada dão audiência, é lógico. É o mesmo motivo óbvio pelo qual cientistas renomados, políticos de carreira, agentes do governo, jornalistas e jornaleiros, médicos e advogados, policiais, escritores, pedreiros, seguranças, qualquer outra classe profissional e até mesmo os aposentados, quando na posição de protagonistas, são sempre irrealisticamente gente jovem e bonita – o que, convenhamos, muitas vezes contribui para o demérito do programa.

Além disso, personagens de séries parecem não ter amigos ou mesmo conhecer outras pessoas que não estejam naquele núcleo sempre em foco. Quando muito, existe um personagem recorrente a que se dá pouca atenção, mas as interações tendem a ser sempre as mesmas – porque a série é sobre aqueles e somente eles, não sobre os outros que distrairiam nossa atenção e diluiriam o roteiro. Isso, claro, quando um ex-colega ou ex-qualquer-coisa não aparece convenientemente para conduzir a história de um só episódio e jamais é visto ou mencionado de novo.

Chega a ser até irritante que nada aconteça por acaso, nem detalhes que deveriam ser perfeitamente humanos e triviais. Por exemplo, todos nós tossimos em algum momento do dia por alguma razão; mas, em uma série (mesmo nos dramas), se alguém faz algo tão bobo quanto tossir, pode ter certeza de que isso significa alguma coisa para a história dali a pouco. Em compensação, adições tardias devem ser vistas com cautela. Entre jornalistas, corre o comentário jocoso de que, se uma comédia adiciona um cachorro ou uma criança ao seu elenco fixo em temporadas adiantadas, essa é uma forma não muito discreta de informar que o setor criativo passa por alguma crise e que o futuro não é dos mais promissores para a trama ou para a própria existência da série.

Um exercício que certamente soa bobo para muita gente, mas que tem sua razão de ser – e é provável que em algum momento muita gente já tenha se pegado pensando assim –, é imaginar como é a vida daqueles personagens de comédias quando as câmeras não estão rodando. Tudo bem, é óbvio que são atores e que os personagens só têm vida enquanto as câmeras filmam. Mas, se pensarmos dessa maneira meio lúdica, vamos entender que nem sempre os cortes são feitos para evitar passagens de tempo, e sim para não mostrar diálogos que deveriam ser vitais e que efetivamente aconteceriam na vida de pessoas normais. Quantas coisas não seriam resolvidas com um pouquinho mais de comunicação entre os personagens, certo? E por que isso não acontece? Porque assim é mais conveniente; é onde está a graça, especialmente de uma comédia ruim, ou que começa a degringolar. É quando entendemos em um estalo de dedos por que as comédias não fazem sentido, e é justamente por esse motivo que os dramas ganham uma certa preferência em termos de percepção geral, como veremos adiante.

Por fim, é bom assegurar a identificação (e o consequente retorno financeiro) falando a um público que tem uma forma muito particular de pensar o mundo – e é claro que, nesse sentido, as emissoras estão preocupadas com a audiência dos Estados Unidos, não com a do resto do mundo, que vai apenas importar esses produtos televisivos e sua esmagadora influência cultural.

Seriados de TV são uma parte absolutamente essencial da cultura e da identidade norte-americanas e refletem com muita propriedade os aspectos culturais daquele pessoal – em especial, os homens brancos entre 20 e 50 anos, já que estes constituem a grande maioria dos roteiristas. Acompanhar séries vai necessariamente acarretar algum choque cultural para o brasileiro ou qualquer outro estrangeiro, em especial no que corresponde ao velho moralismo distorcido que ainda dá as cartas nos Estados Unidos – podem-se mostrar assassinato e corrupção abertamente no horário nobre, mas ai da rede aberta que deixar passar uma das cinco ou seis "palavras proibidas" (que já foram mais , como ensinava o monólogo do comediante George Carlin em 1972) ou sugerir a mais ingênua cena de nudez totalmente em contexto. Entender os usos, costumes e vocabulário norte-americanos (ou ingleses, canadenses, australianos...)

para poder usufruir plenamente das histórias parece ser uma tarefa infindável que vai se empilhando a cada série, a cada episódio.

Por exemplo, os norte-americanos têm um apreço muito forte por aspectos da sua História, o que pode ser duplamente estranho para o público brasileiro – a própria valorização, que não é a regra por aqui, e as referências feitas, que praticamente desconhecemos de todo. Ao mesmo tempo, o sistema de ensino por lá tem a duvidosa fama de ignorar quaisquer particularidades de outros povos, o que também sempre é mencionado em obras de ficção.

Também é natural que os feriados e as datas festivas de outro país sejam diferentes dos nossos. Depois de se assistir a muitas séries, vira uma questão de costume. O Dia de Ação de Graças (*Thanksgiving*) é impraticável no Brasil, porque vem de tradições religiosas levadas aos Estados Unidos pelos ingleses anglicanos. O *Halloween* é também um festejo tomado dos britânicos e não faz sentido algum por aqui. Até o Dia dos Namorados deles é outro, assim como o Dia do Trabalho. Isso sem falar nos feriados judaicos, muito mais disseminados na sociedade de lá. Até as referências de tempo são diferentes das nossas, com muitas menções a estações do ano e uma medição costumeira do cotidiano feita em semanas, e não em dias e meses como fazemos.

Costumes e hábitos típicos do modo norte-americano de pensar nos pegam desavisados. Um exemplo é a importância dada à cerimônia de casamento. É um evento mais importante, e mais válido, do que qualquer papel assinado ou união estável, de modo que um sacerdote (qualquer um com 10 minutos de instrução *on-line*...) pode amarrar para sempre duas pessoas com meia dúzia de palavras, a qualquer momento. Antes, tem sempre aquele constrangimento aparentemente obrigatório de o sujeito pedir a mão da namorada se ajoelhando, às vezes em frente a um monte de gente. E o padrinho – que é somente um, pelo lado do noivo – tem de fazer um discurso sobre como eles se conheceram e "o noivo é um grande cara"...

Já reparou como, principalmente em comédias, mas também nos dramas, personagens têm mania de se vestir com camadas de roupas? Não é culpa apenas do clima mais frio de Nova York, Seattle ou Chicago; é, sim, um traço sutil da própria cultura norte-americana. Há ainda as semiinfantis tradições envolvendo o baile de formatura, a paixão por equipamento esportivo (que todo norte-americano parece ter aos montes), os (para nós) estranhos "momentos de compartilhar sentimentos", o consumo excessivo de álcool em qualquer ocasião ou refeição, a mania de acrônimos que todos parecem conhecer, apesar de não fazerem sentido algum... Até a própria acepção da palavra "mentir" é levemente diferente: nos Estados Unidos, sempre que você não manifesta claramente a verdade, está mentindo – mesmo que não diga nada e fique calado!

E vemos muita diferença naquela vida universitária em alojamentos e fraternidades, necessariamente longe de casa, representando o grande momento em que o calouro e sua família passam a viver vidas completamente separadas. Com a crise econômica do final dos anos 2000, essa crença em uma independência precoce foi seriamente abalada, e o trauma ficou registrado também no mundo das séries de TV, que começou a mostrar com mais frequência jovens adultos desempregados retornando à cidade-natal e pais sem recursos tendo de apelar aos filhos já mais estabelecidos.

18. A comédia animada: pequena revolução à parte

Televisão! Professora, mãe e amante secreta.
– o imortal Homer Simpson, se declarando em *The Simpsons.*

As *sitcoms* também podem existir em forma de animação sem perder a maioria das características essenciais vistas até aqui. Unindo a crescente popularidade das comédias com atores (e copiando em especial – alguns diriam descaradamente – o modelo proposto por *The Honeymooners*, grande sucesso em 1955-1956), as facilidades que são próprias da animação e um custo de produção mais módico, nascia *The Flintstones*, em 1960, produzida em cores, mas exibida em preto e branco pela ABC. A série animada, que só poderia mesmo derivar da tradicionalíssima comédia familiar, era escrita por roteiristas dos seriados convencionais, trazia temática e pontos de vista adultos e era exibida em horário nobre. A apresentação era nova, mas o direcionamento adulto não era exatamente inédito, como poderíamos crer hoje, já que, bem antes daquela época, animações curtas e nada infantis eram exibidas em cinemas antes dos filmes nas sessões noturnas. O sucesso não tardou para a trupe pré-histórica, e em 1962 eles foram acompanhados pela família futurista de *The Jetsons*, outro grande acerto muito lembrado e reverenciado até hoje.

A animação para adultos ficou em estado adormecido por muito tempo, com ocasionais tentativas fracas na década de 1970, até que o fenômeno *The Simpsons*, em 1989 (ou 1987, se contarmos *The Tracey Ullman Show*, onde o desenho nasceu na forma de intervenções), revolucionou por completo todo o significado de um desenho animado como *sitcom* – não mais calcado na inocência que se via até então, mas falando abertamente ao público adulto. *The Simpsons* constituiu um dos maiores marcos da história das séries de TV em qualquer gênero, pautou todo o *Zeitgeist* da década de 1990 e reabriu um caminho que seria bastante explorado nos anos seguintes, com influência decisiva também na animação infantil e em dezenas de longas para cinema que se seguiram. Não à toa, a animação também se tornou a série mais longeva da história da TV norte-americana em qualquer formato ou gênero ao ultrapassar as 21 temporadas e mais de 400 episódios em 2009.

Por causa da família amarela de Springfield, hoje a série animada adulta é uma constante no horário nobre, seja com representantes ilustres ao seu lado na TV aberta, como *King Of The Hill*, *The Critic*, *Bob's Burgers*, *Family Guy* e *Futurama*, entre outras, na experimentação da MTV, com seu arrojado *Liquid Television* na década de 1990, ou também na TV a cabo, mais ácidas ainda, como demonstram *Boondocks*, *South Park*, *Archer*, *Duckman* e os originais do canal Adult Swim.

19. Com quantas câmeras eu vou?

Infelizmente, as coisas por aqui nem sempre terminam tão bem e tão perfeitinhas quanto numa sitcom. Relacionamentos nem sempre se resolvem magicamente em 30 minutos. Você tem de trabalhar neles. Os problemas nem sempre têm soluções fáceis. E, aqui, pessoas boas nem sempre ficam curadas no fim. Em momentos assim, é sempre reconfortante saber que há algo que pode levantar de novo seu moral.

– o monólogo final de JD no episódio de *Scrubs* chamado, não por acaso, "Minha vida em quatro câmeras" faz referência ao conforto de se assistir a uma comédia no fim do dia.

Por estranho e até insignificante que pareça ao público espectador, um aspecto criativo importante quando se fala das *sitcoms* é o número de câmeras usadas na gravação. A própria imprensa especializada e mesmo algumas premiações deixam clara a distinção entre as comédias *multi-camera* (geralmente gravadas com três, às vezes quatro câmeras ao mesmo tempo) e as comédias *single-camera* (nas quais é usada apenas uma câmera).

Parece mesmo uma chateação técnica, mas saiba que é uma decisão majoritariamente criativa que tem tudo a ver com a dinâmica das cenas (mudam o desenrolar da história e a própria forma de contá-la) e com a percepção do público (mudam os focos, ângulos e cortes). Talvez o espectador até tenha uma preferência e não saiba.

O formato multicâmeras é uma herança dos primeiros programas dramáticos e de auditório, transmitidos ao vivo como teleteatros. Pense bem: em uma apresentação ao vivo, com a notória *live audience* (plateia), suas risadas e demais reações em momentos-chave, não é possível interromper a ação a todo momento para montar a cena seguinte. Enquanto uma cena transcorre por alguns minutos, os cortes são feitos de uma câmera à outra, de um ângulo a outro. Filmar essa ação contínua com uma só câmera seria como registrar uma peça de teatro com a câmera fixa, monótona, ou como fazemos com o celular, com "corridas" e sem ajustes de foco, iluminação e outras características importantes da cena.

Com a captura de diversos ângulos da mesma cena ao mesmo tempo, toda a ação se desenrola sem precisar de reajustes, todas as reações dos atores são captadas em sua sequência natural. A filmagem e a posterior edição são processos muito mais rápidos e baratos. As *soap operas*, intermináveis novelões norte-americanos levados ao ar todos os dias durante o período diurno, são filmadas assim, e, a exemplo também de alguns seriados *multi-camera*, dispensam a própria existência de plateia. De fato, é curioso que nem todas as comédias filmadas em palco com muitas câmeras tenham plateia, mas todas as que têm pertencem, claro, a esse formato. E mais: quando há plateia, ela tem de ser entretida durante as muitas horas de gravação – para se conseguirem os 22 minutos habituais, é certo que haverá erros de atores e equipe, piadas reelaboradas ou acrescentadas em cima da hora, novas tomadas necessárias, etc. Para manter o público interessado e bem-humorado durante todo o tempo e ao longo de gravações quase idênticas de uma mesma cena por tantas vezes, são contratados comediantes chamados de *warm up* ("aquecimento"), como pode ser visto, por exemplo, em cenas do filme *Magnolia.* Antigamente, contratavam-se até mesmo bandas para tocar nos meios-tempos, mas hoje o *warm up* atua ao lado de um DJ.

I Love Lucy é apontada como série pioneira na prática de usar múltiplas câmeras não apenas para se filmar uma comédia, mas também para gravá-la (em vez de transmitir ao vivo sem deixar cópia), e ainda fazê-lo em frente a uma plateia, o que criou um paradigma seguido até hoje. Como exemplos de comédias conhecidas e mais recentes que usam o formato multicâmeras, temos *The Big Bang Theory*, *Friends*, *The Cosby Show*, *Seinfeld*, *Everybody Loves Raymond*, *How I Met Your Mother*, *Will & Grace* e muitas outras *sitcoms*, incluindo britânicas. Dessas, algumas trazem plateias de verdade rindo das piadas e outras têm risadas gravadas para emular o mesmo efeito. Também como curiosidade: as risadas que vão ao ar podem ter sido gravadas em tomadas diferentes, o que costuma ser indistinguível da coisa real.

Alguns meios de comunicação até hoje se referem ao formato *multi-camera* como "o formato tradicional". No entanto, o método de se filmar com uma só câmera também não é nada novo, mesmo em se tratando de televisão. Ele vem do nascimento do cinema, com gravações e edição em película 35 mm, mas já na década de 1960 produtores de séries de TV começaram a usar somente uma câmera e simular a presença de audiência com a *laugh track* (claque de risadas gravada, prática hoje bem mais rara dentro desse formato), evitando plateias reais, tidas como "imprevisíveis demais" – e, claro, impraticáveis em um esquema de cortes constantes e locações distantes.

Era uma forma de criar uma sensação diferente, mais cinematográfica, e estender os conceitos de tempo e espaço das comédias de TV sem nunca perder de vista que o produto final deveria ser uma *sitcom*. Com uma só câmera, a ação é interrompida a todo momento e a história pode inclusive ser filmada fora de ordem cronológica para ser montada depois. São gravadas todas as cenas sob um ângulo com determinados ajustes e depois todas com ajustes diferentes, o que leva cada cena a ser gravada mais de uma vez.

A prática persistiu de maneira menos ostensiva nos anos que se seguiram, sempre com admiradores, e ganhou uma importância renovada no século XXI, com a própria evolução da narrativa das *sitcoms*, que vão deixando os cenários montados e se instalando em qualquer lugar. As possibilidades narrativas se mostram muito maiores, assim como as mudanças de locação e a adição de efeitos sonoros e visuais. Por isso, a imensa maioria de dramas e dramédias são filmadas em *single-camera*, e mesmo as comédias sofreram forte abalo nesse sentido. As clássicas *Bewitched*, *The Addams Family*, *I Dream Of Jeannie*, *Batman* e *Get Smart* (ou *Agente 86*) já aproveitavam as vantagens da câmera única. Exemplos mais recentes são inúmeros, incluindo *The Middle*, *The Wonder Years*, *30 Rock*, *Arrested Development*, *Malcolm In The Middle*, *Modern Family*, *Scrubs* e as versões norte-americana e inglesa de *The Office*, entre outras.

As comédias assim filmadas tomaram de tal modo o panorama em certo momento que ultrapassaram em número as mais tradicionais *multi-cams*. Pode-se até mesmo dizer que isso causou uma súbita demanda por novas comédias de palco, às quais o público está tão acostumado e que continuam gerando sucessos incontestáveis apesar da longevidade (e do discutível esgotamento). A cada seis meses, podemos encontrar algum artigo na imprensa com a alegação de que o formato "antigo" está em perigo e sendo "resgatado" por alguma série nova. Considerando que os dois tipos permanecem coexistindo e resultando em sucessos alternados, nunca se sabe quando há algum bom motivo para essa alegação. Há, portanto, uma questão de equilíbrio: apesar da criatividade e atual dominância das *single-cams*, parece que sempre se fará necessária uma boa *sitcom* filmada com muitas câmeras. No momento, nenhum dos dois modelos dá sinais de que está para desaparecer. Como certa vez disse o experiente diretor James Burrows, "já fui ao enterro da comédia *multi-cam* pelo menos doze vezes. E sempre a vi ressuscitar".

As diferenças entre esses dois arranjos se refletem nos próprios roteiros e ritmos das séries. A multiplicidade de câmeras passa ao espectador uma sensação de mais intimidade, como se ele estivesse assistindo a uma peça de teatro bem ao seu alcance, mas vista de diversos ângulos que se alternam, sem a monotonia de uma câmera estática. As cenas são menos numerosas e levam muito mais tempo em tela. Os cenários são mais amplos, para acomodar os diferentes enquadramentos e a movimentação dos personagens com um mínimo de edição posterior. Tudo isso significa mais investimento em diálogos, o que leva os roteiros a terem entre 40 e 45 páginas por episódio. O excesso de diálogos, por sua vez, explica por que as comédias multicâmeras têm um apelo bem mais amplo e a necessidade de piadas mais voltadas a denominadores comuns.

Por outro lado, as comédias gravadas com uma só câmera (a exemplo dos dramas) costumam ser muito mais ágeis nos diálogos e no andamento, são muito mais variadas em termos de locações, uma vez que não estão restritas a palcos, e lembram mais pequenos filmes do que pequenas peças de teatro. O espectador tende a se sentir como um personagem ou um participante da ação. Com essa agilidade, o número de cenas é bem maior, e os roteiros dificilmente passam de 35 páginas, porque podem incluir cenas silenciosas, com movimentação por cenários ou com pouca interação entre personagens. O que costuma ser um segredo bem guardado, no entanto, é que muitas comédias *single-cam* deste século são na verdade gravadas com duas ou três câmeras, que fazem as chamadas segunda e terceira unidades para tomar reações e cenas intersticiais, mas continuam sendo editadas seguindo o esquema de câmera única, apenas com mais material à disposição.

Nada impede que uma série gravada com muitas câmeras tenhas sequências externas, refilmagens, cenas escondidas do público presente ou trechos que de alguma maneira devem ser feitos no esquema de *single-camera*. Aliás, geralmente é fácil perceber a quebra (mas nem sempre identificar a causa) entre, por exemplo, cenas na sala de um apartamento (um palco) e cenas de rua, que trazem um *feeling* bastante diferente. *Sports Night* era gravada meio a meio, e as cenas de corredores e salas fechadas, gravadas com uma só câmera, eram muitas vezes reencenadas pelo elenco apenas para satisfazer o público com a história completa. Além disso, a claque de risadas era encaixada em todas as cenas a pedido do canal e contra a vontade dos produtores. Esse esquema não funcionou e foi abandonado na segunda temporada da série. Por outro lado, quando *Scrubs* queria transformar o Hospital Sacred Heart no que os próprios personagens chamaram de "uma comédia boba de TV", ou quando *30 Rock* transmitiu dois de seus episódios encenados ao vivo, ambas as séries mudaram temporariamente para o formato multicâmeras a fim de conseguir o efeito desejado.

Existem casos raros em que uma *sitcom* começa a ser produzida de um jeito e é forçada a mudar para o outro, seja por redução de custos, seja por um radical redirecionamento criativo. O exemplo clássico é *Happy Days*, que durante seus dois primeiros anos contou sua história com humor reflexivo e inteligente em *single-camera*, contando com a infame claque de risadas pré-gravada. Entretanto, ao final da segunda temporada, a série estava prestes a ser cancelada devido à audiência baixa. Os produtores então tomaram a decisão de deixar a sensibilidade artística de lado e partir de vez para o popularesco, atendendo aos anseios do grande público e da emissora: na temporada seguinte, o humor se tornava mais escancarado e centrado em piadas óbvias, em vez das histórias mais envolventes de antes, e a série passou a ser gravada em *multi-camera*, com palco e uma plateia que morria de rir em tempo real. A aceitação foi imensa e a popularidade do programa decolou de vez, enquanto o arrojo e a criatividade vistos nos roteiros iniciais se perderam para sempre em prol de um esquema menos ambicioso.

Essa ruptura que se faz, decorrente da própria maneira de filmar, reflete outra distinção conceitual que a crítica sempre faz entre a chamada *broad comedy* e a comédia tida como mais excêntrica. O tipo de comédia *broad* (nessa acepção, a palavra traria uma certa mistura de "óbvia", "ampla" e "comum") é aquele que, enquanto traz visões mais universais de personagens de identificação imediata, também se apoia em piadas idem que são, em geral, bem mais "fáceis" de fazer e de compreender justamente pelo amplo espectro de reconhecimento. É uma comédia que se define por linhas gerais que não pedem esclarecimentos. Esse tipo existe em contraste com comédias chamadas de *smart* (espertas), *quirky* (excêntricas), de nicho ou também *narrow* (de apelo restrito), talvez erroneamente tidas como mais sofisticadas (a palavra "*sophisticated*" muitas vezes usada como oposto de "*broad*"), que se baseiam não nos temas e em contar piadas redondas, mas em personagens mais profundos e imprevisíveis, mais aptos a encarar qualquer situação, e não só aquelas predefinidas pelo molde da série. Enquanto a *broad comedy* clama por piadas e truques que parecem prontos por antecipação – entra aí inclusive quase toda a comédia física –, a *quirky comedy* conta com observações muito particulares e elaboradas, convidando ao absurdo e ao inesperado, e levando a reações e situações engraçadas que fazem parte do panorama restrito daquele(s) personagem(ns).

Mais uma vez, existem boas representantes dos dois lados. A grande maioria das comédias conhecidas ao longo de décadas segue o estilo *broad*, incluindo *Friends*, *Cheers*, *The Big Bang Theory*, *Two And A Half Men* e *I Love Lucy*, entre centenas de outras. Aquelas com viés excêntrico são mais raras, como *30 Rock*, *Community*, *Cougar Town*, *Arrested Development*, *Parks And Recreation* e *New Girl*. Apesar do espírito de cada comédia geralmente ficar muito claro à primeira vista, às vezes pode ser difícil de definir exatamente quando uma *sitcom* de um lado flerta com características incomuns mais próprias do lado de lá. Algumas conseguem justamente desafiar sistematização ao combinar tudo com sucesso, como *Frasier*, *Modern Family* e *Seinfeld*. O que chama a atenção é que não é necessária e intencional a relação desses dois termos com a divisão anterior entre *multi-cam* (relacionada a *broad*) e *single-cam* (relacionada a *sophisticated*), mas é fato que, se sobrepostos, os universos surpreendentemente coincidiriam em grande parte.

Percebemos que há sucessos e ótimas séries feitas de um e de outro jeito, tudo dependendo de os autores e produtores saberem o que estão fazendo, de que tratamento querem dar e de que impressões querem deixar no espectador. Essa diferença se refletirá na essência da própria série e nem sempre será notada pelo público de maneira consciente. Então, não é o caso aqui de se criar um favoritismo para algum dos dois métodos, pois cada um tem suas vantagens, seu momento e sua forma de contar a história. Só é importante lembrar que o público, mais acostumado com o tradicional, e a crítica, mas afeita às inovações, frequentemente se encontram em lados opostos nesse assunto.

20. Todo mundo tem de ter algo para fazer

Ah, eu tinha me esquecido completamente da subtrama.
– Berta, de *Two And A Half Men*, chamando a atenção para os dramas paralelos que se desenrolam na casa durante um episódio de Natal e assim fazendo uma metarreferência à própria série.

Outra divisão informal no mundo das *sitcoms* é aquela entre episódios que somente trazem uma trama central e outros que distribuem os personagens em tramas secundárias, muitas vezes denominadas apenas como A (principal), B e C (secundárias). Tudo bem, as subtramas em si são uma ocorrência bastante óbvia para qualquer um que acompanhe comédias. O que não é tão óbvio é essa própria divisão, que pode parecer inesperada para muitos espectadores que nunca deram atenção a isso. Ela se refere muito mais a episódios do que a séries inteiras, mas pode ser uma questão de escolha crucial para o *showrunner* e/ou criador.

Em uma reunião de roteiristas de comédia, alguém sempre chega com uma boa ideia que pode ser aproveitada como trama principal. Normalmente, trata-se de uma linha narrativa simples que só envolve parte do elenco, o que vai significar um problema. Considerando-se um grupo estabelecido de atores principais, os escritores precisam valorizar, constantemente e tão por igual quanto possível, todos os personagens principais, conferindo a eles tempo de tela, falas significativas e identificação junto ao público. Por isso, uma das maiores preocupações ao se construir o roteiro é arranjar algo para cada personagem fazer naquela meia hora.

Partindo daquela linha central proposta, desenvolvem as situações, mas percebem que não será possível encaixar todo mundo. Só que também não se pode deixar que um personagem "suma" convenientemente do episódio, quando tudo indica que ele deveria estar lá. O exemplo óbvio é o da comédia familiar: cadê o filho enquanto tudo acontece? Por que ninguém mencionou a mãe? É daí que surge, às vezes, a necessidade das subtramas dos outros personagens, que normalmente têm pouca relação com a trama central daquela semana. Ou seja, há também algo de fortuito nessas reuniões e em muitos episódios quanto à ocorrência de subtramas, quanto a quais exatamente elas serão e se elas se entrelaçarão.

Há ocasiões, no entanto, em que uma boa trama central consegue dar espaço para o elenco inteiro, e haverá momentos também em que os escritores vão quebrar a cabeça para alcançar esse resultado específico – o desafio de fazer uma história única que não deixe ninguém de fora, e ainda dure os 22 minutos, representa malabarismos muito maiores. Exemplos de equipes que se esforçaram nesse sentido, evitando as subtramas deliberadamente durante anos, são as de *Everybody Loves Raymond* e *The Cosby Show*. Também *Mad About You* com frequência trazia algo parecido, mas talvez por força de a série ter só dois personagens principais, o que facilita a tarefa. Quando esse tipo de episódio dá certo e é bem orquestrado, resulta constantemente mais satisfatório para atores, roteiristas e público. Pode-se dizer que, por detrás do sucesso das três, estava em parte esse segredinho da trama única.

Agora, quando pensamos nos seis personagens principais de *Friends*, era fácil ver os episódios sendo tipicamente divididos em três (às vezes quatro) histórias mais ou menos independentes. Nesse caso, existe um risco maior, porque qualquer uma das tramas pode se mostrar muito fraca e assim derrubar a impressão geral do episódio – algo que aliás acontecia com frequência nas temporadas finais da série.

(Inclusive, com relação a *Friends*, em particular, já se descobriu que os roteiristas de fato calculavam tempos de exposição razoavelmente equivalentes para cada personagem, de modo a não despertar ciúmes ou favoritismos.) Por outro lado, nas vezes em que a série conseguiu reunir os seis centrais em uma história só, é provável que tenha produzido seus momentos mais mágicos. Não é à toa que começos e finais de temporada da imensa maioria das comédias trazem tramas únicas envolvendo a todos, enquanto episódios de meio de temporada tendem a se dispersar.

Nesse contexto, é fundamental lembrar novamente *Seinfeld*. Episódios de um jeito específico ou do outro também aconteciam, mas os roteiristas da série desenvolveram um jeito muito especial de lidar com essa divisão e criaram um interessante híbrido que se tornou uma das maiores distinções da série. O que eles faziam era ramificar normalmente um episódio em tramas paralelas, às vezes as mais desbaratadas, e então, nos últimos minutos, convergir todas novamente em uma trama-solução ao mesmo tempo crível e hilária.

21. A comédia em incessante drama

Talvez o formato de comédia de meia hora tenha ficado meio estagnado por um tempo, mas agora já não parece tanto o caso. A televisão é um meio cíclico, e nós já vimos isso antes. Não foi a primeira vez que a sitcom *foi declarada morta.*

– Suzanne Martin, criadora e *showrunner* do sucesso *Hot In Cleveland*, disse isso em 2010. Nas décadas anteriores e nos anos seguintes, muitas matérias em veículos respeitáveis e diversos nomes importantes da indústria também decretaram o falecimento. Em 2016, a *sitcom* resiste aos trancos e barrancos.

Sempre que uma memorável comédia chega ao seu final depois de muitas temporadas, a imprensa passa por uma ressaca durante a qual pretende analisar o subgênero como um todo. São comuns os profetas do apocalipse que dizem que aquele foi o último grito de um tipo de programa moribundo. Até o momento, mostraram-se invariavelmente enganados, como mostram os novos sucessos que continuam conquistando o público a cada temporada de estreias. Há ainda os que apenas lamentam o fim de algo que rendeu tantas alegrias, assim como outros agradecem pelo final dado a uma boa história. E há os que acreditam que aquilo deve significar o reerguimento das *sitcoms* para algum tipo de nova era de ouro à parte – supondo que elas estavam por baixo, que precisavam de reerguimento, que o gênero talvez passe por uma crise e que, enfim, uma única série que termina ali vá representar a esperança de todo um gênero ou qualquer bobagem que o valha.

Pois bem, otimismo e pessimismo exacerbados à parte, o que se pode afirmar com certeza no fim de 2014 é que há, sim, uma metamorfose bastante difícil no setor das comédias. Provavelmente, não é, de novo, o caso de se falar em morte do formato, mas sim de uma transformação profunda cujo resultado ninguém tem como antecipar. Nas temporadas de 2012, 2013 e 2014, apenas *The Big Bang Theory* e *Modern Family* puderam ser consideradas como verdadeiros sucessos – ambas já entradas em anos –, enquanto literalmente todas as outras *sitcoms*, boas e ruins, novas e antigas, familiares ou de qualquer natureza, dividiam migalhas de público, algumas mais bem-sucedidas que outras. Em entrevista ao *site* Vulture, um executivo veterano (que, como de costume, não quis se identificar) afirma que "a comédia na TV só está morta até a hora em que não está mais", acrescentando que o gênero está apenas passando por mais um de seus períodos de seca.

Nos tempos em que o público assistia à TV ao vivo, os índices de audiência subiam conforme a série fosse ficando mais popular e sendo mais discutida pelas pessoas. Até hoje, essa concepção antiga de audiência é a que parece mais óbvia para os executivos, e continua muito forte também entre o público. Só que, pelas razões já expostas antes, quando falamos das medições da Nielsen e das novas formas de se ver TV, essa regra tem caído por terra nos últimos anos, com raras exceções (como as duas mencionadas). O que se observa agora é a audiência nominal de qualquer programa só diminuir com o tempo.

Essa tendência tende a afetar muito mais as comédias do que os dramas. Em termos de números absolutos, é cada vez mais difícil para as *sitcoms* concorrer com o apelo muito mais forte dos bons dramas, que vêm crescendo assustadoramente. Comédias constituem um tipo de série que dificilmente faz o público correr para casa para assistir. As mais novas, então, sofrem muito para ganhar seu lugar ao sol. Não são tão atraentes, pelo menos em termos de se assistir à TV ao vivo e saber em primeira mão o que aconteceu no episódio da noite anterior.

Parece mais conveniente para muita gente deixar para assistir a elas posteriormente em maratonas, primeiro porque não guardam grandes tramas imperdíveis e podem ser postergadas sem riscos, e segundo porque têm metade da duração dos dramas, então são mais fáceis de alcançar depois de iniciada a temporada. Não se pode, portanto, atribuir essa tendência a algum "controle de qualidade" do público.

Essa conjunção de concorrência e tecnologia acessível, portanto, dificilmente permitirá que os índices de audiência voltem a ser altos como um dia foram, pelo menos na grande maioria dos exemplos de comédias. Se esse é o caso, então são necessárias intervenções – e felizmente não parece haver nenhuma grave crise criativa, já que as *sitcoms* continuam sendo mais ou menos o que sempre foram. O que se vê com frequência hoje é uma diminuição daquela preocupação tão fundamental em atingir um enorme público com denominadores comuns. É uma notícia potencialmente boa: talvez a melhor maneira de manter as *sitcoms* na ativa seja investindo em qualidade e originalidade, no diferente e específico, em um texto ainda mais "esperto", e assim conquistar um público de nicho fiel, ao contrário do apelo amplo que se pretendia antes. Hoje, o lucro das comédias vem de conquistar um número reduzido de fãs muito dedicados em certo segmento. Essa estratégia posta em prática na TV a cabo vem se provando muito bem-sucedida, especialmente entre o público abaixo dos 35 anos, mais ligado às novidades.

O drama

22. Tudo o que não é comédia

Se ele fosse uma pessoa real, não duraria um minuto, não é? Mas drama é assim, é lidar com a imperfeição. E nós já estamos longe daquele "herói inspirador" Cansamos dele, era muito enjoado.
– de acordo com seu intérprete, Hugh Laurie, o Dr. House, da série homônima, era bem mais interessante que um herói típico.

Quando nos referimos a uma série de TV como "drama", não queremos com isso dizer que é um dramalhão nem falar em termos de obras lacrimosas e sofridas. Estamos, afinal, mais acostumados com a terminologia do cinema, na qual um drama costuma ser algo mais específico – um filme que retrata emoções de maneira mais intensa do que a ação, os sustos ou as piadas. Só que, em termos de séries, o nome "drama" é apenas uma maneira ampla de se referir a um formato de ficção televisiva que não é o da comédia e que bem pode, por acaso, reunir traços de tudo isso em um mesmo programa, ou pelo menos sob a mesma terminologia. Tudo o que não é comédia de meia hora é chamado de drama, seja ação, ficção científica, série de época; não importa o (sub)gênero.

O drama televisivo tem como característica essencial não destacar o uso do humor, mas sim retratar um desenrolar de conflitos humanos com um tom mais próximo da seriedade, seja com evidente realismo ou não, seja baseado na nossa mesma realidade ou não. A periodicidade do drama seriado roteirizado é comumente semanal, como as comédias, só que com episódios de mais de 40 minutos de duração – normalmente, são 42-44 minutos na TV aberta (com 16-18 de comerciais), mas as séries de TV paga ficam mais perto de uma hora ou podem chegar a mais. Episódios maiores podem ter a duração (e o custo) de filmes de média e longa-metragem. Pela lógica, os roteiros dos dramas são mais extensos que os das comédias. Têm, em média, 60 a 65 páginas, beirando as 70 em programas muito ricos em diálogos e descrições, como *Gilmore Girls* ou *The West Wing*.

Essa definição de drama é algo vaga, sem dúvida, o que, por um lado, leva as séries dramáticas a serem mais difíceis de sistematizar ou rotular como um corpo unitário, mas por outro abre possibilidades de exploração bem além dos rígidos padrões das *sitcoms*, já vistos. Algo chamado de drama televisivo pode, então, tratar de qualquer aspecto humano, em qualquer ambiente concebível. Daí podermos falar de tantas subespécies, como o drama médico-hospitalar, o detetivesco--procedimental, aquele passado no velho Oeste norte-americano, o drama de ação urbano, o de espionagem e suspense, o popularíssimo drama familiar, as ficções científicas espaciais ou terrenas, as séries de horror declarado ou psicológico, as histórias adolescentes divididas entre família, amigos e escolas ou universidades, o musical, os dramas de maquinações políticas, aqueles que envolvem advogados e tribunais, programas leves sobre a vida bucólica e tantos outros.

É fácil observar que, ao longo dos anos, os dramas sempre foram tradicionalmente considerados os carros-chefes da programação de qualquer emissora, em detrimento do grande sucesso e de qualquer bom trabalho realizado nas comédias, que ainda hoje são encaradas pelo grande público e pelos estudiosos da área como uma forma "inferior" de série de TV. Uma evidência dessa preferência pode ser conferida em premiações de TV; os principais prêmios dramáticos (melhor ator, atriz e série) são sempre deixados para fechar a noite, enquanto os de comédia ficam em qualquer lugar dentro da cerimônia. Sempre que se vai discutir academicamente o *status* de arte na televisão, ou um tópico como a evolução da narrativa ou as diferenças e semelhanças entre a TV e o cinema, por exemplo, as pessoas tomam como exemplos as séries dramáticas, imediatamente desconsiderando as *sitcoms*. É também por elas que o público avalia o "peso" dos canais em comparação com seus pares e o grau de investimento que cada um faz em dramaturgia dita "séria".

Conforme já discutido, essa preferência tem a ver com uma lógica interna muito mais firme que se espera de um drama, mesmo aqueles meio ruinzinhos. Eles simplesmente precisam fazer mais sentido (o que não deve ser confundido com oferecer explicações ou solucionar mistérios, veja bem), ou serão retirados do ar bem rápido. Mas, enquanto existe nisso tanto essa dose razoável de verdade, há também outra maior de insistente preconceito. É fato que as comédias tradicionalmente, e até hoje, demandam menos investimento cerebral por parte do público; em teoria, uma situação cômica leva à risada e à expectativa de nova situação cômica e assim por diante, nem sempre fazendo muito sentido, também como visto (com exceções honrosas e bem lembradas pelo público e pela crítica). Feliz ou infelizmente, elas continuam em parte voltadas a esse expediente. Só que, muito mais lentamente que o drama, as comédias também andaram redescobrindo sua vocação dentro do grande processo da Renascença da TV.

Muitas das séries cômicas atuais evoluíram o próprio conceito do que é ser uma comédia e não buscam mais as costumeiras risadas histéricas. A intenção de algumas novidades, que caminham em paralelo com comédias tradicionalistas, é envolver o espectador com esperteza e amarrações no roteiro, com agilidade de situações e diálogos. Tudo isso vem somado a uma abordagem cada vez mais incisiva de temas sociais e ao imediatismo que é mais patente em uma série episódica, criando um "pacote" que ainda se mostra leve, conduzindo o espectador a sorrisos de cumplicidade e a uma admiração dos mecanismos que levaram a novas situações menos óbvias e mais trabalhadas. As comédias vêm, então, adquirindo uma significação cultural fortíssima – e, pelo menos nesse sentido, muito mais poderosa e identificável que a de tantos dramas frouxos que são produzidos junto àqueles de maior qualidade.

23. O arroz com feijão das séries dramáticas

Me acalmar? Eu estou usando óculos escuros à noite! Sabe quem faz isso? Só babacas sem talento nenhum! Odeio essa história! Odeio que a gente esteja preso em uma série policial! E sabe por quê? Porque eu odeio séries policiais! Tem, tipo, umas 300 delas na TV, e todas são exatamente iguais!

– Dean Winchester, o irmão mais velho de *Supernatural*, preso por um demônio em um programa de televisão.

Os dramas de diferentes tipos costumam ser bem mais direcionados a públicos específicos do que as comédias, que, em sua maioria e por próprio princípio, nascem "abertas a todos". Há séries dramáticas especialmente pensadas para o mundo dos adolescentes na escola, ou dos jovens adultos na faculdade, dos quarentões passando por divórcios e crises diversas, ou mesmo para os mais velhos, por exemplo, ou ainda para profissionais de uma ou outra área, ou para fãs de diferentes ciências ou áreas de interesse humano, para intelectuais ou ainda àqueles que não querem se esforçar muito para acompanhar um programa de TV, entre tantos grupos possíveis.

Por causa dessa diversidade de subgêneros, uma coisa que pode acontecer às vezes é um problema de identificação. Digamos que você gostou de uma premissa, uma notícia ou propaganda que falava do tema central de uma série. Foi assistir e se decepcionou com o tom utilizado. A noção de adequação a um público parece completamente óbvia à maioria das pessoas, mas, acredite, é comum encontrar espectadores que não entendem bem por que essa decepção acontece, se o assunto era convidativo. Mais uma vez, isso deve ser creditado à flexibilidade dos dramas.

Em um primeiro momento, não dá para ignorar que certas séries são simplesmente muito ruins, então, paciência. Mas fique atento à possibilidade de que aquele programa talvez tenha sido concebido tendo em mente outro público e uma abordagem completamente diferente da que você esperava. Ele apenas por acaso fala de um certo assunto que costuma te interessar – mas não foi dessa vez, com esse tom, esses personagens, essa ambientação. Pense bem se você não tem um exemplo bem particular disso. Talvez o espectador goste sempre de um mesmo tipo de série, mas não se deu bem com uma em particular; talvez esteja fazendo perguntas que não seja a intenção dos autores responder; talvez seja um adulto buscando satisfação em uma série que mira os adolescentes, ou um homem tentando apreciar histórias que foram escritas para apelar ao público feminino. É óbvio que tudo pode muito bem surpreender e agradar assim mesmo, mas falamos aqui de quando isso resulta no oposto. Não se incomode: cada série é uma, cada proposta é diferente. Continue procurando e se informe sempre. Só tenha consciência dessa adequação que existe na raiz de cada programa.

Começamos, então, a entender que a palavra "drama" compreende uma infinidade de possibilidades temáticas. O escopo das séries dramáticas é muito amplo e muito fluido. Um drama será a combinação de suas linhas gerais de formato com a sua subespécie pretendida (médica, policial, familiar ou algum dos tipos vistos antes) e depois com o seu apelo bem específico dado pelos personagens, pela ambientação no tempo e espaço, recursos de estilo, escolha da narração e outros aspectos bem particulares que vão pela inspiração de cada criador. Dada essa amplitude, só podemos pincelar essas tais linhas gerais de dramas que são mais proeminentes e têm suas características bem delimitadas.

Dentre elas, talvez a mais reconhecível seja o *procedural*. O nome vem de "*procedure*", que indica procedimento (investigativo); daí também o termo "procedimental", em português, para designar essa narrativa. Trata-se do drama episódico por excelência; aquelas características já vistas poderiam ser todas repetidas aqui. Não se tenta contar uma história grande em arcos, mas um caso por semana isolado do outro. Em cada episódio, introduz-se um problema, investiga-se, resolve-se e fim, tudo em uma hora. Acertou em cheio quem pensou em assuntos policiais, como nas franquias *CSI* ou *Law & Order* e dezenas, talvez centenas de outras séries com o mesmo *pedigree*. Mas esse estilo investigativo pode ser aproveitado em outros contextos. Por exemplo, a mencionada *House* é justamente uma versão médica dessa mesma fórmula, enquanto *Quantum Leap* aparecia como um procedimental de ficção científica com toques humorísticos. Um *procedural* poderia retratar um detetive particular (como *Monk*) ou um bombeiro, cientista, investigador de seguros ou interessado em ocultismo – basta que envolva uma vítima, um mistério, uma investigação e uma conclusão dentro do mesmo episódio.

Séries procedimentais policiais ainda podem ser divididas entre aquelas que procuram o autor do crime (o clássico subgênero literário apelidado de *whodunit*) e aquelas em que já se sabe quem é o criminoso, de modo que o interesse recai nas motivações e personalidades que vão se revelando durante a jornada de investigação e/ou condenação. Juntar as duas coisas em um investigativo serializado que estuda personagens em longos arcos é uma tendência crescente (*Twin Peaks*, *The Killing*, *True Detective*).

No procedimental clássico, certos elementos são imutáveis, como as personalidades e a ambientação. Não há, como haveria na vida real, aquela perspectiva constante de mudança de rumos nem a evolução daquelas pessoas dentro ou por causa da história. Busca-se apenas a conclusão do caso. Tudo o que se espera daqueles personagens tão bidimensionais é um determinado comportamento bem previsível – e é justamente isso o que garante a audiência, relembrando o que foi dito antes sobre o interesse do público nos personagens. Tradicionalmente, os procedimentais criam uma noção de estabilidade tanto para o espectador quanto para o canal. O público interessado nesse tipo de série sabe bem o que esperar desse produto que nunca muda, e então retorna para mais.

Ao contrário do que talvez fosse natural concluir, o futuro do *procedural*, mesmo neste momento de profunda serialização das tramas, não parece ameaçado. O caso é que, como a quantidade absoluta de séries hoje é muita, a representatividade desse tipo particular aparenta uma queda. Mas, em números absolutos, os *procedurals* permanecem firmes em existência e público, e continuam trazendo novos representantes nos canais abertos a cada temporada de estreias – a CBS, em particular, investe há décadas no formato e continua criando líderes de audiência. A insistência em se assistir a mais do mesmo é geralmente creditada à fragmentação da atenção que se observa no espectador atual: com a promessa de se resolver o caso dentro da próxima hora, muitas pessoas preferem não se preocupar em seguir a série nas semanas seguintes em busca de conclusão. Acabado o episódio, esquecida a história, teremos outra bem parecida no episódio posterior.

Outra linha geral é a da série novelesca. Em certo momento, a série dramática fundiu suas características particulares – periodicidade, duração, gravação em *single-camera* – a elementos próprios das vulgares *soap operas*, especialmente os excessos. O resultado é chamado pela imprensa de *primetime soap* (ou "novela de horário nobre"), o subgênero das séries de caráter novelesco exibidas semanalmente, como de costume, e no período noturno, em contraposição às horrendas novelas norte-americanas, que são diurnas e diárias. O principal apelo dessas séries é dar uma nova embalagem bem mais interessante ao melodrama barato e à falta de bom senso daquelas produções, e por isso mesmo cativando parte do público. Trazem aquela mesma profusão de personagens e os muitos núcleos narrativos simultâneos, as histórias humanas que deveriam ser comuns, mas acabam repletas de diálogos forçados, revelações estapafúrdias, romances açucarados e reações exageradas, e um rolo compressor constante de situações melodramáticas que acontecem uma em cima da outra.

Muitos espectadores vão perceber, com razão, que elementos mais comedidos da novela estão presentes em outros subgêneros, formando uma combinação bem mais palatável e consequente. *Oz*, *The Good Wife*, *Game Of Thrones*, *Twin Peaks*, *Lost*, *Mad Men*, *ER* e *Downton Abbey*, entre outros seriais, têm essas características, mas também outras que as diferenciam decisivamente e as colocam no bom rumo das séries construídas com valores mais elogiáveis. De modo geral, sempre que uma série põe uma história de amor conflituosa por cima daquilo que deveria ser a atividade principal do programa, ela está se inclinando para o lado da *primetime soap*.

Essa pitada novelesca pode se mostrar controversa por causa de uma preocupação bem fundamentada do espectador quanto à possível vulgarização da série. Para se afastar essa possibilidade bem real (que, de fato, se realiza vez por outra), o que se faz necessário é equilíbrio. Utilizado na dose certa, o elemento novelesco é desejável, e diríamos até essencial, para uma boa série; afinal, a esperada verossimilhança do roteiro não implica que o seriado deverá ser um documentário da vida real. Ele deve se estabelecer, muito claramente, como um formato televisivo que forçosamente precisa envolver o espectador com jogadas imaginativas de roteiro (e ângulos criativos, música de fundo, edição consciente). Em outras palavras: para funcionar, a série precisa se fazer uma obra ficcional atraente, e evitar ser um programa excessivamente contemplativo, descritivo, vagaroso, frio e hermético. É justamente o toque novelesco em medida adequada que vai fornecer esse anzol que nos fisga todas as semanas.

Mas aqui estamos falando das séries novelescas declaradas, que formam uma categoria bem específica e de fácil identificação. *Peyton Place*, com Ryan O'Neal e Mia Farrow, inaugurou o subgênero nos Estados Unidos, ainda na década de 1960, baseada em romance e filme homônimos (chamados no Brasil de *A Caldeira do Diabo*). Diferentemente do que viria a se consolidar no futuro, a série tinha um caráter mais episódico. As representantes oitentistas, como *Dallas* (e sua derivada *Knots Landing*), *Dynasty* e *Falcon Crest*, ficaram imortalizadas por suas reviravoltas absurdas e sua distinção maniqueísta entre heróis virtuosos e vilões ardilosos.

Hoje, as *primetime soaps* estão presentes em segmentos diversificados, do tipo mais tradicional (*Melrose Place*, *Revenge*), passando às familiares (*Desperate Housewives*, *Brothers & Sisters*), aos dramas adolescentes (*Gossip Girl*, *Dawson's Creek*, *The O.C.*, *Beverly Hills 90210*), àquelas com temática musical (*Nashville*, *Empire*), aos heróis de quadrinhos que misturam dramalhão e ação (*Arrow*, *Smallville*) e às séries hospitalares que pouco se preocupam com a medicina (*Grey's Anatomy*, *Private Practice*), entre outras muitas possibilidades. Como seria de se esperar, tramas adaptadas de telenovelas latinas, como *Ugly Betty* e *Devious Maids*, também acabam recaindo nessa categoria com talvez um toque de leveza.

É também muito comum entre os dramas a chamada ficção científica *soft* ("leve", "branda" ou "ligeira"), em contraposição à ficção *hard*. A distinção se justificaria pelo fato de o drama para televisão abrigar com muito mais frequência essa variante mais leve, na qual a ciência avançada aparece apenas como pano de fundo, deixando a ênfase para os aspectos mais fantásticos, sentimentais, românticos e épicos das histórias e sem grande preocupação com explicações e com rigor científico. Conta em favor da "mistura" de gêneros o fato de que qualquer ficção científica se presta muito naturalmente a analogias, sejam sociais, políticas, sexuais, sejam outras. "Toda ficção científica conta duas histórias: uma sobre o mundo onde ela se passa e outra sobre o mundo onde foi escrita", resume brilhantemente a escritora, jornalista e comediante inglesa Natalie Haynes. Além da trama aparente, de que qualquer um pode desfrutar, sempre há uma mensagem subjacente que alguns conseguem captar e outros não, complementando o aproveitamento do que acontece em primeiro plano.

Os fãs discutem o tempo inteiro o que configura boa ficção científica e o que significariam exatamente *soft* e *hard* no contexto das séries. Os mais obcecados defendem que todos os seriados televisivos de ficção científica são *soft* por princípio, por serem, antes de tudo, séries de televisão, sempre desinteressadas no realismo e nos detalhes com que a ficção *hard* costuma se preocupar. Para outros, o tipo *hard* ainda teria raras representantes, como as sempre mencionadas franquias *Star Trek* ou *Stargate*, ou talvez outros exemplos levantados em casos individuais, como *Buck Rogers In The 25th Century*, *Almost Human* e tantas outras que duraram muito pouco e passaram quase despercebidas.

O fato é que é realmente bem mais fácil dar exemplos da versão mais "relaxada". Ela abarca qualquer possibilidade científica: futuros apocalípticos, pragas biológicas, robôs, viagens interdimensionais, alienígenas na Terra ou em outros planetas e uma miríade de fenômenos. Pelo fato de serem mais leves que a ficção *hard*, essas séries costumam vir mescladas a outras categorias. Se ela se passa no espaço e enfoca conflitos humanos e aqueles mesmos aspectos melodramáticos, ganha o apelido de *space opera* (elementos de uma *soap opera* no espaço), como em *Battlestar Galactica*, *Babylon 5* ou *Firefly*. Já *Falling Skies* é um exemplo de ficção científica *soft* altamente serializada, mas que privilegia a ação e as cenas de batalha, com quase nada de desenvolvimento de personagens. A extensa franquia japonesa *Ultraman* pode ser vista como ficção científica, mas carrega na aventura; *Lost* usa elementos de fantasia e suspense; *Roswell* é um drama adolescente; *The X-Files* constantemente flerta com o sobrenatural. E o que pensar da distopia de *The Walking Dead*? Seria ficção científica? Demais exemplos se encontram em *Lost In Space*, *The Six Million Dollar Man*, *Quantum Leap*, *Terminator: The Sarah Connor Chronicles* e na célebre inglesa *Doctor Who*.

Já o drama de época provavelmente não necessita de grandes explicações – apenas a ressalva de que a expressão é bem flexível e pode representar qualquer tempo que não o atual. Isso leva exemplares tão díspares quanto *Downton Abbey*, *Mad Men*, *The Americans*, *Penny Dreadful*, *Vikings*, *Boardwalk Empire*, *The Tudors* e *Rome* a serem classificadas juntas. Encenações históricas como as minisséries *John Adams* e *Hatfields & McCoys* acabam misturadas ao pacote. De forma semelhante aparece o *western*, também chamado no Brasil de faroeste. Uma curiosidade a respeito desse tipo de série é que ela nem sempre se passa no chamado "velho Oeste", como as clássicas *Bat Masterson*, *Bonanza*, *Maverick*, *Gunsmoke*, *The High Chaparral*, *The Lone Ranger* e tantas mais. O importante é ter um cenário bucólico afastado de qualquer grande centro urbano e revólveres ditando a lei à moda antiga, mesmo que a trama se passe nos dias de hoje, como demonstram *Walker, Texas Ranger*, *Justified*, *Longmire* e até a futurista *Firefly*, considerada um *western* espacial.

Outros formatos são possíveis e serão discutidos a seguir. Por ora, é necessário entender que, assim como em diversos outros setores do entretenimento, as séries de televisão também costumam seguir modismos, em "um desejo de repetir (ou copiar) outras coisas que estão acontecendo no panorama cultural", nas palavras do crítico Matt Roush. Isso é especialmente verdadeiro para os dramas. Vez por outra, aparece um sucesso que, involuntariamente, torna-se o pioneiro que ditará notas para outras produções da época, mesmo em meios diferentes do original.

Dessa forma, houve um momento em que os dramas de hospital pipocaram na esteira do realismo semirrevolucionário da serializada *ER* – não porque ela tenha sido a primeira de sua categoria a se utilizar dessas características, mas por ter se colocado à frente em um momento que era propício para chamar o público de volta a esse tipo de série, em especial com o tratamento excepcional que se viu então, mostrando tomadas mais longas em ângulos incomuns, com a câmera na mão, que levavam o espectador para dentro da emergência ao lado dos atores. De maneira semelhante, com a estreia e logo após o fim de *Lost*, diversas séries novas foram colocadas por suas emissoras na incômoda posição de nova "trama intrincada repleta de personagens e de mistérios", prometendo capturar os olhos e a imaginação do espectador, como fez a original. *Invasion*, *FlashForward*, *Terra Nova*, *The Event*, *Alcatraz* – todas foram, em algum momento e com mais ou menos justiça, apontadas como "sucessoras de *Lost*" e falharam tanto nesse aspecto quanto como séries viáveis.

O sucesso de *Mad Men* também levou a uma onda de inspiração na virada da década de 2010. Naqueles anos, a série e sua perfeita ambientação nos anos 1960 se embrenharam de tal forma no *Zeitgeist* que se tornou impossível falar em um drama daquela época sem fazer alguma menção ao sucesso da AMC. O mesmo Roush aponta que séries como *Pan Am* ou *The Playboy Club* foram "tentativas [malsucedidas] das redes abertas de criar versões mais comerciais de *Mad Men*". Mesmo onde não existiam ligações temáticas ou temporais exatas, a influência daquele carro-chefe da Renascença gerou especulações e comparações, como com *Halt And Catch Fire* e *Magic City*.

Também não foi por acaso que *Vikings*, *Of Kings And Prophets*, *The Last Kingdom* (inglesa), *Outlander*, *Galavant*, *The Bastard Executioner* e *Into The Badlands* surgiram pouco depois de *Game Of Thrones*. Ainda nos anos 2000, *Touched By An Angel*, *Joan Of Arcadia* e *Ghost Whisperer*, com diversos pontos de semelhança, sucederam-se uma no rastro da outra, como se fossem continuações temáticas. E até mesmo os *procedurals* apresentam um comportamento algo epidêmico de vez em quando, inclusive quanto aos "subsubgêneros" em que se encaixam. Por exemplo, não satisfeitas em ser apenas séries policiais episódicas, podem conduzir investigações em locais exóticos, ou com personagens engraçados ou "modernosos", ou seguindo alguma outra modinha.

Essa "inspiração generalizada" nem mesmo é exclusiva dos dramas. Vide, por exemplo, uma vertente de dramédias surgidas mais ou menos ao mesmo tempo, com veia primariamente cômica, mas explorando depressão, crises de meia-idade e outros transtornos psicológicos, e por isso às vezes apelidadas de "*sadcoms*". Ainda que os dramas constituam o principal eixo da Renascença, essas dramédias formam a linha de frente das séries de meia hora, pois representam a mais clara ruptura com o antigo. São tudo o que já se falou das *single-cams*, mas com a pegada mais adulta, ácida e ousada entre todas as comédias, confiando bem menos em piadas "momentâneas" de viés adolescente e mais em situações elaboradas em longo prazo. Como exemplos, aparecem *BoJack Horseman*, *You're The Worst*, *Baskets*, *Crazy Ex-Girlfriend*, *Love*, *Togetherness*, *Louie*, *Casual*, *Lady Dynamite* e outras talvez menos emblemáticas, mas igualmente inseridas neste contexto, como até mesmo a mais dramática *The Magicians*.

Tal comportamento, claro, não fica restrito à influência entre séries. Afinal, *True Blood*, *The Vampire Diaries* e *Lost Girl* aconteceram ostensivamente na esteira da saga de livros e filmes *Twilight*. Começando em 2010, a televisão intensificou a produção de adaptações de quadrinhos seguindo também uma tendência do cinema. Depois de *Blade* e *Smallville*, vieram, por exemplo, *Human Target*, *Arrow*, *Constantine*, *The Flash*, *Agent Carter*, *Gotham*, *Powers*, *Preacher*, *Agents Of S.H.I.E.L.D.* e *Daredevil*, com a promessa de muitas mais. Enquanto isso, *Grimm*, *Once Upon A Time* e um *remake* açucarado de *Beauty And The Beast* não apareceram ao mesmo tempo por coincidência. Surgiram no curso de uma moda de filmes inspirados por contos de fadas como Branca de Neve (*Snow White And The Huntsman*, *Mirror Mirror*), João e Maria (*Hansel & Gretel: Witch Hunters*) e Chapeuzinho Vermelho (*Red Riding Hood*), sem nos esquecermos de *Tangled*, *Enchanted*, *Alice In Wonderland*, *Maleficent*, *Cinderella*, dos muitos que se seguiram e do provável precursor desse movimento, *Shrek*.

Cabe ao espectador avistar essas tendências e talvez, para seu próprio entretenimento, enxergar quem é o precursor e quem seguiu a onda, mas com a certeza de que uma eventual discussão de quem é cópia *versus* quem é original pode ser tola e sem sentido. Um segundo *showrunner* pode muitas vezes saber aproveitar melhor seu momento e acabar consagrando uma série mais interessante a partir da sugestão deixada por uma representante anterior, sem prejuízo ou demérito algum. O importante é criar bons produtos.

24. O *genre show* e sua classificação à parte

> *Até muito recentemente – e com isso eu me refiro ao começo dos anos 2000 – séries de ficção científica eram consideradas meio que um gueto, enquanto [aquelas vistas como] os verdadeiros mananciais de qualidade na televisão eram as séries de policiais, advogados e médicos das 10 da noite. Os preconceitos de*

executivos de alto escalão das redes, a maioria dos quais criados durante os anos 1990, continuam a refletir essa mentalidade, assim como também a ausência de vitórias e mesmo indicações aos Emmys para esse tipo de programa, que representa hoje uma parte enorme dos dramas feitos na televisão.
– o roteirista Javier Grillo-Marxuach explica como eram as coisas quando ele foi ajudar a desenvolver *Lost*, um dos maiores *genre shows* de todos os tempos.

Existe outra forma que os falantes de inglês usam para categorizar os dramas, tanto na TV quanto no cinema, que parece não ter uma boa adaptação para a língua portuguesa. Falamos da diferenciação entre *genre* e *non-genre*. É muito comum a imprensa fazer menção a essa terminologia algo vaga, e o espectador desavisado pode não saber de imediato a respeito do que se está falando.

O que os norte-americanos chamam de *genre show* é qualquer drama que proponha a construção de um mundo à parte do nosso, o que costuma implicar ligações com a ficção científica, a fantasia e/ou com o sobrenatural. Obedecendo a essa distinção, séries como *The Shield*, *Nikita* (e *La Femme Nikita*), *Person Of Interest*, *Prison Break*, *24*, *Justified* e as demais passadas em um mundo semelhante ao real estão de um lado, enquanto companheiros tão improváveis quanto *Battlestar Galactica*, *The Walking Dead*, *Lost*, *Medium*, *Supernatural* e *Once Upon A Time* estariam do outro.

Os *genre shows* decididamente alcançam um nicho de público bem específico, talvez o mais apaixonado e fiel entre os fãs de séries. Atores desse tipo de programa costumam virar objeto de culto e acabam sendo muito identificados aos universos fantásticos. Daí, criou-se uma certa tradição de que façam participações especiais em outros *genre shows* para cativar o público que aqueles programas nutrem em comum. Sendo assim, Leonard Nimoy (o Sr. Spock de *Star Trek*) teve um papel em *Fringe*, Brent Spiner (o Data de *Star Trek: TNG*) participou de *Enterprise*, *Threshold*, *Alphas* e *Warehouse 13*, Mitch Pileggi sempre fez pontas para todos os lados, mas se consolidou de vez com *The X-Files* e daí foi recorrente em *Day Break*, *Stargate: Atlantis*, *Medium* e *Supernatural*. Como forte representante do lado feminino, Summer Glau começou em *Firefly* para depois conquistar *The 4400*, *Terminator*, *Dollhouse*, *The Cape* e *Alphas*.

Algo comum a esses seriados, digamos, "de fantasia" é que grandes premiações tendem a ignorá-los nas categorias principais, razão pela qual a Academy of Science Fiction, Fantasy, and Horror Films criou os Saturn Awards, nascidos justamente para incluir e prestigiar esse tipo de produção, sem, no entanto, restringir o escopo da premiação somente ao *genre*. Essa visão de gueto tende a mudar com a recente explosão da oferta de séries no mercado. Tanto a TV aberta quanto a TV paga já perceberam que, se a fragmentação generalizada do público é mesmo uma realidade incontestável de qualquer forma, então uma audiência restrita, mas cativa, como sempre foi a dos *genre shows*, tem hoje um significado muito maior do que em outros tempos. Não à toa, programas desse tipo sempre lideram as listas de *downloads* ilegais (vide o já discutido sobre *Game Of Thrones*), já que seu público, mais jovem ou mais velho, costuma ser ávido seguidor de tendências tecnológicas. O nicho se torna algo valioso, e com isso mesmo as pequenas ficções científicas de apelo limitadíssimo tendem a sobreviver com mais facilidade. Além do mais, nunca se sabe quando tentativas nesse terreno podem levar a um veio de ouro como *Lost* ou *The Walking Dead*.

25. A dramédia do cotidiano

As pessoas se apaixonaram ao assistir a vocês dois se apaixonando. Só que vocês não podiam continuar se apaixonando para sempre.
– *Moonlighting*, em seu episódio final cheio de metarreferências.

Outra variação do conceito de drama acontece com a chamada "dramédia" (*dramedy*), uma mistura de formatos e conteúdos do drama com a comédia que vem de longa data em obras literárias e mesmo na forma da ópera-bufa, mas desenvolveu uma cara muito própria no meio televisivo. Uma dramédia pode se formar a partir de duas situações: quando uma série que seria tipicamente dramática – ou seja, de maior duração, voltada para os conflitos humanos, etc. – resolve apostar em um tratamento mais descontraído da história, em romance, leveza e em um humor mais contido e pontual; ou então quando nasce uma comédia que não busca escancaradamente o humor fácil e dá mais abertura para a continuidade, para uma abordagem maior de sentimentos e temas sérios e para a criação de momentos mais intensos e situações cômicas em que o recurso da "metralhadora de piadas" não é adequado. Tanto faz o caminho: o resultado é que fugimos daquela seriedade e sisudez dos dramas convencionais e dos personagens trágicos ou durões para tipos mais humanizados, irreverentes, cômicos e patetas. Talvez com isso as dramédias se aproximem mais do que é ser uma pessoa normal no dia a dia.

Em tempo, uma questão de terminologia: se existe uma diferença acadêmica entre a dramédia e o gênero tradicionalmente chamado no teatro e na literatura de "tragicomédia", então os acadêmicos ligados a esses dois campos e à comunicação devem se fazer ouvir. Talvez possamos aventar a possibilidade de o termo "tragicomédia" só se aplicar às esferas literária e teatral, enquanto a dramédia seria algo realmente mais próprio da TV, e ocasionalmente também no contexto de filmes. Formalismo à parte, talvez a tragicomédia clássica tenha mesmo características mais destacadas e mais fáceis de identificar, como o final necessariamente feliz ou a interferência divina na história, e precise focar elementos cômicos bem específicos, em vez do investimento bem mais generalizado em uma "atmosfera" leve e mista da dramédia, preocupada em refletir o cotidiano e a realidade. Parecem ser, então, conceitos próximos, porém distintos. Se, porventura, forem vistos como intercambiáveis, um problema se desenha na forma de um exemplo: enquanto a série *Fargo* é claramente um drama que tem ocasionais elementos tragicômicos (na acepção literária) brilhantemente encaixados, jamais seria chamada de dramédia no contexto televisivo. Ou seja, há lenha para a discussão. Para o momento, no entanto, o mundo das séries pede mesmo o termo "dramédia".

Quando se fala em dramédia, não estamos falando necessariamente de um terceiro subgênero à parte do drama e da *sitcom*, ainda que ela também possa ser considerada assim. Só que é mais razoável enxergá-la como uma escala de variação possível para cada um desses dois subgêneros principais. Aliás, é importante entender que pitadas de humor ou romance são parte natural de praticamente qualquer série dramática já criada, e isso não vai forçosamente tornar a série uma dramédia. Apenas se for a vontade dos escritores, os limites entre o começo e o fim de cada subgênero passam a ser imprecisos, e uma classificação mais rígida como comédia ou drama se torna mais difícil e digna de discussão entre espectadores e veículos de imprensa. Afinal, de que outra forma definiríamos as assim apelidadas "comédias" de meia hora da TV paga como *Girls*, *Californication*, *Hung* ou *Transparent*, dada aquela divisão, já vista, entre *sitcoms* familiares, profissionais e *hangout*, e dado o fato de elas dificilmente fazerem rir? Daí, às vezes é mais fácil e verdadeiro rotular determinada série como uma dramédia, um meio do caminho, mesmo se ela originalmente foi concebida sob um formato ou o outro.

Na prática, a mescla representada pela comédia dramática, ou pelo drama com toques humorísticos, é antiga na literatura e, até como consequência disso, já está presente há décadas em obras cinematográficas – qualquer espectador de cinema a conhece bem. Entretanto, na história da televisão, é um fenômeno relativamente recente. Nos primeiros anos da TV, era comum que determinados programas se alternassem entre segmentos dramáticos e outros cômicos, sem, no entanto, combiná-los em um mesmo texto. Isso acontecia, por exemplo, nas séries antológicas e nos programas de variedades. Claro, não eram dramédias, mas esquetes de diversas naturezas apenas exibidos em sequência sob um mesmo título.

Há quem defenda uma classificação obscura, chamada de *topical sitcom*, como precursora da dramédia, no sentido muito particular de tratar um assunto sério com o viés humorístico de uma *sitcom* tradicional. Esse tipo de série, surgido no começo da década de 1970 e constituído de pouquíssimos exemplares, era uma variação do "caso da semana": a cada episódio, um tópico (daí o nome) espinhoso era discutido pelos personagens por meio de diálogos cheios de piadas e observações sarcásticas. As representantes mais lembradas, *WKRP In Cincinnati*, *All In The Family* e sua derivada *Maude*, eram essencialmente muito diferentes do que conhecemos como dramédia hoje, e eram bem menos fluentes e de funcionamento mais engessado. Muito ocasionalmente, alguma outra representante isolada aparece, como *The Carmichael Show*, em 2015.

Ainda na década de 1970, a extremamente popular *Maude*, do visionário Norman Lear, trouxe um episódio duplo discutindo abertamente uma situação de aborto, tema que nunca se vira abordado na TV como central e envolvendo uma protagonista. Em torno de 65 milhões de pessoas assistiram. Se esse número é algo impensável hoje, imagine-se ainda que nada menos que 17 mil cartas de protesto foram enviadas à CBS. Por essas e outras controvérsias, o mundinho idealizado que a conservadora TV de então insistia em empurrar se via ameaçado, e as lutas, discussões e mentalidades de uma sociedade real começavam a tomar conta.

Pouco antes disso, aparecia a série *M*★*A*★*S*★*H* (1972-1983), derivada do filme homônimo, que se tornaria uma das primeiras a refletir com clareza as intenções da dramédia, com sua mistura bem mais orgânica de drama, humor negro e crítica social dentro do formato de meia hora. Veja bem: era manifestamente uma comédia, mas sua melancólica música de abertura se chamava "O suicídio é indolor" ("Suicide is Painless"), e o pano de fundo era a Guerra da Coreia, justamente ao mesmo tempo que os Estados Unidos passavam pela Guerra do Vietnã, daí o caráter crítico da série se mostrava fortíssimo. Outras *sitcoms* se seguiriam, como *Mary Tyler Moore*, com a intenção de satirizar temas sérios e abordar outros socialmente relevantes, às vezes deixando de lado as risadas escrachadas e tentando abrir espaço para problemas reais, discussões e o julgamento do espectador sobre grandes controvérsias. Acredita-se, inclusive, que os primeiros usos do termo "dramédia" datem do final da década de 1970, já então exclusivamente aplicados às séries de TV.

Foi somente um pouco mais tarde, do meio para o fim dos anos 1980, que apareceram as séries que são hoje mais citadas como dramédias francamente criadas como tais, com traços muito característicos, criadas com o propósito claro de serem combinações. Em especial, aquela época é representada por *Moonlighting* (no Brasil, *A Gata e o Rato*, com Bruce Willis e Cybill Shepherd), *The Days And Nights Of Molly Dodd* (as desventuras de uma divorciada em Manhattan, em uma série frequentemente descrita como à frente de seu tempo), *Hooperman*, *Frank's Place,* e ainda por uma produção muito querida pelos brasileiros, *The Wonder Years* (ou *Anos Incríveis*) – todas *single-cam*, sem claque de risadas e mais interessadas em explorar a psique e o passado dos personagens.

A palavra, entretanto, só cairia de vez no vernáculo popular e da imprensa com a estreia de *Ally McBeal*, em 1997. Não havia outro jeito de definir o que se passava na série: a advogada Ally e seus peculiares colegas de escritório sempre misturavam os casos profissionais sérios com suas loucas e atribuladas vidas amorosas em episódios de uma hora. Os efeitos especiais em sequências de fantasia, os diálogos cômicos e as discussões inusitadas eram constantes na série, assim como um lado musical bastante forte, representado pelo bar que os personagens frequentavam.

O sucesso daquela série fez com que, de lá para cá, representantes do subgênero surgissem a cada ano. Algumas têm duração e apresentação muito próprias de dramas, mas incorporando situações absurdas e engraçadas, enquanto outras, com características e *timing* de comédia, fazem o oposto e se permitem enveredar por um lado mais reflexivo. A dramédia hoje se tornou bastante comum para os fãs de TV e é representada em toda a sua elasticidade por séries tão diferentes entre si quanto, por exemplo, *Desperate Housewives*, *Californication*, *Ed*, *Scrubs*, *Lois & Clark*, *Chuck* e a inglesa *Misfits*, para citarmos algumas das mais díspares. Outros exemplares tanto do reino do drama quanto do da comédia podem ser incluídos sem prejuízo nessa denominação.

Convém relembrar um aspecto que foi abordado antes entre as comédias e que costuma ser a principal mola propulsora das dramédias: o vai-não-vai romântico (ou *will-they-won't-they*, no original). Dramas novelescos e outros tipos mais nobres também podem fazer uso desse expediente, como se vê em *The X-Files*, que criou uma discussão enorme no sentido de unir ou não seus protagonistas, ou *The West Wing*, com Josh Lyman e sua secretária Donna Moss, que tinham uma química impressionante.

Tendo em vista o papel central desse equilíbrio nas dramédias, a consumação do caso mal resolvido passou a ser vista como uma "maldição" por parte do público e da crítica desde *Moonlighting*. Naquela série, os personagens centrais finalmente se acertaram em dado momento; só que, com o fim da tensão que impulsionava os episódios, a história virou um tédio. Os roteiristas não sabiam o que fazer dos personagens depois que o romance se consumou, e só então perceberam que era muito mais fácil escrever conflitos do que um caso de amor sem obstáculos – ou seja, não foi a consumação que acabou com o programa, mas a falta de outros caminhos a serem explorados. Daí em diante, tornou-se uma preocupação constante a manutenção ou resolução do vai-não-vai sem abusar da paciência dos espectadores e ainda elaborando roteiros que fizessem sentido. Muitos profissionais ainda acreditam que, se a série aposta na pretensa indecisão como ponto crucial da história (que todos sabem que terá final feliz), o mais interessante seria mantê-la quase até o fim. Por outro lado, um bom punhado de séries já assumiram esse risco de mostrar a união de seus protagonistas e conseguiram levar a história adiante por temporadas mais. Entre os dramas leves, *Castle* e *Bones* são exemplos recentes disso. Não há ainda consenso sobre a melhor opção, mas o artifício continua a ser usado com muito sucesso.

Ainda nesse contexto de romantismo, o espectador de séries deve ficar conhecendo um termo que ganhou muito relevo no século XXI e começou a aparecer em discussões pertinentes. Falamos de "*shipper*", um derivado da palavra "*relationship*" (relacionamento). Um *shipper* é uma pessoa que torce para que determinado casal se forme ou progrida dentro de sua série favorita. Alguns levam a torcida tão a sério que podem acontecer rivalidades entre *shippers* de diferentes casais. Por exemplo, em *Lost* (não uma dramédia, mas ainda assim um bom exemplo), havia um grupo que defendia um final para Kate e Jack e outro que dizia que ela deveria ficar com Sawyer; com a evolução da série, surgiu um terceiro grupo bastante forte, tomando partido de Sawyer e Juliet juntos no final. Dois segmentos são particularmente fortes dentro desse comportamento: adolescentes do sexo feminino (com sua obsessão pelo "felizes para sempre") e o público gay, que interpreta diversos relacionamentos sob luzes homoeróticas.

Parece sem importância? Considerando que conflitos amorosos, tensão sexual e demais assuntos relacionados são provavelmente a principal força motriz de tantas séries, podemos ver que essa aparente grande bobagem tem, no fundo, um significado nada desprezível em termos de movimentação criada na internet e consequentemente audiência – vide os consistentes sucessos de nicho *Supernatural* e *Teen Wolf*, entre outras, cuja longevidade seria inexplicável se não fosse por esse clamor de grupos bem específicos de fãs. Ser um *shipper*, ter esperança ou admiração por um relacionamento entre personagens, é a verdadeira razão para muitas pessoas acompanharem séries e alimentarem colunas especializadas e milhares de páginas na internet, destrinchando as tramas e os personagens. Além disso, o termo é largamente utilizado pela imprensa e pelos próprios fãs, eles próprios *shippers* ou não. Sendo assim, é uma noção que o espectador deve conhecer para acompanhar bem o noticiário e mesmo o contexto (alguns *shippers* diriam também o subtexto) das séries atuais.

26. Novidades para a velha série antológica

Há uma quinta dimensão além daquelas conhecidas pelo homem. É uma dimensão tão vasta quanto o espaço e tão desprovida de tempo quanto o infinito. É o espaço intermediário entre a luz e a sombra,

> *entre a ciência e a superstição, e se encontra entre o abismo dos temores do homem e o cume dos seus conhecimentos. É a dimensão da fantasia. Uma região... além da imaginação.*
>
> – esta é a primeira – e talvez a mais conhecida – das seis narrações que abriram os episódios da série antológica *The Twilight Zone*, que ficou famosa no Brasil como *Além da Imaginação.*

O escopo da série dramática é tão aberto que pode variar bastante não apenas em conteúdo, mas também em formato. Por exemplo, não se pode deixar de mencionar a chamada antologia ou série antológica. A característica central desse tipo de série é que ela tem uma proposta temática geral – vamos supor, "contos de terror", ou "adaptações de textos clássicos", ou "crimes e mistérios", ou "animações com humor ácido" e assim por diante –, mas não conta uma história única em todos os episódios, centrada nos mesmos personagens, da forma como funciona a maioria das séries a que estamos acostumados. A ênfase das antologias é geralmente nos *genre shows*, mas há também uma grande produção em dramaturgia de época e histórias urbanas, sem limitações, em teoria, para outros conteúdos.

Na época do nascimento da TV norte-americana, programas antológicos eram muito comuns, porque não existia necessariamente uma divisão entre os conteúdos. A intenção era a de somente entreter o espectador com o que estivesse ao alcance. Arranjava-se um título e, sob aquela denominação, eram apresentadas encenações diversas, sem a preocupação de se rotular cada coisa particular. Com o tempo, a narrativa própria para a televisão foi amadurecendo, o que resultou em uma melhor delimitação de o que deveria ser considerado um drama, uma comédia, um jornalístico e assim por diante, e as antologias caíram para segundo plano.

Essa indefinição inicial viria implicar uma infinidade de variações de formato. Para começar, a série antológica pode ser em *live action* (com atores) ou em animação, ou até mesmo uma combinação de ambas. No caso da série com atores, o mais usual era tradicionalmente mudar todo o elenco a cada episódio, como se fossem pequenos filmes, talvez com um ou outro ator recorrendo ocasionalmente ou se formando algum outro tipo de conexão entre as partes independentes – um entrecruzamento em algum detalhe, como uma cidade ou um objeto. Mas já aconteceram também tentativas de se manter um mesmo grupo central de atores para todos os episódios ou em revezamento.

Tradicionalmente, cada episódio de uma série antológica pode ter entre 25 minutos e uma hora de duração. O conteúdo apresentado é quase sempre ficcional, mas minidocumentários e dramatizações de ocorrências históricas podem fazer parte (como nas antologias Disney). O uso mais comum era o de um episódio semanal trazer uma história fechada com começo, meio e fim (como nas clássicas *Alfred Hitchcock Presents*, *The Twilight Zone* e *Tales From The Crypt*), mas pode acontecer de uma semana trazer mais de uma história, cada uma sem relação com as vizinhas, como no caso das animações.

Mais recentemente, a terminologia ficou ainda mais abrangente, com uma temporada inteira contando uma história fechada e limitada. Uma vez que mudou a temporada, mudam a história, os personagens, os atores e tudo mais; pode-se considerar cada arco como se passado em um mundo à parte sob uma mesma alcunha geral, uma franquia produzida por uma mesma equipe criativa. Foi o que aconteceu em *American Horror Story*, responsável por um ressurgimento do formato em 2011. Anunciada amplamente como uma série "comum", surpreendeu os espectadores ao encerrar sua primeira temporada com uma história fechada; só que o programa ao mesmo tempo teria direito a uma segunda temporada sob o mesmo nome (e um subtítulo diferente) e uma história e um elenco diferentes, o que fez dele uma espécie de meio-termo entre uma minissérie e a antologia tradicional. De imediato, seguiram seu exemplo as aclamadas *True Detective* e *Fargo*.

Essa nova forma de antologia pode ser, de fato, considerada quase como uma "sucessão antológica de minisséries", inaugurando nova modalidade, em que a narrativa seria extensa demais para apenas um filme, mas não o suficiente para gerar uma série contínua. Ao contrário das séries comuns que se alongam por temporadas a perder de vista, com ocasionais episódios fracos ajudando a preencher a cota anual, a "nova antologia" permite ir mais direto ao ponto, cortar a gordura e contar histórias incisivas de maneira objetiva, fugindo da principal crítica dos detratores de seriados, que dizem que eles "continuam para sempre" e nunca concluem nada de sólido. Essa forma de antologia, por definição, tem um fim bem estipulado e não vê a necessidade de enrolar – e, depois do fim da temporada, ela tem como continuar estendendo o sucesso da premissa testada, mesmo que seja com outro elenco e outra trama. É esse, na verdade, o ponto mais forte desse novo formato e a característica que vai impulsionar a minissérie antológica no futuro como uma alternativa à série contínua.

Atualmente, a série antológica é mais comum na Inglaterra do que nos Estados Unidos, seja no formato tradicional (com episódios não relacionados, como na genial *Black Mirror*), seja no de série com temporadas independentes. Por outro lado, a mais longeva das séries dramáticas em horário nobre da TV norte-americana é justamente uma antologia, a tradicionalíssima *Masterpiece* (antes conhecida como *Masterpiece Theatre*), transmitida pela PBS. Sob esse mesmo título, o programa apresenta um conteúdo variado, na imensa maioria proveniente de canais ingleses (BBC, Channel 4, ITV), e pode trazer adaptações de biografias e de clássicos teatrais ou romances de naturezas diversas, minisséries em poucos capítulos, temporadas "regulares" de séries britânicas e também textos originais contemporâneos.

27. Uma pausa para essa tal "série-evento"

> *Pela TV afora, o que as pessoas querem hoje são os "grandes eventos", sejam eles esportivos ou três noites de* Hatfields & McCoys *ou as seis partes de* Political Animals. *As pessoas querem coisa nova, querem evento.*
>
> – Chris McCumber, presidente do canal USA, ao promover o fiasco *Political Animals*, cujo material promocional trazia as palavras *"Limited-Series Event"* grafadas com maiúsculas.

Nos últimos anos, as redes abertas inventaram a tal "série-evento" (*event show* ou *event series*), uma terminologia algo enganosa que não diz nada nem define nenhum tipo específico de série em especial. A expressão apelativa não parte de uma necessidade dos setores criativos, mas sim dos setores de *marketing*, na tentativa de atrair atenção para alguns programas estreantes cuja produção é na verdade – justamente ao contrário do que sugere o termo – incerta demais para se firmar como "nova série".

A ideia funciona da seguinte forma: o canal encomenda uma primeira temporada curta, aos modos de uma série de TV a cabo, e inicialmente promove aquilo como uma minissérie fechada usando essa estranha denominação de "evento" – aliás, minisséries honestamente comercializadas como tais até poderiam, mesmo, ser vistas como "eventos", já que são autocontidas e exibidas em noites consecutivas, e não semanalmente; mas a realidade aqui é bem outra. É comum ainda que o novo programa estrele algum grande nome do cinema ou da TV que não quer se comprometer com o ritmo estafante de um papel fixo em um seriado.

Como diz o crítico Matt Roush, "essas tais séries-evento poderiam ser a onda do futuro – mas só se os programas realmente se apresentarem como eventos". O problema é que, no fundo, elas não são exatamente isso. Se o programa der errado de algum jeito, a emissora o cancela e finge que a intenção era essa desde o início, ainda que deixe ganchos e tudo mais (vide *Political Animals*), sem precisar admitir que alguma coisa falhou e provavelmente vinha fadada a falhar desde o início (vide *Heroes Reborn*); se atingir determinada audiência e o burburinho certo nas redes sociais, mesmo que seja uma série de validade curta, ela continuará em uma segunda temporada como qualquer série faria normalmente (vide *Under The Dome*).

A coisa piora quando usam uma expressão ainda mais enganosa e chamam a série de "*limited run*", ou seja, um programa de extensão limitada – quando ele na verdade não é nada limitado e pode ser renovado normalmente para uma segunda temporada. Conclusão: à parte a apelação, é apenas mais uma série como de costume, e geralmente já nasce temerosa por alguma razão. Não há nada do tal "evento" propalado. Tudo indica que essa é apenas uma forma barata (e de credibilidade questionável, até o momento) de iludir o público usando uma palavrinha nova para se criar um interesse artificial. Mas a conclusão pode ficar a cargo de cada um que testemunhar uma série alardeada sob essa expressão.

28. O drama como grande protagonista da Renascença

Qual foi a última vez que você viu um bom filme?
– pergunta o produtor de cinema Stu Beggs, personagem de Stephen Tobolowsky em *Californication*, ao ser indagado sobre por que entrou no ramo da TV.

Não há como negar que os dramas são os grandes responsáveis por impulsionar essa Renascença que se viu do fim do século XX em diante. Na grande maioria dos canais que investem em séries, os dramas em conjunto continuam ganhando das comédias em quantidade e números de audiência. Apesar de estas últimas serem mais baratas de se produzir e menos exigentes com o espectador, seguem muito mais regras e têm um tom bem mais difícil de acertar, em contraponto à maior flexibilidade dos dramas em diversos aspectos.

A impressão que se tinha antes, durante décadas, ao acompanharmos um drama televisivo era, acima de tudo, a de uma incômoda inconsequência generalizada, conforme perceberíamos de um ponto de vista atual, mas talvez não naquelas épocas em que eles aconteciam. Tudo era permitido, tudo era esquecido – e falamos de seriados, não de novelas, que sempre foram o paraíso das reviravoltas improváveis. Não é de se espantar, portanto, que a televisão tenha sido por tanto tempo considerada como ficção bobinha e descartável, infinitamente secundária ao cinema. De certa forma, ela fazia questão de ser exatamente isso: não se levava e nem era levada a sério.

A rara abordagem realista não condizia com o que se esperava da televisão na época – uma sucessão de episódios borbulhantes de otimismo ou dramalhão irreal e barato, com probleminhas bobos dando origem a uma história de uma hora. O ocasional assunto mais "pesado", no entendimento da época de como a televisão deveria se comportar, era tratado em episódios promovidos sob a absurda alcunha de "*very special episode*" (ou "um episódio muito especial"). Esse ridículo rótulo, acredite, não era apenas uma estratégia de anúncio para qualquer programa; era então uma espécie de código convencionado entre canais e público para designar o tipo específico de episódio que seria diferenciado da TV "comum" por tratar de um tema socialmente relevante. Se alguém tivesse um problema com drogas, uma doença séria ou uma causa política contundente, o anúncio falaria em "*very special episode*" e todo mundo saberia o que aquilo significava. Hoje, claro, o bordão já não quer dizer nada e é inclusive usado como piada em muitas situações e programas.

A mudança no texto televisivo do começo dos anos 1990 foi ocasionada em boa parte por crises de audiência e lutas entre canais para conquistar o primeiro lugar nas medições em todos os horários – ou seja, a boa e velha concorrência. O esgotamento de modelos anteriores e a tentativa de apelar a um público que se interessasse por programas diferentes levaram a uma busca por uma nova geração de roteiristas, produtores e executivos da indústria que chegavam carregados de percepções formadas pela cultura, sociedade, tecnologia e, claro, televisão da década de 1980. Em que pese, nesse sentido, um recado um tanto temporão que se fez ouvir com absurda clareza entre aqueles jovens realizadores: *Hill Street Blues*, talvez a mais clara precursora da era de ouro dos anos 2000, estreara em 1981 em plena TV aberta (NBC). Em sete temporadas, introduziu a serialização, a emoção autêntica e a vida pessoal dos personagens nas séries policiais. Muito do que se seguiria e do que se vê mesmo em plenos anos 2010 se deve a ela. O próprio criador Steven Bochco reapareceria em 1993, com *NYPD Blue*, dando continuidade ao seu modelo anterior, agora com a manifesta intenção de concorrer com os telefilmes que já ousavam na TV a cabo.

Esses novos escritores começaram a questionar não apenas os fundamentos de seu ofício – assim arriscando novos formatos –, mas também aqueles valores conservadores e engessados que haviam herdado das décadas anteriores. Perceberam que o tal rótulo de "diversão inconsequente" incomodava e passaram então a criar séries cujo conteúdo era exclusivamente formado pelos tais "temas muito especiais" – ou seja, que clamavam por problemas reais, relevância, coerência e seriedade no tratamento do roteiro e dos personagens. Ao mesmo tempo que esvaziaram aquela convenção, promoveram uma considerável revolução na percepção do que a televisão seria dali em diante. *Twin Peaks*, *The X-Files*, *thirtysomething*, *My So-Called Life*, *NYPD Blue* e *ER* foram alguns dos pioneiros dessa transição entre o antigo e a novidade timidamente desafiadora. Com eles, a insistência da antiga TV foi cedendo, o que permitiu um aprofundamento mais detalhado não só nas características dos personagens, mas também nas próprias problemáticas levantadas. Todos os envolvidos, do alto executivo ao espectador casual, finalmente começaram a perceber que os imbróglios da vida não se resolviam em um só episódio.

Mesmo esses bons dramas em mutação ainda conservavam um tom algo inocente em termos de narrativa, com um certo ar de preservação de formatos consagrados e conteúdos moralistas e tradicionalistas, mesmo quando já buscavam abordar temas sociais polêmicos. Mas era visível que a ambição aumentava, e a complexidade humana se tornou cada vez mais presente e mais honesta. Além disso, talvez por inércia dos usos correntes na época (influenciados pela economia, por usos testados e aprovados e pela própria demanda do público), mesmo essas séries de então que são hoje vistas como mais progressistas ainda insistiam em uma vocação mais episódica do que serializada, ainda que algumas tramas implorassem para se alongar (mas tantas vezes eram resolvidas em um estalo de dedos) e que detalhes fossem efetivamente transmitidos entre episódios – sutilmente, para não criar muitos vínculos. A prática de serializar era mais ou menos malvista, considerada como anticomercial e deixada para o reino das minisséries, por natureza mais dadas ao encadeamento. Só que, enquanto isso, em 1993, *Babylon 5* começava sua trajetória como "uma história de cinco anos feita para a TV", na descrição de seu próprio criador, com a intenção de superar totalmente qualquer pretensão episódica. É por isso considerada hoje como uma fundadora decisiva do atual modo serializado de se fazer televisão.

Um estudo de tudo o que transcorreu naquele momento e das nuances dessa mudança tão profunda resultaria em um tratado inteiro à parte. Afinal, o estado da TV que observamos hoje é uma evolução no melhor sentido da palavra, e não apenas um fenômeno nascido por si só, de uma hora para outra. Mas também é fato que a narrativa dos roteiros dramáticos (e aí incluindo as comédias, que também deram um salto) amadureceu demais naqueles 10 anos, um período de tempo relativamente curto. O final da década de 1990 inclusive já foi considerado pelo pesquisador Robert Thompson como o declínio de uma suposta "segunda era de ouro", que, de acordo com ele, teria começado em meados dos anos 1980 (nos anos 2000, estaríamos vivendo uma terceira, na perspectiva do autor). Considere-se válida ou não a terminologia aplicada pelo acadêmico, é fato que havia precedentes para o salto de qualidade que se veria em breve.

Adolescentes ganharam espaço e novos estereótipos para melhor e para pior; a figura do anti-herói, mais realista e psicologicamente complexo que o herói perfeitinho, tomou um volume enorme e central, influenciada pelo cinema, pelos quadrinhos e pelo desencanto pessimista-realista dos anos 1990, que pedia para ser retratado em seu próprio tempo; tabus sociais, religiosos, sexuais e mesmo metatextuais – formatos, apresentação de cenas, comercialismo e outros tópicos televisivos – começaram a ser explorados de maneira mais franca por uma televisão cada vez mais subversiva; e soluções e linhas do tempo ganharam um viés mais pé no chão, atendendo às demandas de um espectador que, a partir de certo momento, dispunha de inéditas redes de informação de alcance mundial e não se deixava mais iludir com a mesma facilidade que nas décadas anteriores.

De início, poderíamos dizer que toda essa ousadia foi possível graças àquela referida maior flexibilidade de temáticas e de direcionamento que o drama permite. No entanto, a partir de certo momento, essa importante qualidade foi enormemente fomentada pela entrada no mercado de um jogador que se mostrou decisivo: a TV paga. Por incrível que possa parecer para muitos espectadores de conteúdo mais sério, um agente importantíssimo naquele momento foi a aprovação da comédia de animação *South Park* pelo então pequeno canal a cabo Comedy Central. Tal nível de crueza e transgressão era inédito em 1997, mesmo na TV a cabo.

E então, naquele mesmo ano, houve um momento claro de ruptura com o antigo, quando uma rede de televisão sem amarras regulatórias – a HBO – começou a investir no mercado de séries dramáticas de uma hora com *Oz*. Antes disso, a produção roteirizada no cabo até já existia sob outras formas, como antologias, comédias, as minisséries fechadas e os telefilmes, mas não havia uma grande preocupação com programação original. Durante a década de 1990 e os primórdios do processo que resultaria no quadro atual, quando aquela produção própria ainda era incipiente, os canais a cabo ainda tinham receio de exibir seus programas ao mesmo tempo que as redes abertas traziam episódios inéditos por causa da competição desigual que viria a existir entre os dois ambientes – enquanto um era aberto a qualquer pessoa que tivesse uma TV, o outro era restrito a uma parcela de assinantes. Traços remanescentes desse comportamento existem até hoje.

Entretanto, atualmente, a balança se desequilibrou para o lado contrário de tal modo que a imprensa especializada é consistente e categórica em afirmar: a série dramática na TV aberta norte-americana está morrendo, e essa tendência já vem se consolidando há algum tempo. Mesmo os programas que conquistam boa audiência nos primeiros anos da década de 2010 são apenas uma sombra do que conseguiam os líderes da década de 1990. Raríssimos são os que crescem em público – a tendência franca de programas veteranos da TV aberta é a de sempre cair a cada ano –, e é cada vez mais difícil ultrapassar a barreira das seis temporadas. Em interessante e conciso artigo intitulado "Nothing's a Hit Anymore" (algo como "Não existem mais *hits*"), a crítica Willa

Paskin lembra que, "em 1995, a NBC cancelou *The Single Guy*, que era veiculada na cobiçadíssima meia-hora entre *Seinfeld* e *Friends*, com duas temporadas produzidas. Sua audiência era de 20 milhões de pessoas. Em 2015, *Blindspot* constitui um dos raros grandes sucessos estreantes da mesma rede... com oito milhões de espectadores". É irônico que uma era de ouro da televisão, como a nossa, esteja sepultando a mais característica concepção de televisão que o público teve durante décadas.

Os mais catastrofistas proclamam inclusive, com uma boa dose de evidências ao seu lado, que os próprios canais abertos estão em um processo de extinção – ou, mais exatamente, estariam desaparecendo todos os canais de TV cuja renda venha de intervalos comerciais. Conforme já discutido antes com relação à audiência e aos problemas encontrados pela Nielsen, o modelo estabelecido em décadas de se ver televisão em tempo real com anúncios (e não via gravadores, *downloads* ou outras fontes) tem cada vez menos prestígio, e a faixa demográfica entre 18 e 49 anos tão pretendida pelos executivos só faz diminuir sua participação nos números oficiais ano após ano.

Essa derrocada do drama nos canais abertos se deve a uma coincidência de fatores que deve alterar em definitivo o panorama da programação nos próximos anos. Além desses tais meios alternativos de se ver TV, que são uma primeira preocupação mais generalizada, vimos também, ainda na década de 1990, a explosão da chamada *reality TV* nos canais abertos, que ocupava a mesma duração de uma hora de um drama, mas a custos bem mais baixos do que teria uma série de ficção bem planejada. Foi um problema de duração relativamente curta, mas era uma ameaça verdadeira naquela época.

E, claro, o fator mais contundente se desenvolveria logo em seguida à iniciativa pioneira da HBO: ela deu tão certo que, em pouco tempo, os canais pagos criaram um novo paradigma no que dizia respeito tanto ao ritmo de produção como a abordagens, modelo econômico e penetração junto ao público. Descobriram uma nova forma eficiente de fazer seriados, diferente da que vinha sendo usada na TV aberta durante tantos anos, e, com isso, começaram a sepultar a antiga indústria. Houve inclusive uma debandada de roteiristas no momento exato, quando eles se viram com menos alternativas tradicionais e começaram a oferecer projetos para outros veículos que pudessem realizar as histórias que eles tinham em mente. Encontraram a TV por assinatura absurdamente disposta a arriscar.

Mas, afinal, o que foi introduzido nessa nova mentalidade da TV paga que contribui tão fortemente para a queda dos dramas na TV aberta? O ataque principal aconteceu em um fronte contra o qual os canais abertos não tinham e ainda não têm como lutar: a liberdade de amarras regulatórias. O conteúdo do cabo sempre foi diferenciado e desde o começo já estava muitos passos à frente do que os dramas que vinham sendo produzidos podiam mostrar. Sem a regulamentação que restringe a TV aberta, as possibilidades narrativas da TV paga eram ilimitadas. Felizmente, os executivos enxergaram nisso muito mais do que um pensamento superficial envolvendo nudez e linguajar chulo, e permitiram que finalmente se fizesse uma abordagem diferenciada e verdadeiramente adulta dos temas de costume – a política, a criminalidade, as drogas, os tabus, a sexualidade realista e tudo mais que perfaz a vida de fato. Outro diferencial decisivo: esses executivos não tiveram receio de receber de braços abertos a complexidade narrativa, em contraposição ao simplismo emburrecido de centenas de séries nas décadas anteriores. Dentro dessa proposta inovadora, o pulo do gato da TV a cabo era fugir da maquiagem corretinha da TV aberta e ao mesmo tempo não precisar bater de frente contra essa programação tradicional que ainda era a preferência de muitos. Oferecia uma alternativa, e pagava quem quisesse.

Era, da mesma forma, uma alternativa para os profissionais que escreviam roteiros mais inventivos e contundentes do que aqueles que eles podiam apresentar nos canais abertos. Gente com uma sensibilidade mais ácida, como Jenji Kohan (*Weeds*, *Orange Is The New Black*), Scott Buck (*Dexter*, *Six Feet Under*, *Rome*), Ryan Murphy (*Nip/Tuck*, *American Horror Story*) e Matthew Weiner (*The Sopranos*, *Mad Men*), floresceu nos campos recém-abertos da TV paga. Roteiristas e (futuros) criadores, fossem advindos da TV de sempre ou novatos na área, encontraram no cabo a tão sonhada liberdade criativa que todos os artistas desejam. Tudo bem que o orçamento para uma série nova, naquele primeiro momento, era bem mais modesto que o de uma CBS ou ABC. Mas a qualidade ainda era cinematográfica e os personagens podiam ser tridimensionais, bem desenvolvidos juntamente a uma história ramificada, com sofisticação e riscos estilísticos nos diálogos e nas reconstituições. Tinha-se uma abertura muito maior para se representar toda a gama de emoções, linguagem e desventuras humanas, fugindo do maniqueísmo das noções inocentes de gênero, morte ou de bem e mal, por exemplo.

O salto qualitativo do cabo não ficou restrito apenas a esse primeiro plano da transgressão do conteúdo tradicional. Mais uma vez muito felizes em seu planejamento, os executivos do setor prestaram atenção a um fator crucial que elevaria toda a produção seriada a um novo nível no século XXI: investiram pesado em talento, fosse de roteiristas, diretores ou elenco. Desde o começo de sua produção própria, os canais a cabo se preocuparam em convidar os melhores e mais arrojados da literatura e das artes dramáticas, reconhecidos ou iniciantes, deixando claro que seus novos produtos não seriam apenas mais complexos do que a oferta até então, mas deveriam realmente representar o ápice de tudo o que se entendera por televisão até aquele momento (o antigo *slogan* revolucionário da HBO não fora escolhido por acaso: "Não é TV. É HBO"). O bom hábito só fez aumentar desde aquele início; durante a década de 2010, cada vez mais figurões são chamados para desenvolver projetos de séries na TV paga, seja via cabo, seja pela internet. Para não ficar para trás, a TV aberta veio timidamente tentando acompanhar a novidade – sem tanto sucesso, mas certamente trazendo boas notícias para os espectadores em geral. Ted Gioia, crítico de jazz e músico que não assistiu à televisão durante anos e se viu estupefato com a qualidade demonstrada em anos mais recentes, é quem resume esse pensamento em um ensaio comparativo com o cenário musical: "A Renascença da televisão nunca teria acontecido sem esse comprometimento com a excelência".

Naquele momento em que a TV paga entrava em cena, providenciando abertura e avanços na narrativa, outro movimento crucial acontecia em paralelo, dessa vez envolvendo a indústria cinematográfica norte-americana, que também passava por uma transição profunda e consideravelmente ligeira. Na segunda metade dos anos 1990, os maiores estúdios de Hollywood (alega-se que capitaneados pela Warner Bros.), em crise financeira e criativa, tomaram a decisão consciente de centralizar a maior parte de seus esforços de produção e divulgação em um número reduzido de superproduções, com ênfase em aventuras para uma audiência mais jovem e impressionável e na abertura de franquias baseadas em filmes que tivessem retornado boa bilheteria pouco tempo antes. Outros filmes, então tidos como "menores", com intenções mais artísticas e experimentais, seriam apenas carregados na esteira dessas superproduções e ficariam em um segundo plano digno de bem menos atenção. Os riscos na produção e promoção de filmes dramáticos de orçamento mediano para o público adulto passaram às mãos de raros estúdios independentes e de investidores isolados. A iniciativa deu resultado – pouco depois estreariam *The Matrix*, *Lord Of The Rings* e *Harry Potter* –, sendo formalmente reafirmada no começo de 2016.

O resultado do encontro daquelas duas correntes foi que os grandes dramas da televisão, principalmente na TV paga, vieram ocupar um vácuo que começava a se formar. Que fique claro: nem a TV foi a responsável pela movimentação no cinema, nem o cinema foi o principal responsável pela ascensão da TV. Parte do público se viu obrigada a pedir socorro às séries, e elas então se tornaram o grande refúgio dramatúrgico dos norte-americanos, autores ou espectadores, que queriam um tratamento adulto de bom gosto e com mais impacto que filmes de baixo orçamento. Entrávamos em uma era na qual reinariam francamente os *prestige shows*, os dramas de prestígio da TV a cabo que atendiam a uma demanda que se via aos poucos ficando órfã – com algumas poucas comédias, como *Curb Your Enthusiasm*, *Louie*, *Silicon Valley*, *Weeds*, *Transparent*, *Love* ou *Veep*, merecendo também aquela qualificação.

De fato, muita gente dos dois lados da indústria já considera que certas séries são, na verdade, nada mais que filmes de 10 horas divididos em capítulos semanais. Os altos valores de produção, os grandes nomes envolvidos na frente e atrás das câmeras, orçamentos, locações, temas mais sombrios, aspirações artísticas e literárias e enredos decididamente adultos, além da evidente serialização cada vez mais presente, são grandes argumentos em favor dessa turma. O crítico de TV e autor Alan Sepinwall arredonda esse pensamento: "Sempre houve os *blockbusters* e filmes de alto gabarito, mas é certo que deve existir também o entretenimento de médio porte direcionado aos adultos. Foi aí que entraram *Mad Men* e *The Sopranos*".

O diretor inglês Danny Boyle, ao promover seu filme *Trance*, em meados de 2013, foi ainda mais longe, em entrevista a um *site* francês: "Eu chamo de 'pixarificação' dos filmes. Não me entenda mal; eu acho que a Pixar faz excelentes filmes, geniais, com histórias muito sofisticadas. Mas são 'para toda a família'. Os filmes de ação atuais têm um tipo de violência que não é violência, não atinge ninguém. E a gente se pergunta: cadê os filmes adultos? A própria expressão 'filmes adultos' hoje é identificada com filmes pornôs. Isso é terrível! Desde que comecei a frequentar cinemas, sempre quis ver ideias e temas sobre o mundo adulto sendo explorados. Hoje, isso corre grande perigo. Os escritores e criadores estão todos fugindo para a televisão, nos Estados Unidos. [Inclusive, é por isso que vem ganhando força a figura do diretor único em uma temporada, conforme abordado antes na discussão sobre os *showrunners*.] O que existe hoje na TV a cabo dos Estados Unidos é muito mais ousado do que o que se vê no cinema. Isso é muito errado. Afinal, você ia ao cinema para evitar ver televisão com seus pais, para ver coisas que eles não queriam que você visse. Era um dos prazeres de se ir ao cinema".

Em constatação semelhante, o diretor italiano Bernardo Bertolucci se disse desencantado com a Hollywood que um dia o fez se apaixonar pela indústria cinematográfica norte-americana, e se confessa hoje um admirador das possibilidades da televisão. Em entrevista realizada logo depois de receber uma das maiores honrarias concedidas pela Academia de Artes e Ciências Cinematográficas dos Estados Unidos – a popular Academia do Oscar –, admitiu que "à parte algumas produções independentes, acho que o que vem de Hollywood atualmente é, em geral, muito triste [...] Os 'filmes' norte-americanos que gosto de ver hoje não vêm de estúdios hollywoodianos, mas na forma de séries de TV, como *Mad Men*, *Breaking Bad* e *The Americans*".

Quando o prestigiado diretor, roteirista, editor e produtor Steven Soderbergh (de *Erin Brockovich*, *Traffic* e da trilogia *Ocean's*) resolveu fazer uma "pausa de duração indefinida" em sua carreira no cinema, dizendo-se entediado com aquela indústria, voltou-se com afinco para a televisão. Depois de dirigir para a HBO o telefilme de sucesso *Behind The Candelabra*, Soderbergh se envolveu como realizador das séries *The Knick*, *Red Oaks* e com os projetos *Godless*, para a Netflix, e *The Girlfriend Experience*, para o canal Starz (esta última, com o mesmo nome de seu próprio experimento de 2009, trouxe uma trama apenas livremente inspirada por aquela ideia central). Não satisfeito, dedicou-se também a acompanhar ainda mais de perto a evolução da TV como espectador e fã confesso das melhores séries de sua época, não se furtando a inclusive dar declarações elogiosas a respeito de muitas delas na imprensa. "Para mim, tudo é história a ser contada. De verdade, já desisti de fazer essas distinções [entre TV e cinema]. É tudo só história. Hoje, você pode ver uma coisa que alguém tenha feito para um serviço de *streaming* que tem mais de cinema do que o filme de sucesso do momento. É só uma questão de ponto de vista. É uma questão da abordagem usada", disse Soderbergh em entrevista em 2016.

Apesar do pessimismo que pode ser presumido dessa movimentação de forças na indústria do cinema e do alto número de evidências que de fato transparecem, deve-se esclarecer que esse mesmo tal filme para adultos continua trazendo representantes não apenas de boa qualidade como também bem divulgados e celebrados todos os anos. O que se contesta com mais particularidade, tanto aqui quanto entre os realizadores, são a diminuição de sua quantidade, em especial relativamente ao número aumentado de bobagens que se sucedem em cartaz, e também a natureza das maiores produções. Percebe-se, de maneira geral, uma quase extinção do filme adulto de grande orçamento, de modo que eles agora ocupam uma posição praticamente exclusiva entre os chamados filmes independentes – que, não por acaso, guardam parentesco muito próximo com a temática, o tratamento e os realizadores da TV a cabo. Diretores e roteiristas têm muito menos liberdade criativa quando atrelados a grandes projetos que não partem de sua própria imaginação, mas das intenções de lucro de executivos. Na era de ouro da televisão, essa liberdade autoral foi redescoberta.

Ainda aproveitando o gancho dado pelas declarações anteriores, podemos apontar que, além da violência, outra evidência dessa substituição é a sensível diminuição, no século XXI, das clássicas cenas de sexo, gráficas ou sugeridas, que constituíam um dos maiores apelos dos filmes de Hollywood de décadas anteriores. Passando a se concentrar no alto orçamento e no público mais jovem, as grandes produções vêm deixando de lado esse recurso que antes falava à audiência mais madura – e, não por acaso, no mesmo período se observa um aumento enorme desse tipo de cena nos dramas de TV a cabo. Apenas uma ressalva: no cinema atual, podem faltar cenas mais explícitas ou incrivelmente sugestivas como acontecia antes, mas, mesmo nas produções adolescentes, nunca se abriu mão do apelo sexual "diluído", executado de maneira mais velada e comportada. O que se observa é que o tratamento realista e franco dessa questão foi substituído pela visão romantizada e ingênua que se identifica com o público mais jovem que hoje se quer atingir.

A jornalista Ana Maria Bahiana destaca outro aspecto dessa migração de interesses, aqui em certa medida também relacionada à já abordada questão dos modismos, visto que as séries mencionadas são todas contemporâneas umas das outras: "a TV está assumindo um lugar de importância na manutenção e desenvolvimento de um gênero que era o pão com manteiga da tela grande em idos tempos: o drama histórico. O gênero se tornou caro demais para os estúdios (quando tratado como história e não como aventura fantástica) e agora, graças à multiplicação de plataformas e aumento do poder de gasto das produtoras de conteúdo doméstico, faz sucesso com as plateias que ficam em casa. Que o digam *Tudors*, *Borgias*, *Spartacus*, *Vikings*, *Da Vinci's Demons*, *Magic City* e, de certa forma, *Game Of Thrones*".

O espectador deve ter em mente que essa movimentação toda que se observou da virada do século para cá é provavelmente um estado transitório que vai, em futuro próximo, acomodar-se em definitivo sob outra forma ainda imprevisível. Tanto o cinema quanto a TV (e os meios culturais de maneira geral) se mostram guiados por tendências que vêm e vão aos montes, em tantos aspectos quanto é possível imaginar, como temáticas, custos, gêneros, modos de filmar, lugares de exibição, públicos, perfis de diretores e quaisquer outros. Pode muito bem ser que, em 2050, os dois meios já se vejam totalmente invertidos em determinadas características, ou iguais em alta qualidade, ou ambos em crise, abrindo lugar para alguma outra possibilidade.

Aquela incursão inicial da TV a cabo veio acompanhada de um modelo de negócios e de produção radicalmente diferentes daqueles que vinham sendo praticados por décadas na TV aberta. Para começar, canais de *premium cable* não se interessam em atrair anunciantes, e sim em valorizar sua marca e criar uma aura de excelência, captando assinantes que pagam mensalmente e se sentem privilegiados em fazer parte de um clube exclusivo que recebe aquele canal. Ao veicular constantemente novos programas de alta qualidade e sem anúncios, esses canais mantêm a base já conquistada e chamam mais público interessado. A questão da audiência ao vivo, essencial para os canais abertos, deixa de ser importante, e a prioridade recai na qualidade do que é produzido e na manutenção do bom nome do canal, o que explica aquele tal investimento em excelência. Por causa dessa desvinculação com a tomada de audiência, redes como a HBO ou a AMC acompanham de perto, *on-line* e na imprensa, a imensa repercussão gerada pelo seu conteúdo e podem inclusive passar a cobrar um pouco mais pela filiação àquele "clube". A constante indicação a prêmios é mais uma forma de validação nesse sentido. Não é de se estranhar, portanto, a ascensão da programação via cabo em tempos de internet e comunicação global.

Os canais de *basic cable*, por sua vez, ainda fazem parte de um modelo híbrido que aposta nas duas coisas em escalas reduzidas: há menos propaganda, que é mais selecionada, enquanto eles também recebem quinhões dos pacotes de TV a cabo nos quais estão incluídos. E há ainda uma terceira fonte de renda (tanto no *basic* quanto no *premium*), que é a venda assegurada de direitos de exibição para afiliadas internacionais, o que compensa decisivamente o custo de produção dos programas originais dos canais a cabo.

Deve-se considerar ainda a oportunidade gigantesca que as reprises representam. O modelo do cabo traz esse diferencial: suas séries originais podem ser repetidas à exaustão em outros horários da semana além da estreia "oficial", em meses em que ela está em hiato e em maratonas, assim constantemente atraindo mais espectadores sem gastar nada além do investimento inicial, algo que praticamente não acontece na TV aberta. Os executivos têm em mente que a vida do espectador atual é muito mais diversificada e ocupada que a do de décadas anteriores, e fazem esse cálculo consciente de oferecer os episódios inéditos de formas diversas para dar mais chances a quem quiser ver. Além disso, o público norte-americano efetivamente paga para ver canais repletos de reprises de filmes e de outras séries, novas ou antigas, que foram consagradas na TV aberta, de modo então que os canais a cabo continuam investindo nesse segmento que já vinha de décadas e melhorando a oferta cada vez mais. Com isso, o tempo e o espaço de grade destinados à programação original se tornam restritos e muito bem definidos, permitindo uma concentração de esforços sem diminuição do lucro.

Dentro do modelo pago, também se acredita que existam muito menos obstáculos burocráticos para se colocar no ar um bom drama na TV a cabo do que em canais abertos, que se veem o tempo inteiro às voltas com acordos com anunciantes, departamentos de usos e costumes, preocupações com os pormenores das classificações da FCC, a adequação à competição acirrada e talvez outras barreiras mais. A propósito, como pincelado antes com relação às medições da Nielsen, as audiências são tomadas em separado justamente por causa dessa diferença gritante entre modelos. Comparar números da TV aberta com a TV paga seria injusto para os dois lados, dados os trunfos e as fraquezas de cada um (como a própria possibilidade de reprises constantes).

Outra inovação apresentada pelo cabo, além do modelo econômico, diz respeito à mentalidade, ao ritmo e à quantidade de produção diferenciados com relação ao que já se praticava. A primeira diferença crucial já foi apontada: investimentos pesados em grandes talentos, e não apenas no "mais do mesmo" da televisão de costume. É de se perguntar, por exemplo, que canal aberto, na década de 2010, teria a coragem de fazer algo do porte de *Game Of Thrones*, que consome rios de dinheiro em locações, caracterizações e mesmo quantidade de elenco, enquanto, conforme já visto, a série foi também extremamente bem-sucedida em termos de retornos para o canal. Além das assinaturas extras permanentes, atraiu também o público sazonal, ganhou com a promoção de outras séries e lucrou horrores com as vendas de DVDs e com os direitos de exibição internacional. Tendo em vista a prioridade em excelência desses canais, a quantidade absoluta de acertos, dentro dos variados graus tidos como satisfatórios, é até bem alta e compensa de longe os fracassos assumidos.

Convém amarrar dois dos aspectos mencionados para ajudar no quadro maior. É preciso relembrar que o setor criativo de um canal a cabo se vê o tempo inteiro às voltas com um gargalo que talvez não seja óbvio à primeira vista, que é uma tremenda restrição nos recursos alocados para dramaturgia. O orçamento de qualquer canal a cabo, mesmo da poderosa HBO, é muito menor do que o das grandes redes abertas, o que também leva a essa escolha bem mais criteriosa dos projetos nos quais o canal deverá investir – em outras palavras, a preocupação com excelência é também orçamentária. E a restrição de horários de que falávamos antes se torna então fundamental dentro da perspectiva do cabo: enquanto as grandes redes abertas precisam ocupar três horas toda noite em seis dias da semana (ou uns 20 episódios por semana com temporadas longas), um canal a cabo se preocupa em povoar muito bem, no máximo, três noites por semana com talvez duas horas de programação própria inédita (dificilmente mais do que cinco episódios por semana com temporadas curtas). Ou seja, as redes podem se dar ao luxo de testar programas de pouco risco diversas vezes por temporada, enquanto um único passo malcalculado – ou pior, um fracasso – em um canal a cabo será determinante de toda a política futura do canal.

Os roteiristas, por sua vez, batiam palmas por uma razão além da flexibilidade própria do modelo; afinal, a primeira temporada de uma série da TV paga é quase sempre garantida, porque é pedida de uma só vez com um número de episódios bem mais baixo. Toda aquela primeira temporada vai ao ar, mesmo que inicialmente chame pouco público, ao contrário do que acontece na TV aberta, na qual o programa que não render logo no começo é simplesmente tirado do ar com poucos episódios exibidos e sem chance de desenvolvimento. Uma dose extra de paciência também é uma virtude do cabo, ao se confiar no talento contratado, dar tempo para o programa amadurecer e, como consequência, conquistar uma audiência cativa. Veja o exemplo de *Hello Ladies*, da HBO: mesmo depois de conseguir números muito ruins em sua curta temporada única de oito episódios, a série ainda ganhou a oportunidade de se ver encerrada a contento por um longa-metragem um ano depois.

Os canais a cabo também oferecem bem menos problemas quanto à duração de episódios ou pedidos de episódios por temporada. Se o *showrunner* julgar que deve ir além dos minutos de sempre em uma dada semana, ou que vai precisar de um episódio a mais (ou até a menos, como foi o caso de *The Newsroom*), o canal a cabo tende a compreender a necessidade e colaborar com a melhor forma de contar a história. De um ponto de vista mais prático, no entanto, uma preocupação que ainda permanece é a de quando levar a série ao ar. A temporada de primavera continua sendo particularmente intensa no sentido das estreias do cabo, assim como a temporada de verão, quando as redes abertas fazem sua pausa. No entanto, o canal FX ousou ainda cedo, em 2005, ao agendar *Nip/Tuck* para concorrer na temporada de outono.

Fato é que o modelo de negócios focado em assinantes, excelência e liberdade criativa vingou e trouxe consigo uma quantidade incrível de novas séries e mesmo novos canais. Ou seja, como se não bastasse a concorrência com uma qualidade muito superior, a TV aberta ainda se viu obrigada a lidar também com um crescente volume de produção pura e simples da TV paga, o que acirrou a competição de maneira nunca antes vista. Qualidade e quantidade caminhando juntas formaram um colosso avassalador que o tradicional mercado de dramas dos canais abertos simplesmente não tinha mais como enfrentar.

Os números que corroboram esse aumento vêm de pesquisas quantitativas realizadas todos os anos, curiosamente, pelo departamento de pesquisas do canal FX, que costuma se preocupar com esse assunto mais do que qualquer veículo especializado ou rede de TV. No começo de 2015, foram divulgados os resultados da mais recente pesquisa do canal. Segundo o *New York Times*, foram disponibilizadas para o público norte-americano em 2014 (em cifra corrigida posteriormente) nada menos que 376 temporadas inéditas de séries roteirizadas novas ou veteranas, reunindo aí os canais abertos, canais a cabo e serviços de *streaming* combinados, e os subgêneros drama, comédia e minissérie, excluindo-se telefilmes, especiais e programação infantil.

Desse universo, os programas que vieram da TV a cabo representavam mais do que a soma dos seriados produzidos pela TV aberta com os oferecidos via *streaming*. Comparações com os anos anteriores revelaram que, desde a virada do século e o franco estabelecimento da era de ouro, a quantidade de séries produzidas pela TV a cabo cresceu em torno de assustadores 700%. Em 2009, com a Renascença em pleno vapor, eram apenas 80, e esse número então mais do que dobrou na TV paga em apenas cinco anos. Já no meio de 2015, John Landgraf, presidente do FX, estimava que aquele ano bateria fácil o recorde das 376, ultrapassando as 400 temporadas inéditas. Estava certo: nova pesquisa no fim do ano apontou que 2015 teve 409 temporadas inéditas dentro dos mesmos critérios (e de acordo com o mesmo jornal).

Esse aumento absurdo não reflete somente uma revitalização da TV pura e simples. É fundamental recordar aqui a diminuição no tamanho das temporadas, como visto anteriormente. Se o modelo de 22 a 24 episódios por temporada estivesse sendo mantido na TV aberta (e não está) em 2016 ou tivesse sido adotado pela TV a cabo anos antes (e não foi), o número total de títulos anuais seria significativamente menor – mas não teríamos a diversidade de vozes, nuances e graus de qualidade que hoje se vê na televisão e que em grande parte caracteriza a Renascença. No entanto, também não se deve ceder à tentação de ver aquele número como "artificial" ou "inflado". O colunista Josef Adalian fala de uma consequência bem real do aumento de produção: desde por volta de 2012, ficou mais difícil para os *showrunners* reunirem equipes qualificadas para filmar as séries em locação, assim como conseguir equipamentos para cobrir imprevistos. Produtores de séries filmadas em um mesmo polo de TV (Los Angeles, Nova York, Vancouver ou Atlanta, por exemplo) passaram a disputar técnicos e agendar serviços com muita antecedência para poder obedecer aos cronogramas dos grandes estúdios – isso quando a Netflix não aparece do nada oferecendo pagamento muito melhor de última hora.

Não é de se estranhar, portanto, que o já mencionado crítico Sepinwall dizia, lá no começo de 2013, que ele mesmo já podia sentir um problema – se é que se pode chamar assim – de excesso de boa ficção na TV. Perguntava: "Quando é que acontece o excesso de boa televisão? Será que esse excesso pode ser uma coisa ruim? Como fã de séries ficcionais, fico animado toda vez que um novo jogador entra nessa arena, mas sinto que estou perdendo a capacidade de acompanhar tudo o que me agrada. Sempre foi necessário fazer uma triagem nesse ramo profissional, mas agora minha seleção está cada vez mais impiedosa. Enquanto isso, a lista de séries de que eu gostei e que queria continuar vendo, mas não tenho como, só aumenta". Na verdade, todos os críticos que fazem cobertura regular para veículos de mídia norte-americanos respeitáveis na década de 2010 já escreveram sobre a impossibilidade de se acompanhar toda a boa televisão que é feita nestes anos. Não há escassez de textos – a maioria ótimos – sobre a abundância. O lendário produtor Norman Lear qualificou esse excesso, em 2015, como o "maior produto de exportação dos Estados Unidos" durante o que chamou de uma inequívoca era de ouro da televisão – em que pese ter participado ele próprio de quase todos os grandes momentos anteriores da TV, trabalhando por décadas nos bastidores.

Se isso dificulta o trabalho do jornalista especializado, o que dizer então do cidadão comum, que tem diversos outros interesses em seu dia a dia, dedica bem menos tempo à programação e acaba não conseguindo nem mesmo ter conhecimento de tudo de bom que o gênero seriado tem a oferecer? Trata-se de apenas mais uma faceta da tão falada e estudada sobrecarga de informações que tomou conta do mundo no final do século XX. Nas séries de TV, parece que já atingimos um ponto de saturação – variável, claro, segundo o que nos é apresentado a cada ano – a partir do qual não é mais possível acompanhar tudo o que há de bom. Por causa disso, é razoável afirmar que qualquer novo agente que queira entrar nessa disputa vai ter de se esmerar muito em suas propostas, ou então seria melhor nem entrar, como já aconteceu a alguns canais e serviços novatos e minúsculos. Veremos um pouco mais a respeito adiante.

Enquanto a tal morte do drama na TV aberta não acontece de fato, não há como ignorar a forte relação de dependência que continua existindo entre TV paga e TV aberta. Para se entendê-la, é necessário ter em mente duas observações cruciais e então deixar no ar uma pergunta cuja resposta ainda é difícil prever.

Em primeiro lugar, seja para se adaptar às novas condições, seja na tentativa de se equiparar ao cabo, já existem mudanças interessantes observáveis na TV aberta. Nessa esfera, é cada vez mais rara a ocorrência de dramas simultâneos merecendo adjetivos como "original" e "brilhante". Eles vêm aparecendo esporadicamente, às vezes com um frescor que só dura uma temporada, e então desaparecendo sob os clichês e implausibilidades de costume. Considerando que o cabo também permite às comédias serem bem mais insanas, desbocadas e até ultrajantes, para delírio do público-alvo mais rebelde e levemente cínico do século XXI, seria razoável afirmar que quem está definhando nessa história não são apenas os dramas, mas também o modelo dos canais de TV aberta como um todo, como sugeriam aqueles catastrofistas de antes.

Só que, com relação às expectativas do grande público, fica parecendo que ainda existe esperança para a TV aberta mesmo em um mundo que já se deleitou com os melhores exemplares da maior era de ouro já vista na televisão. Talvez por pura inércia e tradicionalismo, talvez por entender que nem todas as séries podem alcançar o ápice e que se devem apreciar programas diferentes de maneiras diferentes, fato é que os espectadores e a imprensa ainda aguardam com ansiedade a temporada de outono dos canais abertos. Aliás, a própria instituição chamada "temporada de outono" continua a ser quase tão valorizada quanto uma ou duas décadas antes. É curioso esse pensamento conservador, e ele não pode ser subestimado em médio prazo. O problema é que, mesmo continuando com essa mentalidade quanto às estreias do ano, o público ainda assim cada vez mais se fragmenta e assiste à programação à sua própria maneira, o que tem de representar uma preocupação bem real para as grandes redes.

Outra correlação: por causa da influência do novo modelo, os canais abertos começaram a ousar mais, e tentam empurrar para o público alguns de seus dramas mais arrojados fazendo comparações com séries de TV a cabo – e, claro, dificilmente cumprindo ou sustentando o prometido, dadas as limitações por que deve passar seu conteúdo e também pelo comportamento do público da TV aberta, mais melindroso com relação ao que é transmitido livremente. A aparição de uma série de teor fortíssimo e de alta qualidade autoral como *Hannibal* em plena

TV aberta talvez sinalize um começo de mudança na direção de um afrouxamento de regras. Também a temporada de outono de 2014 deu um recado bem representativo dessa tendência geral como nunca antes, forçando os limites da FCC ao abordar diálogos e imagens de cunho sexual com muito menos sutileza e com maior peso tanto em comédias quanto em dramas. Não parece ser um esforço consciente e unificado dos *showrunners*, mas sim um resultado espontâneo do espírito de época. Pode ser que *Hannibal* seja só uma exceção destinada a desaparecer em um ambiente que não é exatamente propício para o seu florescimento, como indica a audiência limítrofe da série. No momento em que ela vai ao ar, ainda é bem óbvio que estaria mais em casa em um canal a cabo de vanguarda como Showtime ou AMC.

No terreno das soluções possíveis para esse desequilíbrio, cabe especular que a salvação da TV aberta norte-americana talvez passe justamente pela abolição, ou por um relaxamento radical, das regras da FCC. A diferença entre os cenários pré e pós seria alarmante: anunciantes, sempre cheios de princípios moralistas, teriam de se adaptar a uma realidade totalmente nova para eles ou então desapareceriam; faixas de horários e até o próprio conceito de "horário nobre" teriam de ser rediscutidos; organizações sociais conservadoras representando igrejas e famílias entrariam em polvorosa, com boicotes e intervenções legislativas, mas sem muitas alternativas de entretenimento televisivo adulto; a mentalidade da população como um todo – tendo em vista a penetração e o poder da televisão na sociedade norte-americana – passaria por uma árdua revolução de conceitos e valores nem sempre bem-vinda; e ainda assim, mesmo com toda a celeuma provocada, as grandes emissoras teriam de continuar a ver sua audiência se pulverizar, já que a questão tecnológica continuaria a mesma. Uma consequência crucial deve ser considerada à parte: a TV paga perderia aquele que vem sendo seu maior trunfo desde o começo – a liberdade total de criação – e veria as redes abertas invadirem seu domínio. Todo o planejamento criativo e econômico do cabo teria de ser repensado para que ele continuasse relevante de alguma forma.

Observa-se também um movimento de parte do público nos últimos anos no sentido de esperar temporadas mais curtas de maneira geral na TV aberta. Para essa parcela, já não existe o mesmo interesse em acompanhar de 20 a 25 episódios de uma hora cada para só então ter algum retorno dos roteiristas, na forma do gancho de fim de temporada. A TV aberta está efetivamente sendo influenciada por essa tendência, como é possível observar nas "meias temporadas" cada vez mais presentes. Essas levas mais curtas dão à equipe criativa um espaço para desenvolver, digamos, 10 ou 12 episódios ótimos sem precisar encaixar outros 10 a 12 feitos às pressas. Há inclusive uma manifestação substancial de pessoas de todos os lados da indústria que defendem essa diminuição do número de episódios como uma solução plausível para se gerenciar melhor o excesso de boas séries – assim como também um modo de assegurar que a produção, mais enxuta e condensada, continue excelente e a era de ouro se mantenha por mais tempo. Mas temporadas menores também significam mais títulos para ocupar aquele mesmo tempo, e essa transformação traz todo um universo de consequências que não são difíceis de imaginar e que serão abordadas em seus devidos momentos adiante.

Parafraseando a atriz Julianna Margulies em seu discurso de aceitação do Emmy de melhor atriz por *The Good Wife* – uma das representantes máximas da era de ouro na TV aberta –, era incrível que, em pleno 2014, algumas equipes de roteiristas ainda conseguissem desenvolver uma excelente temporada de TV aberta mesmo tendo de diluí-la em 22 episódios, ao passo que os dramas premiados na TV a cabo já apostavam em concentrar, com muito sucesso, a alta qualidade em no máximo 13 episódios. Se é permitida uma ligeira futurologia com base nas tendências observadas então, pode-se dizer que essa impressionante conquista ocasional de uma temporada ao mesmo tempo muito longa e suficientemente boa, algo transitório e só visto nestes primeiros anos do século XXI, em breve não existirá mais.

Por enquanto, as grandes redes continuam trazendo um espaço diferenciado para as comédias familiares e aquelas de apelo demasiadamente amplo, que ainda conseguem atrair públicos nos extremos da consideração etária – os muitos jovens e os mais velhos. É um pessoal que não se interessa tanto pelas tendências cada vez mais dominantes nas *sitcoms*, como a rapidez dos diálogos e o dilúvio de referências pop tantas vezes ininteligíveis. Também o drama episódico praticamente só tem lugar na TV aberta, mas essa é outra característica que vem mudando bastante por influência da serialização pesada da TV paga.

Sob o ponto de vista de executivos e anunciantes preocupados em manter o *statu quo*, o cenário geral para a TV aberta já beira o apocalíptico, vide a redução acentuadíssima pela qual passaram os números de audiência, observada nos últimos anos e sobre a qual veremos mais quando .o assunto for o cancelamento. A perspectiva para as décadas imediatamente seguintes à Renascença (e, como já visto, em grande parte por causa dela mesma) é de profunda transformação na mentalidade dos canais abertos e mesmo na forma como eles se apresentam (o sistema de horários, a competição ferrenha *versus* maior colaboração, todo o modo de produção de séries, etc.), no entender dos críticos e analistas de televisão.

Com isso, chegamos enfim ao segundo aspecto a ser considerado: a insistente interdependência econômica. É importante ter em mente que toda essa programação de qualidade feita no cabo é produzida para atrair, primeiro, assinantes fiéis, e depois anunciantes mais selecionados, no caso do *basic cable*. Só que muitos dos excelentes programas do cabo que chamam a atenção da crítica especializada – esses que merecem discussões acaloradas na internet, que se tornam objeto de culto e referência de boa televisão – simplesmente não são vistos pelo grande público e, portanto, não retornam um grande lucro para os canais que os levam ao ar. Eles conferem prestígio e uma personalidade ao canal pago, e assim chamam o assinante com seu ar de sofisticação e de qualidade. Mas, se aqui e ali, como no caso da emblemática HBO, as assinaturas dão o tom e pagam as contas, na maioria dos outros canais a cabo que trazem comerciais quem ainda banca a festa é a reprise de material originalmente produzido e bem-sucedido na TV aberta. Ou seja, ela precisa continuar a produzir para que a sustentação atual do cabo também continue firme.

Dessas duas constatações surge uma pergunta inevitável: se a maioria dos canais pagos detentores de boas séries originais ainda obtém grande lucro com reprises do que de melhor a TV aberta em algum momento ofereceu, então como fica o futuro do cabo com essa derrocada das grandes redes abertas? A resposta passa pela constatação de que o perfil da renda dos grandes canais está mudando. Atualmente, se a arrecadação com anunciantes caiu, a venda de direitos de retransmissão por canais a cabo é maior do que já foi em qualquer momento. Além disso, a TV aberta – que chega gratuitamente para o espectador – ainda é incomparável em outros tipos de programação que não o da ficção seriada, como os eventos esportivos e a cobertura política. O que parece mais correto, portanto, é que não se fale na extinção da TV aberta em um futuro próximo, mas numa crise específica da produção de séries e na consequente transformação de mentalidades e práticas que já se observa em pleno curso. Para além, analistas e executivos preveem que o conteúdo dramático de todos os canais, abertos ou a cabo, poderá se desvincular por completo de grades e horários em alguns anos e passar a ser oferecido exclusivamente por *streaming*. E convém lembrar que a atual Renascença só existe dentro do modelo atual de TV aberta. Se ele tiver de mudar, não se sabe em que direção seguirá a era de ouro.

29. Leviandades à parte

Bebida e luxúria:`homem nenhum é páreo para mim nesses quesitos.
Eu sou um deus dos peitos e do vinho.
– Tyrion Lannister em *Game Of Thrones.*

Tudo bem que TV paga permite muito mais arrojo que os canais abertos. Mas cabe uma ressalva, ou melhor, uma discussão que deve separar o joio do trigo. O caso é que, entre as diversas adjetivações que as séries de TV podem receber, muitas das quais já vistas, há uma particularmente delicada. É corriqueiro que o autor de uma coluna ou de um comentário em um fórum, na tentativa de desqualificar os méritos de determinada série, refira-se a ela como "mero *T&A*", seja verdade ou não. Pois bem, para esclarecimento do espectador: "*T&A*" quer dizer "*tits and ass*", ou "peitos e bundas", e é um termo usado em muitos outros contextos também, como filmes ou quadrinhos.

Dizer que uma série é *T&A* significa querer distanciá-la das séries que merecem ser vistas, às vezes justificadamente e às vezes por pura maldade. O que se pode dizer sobre isso é que existem mesmo séries que querem atrair assinantes unicamente interessados em conteúdo sexual, como comprovam programas produzidos pelo canal a cabo Cinemax (*Chemistry*, *Femme Fatales*) e até mesmo pela TV aberta brasileira. Poderíamos mesmo considerá-los uma categoria dos dramas como qualquer outra – o drama pornográfico *softcore* –, mas a verdade é que é melhor enxergar esse tipo de programa em uma classificação à parte de tudo o que foi discutido até aqui. É uma questão da própria essência da série: ela só existe como uma desculpa pra se mostrar pornografia leve e tem pouco ou nenhum roteiro ou atuação que verdadeiros fãs de séries poderiam apreciar. Não há qualquer intenção de se contar uma boa história ou desenvolver personagens. Se esse tipo de série ganha zero de atenção da mídia especializada, com total razão, é porque ele não serve aos mesmos propósitos das séries convencionais. Simplesmente não pode nem deve ser levado a sério no contexto das séries de TV.

No entanto, convém que o espectador use seu bom senso ao ver essa qualificação sendo lançada a torto e a direito em comentários. Muitas vezes, será só uma tentativa infundada de desmoralizar uma boa série, apenas uma argumentação ruim por parte do interlocutor. Diversos programas de conteúdo razoável, comum ou mesmo excelente já foram acusados de ser *T&A* mesmo que a nudez contida neles seja bem-contextualizada, ou meramente coadjuvante ou até figurante – provavelmente, culpa do moralismo de alguns espectadores que não se dão com a programação a cabo, em especial.

Sendo assim, programas como *Californication*, *Hung*, *Spartacus*, *The L Word*, *Rome*, *Shameless* e até a venerável *Game Of Thrones* já foram vítimas dessa categorização, que, em todos esses casos, é enganosa. A única dica possível é: analise bem algum episódio e o contexto; se a maioria da imprensa e do público trata a série com respeito, não se deixe levar por um rótulo maldoso isolado ou uma chamada com viés sensacionalista. Séries como essas têm grandes histórias para contar, ocasionalmente utilizando recursos mais picantes que, em vez de comprometer a credibilidade do programa, estão lá justamente para reforçar sua seriedade e dar realismo a determinado personagem ou determinada situação. O sexo, afinal, é parte da vida e deve ser também parte do que é retratado como vida na TV. Tomar esse caminho às vezes pode muito bem ser válido, e o preconceito de alguns que se mantenha à parte.

Outros aspectos gerais

30. Personagens comuns, atores notáveis, episódios especiais

Eu sou só uma atriz convidada, e todos sabemos o que acontece com atores convidados.

– metarreferência feita pela odiada personagem Nikki em *Lost*, falando do programa fictício no qual ela atuava antes de ir para a ilha.

Anteriormente, quando tratamos das *sitcoms*, começamos a ver que há determinados usos e perfis que são sempre utilizados para efeito de comédia e que constituem a essência daquele subgênero. Mas a verdade é que o assunto vai mais longe. Existem alguns tipos e artifícios que podem ser encontrados em qualquer trabalho audiovisual, e isso vale também para os dramas e até para o cinema. E além: há escalações e papéis que apelam especificamente a um ator em questão, independentemente do formato do trabalho. São aspectos que devem ser conhecidos em linhas gerais e identificados pelo fã de séries até mesmo para julgar melhor o que é bem-feito e o que parece formulaico demais.

De começo, podemos apontar aquele personagem que já está pronto para ser usado independentemente do contexto – ele é genérico, bidimensional (além de aparecer no decorrer de uma história, serve a apenas um propósito e demonstra apenas um comportamento) e pode ser definido em uma frase. Quando o vemos em um programa, imediatamente percebemos que já o vimos sendo utilizado, com uma ou outra variação sutil, em dezenas de outras histórias. Ele é chamado de *stock character*, o personagem que chega pronto porque é "fácil" de montar, atende a uma característica já conhecida e não exige desenvolvimento nenhum. Ele como que fica em uma prateleira apenas esperando para ser utilizado em algum momento (e muitas vezes esquecido logo em seguida). Exemplos disso são a criança precoce que é, ao mesmo tempo, geniozinho e insolente; ou o sujeito esquisitinho da escola ou do trabalho que, no fundo, é sensível; ou o personagem negro e discreto que traz algum tipo de ajuda mágica ao protagonista branco (o chamado *magical negro*, usado sem qualquer parcimônia em *The Leftovers*); ou aquele velho que parece de pedra, mas guarda um coração de ouro; pode ser ainda a moça linda e vivaz cuja única função no mundo é tirar o protagonista sensível do buraco (chamada nos últimos anos de *manic pixie dream girl*); a pessoa brilhante que, por outro lado, não tem qualquer tato para lidar com outros humanos; a mocinha ingênua que chega para "vencer na cidade"; o certinho que tem uma falha de caráter pronta para ser descoberta no momento-chave...

Com relação a uma função específica exigida para o momento, já vimos diversos exemplos na discussão das comédias. Dentro do universo da série dramática, o sujeito também pode obedecer a uma função. Por exemplo, o que fazer quando queremos amenizar a tensão ou introduzir um ponto de vista menos trágico para a situação que todos estão vivendo em cena? Entra aí o famoso alívio cômico. Verdade seja dita, esse tipo de personagem é muitas vezes mal compreendido pelos próprios roteiristas e constantemente mal utilizado, prestando-se apenas a ser engraçadinho em um contexto que não permitiria humor e piadas, quebrando o bom andamento da história e irritando o espectador. Mas a teoria diz que o alívio cômico vai obedecer ao estilo de humor que se deseja retratar – e ele pode ser bem mais sofisticado do que apenas bobo, fazendo troça das desgraças e situações pesadas, ou pode ter viés mais musical, ou ser apenas mais esperto e enxergar adiante. Bons usos desse recurso podem ser vistos em episódios esparsos de *Game Of Thrones*, por exemplo, uma série sisuda e trágica por excelência, mas que soube usar determinados momentos de humor sem jamais fugir ao contexto – em outras palavras, conseguiu retratar o humor próprio das situações, e não um subterfúgio "leve" encaixado à força.

Outra função comum em uma série dramática, por engraçado que pareça, é a de vítima. A clássica *Star Trek* imortalizou esse tipo de personagem colocando-o frequentemente como um figurante que vestia um uniforme vermelho e era assassinado durante a ação ou no segundo plano sem muitas explicações. Daí surgiu o termo "*redshirt*" (ou "camisa vermelha"), que ganhou fama na terminologia geral das séries de TV, para designar o sujeito que aparece apenas para morrer em seguida, sem grandes consequências para a história, mas ajudando a trama a andar com um impacto mínimo, já que ninguém o conhecia. Cabe, aliás, uma pequena dica de ouro para séries de TV: só considere um personagem como morto se a cena da morte for mostrada declaradamente na tela (e, em alguns casos, nem isso é garantia); senão, continue duvidando.

Não é difícil encontrar ainda o personagem que faz as vezes de *alter ego* do espectador. Isso nada tem a ver com a questão de ponto de vista da narração, como narrador onisciente, narrador suspeito, primeira ou terceira pessoa e afins. Trata-se daquele personagem que, além de ter todas as suas características próprias (como as vistas antes), representa nossas próprias dúvidas e interpretações a respeito do que acontece dentro do universo da série. Em geral, ele é um recém-chegado à situação ou alguém que é mantido fora das maquinações dos outros personagens, e todos passam um bom tempo explicando para ele o que se passa, fazendo revelações, colocando-o em perigo e em dúvida – e daí atiçando a expectativa do próprio espectador. Os eventos da série acontecem para que ele descubra, de modo que se tornem surpresas e novidades também para nós.

Por que isso acontece, e por que é um recurso tão utilizado, a ponto de ser mesmo um definidor da série ficcional? Em sentido amplo, um drama de TV (e, em bem menor medida, também as comédias) pode ser definido como um momento – um arco, um recorte da trajetória – da história maior de alguém ou de alguma coisa. Veja bem: não é a história toda, como uma biografia, mas um momento que se torna notável o suficiente para ser transformado naquela série. Esse é quase sempre o fato gerador, desencadeador, do drama televisivo. Como ele narra um momento que deve ser delineado, faz sentido que tenhamos um marcador de começo, um desenvolvimento e um fim (idealmente planejado, sem cancelamento abrupto, como veremos a seguir) – mais uma vez, uma característica marcante que diferencia o bom drama da novela diurna. Ou seja, um drama é sempre definido por um acontecimento que marca seu começo; é a alteração de um *statu quo* que "vinha existindo antes de começarmos a assistir", por assim dizer. É por essa razão que, em geral, "começamos" junto com um personagem ou com alguma atividade que, no universo da série, é também nova. Outros personagens, claro, estarão em plena atividade, no meio dos acontecimentos, mas é a introdução do elemento novo que diz que aquela série é "a" história a ser contada, em vez de outro momento qualquer de outras pessoas quaisquer.

Veja como tantas séries começam justamente com a chegada em cena de um dos personagens principais: Rachel em *Friends*, Carter em *ER*, Penny em *The Big Bang Theory*, Peggy em *Mad Men*, Scully em *The X-Files*, Dave em *NewsRadio*, Ty e Carlos em *Third Watch*, Piper em *Orange Is The New Black*, Meredith e seus colegas em *Grey's Anatomy*, Alan e Jake em *Two And A Half Men*, Skye em *Agents of S.H.I.E.L.D.* e daí por diante. Claro que isso não é exclusivo do primeiro episódio; pode acontecer até mesmo ao longo da série inteira. Além disso, a chegada em si não é uma exigência, mas um recurso de que dispõem talvez a maioria das tramas. O oposto – uma proposital alienação do espectador pela ausência de um *alter ego* – também pode acontecer. O importante é que aconteça uma transformação que justifique contar a história a partir dali.

A escalação usual de elenco para papéis de apoio em séries se sustenta em iniciantes vindos do teatro ou da comédia *stand-up*. Se é um papel realmente pequeno, de uma só fala ou apenas figuração, dificilmente vamos nos lembrar daquela pessoa que estava ali tendo talvez sua primeira chance frente às câmeras. São atores ou comediantes que, depois de muita tentativa, podem vir a ficar famosos, e então alguém poderá dizer que fulano teve aquela pontinha inexpressiva na série tal anos atrás e depois tornou-se um nome conhecido. Exemplos se contam às centenas. Só nos resta rever episódios anos depois e, quem sabe por sorte, finalmente perceber que Jim Parsons, muito premiado por *The Big Bang Theory*, viveu um efêmero guia turístico em uma curta cena de *Ed*; que Jennifer Lawrence não mostrou o belo rosto em *Monk* porque, em sua única aparição, estava coberta por uma pesada fantasia de mascote; que a vizinha grávida lá na primeira temporada de *Veronica Mars* era Jessica Chastain; que Bryan Cranston, no começo de sua luta na televisão, era tão anônimo que apareceu em *Murder, She Wrote* em três papéis diferentes; ou que Jon Hamm, muito antes de se sagrar como Don Draper em *Mad Men*, teve seu papel descrito simplesmente como "cara bonitão no bar" em *Ally McBeal*.

Por outro lado, existe também o chamado *stunt casting*, uma expressão de tradução difícil que quer dizer algo como "escalação feita para chamar a atenção em uma participação especial". A intenção aqui é chamar como convidado um profissional – ator, diretor, músico, apresentador, esportista – que já é famoso de algum modo e vai dar um peso extra àquele papel especial. Como tantas ferramentas, o *stunt casting* pode ser bem ou mal usado. Ele se justifica quando garante um momento ou um personagem memoráveis e a importância real daquela participação no contexto da série (*The Good Wife* se consagrou fazendo isso); ou então pode se tornar uma bobagem sem razão de ser, feita repetidamente com o único intuito de ser um fim em si mesmo, de modo que a série parece o tempo inteiro clamar por atenção de maneira irritante (e um dos grandes exemplos dessa derrapada foi dado por *Will & Grace*).

Alan Sepinwall mais uma vez comparece para explicar que "dramas envolvendo advogados e tribunais geralmente trazem grandes oportunidades para que atores convidados se destaquem. Já nos programas policiais, todo mundo acaba sendo suspeito, e isso significa que o convidado não pode se fazer muito interessante para não se sobressair aos outros suspeitos do episódio; e nos dramas hospitalares, os médicos da TV tendem a correr de um paciente para o outro tão rapidamente que os convidados mal têm chance de aparecer". O fato é que, quando um papel é mais polpudo, duas situações costumam se revezar: ou se busca de pronto o *stunt casting* de um famoso e se associa uma boa trama àquele papel de destaque, acrescentando-o decisivamente à mitologia da série; ou então é dada a chance para um semidesconhecido finalmente mostrar seu talento e, quem sabe, até ser revelado como possível protagonista de seu próprio programa dentro de algum tempo.

Começamos, assim, a ter uma noção diferenciada do peso do ator em uma série. Isso se torna mais patente na busca pelo(s) protagonista(s). Uma série pode ter um personagem principal único, extremamente carismático, de modo que as histórias girem em torno de sua visão de mundo, e todos os outros são coadjuvantes que existem para "servi-lo" em cena. Esse tipo de série será chamado de *single lead*, ou série de um protagonista único. Uma variante importante do *single lead* é a série apelidada de *star vehicle*. Isso acontece quando, em vez de se focar nas histórias e personagens, a série funciona quase como uma desculpa para alguém aparecer e se manter relevante na mídia. O programa existe em função de um ator principal imponente, daí a alcunha de "veículo para mostrar uma estrela". Não é tarefa das mais fáceis identificar uma série assim, uma vez que nem sempre o *showrunner* ou produtor vai querer admitir abertamente que sua série é um *star vehicle*. A imprensa aponta alguns exemplos na forma mais óbvia: comédias cujo nome é o mesmo do ator/atriz principal (*The Michael J. Fox Show*, *The Bernie Mac Show*, *Cybill*, *Life With Bonnie*) e dramas com atores tradicionalmente de cinema se aventurando na TV em uma série *single lead* (*Shark*, *House Of Cards*, *Extant*).

Esse conceito de *star vehicle* aparece em contraposição ao chamado *ensemble cast*, ou a série que não é centrada em apenas um personagem, distribuindo sua atenção, as boas falas, as situações interessantes, a narrativa e tudo mais a um elenco mais extenso do que só uma ou duas figuras centrais. Nesse contexto, mesmo uma estrela ou ex-estrela pode vir a integrar um elenco maior, preexistente ou novo, na condição de parte do grupo, e não como atração principal. A história é mais multifacetada, e o roteiro pode usar desse expediente para criar ganchos, entrecruzar tramas, sugerir, esconder e variar um pouco os ares. Pode acontecer de um ator ou personagem roubar a cena com o passar dos episódios (como em *The Big Bang Theory* ou *Game Of Thrones*), mas a intenção continua não sendo essa – ou talvez ainda a intenção fosse centrar em um, mas o elenco inteiro acaba se fortalecendo e transformando a série (*Seinfeld*, *The West Wing*). Outros bons exemplos de séries focadas em um grupo podem ser apontados em comédias como *Friends*, *NewsRadio*, *Parks And Recreation*, *Community*, *Modern Family* e *Arrested Development*, e entre dramas como *Lost*, *Friday Night Lights*, *Parenthood*, *Downton Abbey* ou *Freaks And Geeks*. Muitos outros programas, claro, ficam no meio-termo, fazendo a combinação entre um elenco coadjuvante importante e uns poucos personagens de mais peso.

Ainda com relação às particularidades dos atores, deve ser mencionado o *typecasting*, ou seja, a escalação de um ator por um tipo específico que ele representa ou que querem que ele sempre represente. Quando um ator parece estar fazendo o tempo todo um mesmo papel ou tipo de papel, muito embora em produções totalmente diferentes, ele está sendo alvo de *typecasting*. Pode-se inclusive chegar ao ponto de se escrever um papel já com determinado ator em mente, porque ele teria "o tipo certo" e as características singulares imaginadas pelo escritor e, acredita-se, nenhuma outra pessoa se encaixaria bem no pretendido.

O *typecasting* tem dois lados que se complementam. De um, estão os agentes que, a partir do sucesso do ator em um dado projeto, sempre oferecem a ele papéis com o mesmo perfil, com os mesmos trejeitos – o *typecasting* clássico, que costuma ser inclusive ladeado pelo público. Com isso, o ator fica preso a um determinado tipo ou característica frequentemente exigidos em muitas séries e/ou filmes. Mas, do outro lado, há também a capacidade e os limites de alguns atores, que, independentemente do papel em que se disponham a aparecer, parecem sempre carregar o mesmo "personagem" para lá e para cá. Esse é o chamado *shtick*. Na verdade, em qualquer área do entretenimento em que alguém se apoie em um personagem fixo o tempo inteiro para chamar a atenção, isso pode ser considerado um *shtick*, como na música (veja o Kiss), no cinema (Nicolas Cage, sempre com os mesmos tiques) ou mesmo entre autores de quadrinhos e de vídeos na internet que exploram uma mesma piada ou situação.

O *shtick*, claro, não é necessariamente ruim. É apenas o traço mais reconhecível da atuação de um profissional em diferentes trabalhos. Não importa o projeto, sempre dá para esperar que um fulano seja mais ácido e sarcástico, o outro seja sempre um coitadinho que murmura ou a terceira tenha os olhos compridos e brilhantes de um animalzinho enternecido. É razoável pensar que um ator "de verdade" (o que quer que isso signifique) saiba e queira variar suas interpretações, exercitar-se, mostrar ao público o quanto é versátil e se divertir com a variedade. Mas é fato que muitos deles ficam presos aos mesmos cacoetes de fala ou expressão física pela vida toda. Transformam-se em um profissional de uma nota só – eles próprios são o tipo ou personagem fixo que encarnam nas produções, às vezes carregando até mesmo um bordão ou gesto que os consagraram em outro papel. Na televisão, o *shtick* costuma não ter bons resultados, porque cansa todos os envolvidos – incluindo às vezes o próprio ator, que se sente confinado –, mas é algo visto com frequência em comédias e até mesmo nos dramas.

Além de atores, papéis e funções, há até mesmo tipos de episódio que podem ser vistos com frequência em séries de qualquer natureza, os quais devemos aprender a reconhecer e com os quais devemos nos acostumar para avaliar uma série. Um exemplo típico é o do *clip show*, o episódio que quase sempre serve para emendar partes interessantes de outros episódios. O mandamento principal é usar umas poucas imagens novas apenas para juntar a maior metragem possível de cenas mais antigas – pense em um grupo de amigos ou familiares contando histórias e relembrando "aquela vez em que...".

Sob o aspecto criativo, o *clip show* é praticamente uma desculpa esfarrapada na forma de um episódio. Só que, do ponto de vista da produção, é bem mais econômico fazer um episódio assim (um aspecto importante em certos momentos da temporada, quando o orçamento está apertado) e menos trabalhoso para atores, diretores e escritores – o que não quer dizer que é melhor para a trama (que pode simplesmente não caminhar naquele episódio inteiro) e muito menos para o público. O tal episódio de lembranças é o modelo mais preguiçoso possível do *clip show*, tão surrado e óbvio para o espectador que vem sendo subvertido ultimamente com resultados muito mais interessantes.

A colagem pode ser usada, por exemplo, para contar uma nova história, ou para um fim mais digno na trama atual, como convencer alguém de que algum comportamento é um padrão e assim levar a história adiante. *Moonlighting*, constantemente metalinguística, mostrou um episódio desse tipo, no qual uma apresentadora começava justamente reclamando de que naquela semana não haveria episódio inédito da série, e ela então se dirigia à agência ficcional de detetives para desvendar o porquê, mostrando que o motivo foi uma briga entre os personagens, que ficam relembrando intrigas de episódios anteriores. Em *Community*, a própria noção de *clip show* foi reinventada quando os personagens, em vez de revisitar cenas já filmadas, rememoraram momentos da série sob outra óptica, adicionando "lembranças" totalmente novas que os espectadores nunca tinham visto – um falso *clip show*! Em 2014, *Archer* inverteu a brincadeira: o primeiro episódio de sua quinta temporada mostrou uma colagem do que iria acontecer nos 12 episódios seguintes. E o final de *Seinfeld*, com o julgamento e as testemunhas lembrando momentos embaraçosos da turma, também fez uso criativo desse artifício, reunindo dezenas de personagens e desembocando na conclusão da série.

Outro tipo de episódio normalmente feito para cortar custos é o chamado *bottle episode*, aquele que põe os personagens em algum lugar fixo por alguma razão, de modo que eles ficam presos em um cenário só, em geral preexistente, sem participação de outros atores além daqueles que já eram contratados para aparecer em todos os episódios de qualquer forma. Ao contrário do *clip show*, essa não é uma alternativa preguiçosa – ao contrário, exige um esforço adicional dos roteiristas para criar uma história plausível e instigante para o espectador mesmo sem mudar de cenário nem introduzir mais gente. As mesmas *Community* e *Seinfeld* produziram dois *bottle episodes* memoráveis. A primeira encenou uma investigação atrás de uma caneta na sala de estudos, durante a qual tudo é descoberto, menos a caneta; e a segunda trouxe o clássico "The Chinese Restaurant", passado inteiramente no *lobby* de um restaurante chinês onde os personagens querem uma mesa – um episódio feito não como fruto de aperto financeiro da produção, mas porque os escritores se propuseram o desafio de mostrar só um cenário durante os 25 minutos.

Outras comédias também souberam usar esse recurso em seu favor. *Friends*, na verdade, fazia isso constantemente, com os seis protagonistas no apartamento de Monica, vide os episódios de Dia de Ação de Graças e o excelente "The One Where No One's Ready", mostrando em tempo real as idas e vindas dos personagens enquanto eles se recusam a se aprontar para um evento. Em *30 Rock*, o episódio "MILF Island" mostrou os escritores quase todo o tempo entre o escritório de Jack Donaghy, os corredores da NBC e, finalmente, a sala dos escritores – cenários fixos usados em todos os episódios –, enquanto o orçamento foi quase todo destinado a um *reality show* absurdo que Jack criou e que fica passando nas televisões em volta deles.

É também comum que dramas mostrem *bottle episodes* nem sempre tão óbvios, ou pelo menos não com o mesmo destaque criativo, mas presentes quase sempre pelas mesmas razões econômicas e criativas. Séries de ficção científica (como a *Star Trek* original, *Babylon 5* e *Battlestar Galactica*) frequentemente apelam para esse recurso por dependerem muito de efeitos visuais e nem sempre o orçamento dar conta de todos os episódios da temporada – ou seja, algum acabará sendo um *bottle episode*.

Há pelo menos dois episódios em dramas que valem a menção sempre que se fala no assunto. Em *The West Wing*, o especial "Isaac and Ishmael" funcionou como um *bottle episode* por acaso. A terceira temporada ainda não tinha começado, mas então aconteceram os atentados terroristas de 11 de Setembro, e a série, politizada como era, viu-se na obrigação de abordar o acontecido mesmo que às pressas.

Exibido e considerado à parte da temporada que viria, o episódio mostra a reação dos personagens a um possível ataque à Casa Branca enquanto estão todos ilhados em um dos salões com um grupo de crianças que excursionavam e faziam perguntas sobre política. Curiosamente, a produção saiu bem mais barata que o usual, conforme o esperado, mas o atraso na exibição da temporada seguinte custou alegados 10 milhões de dólares à NBC, e as críticas não foram muito gentis. Anos depois, *Breaking Bad*, bem no meio de sua trajetória vitoriosa, mostrou o episódio "Fly", com uma caçada a uma mosca dentro do laboratório de metanfetamina. A obsessão em matar o inseto era uma metáfora para o estado de espírito dos dois protagonistas e foi a deixa para que eles pudessem extravasar sobre problemas que tiveram e que viriam a ter. O episódio foi e ainda é tido pela crítica com um dos melhores usos de um *bottle episode* de todos os tempos.

O cancelamento

31. Vivendo na bolha

Com certeza nós voltaremos no ano que vem. Se não voltarmos, é porque um asteroide destruiu toda a civilização.
– Abed Nadir, em *Community*, sem saber se a série seria cancelada dali a alguns dias e seu grupo de estudos voltaria a se encontrar no ano seguinte.

Quando acompanhamos a trajetória de uma série da TV aberta por meio da boa imprensa especializada, ficamos sabendo como vão os números, como se comporta a competição no combinado de dia e horário e como andam os humores da rede e dos profissionais envolvidos. Se estamos atentos, é raro que a notícia de um cancelamento venha como grande surpresa. É possível saber de antemão que uma determinada série de que gostávamos vinha trilhando esse caminho pelo que se lê nas semanas anteriores à notícia.

Na constante avaliação da imprensa sobre quem está com rendimento abaixo do esperado – não muito abaixo, mas o suficiente para causar dúvida –, criou-se a expressão "*on the bubble*", o que quer dizer que a série se encontra em um limbo ("bolha", no original) entre as chances baixas de renovação e o cancelamento certo. A expressão costuma ser utilizada para se referir ao *status* indeterminado de renovação de alguma série entre o começo do ano (depois do hiato) até a realização das *upfronts*. Mas um jornalista poderia usá-la para falar de qualquer série iniciada a qualquer momento e cujo destino não parece promissor.

Mesmo para os especialistas, é difícil dizer qual será o destino de uma série *on the bubble*; algumas delas serão renovadas, outras serão extintas. E a suspeita, é claro, nunca vem declaradamente dos canais; ninguém jamais dá uma declaração oficial de que determinado programa está em risco. Ao contrário, o que se vê é a emissora insistindo até o fim em que está tudo bem, para acalmar os anunciantes. O que se tem por base para julgar se estamos frente a uma renovação certa, um cancelamento iminente ou uma indefinida situação *on the bubble* é o que cerca o programa publicamente: a audiência, o horário, o histórico do canal, a competição, a presença *on-line*. Tentativas de renegociar contrato com atores, canais, *showrunners* ou estúdios são um indício negativo, assim como uma campanha de *marketing* de intensidade e eficácia questionáveis. No entanto, nada depõe mais contra o futuro de uma série do que a retirada do ar sem muitas informações, quando se sabe que há mais episódios produzidos.

Ao contrário do que acontece na TV paga, não se pode dizer que a paciência seja a maior virtude da TV aberta norte-americana. Veremos que isso está mudando por causa da grande fragmentação do público, e que séries de audiência relativamente baixa, porém estável, andam conseguindo uma sobrevida interessante. Mas essa retirada apressada da grade de programação ainda acontece com frequência, depois de apenas duas ou três semanas de exibição e uma recepção considerada péssima em termos de números, como é o caso de centenas de nomes que ficamos conhecendo apenas de passagem para esquecermos logo adiante. A imprensa e a opinião pública manifestada em fóruns e redes sociais são unânimes em denunciar essa prática como prematura e injusta, tendo em vista que muitas outras séries no passado começaram com números tímidos e precisaram de tempo para se descobrir, acostumar seu público e se encaixar em um ponto confortável da grade semanal, e então se transformaram comprovadamente em programas de apelo por um lado e em produtos rentáveis pelo outro, com o benefício de alguma tolerância.

O que mais chama a atenção nesses casos é que o canal tira do ar em caráter definitivo uma série que, seja ela da forma como for, já tinha oito ou 10 (ou até mais) episódios produzidos e prontos para serem exibidos, e então encaixa na programação uma reprise de alguma outra coisa que já demonstra audiência garantida em outro momento da semana. A justificativa não guarda mistério algum: simplesmente é melhor assumir o risco (menor) de que audiência e anunciantes vão permanecer em torno de uma reprise de algo consagrado do que enfrentar a temeridade de que eles desapareçam de vez, ou aos poucos, com a exibição de inéditos de uma série desconhecida. De qualquer forma, a novata já deu seu prejuízo, ou não retornou nem perto do esperado. E os episódios restantes, conforme já visto, vão para a gaveta à espera do *burning off*, seja na temporada de verão, seja em outro momento.

Para bem ou para mal, movimentações na grade são sempre decisões de negócios para os canais abertos. Transferir uma série de um dia da semana para o domingo à noite (um horário disputadíssimo), por exemplo, é uma aposta na competitividade do programa já demonstrada em outra ocasião. Mas isso, de certa forma, independe da qualidade intrínseca do programa. Esse potencial tem mais a ver com a audiência conquistada no dia e horário originais, e pouco com o que é desenvolvido diante das câmeras.

De maneira oposta, seguindo uma tendência iniciada nos anos 1990, jogar uma série para a sexta-feira à noite – ou, pior ainda, para o sábado – normalmente significa um pré-cancelamento na prática, sem anúncio oficial, apenas com uma última chance de exibição antes de se tirá-la do ar. E isso segue a mesma lógica anterior: independe da qualidade apresentada e é uma prática apenas com olhos para os números (baixos) da audiência. Não por acaso esses horários ganharam o apelido de "*death slots*", ou "horários mortos".

Cabem observações a respeito dessa questão dos "horários mortos" da TV aberta. Nas décadas de 1980 e 1990, ainda era possível ver programação inédita de qualidade nas noites de sexta-feira e sábado. A sexta já contou com programas novos que chamaram atenção, como *The Brady Bunch* (ainda na virada de 1960-1970), *Dallas* (nos 1980) e mais recentemente *Joan Of Arcadia*, *Numb3rs*, *Monk*, *Friday Night Lights*, *Grimm* (indo e voltando) e o bloco *TGIF* da rede ABC. E os sábados, até a virada do século, já tinham visto *Early Edition* e mesmo o grande sucesso *The Golden Girls*. No entanto, as tecnologias de gravação que se tornaram acessíveis ao cidadão comum introduziram uma mudança de hábitos nos espectadores, e a audiência daquelas duas noites da semana passou a diminuir significativamente – em especial a do público-alvo mais jovem pretendido pelos anunciantes, que aproveitava o fim da semana para se divertir fora de casa.

Por causa dessa queda progressiva, a programação desses horários passou a ser cada vez mais negligenciada pelas emissoras no começo dos anos 2000, inclusive nominalmente, em *releases* e afins, até perder quase que completamente seu prestígio. A sexta-feira ainda continuou sendo usada discretamente para "queimar" inúmeras séries já decadentes em seus últimos episódios (*Ugly Betty*, *Malcolm In The Middle*, *Terminator* e *Happy Endings* são exemplos), para fazer testes de desempenho de alguma série que anda em baixa em seu horário original, agora longe da concorrência, ou ainda para dar chance a alguma nova série em que não se leve muita fé. A popular *Everybody Loves Raymond*, por exemplo, teve um início difícil nas sextas, mas sua boa receptividade chamou a atenção da CBS, e ela foi então realocada para as segundas-feiras, tornando-se líder de audiência nos anos seguintes. Já o sábado tornou-se virtualmente deixado de lado mesmo, e por muitos anos.

Entretanto, não nos podemos deixar levar somente pelas estatísticas enviesadas seguidas pelos canais. Analisando com mais calma, percebemos que só uma parcela específica do público tende a sair de casa, ainda que seja justamente o público-alvo mais cobiçado pelos anunciantes. Não é difícil concluir, então, que aquelas duas noites da semana ainda poderiam ser usadas para se explorar outros contextos. Casais jovens ou com filhos já crescidos, entre outros grupos, ainda procuram algo para assistir naqueles horários e garantem, por exemplo, a audiência, a fama e a longevidade de um programa como o *Saturday Night Live* – mais tarde que o horário nobre, sim, mas em pleno sábado esquecido por todos.

Com a ferrenha competição gerada pela cada vez mais intensa produção televisiva, a sexta-feira começa a se mostrar novamente atraente para os canais, que passaram discretamente a programar estreias menores, mas com boa qualidade naquele dia, mirando justamente as famílias e os mais velhos. Quem sabe é uma questão de tempo até que os sábados também sejam redescobertos. O pequeno sucesso canadense *Orphan Black* (aos sábados nas primeiras temporadas), retransmitido nos Estados Unidos, e a coprodução anglo-americana *Outlander* se mostraram primeiras tentativas nesse sentido em muito tempo, mas ressaltando-se que foram levadas ao ar em épocas "alternativas" do ano, com os custos bem baixos de um produto importado e por canais pequenos. As gigantes da TV aberta e mesmo os canais a cabo mais prestigiosos ainda se mantêm longe dos sábados.

32. Quando desce o machado

> *Pessoal, tenho uma notícia ruim pra dar. Fomos cancelados. Parece que eles não têm mais lugar na grade. Temos de aceitar o fato de que a Fox tem de arrumar espaço para muitos programas ótimos, como* Dark Angel, Titus, Undeclared, Action, That '80s Show, Wonderfalls, Fastlane, Andy Richter Controls The Universe, Skin, Girls Club, Cracking Up, The Pits, Firefly, Get Real, Freaky Links, Wanda At Large, Costello, The Lone Gunmen, A Minute With Stan Hooper, Normal, Ohio, Pasadena, Harsh Realm, Keen Eddie, The Street, American Embassy, Cedric The Entertainer, The Tick, Louie e Greg The Bunny. *Acho que se todos esses programas fossem pelo ralo, a gente teria alguma chance.*
>
> – Peter Griffin, de *Family Guy*, explicando por que sua série tinha sido cancelada pela Fox – todos os programas mencionados já tinham sido cancelados com vida curta pela mesma emissora em meses anteriores.

Temos de nos render ao fato aparentemente inescapável de que a maioria das histórias seriadas, mesmo alcançando sucesso e algumas temporadas, um dia vai esgotar suas possibilidades, pelo menos considerando-se uma mesma equipe criativa e um mesmo núcleo de personagens. Quando chegar esse momento, se tudo correr como planejado, a série será cancelada ou finalizada – e aqui deve-se chamar a atenção para a diferença entre as duas expressões.

Tanto as emissoras quanto a maioria dos veículos de comunicação tendem a considerar sob a terminologia de "cancelada" (*cancelled*) qualquer série que tenha anúncio oficial de que não continuará a ser produzida (seja na mesma temporada, seja na seguinte, ou até mesmo com previsão para dali a algum tempo, como às vezes acontece), mas há divergências quanto ao momento em que o cancelamento de fato acontece – seria quando o canal interrompe a produção de inéditos de imediato, quando ele dá uma ordem para a futura interrupção ou quando chega a hora de cumprir essa ordem? Ou talvez só mesmo quando os atores são liberados de seus contratos? O que não dá para negar é que existe uma diferença muito palpável entre cancelamento e término que diz muito sobre a trajetória e o grau de sucesso de uma série. Na prática, sim, as duas coisas vão significar o fim dos episódios inéditos, mas veremos que isso não necessariamente quer dizer uma recusa daquele material pelo público ou pelos engravatados.

Para efeito didático, podemos dividir o fim de uma série em quatro situações mais comuns. O primeiro caso, o mais raro, tem como alvo uma série de muito sucesso. A equipe criativa e os executivos se reúnem, ainda durante a trajetória da série, para estabelecer um consenso sobre sua duração para uma quantidade preestabelecida de episódios e/ou temporadas, quando ela se encerrará, digamos, naturalmente. É, portanto, uma decisão bem pensada e calculada, e a mídia deveria se curvar a isso e usar uma terminologia mais adequada, como "*ended*" ("finalizada", em vez de "cancelada"). Foi assim com *Game Of Thrones*, *Lost* e *Breaking Bad*, com finais planejados com mais de uma temporada de antecedência. Não é correto, portanto, dizer que a série foi cancelada, mas sim que ela foi formalmente terminada a contento pela equipe que a criava toda semana. Ela não deixa as telas como uma série derrotada qualquer, como o termo "cancelada" sem dúvida deixa entrever, mas como uma vencedora que simplesmente cumpriu sua trajetória como deveria até o fim natural. A imprensa, em especial, deve arranjar uma forma diferente de noticiar esse caso.

O segundo caso é uma variação disso, em que também não há um cancelamento curto e grosso, de cima para baixo, mas a decisão é mais súbita. É a própria equipe criativa quem decide que chegou a hora de encerrar o assunto da série, mesmo que os índices de audiência ainda estejam rendendo algo. Os motivos podem ser muitos, do iminente esgotamento criativo ao custo de produção (que aumenta demais com a longevidade de uma série de sucesso), do afastamento de *showrunners* a decisões dos atores quanto a dar outro rumo em suas carreiras. O importante é salientar que, mais uma vez, não há um cancelamento como decisão executiva drástica. Como no caso anterior, só se pode dizer que a série foi encerrada, e não cancelada, pois teve desfecho, planejamento e respeito pelo material, tudo dentro dos conformes. Foi o que um dia ocorreu com

24 (depois ressuscitada), *Monk*, *The Good Wife*, *Penny Dreadful* (um final planejado, ainda que precoce e não divulgado previamente pelo canal Showtime), *Buffy*, *Frasier* e, notadamente, com *Seinfeld*, que se despediu no alto de sua popularidade justamente como forma de preservar a boa fama da série, segundo alegou o produtor, escritor e protagonista Jerry Seinfeld, ainda que público, equipe e os demais envolvidos clamassem por uma décima temporada.

O raciocínio dos roteiristas nessas duas situações seria: "Como podemos fazer essa série deixar de ser essa série?". Para encerrar adequadamente, é necessário esgotar de vez a premissa e indicar a iminente descaracterização daquilo que o público vem presenciando ao longo dos anos. Ou seja, haverá a resolução de um mistério ou conflito que fazia a trama andar e dava sentido às coisas, ou então uma completa mudança de cenário e *status*, ou a morte do(s) protagonista(s), o que já é considerado um clichê de encerramento. O importante é fazer os episódios finais caminharem em uma direção na qual não seria mais possível chamar a série pelo mesmo nome ou pensar no mesmo tipo de história. Se tudo mudou, aquela série como a conhecemos chegou ao seu fim natural. Pense em alguns finais planejados (leia-se "não abruptos") de séries que você já presenciou e veja se elas teriam como continuar do mesmo jeito. Como veremos, uma série tende a retratar um recorte em particular; saindo dele, não existe mais série.

Uma terceira situação, agora menos "amigável", é aquela em que os executivos decidem que a série não está mais faturando como antes e deve ser cancelada, só que não de imediato, dando somente o tempo para uma conclusão digna – geralmente por respeito a uma trajetória que conquistou algum sucesso (de público e/ou crítica) em algum momento e que já não existe mais, resultando no cancelamento. A *House*, por exemplo, foi dada a oportunidade de terminar a temporada e conseguir pelo menos um fechamento dramático, mas a série na verdade foi cancelada durante sua oitava temporada, já distante das glórias conquistadas em anos anteriores. Situação parecida aconteceu a *Desperate Housewives*: enquanto a mais recente temporada era produzida, e ainda antes de ir ao ar, foi anunciado pela emissora que aquele seria o último ano do programa, o que deu oportunidade a seu criador de fechar a história. Difícil é precisar, somente com os anúncios na imprensa, em que momento a decisão foi tomada e em qual dos casos recai o cancelamento em questão.

O que diferencia essa situação é que ela não vem de uma decisão criativa (ou prioritariamente criativa), e pode-se dizer que a série foi mesmo cancelada de cima para baixo. Só é permitida uma sobrevida, mesmo com queda de audiência e, consequentemente, de faturamento. Esse é um fenômeno mais ou menos recente na história das séries de TV, uma vez que o mais comum até certo instante era, do lado executivo, somente descer a foice, e, do lado criativo, não se importar tanto em dar um fim apropriado à história. Credita-se essa novidade a um maior reconhecimento do seriado televisivo como forma de expressão cultural, hoje equiparado ao cinema ou à literatura. Basicamente, não temos mais aquela visão de "apenas uma série de TV", mas sim de uma história sendo cuidadosamente contada, com pessoas trabalhando arduamente para fazer isso da melhor forma e fãs realmente investidos em saber como termina.

E resta o último e mais dramático cenário – infelizmente, também o mais comum – do cancelamento com efeito tão imediato quanto possível. É fato que a audiência nem sempre acompanha o árduo trabalho desenvolvido em um programa, e ele simplesmente não retorna o investimento da emissora. Se a série estiver indo ao ar naquele momento, isso pode implicar sua retirada imediata da grade, a suspensão da produção e a dispensa de atores e equipe de uma semana para a outra. Muitas vezes, nem se exibe tudo o que foi produzido e estava agendado, ou então, como já vimos, deixa-se para "queimar" episódios finais durante a mais vazia temporada de verão.

De maneira similar, se a decisão é tomada ao fim de uma temporada, simplesmente a série não voltará a ser produzida. Uma variação disso acontece quando a decisão abrupta vem de um astro que se recusa a voltar e, com isso, inviabiliza um prosseguimento. Sempre que não for dado um fim à série ao final da temporada e também não houver temporada seguinte, só resta classificar o programa como cancelado – aí, sim, usando a palavra com propriedade. São inúmeras as séries que já sofreram desse cancelamento sumário, e todos certamente se lembram de algum exemplo.

Dentro dessa possibilidade, há ainda outra de nascimento muito recente: encomendar uma nova temporada de um programa veterano, não exibi-la logo de pronto, não fazer qualquer anúncio – seja de cancelamento, seja de última temporada ou o que seja – e apenas não renovar o contrato de exibição entre estúdio e emissora depois daquele ciclo de produção. Não se tem a divulgação oficial pelo canal, como é o habitual, mas atores e produtores geralmente vão às redes sociais e avisam que aquela situação está acontecendo e que eles próprios não sabem o futuro da série.

Um quinto caso poderia ainda ser levantado com controvérsias, quando uma determinada série chega bem perto de nascer, mas não consegue ir ao ar – e não falamos aqui de pilotos descartados, como já visto, mas de levas de episódios prontos e anúncios formais que, surpreendentemente, acabam não dando em nada. Isso acontece quando a emissora, primeiro, investe no desenvolvimento durante meses; depois, o piloto é assistido e aprovado; a série é encomendada e está praticamente pronta para ir a público; mas então há uma grande e inesperada mudança de planos, como a substituição de executivos e respectivas filosofias empresariais, problemas sérios de produção (por exemplo, uma queda absurda na qualidade dos roteiros) ou uma reelaboração de estratégia do canal frente a algum fiasco muito grande observado nos meses anteriores. Simplesmente, a emissora passa a não botar fé no programa que estava sendo produzido de vento em popa, e assim o "cancela" mesmo antes da estreia – com um prejuízo enorme, é certo, mas supostamente na tentativa de evitar outro ainda maior.

Não é uma ocorrência comum, mas alguns casos ilustram essa possibilidade, e só tomamos conhecimento deles porque as séries chegam até mesmo a ser anunciadas como atrações futuras. A comédia *Next Caller*, por exemplo, teve equipe contratada e diversos episódios filmados para exibição em 2012 ou 2013, mas foi preterida ainda nos bastidores e nunca chegou à grade. De maneira semelhante, o drama de época *Hieroglyph* prometia uma abordagem dita "*sexy*" dos faraós egípcios e se viu cortada do rol de estreias de 2015. Mais ou menos na mesma época, pouco antes ou pouco depois, *Mission Control*, *Friend Me* e *Members Only* ganharam ordem de produção, material de divulgação e toda a movimentação oficial por suas respectivas redes, mas jamais viram a luz do dia por motivos diversos. Antes delas, nos anos 2000, tivemos notícias de *Fearless* (descrita como ruim demais até mesmo para os níveis não muito exigentes do canal WB), *Manchester Prep* (que se transformou na bomba *Cruel Intentions 2*, lançada diretamente em *homevideo*) e algumas tentativas frustradas de adaptações de séries inglesas que prometiam muito ao mercado norte-americano, como *Red Dwarf US*, *The IT Crowd* e *Spaced*, com pilotos que nem chegaram a ir ao ar.

Em tempo: sempre que um canal decide não mais exibir uma série que não é produzida exclusivamente para aquele canal, como no caso do Brasil exibindo séries norte-americanas ou os Estados Unidos dando espaço para séries canadenses, não é possível falar em cancelamento, já que o programa continua sendo produzido normalmente em seu país de origem e para o canal de origem. A série só é cancelada quando deixa de produzir episódios inéditos para exibição original.

É curioso como temos uma relação estranha com a duração das séries. Se ela tem ou teve, no máximo, duas temporadas (ou, flagelo dos flagelos, foi terminada com apenas uma), existe uma tendência generalizada de se considerar que ela "não vale(u) a pena", muito embora isso seja absolutamente falso e tantas obras-primas tenham tido muito a dizer naqueles poucos episódios. Mas se a série passa de umas seis ou sete temporadas, é infelizmente muito comum a impressão que de ela já deu o que tinha de dar e não merece mais muito crédito. É claro que essa segunda suposição também está longe de ser uma verdade necessária, ainda que pelo menos tenha sua razão de ser. Afinal, há exemplos aos montes demonstrando que quatro ou cinco ótimas temporadas teriam sido suficientes para uma série que acabou se mostrando mais longeva. A conclusão é que o público e também a mídia – bastante culpada nesse aspecto – tendem a valorizar demais as novidades e as séries de média duração, entre três e seis temporadas, como se houvesse algum ideal a ser seguido nesse sentido. Não há.

Sendo assim, uma coisa muito importante que os fãs de qualquer série devem ter em mente a todo momento a respeito do famigerado fim é a seguinte: o cancelamento de uma série, prematuro ou não, não representa por si só indício de falta de qualidade. Vamos supor que seu seriado preferido tenha sido cancelado após uma dúzia de episódios somente, quando, na concepção de qualquer bom entendedor, tinha uma premissa fascinante e poderia ter durado 100 ou 150 episódios, com roteiros em boa evolução, elenco afiado, etc. Essa extinção precipitada não significa que era uma série ruim. Como afirma o jornalista Matt Roush, em sua coluna na prestigiada revista *on-line* TV Guide, "é melhor pensar nesse programa como uma minissérie em 13 episódios e aproveitar enquanto ele ainda está no ar. Aqui no TV Guide, frequentemente debatemos sobre se seria uma perda de tempo continuar assistindo a uma série cujo futuro é questionável ou inexistente. E eu sempre sou favorável a continuar assistindo ao que te interessa pelo tempo que for possível" – ao que vale acrescentar que toda e qualquer série será terminada um dia, então não faz sentido a história de não assistir a alguma coisa porque "ela vai ser cancelada mesmo". De forma semelhante, a longevidade também não indica um atestado de qualidade. Muitas séries de qualidade duvidosa se mantiveram e se mantêm no ar por algum atrativo misterioso junto à audiência, conforme veremos mais adiante.

Existe até mesmo uma categoria informal à qual a crítica e os veículos noticiosos fazem referência sempre que algo muito bom é tirado do ar: trata-se do *brilliant-but-cancelled* (ou "excelente, mas cancelado"). Só o fato de esse termo ser tão comum na literatura e no jornalismo especializados já é suficiente para percebermos que qualidade e longevidade não andam necessariamente de mãos dadas. Sob o epíteto, podem-se revelar duas subcategorias: séries que só tiveram uma temporada (completa ou parcial; chamadas de *one season wonders*) e outras que até foram um pouco mais longe, mas mereciam ter continuado, porque ainda tinham história e fôlego. Como exemplos clássicos e sempre citados desse fenômeno, podemos nomear *Pushing Daisies*, *My So-Called Life*, *Firefly*, *Sports Night*, *The $treet*, *Terriers* e *Freaks & Geeks*, todas tiradas do ar cedo demais na opinião daqueles que entendem de TV, mas repletas de criatividade e competência – e, mesmo anos depois, ainda cultuadas por grupos crescentes de fãs.

Na segunda década do século XXI, a televisão se tornou um jogo de desperdício: se em uma dada temporada estreavam 50 novos programas, apenas em torno de 10 a 15 mereceriam uma segunda temporada (e isso contando apenas as novidades). O resto era dispensado em alguma etapa da produção inicial. No entanto, a temporada de outono de 2014 viu uma diferença muito importante nesse sentido – algo que possivelmente veio para ficar, como comprovou também a temporada de 2015. Durante mais de um mês após as principais estreias (de meados de setembro até fins de outubro), pela primeira vez em anos, não houve nenhum cancelamento formal – em 2015, a fase sem cancelamentos foi inclusive novembro adentro, algo que nunca tinha acontecido desde a "invenção" do horário nobre, nos anos 1950. Isso não se deveu a uma temporada de estreias forte em 2014; na verdade, ela foi particularmente fraca – como já vinham sendo em anos anteriores e foi também a de 2015. Talvez por isso mesmo os canais abertos adotaram uma postura mais tolerante com os novos programas, considerando com mais seriedade os índices de audiência tomados dos gravadores de programação (algumas horas depois da exibição ao vivo) e assim finalmente encarando a realidade atual dos hábitos dos espectadores antes de tomar a normalmente precipitada decisão do cancelamento.

Uma prática adotada recentemente está totalmente ligada a essa história da tolerância das emissoras: em vez de cortar uma série problemática logo de pronto, elas passaram a apenas reduzir sua encomenda inicial de episódios junto ao estúdio. Se teríamos, como de costume, um pedido inicial de 13 episódios, e a emissora observa que não houve a performance esperada depois de umas três exibições, então ela pode diminuir a encomenda para, digamos, oito a 10 episódios, não divulgar o cancelamento imediatamente e assim continuar avaliando por mais algumas semanas – inclusive para possível venda para outros canais ou serviços nos quais a série possa se dar melhor. É claro que isso ainda é um péssimo precedente para a série em questão, e é também um sinal bem claro de que, se ela não atrair mais gente, certamente será cancelada ao fim da exibição encurtada. Mas, para os poucos fãs conquistados e para a própria emissora, isso representa mais do que alguns episódios de diferença (que poderíamos nunca ter a chance de ver); é também uma esperança continuada de que a maré possa mudar naquelas semanas extras. Não se "joga fora" mais simplesmente, como costumava ser.

Mas será que todos esses programas novos saem do ar só por serem muito ruins de premissa, roteiros ou atuações? Certamente não; é o público – o duvidoso e inconstante público – quem faz essa peneira. Pode-se argumentar que algo era tão ruim que até mesmo os espectadores menos exigentes recusaram, mas, à parte os raros casos de falecimento, afastamento, crise criativa e um ou outro assunto interno, o grande fator que leva uma série de TV aberta ao fim é um só: a falta de audiência. E esse problema único, como já vimos, pode advir de raízes diferentes.

Pode ser uma temeridade afirmar tão decisivamente, mas é melhor não deixar dúvidas: na TV aberta norte-americana, sempre mais preocupada com a arrecadação que com a qualidade (como é a TV brasileira), não há caso comprovado de série com grande audiência que foi cancelada puramente por ser muito ruim. Ou seja, discutir se o programa é bom ou não acaba ficando para um segundo momento; o que importa mesmo é se tem gente suficiente assistindo. Na internet, é possível encontrar listas de séries que foram tiradas do ar com apenas um ou dois episódios exibidos, mas mesmo o gigantesco fracasso de um programa como *Viva Laughlin*, sempre citado como exemplo, é creditado mais a uma audiência proibitiva do que à péssima recepção pela crítica – ainda que talvez seja mais por uma combinação de ambas.

Há, entretanto, relatos claros do oposto, em um aparente redirecionamento das prioridades: programas foram mantidos no ar mesmo com uma audiência abaixo do desejado, devido a uma mistura de excelência e devoção ferrenha por parte de um cativo, ainda que restrito, conjunto de fãs, que se manifestam majoritariamente *on-line*, e não na forma tradicional da audiência. Em outras palavras, para enfatizar: atualmente, séries de baixa audiência podem ser renovadas simplesmente por gerar burburinho em redes sociais. Isso é chamado entre os executivos de "presença digital" ou "presença *on-line*" da série. Contam-se nessa movimentação não apenas os comentários de espectadores, mas também a mídia e os críticos, que continuam como referências válidas para os canais.

Se uma série se sustenta no ar, o primeiro indício é de que há o mínimo indispensável de gente assistindo toda semana. É essa a regra geral com relação à audiência. Cada novo programa no ar passa por um padrão que já é bem conhecido, com escassas exceções: o piloto é muito visto, depois há uma queda gradual nos episódios seguintes e se chega então a um número relativamente estável. Se esse número é satisfatório e se segura por longo tempo, a série permanecerá no ar. Mas é curioso notar que, em casos limítrofes, também existem evidências de que a sustentação aparentemente artificial de um programa (assim como um cancelamento prematuro) já veio de um critério tão prosaico quanto – acredite – o *lobby* pessoal de um executivo da emissora. Ainda na década de 1990, *Homicide: Life On The Street* só foi mantida no ar por sete temporadas pelo fato de a NBC considerá-la um *prestige show* já naquela época. O exemplo mais proeminente nos últimos anos foi a permanência de *Community*, também na NBC, por cinco temporadas por pura insistência do presidente da rede, que praticamente se desculpava a cada *upfront* pela renovação que acontecia mesmo com os proibitivos índices da série.

É claro que mesmo essa permanência via "ajudazinha" nunca se dá unicamente pela benevolência do canal ou do executivo; há sempre algum outro fator, menos óbvio para o observador superficial, que pesa nessa decisão. Por exemplo, além do rastreamento do público na internet, costuma ser determinante também a tática de arrastar a série no ar por mais um ano, de modo a se obter o mínimo de episódios para a venda de reprises. A improvável sobrevida de *Fringe* e *30 Rock* é emblemática desse fenômeno, que ainda não representa a principal linha de pensamento, mas vem paulatinamente alterando a mentalidade por detrás da programação da TV aberta, especialmente por causa da tal "presença *on-line*", que representa considerável repercussão a um programa *cult* e pouco visto (ao passo que alguns programas de grande audiência, como *NCIS*, geram discussão infinitamente menor).

A própria noção de "boa audiência" é algo relativo. Ela não pode ser tomada em absoluto e vai depender, por exemplo, da relação custo-benefício, da época de referência e de como são considerados os números. Às vezes, o programa não precisa ter uma audiência tão alta como a que seria necessária normalmente, porque a emissora divide os custos de produção com algum outro agente, o que possibilita a uma série com certo *pedigree*, mas audiência baixa, manter-se no ar mais um tempo, como nos casos de *Friday Light Nights* e *Hannibal*. Mas, à parte essa exceção, estamos falando, hoje, de um cenário extremamente frágil para a sobrevivência de um programa, dentro do qual se tornou rotineiro que alguns décimos na medição de audiência decidam a renovação de uma série para nova temporada completa ou seu cancelamento definitivo.

Que o diga a série de viagem no tempo *Terra Nova*, com seus efeitos visuais, dinossauros e cenários grandiosos. Conquistou mais de 10 milhões de espectadores, em média (com um índice de aproximadamente 4.0 no público-alvo), mas foi tirada do ar após o que seria meia temporada sob a alegação de que, por seu alto custo, deveria ter atraído ainda mais gente. Se uma série custa mais do que arrecada, independentemente de uma boa audiência, ela não ficará no ar por muito tempo.

Entra então um segundo componente, que é o combinado de dia e horário. Talvez *Terra Nova* tivesse arrasado sua competição se surgisse em outra posição na grade (*timeslot*) – o que, diga-se de passagem, é difícil de arranjar na disputada programação norte-americana. Mas o problema é que as segundas-feiras às 20 horas já estavam tomadas pela imensa audiência da competição *Dancing With The Stars* e pelo público já conquistado da *sitcom* veterana *How I Met Your Mother.* O resultado: uma série tão cara alcançar apenas a terceira posição certamente não batia com os planos da emissora Fox. Estendendo a observação, dá para entender por que determinado programa consegue se manter no ar com números baixos em uma certa noite da semana, enquanto outra série alcança o dobro e acaba sendo cancelada.

O espectador pode seguir a lógica e se perguntar: por que então não mudar o dia de exibição e evitar o cancelamento? São muitas as razões: por causa do perfil da série e sua combinação com a anterior e a posterior; por causa do perfil tradicional daquela noite dentro do planejamento geral da TV norte-americana; pelo fato de que a nova leva seguiria uma primeira que pouca gente viu, ou que ninguém viu naquele dia e horário, o que causaria confusão e mais risco de números ruins; pela própria desmotivação (e possível debandada de roteiristas) causada pelo fracasso logo no início; pelo deslocamento das séries cujo lugar ela vai tomar na outra noite; pelo contrato com os anunciantes, que prevê um determinado quadro e entraria em conflito com outros contratos de outros anunciantes; provavelmente, por outras razões também, e especialmente pelo conjunto de todas elas agindo em oposição à mudança. Simplesmente não é tão fácil fazer essa transposição, e nem sempre ela faria algum sentido. Acontece uma vez ou outra, claro, até com ocasional sucesso, mas não é a regra.

Por causa desse fator de posição na grade, tão determinante, a imprensa especializada tende a ser mais pragmática do que romântica ao avaliar a perspectiva de séries novas, não se deixando levar tanto pelos méritos próprios e só pelo bom conteúdo de uma série, mas sim em termos da competição que enfrentará e o quadrante a que se destina em comparação com outros programas no ar naquele mesmo momento de exibição. Ou seja, quando da apreciação de uma nova série em uma resenha, espere sempre ver esse aspecto de dia e horário sendo levado em consideração, às vezes com relevância tão grande quanto o veredito sobre a série em si. Por um lado, é um pensamento que está longe de preocupar o espectador, mesmo o norte-americano, mas especialmente o brasileiro, já que a distribuição de programas por horários e canais por aqui é radicalmente diferente. Por outro, é uma abordagem que até certo ponto pode alienar o espectador em potencial, já que a matéria jornalística obcecada com essa competição não costuma deixar claro se a série em si, tomada em absoluto, vale a pena apesar de tudo, e só foca no fato de ela estar ganhando ou perdendo em seu horário.

Vem então um terceiro viés, depois do custo e do horário, que é o perfil e as possibilidades da emissora que leva ao ar uma determinada série. Na época em que a Fox levou ao ar *Terra Nova*, as concorrentes NBC e CW já vinham amargando os últimos lugares na audiência regularmente. É certo que uma audiência de mais de 10 milhões de pessoas seria extremamente bem-vinda e garantia de vida em qualquer desses dois canais concorrentes, mas nenhum deles bancaria uma série daquele tamanho. E aí mesmo a poderosa Fox não deu conta de continuar. Já inclusive aconteceu de emissoras menores se aproveitarem de um momento de incerteza alheia para capturar uma série de audiência decente que estaria correndo risco de cancelamento. Foi o caso, por exemplo, de *Buffy* e *Cougar Town*.

Outro perigo está na, digamos, "evolução" da audiência. Se a série estreia bem, mas sofre um declínio contínuo durante uma temporada com extensão razoável, então ela poderia até continuar com números suficientes para ganhar uma temporada subsequente; mas se os executivos decidirem que a curva do gráfico de audiência declinou demais e que uma próxima temporada será temerária, o corte vem antecipado.

Até mesmo a combinação da série com a que a antecede ou sucede vai determinar sua permanência – se ela retém, ganha ou perde espectadores. Você próprio, leitor-espectador, já deve ter reparado como às vezes é difícil (ou, ao contrário, natural) assistir a uma determinada série depois de outra, porque o tom de ambas, ou os temas, ou talvez alguma outra coisa, não combinam. Sim, isso também é percebido e calculado pelos canais de TV e tem inclusive nomes próprios no jargão (*lead in* é a série que antecede; *lead out*, a que sucede). Às 20 horas, que é extraoficialmente o primeiro *timeslot* do horário nobre de todas as emissoras, uma série deve ser capaz de garantir sua audiência sozinha, pois não tem uma *lead in* que entregue a ela algum público residual. Não apenas ela tem de ser forte o bastante para chamar esse público como também é responsável por "alimentar" a série seguinte. Existe, então, todo um arranjo cercando o bloco de séries que vão ao ar juntas em uma mesma noite, e há mesmo todo um estudo preliminar a respeito de que noite da semana é melhor para cada bloco ou série em separado. Veremos mais a respeito dos blocos. O caso é que, de acordo com o exposto, também isso só serve para demonstrar com ainda mais ênfase como nem mesmo um número alto sustenta uma série no ar se ele não vier acompanhado de uma confluência desses outros fatores.

Aí recaímos mais uma vez no caso particular da televisão a cabo dos Estados Unidos, já analisado. Nesse contexto da audiência, o que se pode verificar é que mesmo séries com baixos números têm uma vida muito mais longa do que na TV aberta, tendo em vista que o lucro não depende mais exclusivamente dos anunciantes; inclui as assinaturas. Os canais a cabo se dispõem com muito mais frequência a arcar com eventual baixa audiência inicial com vistas aos ganhos em longo prazo. Por isso, quando acontece um cancelamento na TV aberta, muita gente reza para que a série – que tantas vezes atende somente a um nicho de mercado – seja acolhida por um canal pago, que traz mais garantia de vida. "Sempre vamos preferir um programa que apele a um público reduzido e passional a outro que seja 'para todo mundo'", disse Joel Stillerman, vice-presidente da AMC em uma conferência de mídia. "Atualmente, nada é mais importante do que a paixão para transformar um programa em um sucesso." Isso, é claro, não exclui a possibilidade de cancelamentos precoces também na TV a cabo, quando, por exemplo, o orçamento acaba sendo alto demais, como aconteceu com *Rome* na HBO.

33. Por uma despedida digna

Sobre o que nós vamos conversar no bebedouro todas as segundas, quartas e sextas de manhã, agora que Sex And The City, Friends *e* Frasier *acabaram?*

– pergunta Karen para Jack em *Will & Grace.*

Tanto para os fãs quanto para os agentes criativos por detrás da séries, uma oportunidade de fechamento adequado deve ser encarada como uma excelente notícia. Ninguém quer ver sua série favorita e na qual tanto investiu (ou na qual trabalha) ser cancelada; mas, se o fim é inevitável, que seja com um bom fecho narrativo, realmente concluindo os arcos de seus personagens. (Para designar o fechamento de uma série, existe o termo "*wrap up*", que significa algo como "fechar o embrulho".) Essa possibilidade está muito ligada ao sucesso da série, como já visto, uma vez que é dada a chance de conclusão em vez de impetuosamente se cancelar e tirar o programa do ar. Comédias como *Friends*, *Seinfeld*, *Frasier* ou *3rd Rock From The Sun* tiveram fim bem estabelecido, com acontecimentos fazendo as vezes de tranca da história daqueles personagens. Muitos dramas, como *ER*, *Third Watch* ou *The West Wing*, também tiveram fechamentos adequados, foram encerrados a contento e são lembrados como histórias fechadas, com finais bem definidos.

O caso é que nem sempre esse planejamento dá tão certo. Algumas séries ficaram de fato imortalizadas – talvez "infames" seja uma palavra mais apropriada – pela controvérsia causada pelo seu fim, ainda que este tenha sido cuidadosamente calculado. Uma das mais lembradas é *The Sopranos*. Nos últimos momentos do episódio final, a ação e a música cessaram abruptamente, deixando muitos segundos de tela preta até que aparecessem os créditos. Nos Estados Unidos, muitos espectadores acreditaram que tinham tido algum problema na transmissão e assim perdido o que seria o "final real" da série. Depois que ficou claro que esse final era proposital, os fãs se dividiram drasticamente quanto às interpretações. Afinal, o que significava aquilo? Tony foi assassinado ou a interrupção era uma metáfora de sua vida que segue sem perspectiva de mudanças? Segundo Alan Sepinwall, trata-se da "questão mais debatida da atual era de ouro do drama televisivo".

Outro exemplo é *Lost*. Com uma última temporada polêmica, passada em parte em um universo alternativo, a aventura teve uma finalização místico-religiosa que dividiu os fãs, mesmo depois de todo o planejamento dos *showrunners* durante os anos anteriores. E um caso mais antigo constantemente citado é o da série médica oitentista *St. Elsewhere*, cujas últimas cenas se mostraram uma variação do insuportável clichê "foi tudo um sonho", revelando que toda a série teria sido imaginada por um garoto autista como um mundo dentro de um globo de neve.

Carlton Cuse, um dos responsáveis por *Lost*, já foi diversas vezes entrevistado a respeito do final que ele e Damon Lindelof planejaram por tanto tempo. Cuse acredita que a expectativa que os fãs alimentam com relação a episódios finais é muito exagerada e não tem razão de ser. Ela teria se originado do poder de multiplicação das extensas redes sociais da internet e então passou a ser internalizada pelos fãs como única possibilidade, como se o final tivesse de ser muito mais do que o fechamento adequado da história. Só que nada indica que deve ser assim – e efetivamente, pelo lado dos roteiristas, nunca foi. Ainda de acordo com o *showrunner*, o que deve ser contabilizado são os meses e anos de entretenimento que a série proporcionou ao longo de sua exibição. Não foi à toa, afinal, que *Lost* criou uma celeuma gigantesca em suas 119 horas antes do episódio que a encerrou. Cuse acredita que não faz sentido nenhum que os fãs fiquem esperando pelo melhor vir no fim; "o melhor", qualquer que seja ele, pode ser qualquer episódio e pode ser apreciado em seu próprio momento. Como exemplo desse descompasso, o roteirista cita justamente o polêmico encerramento de *The Sopranos*, que ele considera muito satisfatório, ao mesmo tempo afirmando que aquele não é seu episódio preferido em toda a série.

Goste-se ou não do que foi realizado nesses e em outros programas, saiba o telespectador que ele não está sozinho na discussão, pois reclamar dos finais de séries é uma das características definidoras do universo de fãs ardorosos. O público costuma chiar e inventar razões no mínimo estranhas para tentar justificar um cancelamento. É comum, por exemplo, alguém se sair com a velha lengalenga de "a emissora torcia pelo fracasso da série". Que nos perdoe o público, mas já deveria ser óbvio que isso nunca fez sentido algum. Se o canal apostasse no fracasso de um programa, nunca o colocaria no ar. É um raciocínio bem simples e sem mistérios.

Outras reclamações recorrentes alegam que tal série foi posta no ar na sexta ou no sábado, quando "ninguém assiste TV", e daí os números foram ruins. Ou então que a emissora errou feio ao deixar certo programa concorrer diretamente com um líder de audiência. Por outro lado, se o canal muda o programa de dia ou horário a fim de preservá-lo, também será acusado de não criar uma audiência cativa. O cancelamento afobado, sem dar tempo para a trama se desenvolver, também é sempre citado – ao que se deve compreender que a emissora não está no negócio de séries para perder dinheiro. Ou seja, se o programa custa muito e não dá retorno rápido, será mesmo arrancado da programação, o que deve ser motivo de tristeza, como já discutido.

E também é fato que muitas vezes a interferência indevida de executivos causa a derrocada. Os fãs têm mesmo razão quando reclamam dessa parte. É notório, por exemplo, que a emissora pode realmente abandonar um programa de lado após um período de testes por já saber que ele não vai faturar bem – veja bem que não "torce pelo fracasso", mas concentra os esforços em outros produtos. Os anúncios se tornam escassos, o *marketing* é deficitário e acontece bem pouca alocação de fundos para promover um programa que luta para continuar existindo. Outro problema é a incompreensão. Declarações pós-cancelamento indicam que às vezes os gerentes não entendem muito bem a proposta dos criativos e acabam fazendo campanhas equivocadas, quando fazem.

Acima de tudo, há uma certa decisão executiva que é causa constante de grandes reclamações do público, com absoluta razão: a de mostrar episódios fora de ordem na exibição original. É algo que efetivamente acontece o tempo todo, em especial com as comédias e os dramas episódicos. Até aí, não seria tanto problema, porque não há uma grande trama a ser seguida linearmente. Mas séries com forte componente serializado (e não são quase todas, atualmente, em algum grau?) sofrem o mesmo destino e são prejudicadas de maneira decisiva.

Por que isso acontece? Uma razão prática diz respeito a atrasos de cronograma e refilmagens que certos episódios acabam demandando. Pelo menos seria algo mais aceitável e compreensível. Só que a grande maioria dos casos acontece por um motivo bem mais execrável: os executivos assistem o que já está pronto de uma temporada e simplesmente decidem colocar episódios percebidos como "mais fortes" no começo para atrair público, em uma iniciativa unilateral enganada e enganosa que desconsidera toda a cuidadosa construção efetuada pelas forças criativas do programa. Vez por outra, o público nem percebe. Só que é cada vez mais comum que essa alteração transpareça e destrua piadas recorrentes e relacionamentos cruciais entre os personagens.

A grande verdade é que existem essas respostas para a questão do "por que", mas a justificativa não convence ninguém. Se os executivos responsáveis pela manobra acreditam que episódios futuros são mais fortes e os iniciais afastariam potenciais espectadores, certamente não é tornando tudo mais confuso que eles vão conseguir amealhar mais audiência. Já está comprovado que a "estratégia" é um tiro no pé, porque esfria as expectativas de quem deu uma chance à série e ainda cria em torno dela um mal-estar que espanta quem não estava familiarizado e agora não chegará perto. Além disso, quando um programa começa de repente a mexer demais na ordem de exibição dos episódios, isso já é sinal de problemas mais graves, acima de tudo os relacionados à audiência. O cancelamento se torna iminente, e a aura de programa "pária" afasta quem restou. Infelizmente, essa prática desrespeitosa está arraigada e é provável que continue.

Exemplos de programas arruinados pela exibição fora de ordem provavelmente se contam aos montes, mas é difícil precisar exatamente se essa foi a razão da derrocada. Entre alguns confirmados que são apontados com frequência estão os dramas *American Gothic* e *Firefly* e as comédias *Enlisted* e *Don't Trust The B---- In Apartment 23.* Mas verifique se aquela série de que você gostava muito e de repente sumiu não foi mais uma prejudicada por essa verdadeira atrocidade gerencial.

34. O pulo do gato: evitar o pulo do tubarão

> *Querido,* Game Of Thrones *é hoje à noite! E é o episódio final da série! A Khaleesi vai se casar com o Jack Sparrow! Deus, como esse programa saiu dos trilhos...*
>
> – a Leslie Knope do futuro, em *Parks And Recreation,* pergunta-se quando tudo deu tão errado na série que todo mundo adorava – ao que seu marido responde que "faz sentido, se você leu os livros".

Um lado bom, se é que se pode chamar assim, do cancelamento é a preservação da imagem de um programa, especialmente se ele se tornou um clássico. Pode-se dizer que *House* seguiu essa mentalidade: muito criticada em suas temporadas intermediárias pelo seu iminente esgotamento e pela premissa já muito surrada, a série procurou dar algumas guinadas criativas na sua temporada final, sem deixar de lado o mesmo formato, e foi encerrada mais ou menos dentro dos mesmos parâmetros em que se iniciou, quase oito anos antes.

Por outro lado, existem casos em que o cancelamento viria a calhar, mas esse cuidado de preservação não acontece. Algumas séries que tiveram começos muito bem-sucedidos simplesmente passaram do ponto em que deveriam ter terminado por falta de boas ideias e assim acabaram se arrastando em temporadas subsequentes bem abaixo do razoável, como comprovam *That '70s Show*, *Heroes*, *Scrubs*, *The X-Files*, *ER* ou mesmo *The Simpsons*, salvo algum ocasional bom episódio tardio.

É claro que é muito difícil dizer o momento certo de uma boa série ser cancelada. Se ela ainda se encontra em um ponto satisfatório de sua trajetória, no aspecto criativo, ficamos sem saber se o que viria em seguida valeria a pena. Em geral, essa queda de qualidade dá indícios, e a verdade é que a grande maioria das séries longevas quase que necessariamente passa por um período de turbulência criativa, sai muito marcada e modificada e dificilmente se recupera. Pode-se dizer que uma série tem um "período de validade" durante o qual uma mesma equipe criativa consegue bolar histórias interessantes e tão originais quanto possível com aquele universo.

O que ocorre é que, primeiro, nem sempre é fácil perceber esse esgotamento. O que muitos escritores e/ou *showrunners* percebem como mudança saudável de direcionamento pode ser encarado pelos fãs como abandono da proposta original. Segundo, reconhecer a crise é também uma questão de ego, e, como estamos falando de produtores de televisão, não é difícil entender como a vaidade é um problema real e recorrente. Em terceiro lugar, uma série no ar significa um negócio em funcionamento, e mais uma vez o dinheiro pode falar mais alto. Dela dependem empregos e contratos de publicidade. Muitas vezes, a crise acontece, pode até ser reconhecida, mas não será fácil simplesmente encerrar a produção por conta de problemas de roteiro, especialmente se a audiência se mantém.

Caso emblemático é o de *Two And A Half Men*. Já vítima de um empobrecimento agudo de ideias em suas sétima e oitava temporadas, a série então viu seu astro Charlie Sheen disparar impropérios publicamente contra os produtores e o *showrunner* Chuck Lorre. Com a demissão de Sheen, em vez de o setor criativo e os executivos darem a série por encerrada, decidiram focar somente nos bons números que ela mantinha na temporada recém-interrompida. Avaliaram que o escândalo poderia alavancar ainda mais a audiência, contrataram um novo ator principal, criaram algumas soluções sem sentido e tocaram a série adiante. O resultado foi uma nona temporada anunciada com alarde, mas extremamente fraca do ponto de vista criativo (e cômico) e ainda mantendo nos números o impulso das temporadas anteriores, o que veio a garantir inclusive temporadas seguintes. Foi uma decisão que envolveu meramente mercado e ego, em flagrante detrimento da qualidade do programa apresentado.

Esse momento em que um programa cruza a linha entre um início muito bom e a derrapada que azeda a situação para além de qualquer recuperação deu origem a uma interessante adição ao jargão da imprensa televisiva. Trata-se do "*jumping the shark*" (ou "pular o tubarão"). O já famoso termo, hoje em menos uso, pode significar duas coisas: o momento específico em que se perdeu o controle de uma série e também uma sensação generalizada de que uma dada série já não é mais a mesma que se conhecia, mesmo que não se saiba exatamente o porquê. Ambas as acepções levam à mesma Roma: a série já deu o que tinha que dar.

A expressão tem origem naquela mesma lendária série norte-americana *Happy Days* (de 1974 a 1984, na rede ABC) já mencionada. Tamanho foi o sucesso que seus atores, bordões e piadas viriam a ficar imortalizados no universo das séries. Dentre os personagens memoráveis, um se tornaria um dos mais significativos da história da televisão: o sempre simpático motoqueiro Arthur Fonzarelli, ou Fonzie, vivido pelo ator Henry Winkler e até hoje um modelo de personalidade *cool* para as *sitcoms* mais recentes.

Pois bem, na estreia da quinta temporada de *Happy Days*, em setembro de 1977, enquanto personagens da série visitam Hollywood, Fonzie é desafiado para uma competição de esqui, numa sequência que em nada casava com o estilo já aclamado da série. O personagem então faz uma manobra e voa de uma rampa por cima de um tubarão que está preso em uma rede. Acreditava-se que a tal cena viria coroar o absoluto sucesso do personagem; ficou óbvio para todos que, a partir dali, os escritores fariam de tudo para chamar a atenção para Fonzie, convertendo o próprio personagem e a série como um todo em pastiches do que tinha sido um dia.

De fato, *Happy Days* já tinha trocado de formato e até de premissa na terceira temporada, pasteurizando seus roteiros (com bons resultados de audiência, infelizmente), e já dava sinais de esgotamento. A decadência na qualidade, portanto, já começara algum tempo antes, mas esse momento em particular viria, nos anos seguintes, a cristalizar em definitivo a percepção de mudança irrevogável entre os amantes da boa televisão. Depois dessa "marca", a série ainda seguiu adiante por algumas temporadas com popularidade, mas cada vez mais fugindo das suas boas intenções iniciais, descaracterizando personagens já bem-fundamentados e apresentando tramas cada vez mais fracas.

A sequência impressionou negativamente de tal forma uma dupla de jovens norte-americanos que eles, muitos anos depois, em 1997, criariam o *site* JumpTheShark.com. Estava institucionalizado: os dois adotaram aquela passagem de *Happy Days* como o símbolo para certos acontecimentos decisivos que parecem marcar o começo do fim de alguma série de TV, qualquer que seja ela.

Segundo o proposto pelo *site*, tais momentos típicos seriam, por exemplo, a quebra de coerência com tramas anteriores, alguma inconsistência inconcebível na personalidade de um personagem, mudanças de formato, consumação de relacionamentos entre protagonistas, casamentos, troca de atores num mesmo papel, nascimentos de bebês e mudanças de ambientação, entre outras possibilidades. Foi inclusive sugerida a teoria de que algumas poucas e celebradas séries nunca teriam cometido nenhum deslize tão sério e, portanto, jamais teriam "pulado o tubarão".

O dito pegou de tal modo que, anos depois, o mesmo Winkler, em seu papel recorrente em *Arrested Development*, fez graça de si mesmo em um episódio. Logo depois de uma ação de *merchandising* tão óbvia que poderia ser "o pulo do tubarão" da própria série, o ator aparece saindo pela porta e pulando um tubarão morto que estava em seu caminho – uma hilária autorreferência misturada a uma piada, algo só mesmo possível em uma série do calibre de *Arrested Development*. Com o tempo, a descrição passou inclusive a se aplicar a outros aspectos da cultura pop, sendo mesmo adotada pela mídia em geral, até finalmente cair em certo desuso. Ainda que ela não seja tão presente quanto antes, é indiscutível que a expressão entrou para o léxico de críticos e fãs para ser usada na oportunidade certa. O momento "duvidoso" de cada programa fica aberto a discussão – mas, na percepção de cada espectador, depois que uma série "pula o tubarão", nada será como antes.

Relações entre séries

35. Os mundos compartilhados

Um crossover *sempre revela o melhor de cada programa. Com certeza não fede a desespero. A intenção é sempre criativa e nunca guiada pelo* marketing.
– o filho Chris Griffin, de *Family Guy*, sendo irônico justamente no episódio dividido com a família Simpson.

Tal como visto no caso acima e nos anteriores, referenciar séries mais antigas ou personagens famosos é uma característica forte dos seriados de TV. Desse modo, o que é ficcional para nós acaba sendo ficcional também para personagens das outras séries. Pense nas irmãs de Marge Simpson falando que adoram assistir a *MacGyver*, por exemplo – recurso que foi considerado uma inovação sutil, porém revolucionária, quando *The Simpsons* estreou. Em princípio, cada série cria seu mundo separado e, tanto para nós quanto para elas, o agente Angus MacGyver é apenas um personagem de ficção da TV. Sempre que alguma série faz sucesso, pode apostar que ela será mencionada em muitas outras contemporâneas. Aconteceu com Ross e Rachel de *Friends*, com *Star Trek*, *House*, *Lost* e mesmo com tantas menos cotadas. Em meados da década de 2010, na verdade, é difícil achar um episódio de uma *sitcom* ou de um drama mais leve em que não haja referência a algum outro programa de TV.

Só que, às vezes, os roteiristas vão mais longe e estabelecem que duas ou mais séries de TV vão existir em um mesmo universo compartilhado. É uma prática que costuma atrair a atenção dos espectadores. As fronteiras da série se alargam, e os fãs de um programa podem acabar se interessando pelo outro – ou ainda, caso já assistam a ambos, podem testemunhar aqueles dois universos se cruzando como nunca antes haviam imaginado.

Uma das formas mais notáveis de se fazer isso é criando uma série nova derivada de uma série preexistente, resultando no chamado *spin-off* (ou *spinoff*). Na concepção original de *spin-off*, toma-se um personagem já estabelecido em um programa (ou mesmo em um filme) – geralmente um coadjuvante, um vizinho ou amigo que aparece ocasionalmente, mas poderia ser também um protagonista – e se desenvolve outro programa em torno dele e de suas circunstâncias. Mudam o contexto das histórias, as locações e as motivações, e são introduzidos novos personagens, geralmente seguindo moldes plantados pela série-mãe.

O *spin-off* é uma coisa nova e à parte que, por definição, nasce na rasteira de um sucesso, o que implica que é sempre criado com a ingrata obrigação de repetir o feito da série-mãe. Por essa razão, sofre desde o começo uma pressão diferenciada que uma série totalmente inédita não precisa encarar. Mas ele pode se tornar um sucesso tão grande quanto a série original ou até maior. Um excelente exemplo de série derivada que foi muito bem-sucedida é *Frasier*. O personagem Frasier Crane, psiquiatra interpretado por Kelsey Grammer, era apenas um dos coadjuvantes do enorme sucesso *Cheers*, que se passava em Boston. Já no último ano da clássica comédia, o Dr. Crane vê seu casamento com Lilith acabar e resolve voltar para sua cidade natal, Seattle. Nascia então a nova série *Frasier*, acompanhando-o agora como personagem central, com sua nova vida, seu novo emprego e o reencontro com o pai e o irmão. Tanto *Cheers* quanto *Frasier* duraram 11 temporadas de muito prestígio.

Spin-offs são fartos na televisão, o que é bem compreensível. Afinal, desenvolver personagens e situações que já vêm sendo construídos pode ser bem mais cômodo do que criar novos conceitos do zero. Durante a produção de uma série, diversos conceitos derivados são aventados pelos produtores e roteiristas. Alguns projetos colam, outros não; algumas séries chegam à fase de tentativa real, outras morrem no papel. Mesmo quando tudo dá certo para se criar um novo produto, a aposta em um personagem ou aspecto em particular de um programa pode não resultar em algo bom. Para manter o exemplo: a própria *Cheers*, antes de *Frasier*, já tinha dado origem à série *The Tortellis*, que focava o ex-marido da garçonete Carla. Muito mal concebida e mal recebida, a série durou apenas os 13 episódios da encomenda inicial e foi cancelada. São casos em que os produtores simplesmente se enganam e acreditam que um determinado personagem funcionaria bem sozinho ou em contexto diferente, e isso não acontece, ou então a mudança acaba não sendo bem recebida pelos fãs da série original. Como exemplo retumbante que permanece fresco na memória de muitos fãs e críticos está a terrível *Joey*, que seguiu o conquistador Joey Tribbiani (Matt LeBlanc) de mudança para Los Angeles depois do fim de *Friends*. A nova série descaracterizou completamente um personagem que vinha bem estabelecido nos 10 anos anteriores e era muito querido pelos fãs.

Apenas para citar mais exemplos, não dá para esquecer que *Buffy The Vampire Slayer* deu ao mundo a derivada *Angel*; *The Simpsons* nasceu como parte do programa de esquetes de Tracey Ullman; e até *The Muppet Show*, estrelando o sapo Kermit e Miss Piggy, veio da tradicionalíssima *Sesame Street* (ou *Vila Sésamo*). Inclusive o histórico da TV demonstra que uma derivada pode gerar uma nova derivada que se desenrola em outra, e assim, em teoria, indefinidamente. É o caso da popular série investigativa *JAG*, que deu origem à queridinha do público *NCIS*, e esta, por sua vez, desdobrou-se em *NCIS: Los Angeles* e *NCIS: New Orleans*. Também *Happy Days*, ela própria uma espécie de *spin-off* da série antológica *Love, American Style*, ainda lançou outras cinco séries e duas animações. Alguns projetos vingaram, outros foram por água abaixo. Trajetória parecida teve *All In The Family*, talvez a *sitcom* mais importante da década de 1970, com sete derivadas. Três delas eram *spin-offs* diretas (*Maude*, *Gloria* e o grande sucesso *The Jeffersons*), duas foram indiretas (a bem-sucedida "neta" *Good Times* veio de *Maude*, e *Checking In* veio de *The Jeffersons*), uma espécie de continuação focando no protagonista (*Archie Bunker's Place*) e ainda a malfadada *704 Hauser*, a primeira *spin-off* da TV derivada não de um personagem, mas de um lugar – a casa onde os Bunkers viviam originalmente agora acolhia uma nova família.

Não custa relembrar aqui o que foi visto na discussão anterior sobre o *backdoor pilot*, no sentido de que, em anos mais recentes, o *spin-off* desenvolveu uma relação interessante com a realização de episódios-pilotos. Produtores e roteiristas têm usado episódios que deveriam ser rotineiros de uma série já estabelecida para introduzir ambientações e personagens novos ao espectador junto aos contextos que ele já conhece. Feita a apresentação, desdobram aquele novo universo em uma nova série que terá como protagonistas aqueles novatos que até então eram só coadjuvantes. O episódio "comum" de uma série consagrada se torna, assim, o "piloto disfarçado" da *spin-off* que será lançada. Em tempo: a prática, apesar de muito mais comum hoje, não era necessariamente inédita.

Por exemplo, lá em 1964, a histórica comédia *The Andy Griffith Show* trouxe como final de sua quarta temporada o piloto de *Gomer Pyle USMC*, que estrearia por sua própria conta dali a alguns meses.

Existem situações em que a definição de *spin-off* vai ficar um pouco borrada. Ilustra muito bem essa confusão o caso dos seriados do universo de *Star Trek*. A série original de 1966 e todas as que se seguiram certamente ocupam um mesmo universo em momentos e lugares diferentes, mas não dá para afirmar que *Star Trek: The Next Generation*, passada um século depois da série original, seria uma derivada direta dela. Por outro lado, a mesma *TNG* deu origem abertamente a *Deep Space Nine* e *Voyager*, enquanto a mais recente *Enterprise* se passaria em um período de tempo anterior à própria série original e parece guardar pouca relação com os episódios das suas antecessoras, pelo menos durante a maior parte de sua trajetória. Ou seja, conceitos similares (naves, tecnologias, terminologia, raças alienígenas) são usados em todas e existe uma noção de contiguidade entre as séries, mas fica difícil, e mesmo desimportante, estabelecer uma relação clara entre quem originou o quê. Premissas inteiras, novas e originais, podem ser criadas e terminadas dentro desse universo, com equipes e personagens radicalmente diferentes, sem nem mesmo manter alguma relação com tudo o que já foi feito. Sempre fica aberta a possibilidade para mais histórias sem conexão com as preexistentes, como atestam as infindáveis *fanfics* (histórias escritas por fãs).

Tendo em mente essa fronteira, seria *Star Trek*, então, uma franquia ou uma espécie de "marca" unificadora para produtos essencialmente diferentes e praticamente independentes uns dos outros? O poderoso produtor Dick Wolf, de *Law & Order* e tantas outras, em declaração ao *site* Entertainment Weekly, intervém nessa questão das eventuais variações de *spin-off* usando como exemplo sua própria criação: "*Law & Order* é uma marca, não uma franquia. É a Mercedes da televisão: os carros são muito diferentes uns dos outros, mas, comprando uma Mercedes, você sempre vai comprar um bom carro. Já *CSI* é uma franquia, como a rede de restaurantes Palm. É o mesmo programa passado em cidades diferentes, enquanto as séries *Law & Order* são todas diferentes umas das outras". A discussão com respeito a essa possível diferença passa obviamente pelo ego do produtor, e provavelmente dependerá da percepção de cada fã.

Há, finalmente, algumas séries que se desdobram em outras mídias e demonstram a real vocação do termo, uma vez que "*spin-off*" é aplicável a qualquer obra cultural que dá origem a outra. Algo que já se tornou comum hoje, por exemplo, é a "vida paralela" em quadrinhos. São vários os exemplos: o universo de *Buffy* ganhou sobrevida na HQ *Spike*; *Charmed* e *The X-Files* tiveram sequências declaradas, como se fossem novas temporadas; *Falling Skies* teve um prelúdio; *Firefly* não apenas ganhou as páginas, mas também um RPG. Em 2013, a própria NBC Universal anunciou não continuações, mas adaptações em quadrinhos para algumas de suas séries clássicas, como *Knight Rider*, *Airwolf* e *Miami Vice*. Livros (há uma coleção inteira dedicada a *Dawson's Creek*), musicais da Broadway (*True Blood*) e desenhos animados (*Punky Brewster*, *ALF*, *The Brady Bunch*, *Star Trek* e diversas comédias de vida curta) também se mostram possibilidades corriqueiras, e há notícia de *spin-off* de uma série televisiva até mesmo no rádio (o drama inglês *Silk*). Não é fundamental para o fã conhecer o que se passa nesse material extra para acompanhar a série na TV, que continua sendo considerada como o produto principal.

Diferente do *spin-off*, podemos ter outro tipo de universo compartilhado a partir da interseção de histórias, o que é chamado de *crossover* (ou *cross-over*). A ênfase aqui é nos cruzamentos entre séries que, em princípio, não teriam qualquer relação necessária uma com a outra. Claro que é também comum e compreensível que aconteçam *crossovers* entre uma série e sua *spin-off*, mesmo muito tempo depois da introdução da série derivada, mas o mais interessante dessa interseção está em conectar séries independentes, que nunca guardaram relações entre si. Aliás, fãs de quadrinhos e de filmes bem sabem que o termo não fica restrito às séries e significa qualquer cruzamento de tramas.

O conceito pode ficar meio nebuloso, conforme veremos adiante, mas, em princípio, é melhor estabelecer que só acontece um *crossover* de verdade quando histórias de séries diferentes se cruzam, necessariamente envolvendo pelo menos um personagem ou ideia que são claramente identificados a um universo e fazem participação em outro. Ou seja, o *crossover* não é somente um sinônimo para "séries em um mesmo universo", mas implica aquele momento de fato em que há alguma coincidência de trajetórias, em geral na forma da participação especial.

Nesse clima de confraternização, o Besouro Verde e Kato, protagonistas de sua própria série (*The Green Hornet*), apareceram na clássica *Batman*; personagens de *Crossing Jordan* e *Las Vegas* visitaram-se uns aos outros durante temporadas e arcos diferentes; o policial Nick Stokes de

CSI (um drama) ajudou a resolver um assassinato em *Two And A Half Men* (uma comédia), ao passo que os três protagonistas desta última também fizeram uma breve aparição na primeira, em uma ocasião em que, de fato, as equipes de roteiristas dos dois programas brincaram de escrever as séries uns dos outros; frequentadores do bar de *Cheers* apareceram em diferentes ocasiões em *Wings*; Mulder e Scully, de *The X-Files*, apareceram para investigar uma ocorrência sobrenatural em *The Simpsons*, e por aí vai.

Muito mais do que um recurso criativo, o *crossover* é uma ferramenta de *marketing*. Essa intenção fica mais óbvia ainda com o chamado *crossover* duplo, quando primeiro acontece uma participação comum, mas então a situação criada só é resolvida em outro episódio, lá na série original do convidado. Isso força o espectador a ver a outra série caso ele queira saber a conclusão – e pode despertar mais audiência para uma série combalida, por exemplo. O duplo *crossover* costuma acontecer nos episódios das duas séries exibidos na mesma semana ou, no máximo, na semana seguinte. Para ilustrar com um exemplo clássico e perfeito: a famosa série médica *ER* se passava em Chicago e nunca guardou qualquer relação com a série de bombeiros e policiais *Third Watch*, passada em Nova York. Em cena, as duas não tinham atores em comum, cenários, personagens, nada; mas, nos bastidores, ambas foram levadas ao ar pela mesma NBC e providencialmente tinham em comum o produtor John Wells. Eis que, em determinado episódio, uma personagem secundária de *ER* é dada como desaparecida em Nova York. E quem foi mobilizado para encontrá-la? Justamente alguns dos personagens de *Third Watch*. O encontro rendeu dois episódios de *crossover*, um em cada série, com atores de uma produção aparecendo na outra e vice-versa, até que a trama se resolvesse. Dessa forma, ficou estabelecido que *ER* e *Third Watch* se passavam em um mesmo universo ficcional.

Em outro caso de cruzamentos, pelo menos cinco comédias também da NBC se viram compartilhando detalhes de suas tramas. Quando *Friends* começou a ser produzida, a atriz Lisa Kudrow já tinha um papel recorrente em *Mad About You* como a garçonete avoada Ursula. Para justificar a presença da mesma atriz em duas séries diferentes, assim como as características muito semelhantes entre as personagens, a Phoebe de *Friends* e a Ursula de *Mad About You* se tornaram irmãs gêmeas, com a garçonete aparecendo em episódios ocasionais de *Friends*. Só que os produtores foram mais longe: a mesma emissora ainda tinha as comédias *The Single Guy*, *Seinfeld* e *Caroline In The City* também passadas na cidade de Nova York. Com isso, em um episódio de *The Single Guy*, o personagem Ross Geller, de *Friends*, teve extensa participação como um novo amigo do protagonista Jonathan Eliot. Em *Mad About You*, Paul Buchman precisou voltar ao seu apartamento de solteiro, e quem o ocupava era ninguém menos que o Kramer, de *Seinfeld*. Então, como se fosse pouco, em um mesmo episódio de *Caroline In The City*, apareceram o Jonathan de *The Single Guy* e o Chandler de *Friends* em breves participações especiais como forma de promover a então nova série. Fechou o assunto: os cinco programas ocupavam a mesma vizinhança.

Somem-se a isso a já mencionada *Joey* e uma contraditória participação de um personagem de *The Dick Van Dyke Show* em *Mad About You* e seriam sete. Mas por que "contraditória"? O fato é que às vezes os realizadores não tomam muito cuidado com esse entrelaçamento de séries e não deixam claro se elas estão unificando universos ou se aquelas são obras ficcionais também uma para a outra (como *MacGyver* para *The Simpsons*). Paul Reiser, criador de *Mad About You*, sempre se confessou um apaixonado pela antiga série de Dick Van Dyke (e por uma dúzia de outras figuras clássicas da comédia, como Carol Burnett, Mel Brooks, Jerry Lewis e Lucille Ball) e constantemente introduzia referências a ela em seu texto. A eventual aparição de um personagem daquela série, então, seria uma incongruência: eram a "ficção" e a "realidade" se encontrando.

Inclusive, na mesma *Mad About You* que uma vez considerou os personagens de *Seinfeld* como parte de seu próprio mundo, o ator Jerry Seinfeld apareceu em um episódio como "ator famoso de uma série de TV". Mas, afinal, ele não era um potencial vizinho de Paul? E como a noiva de George Costanza pode gravar *Mad About You* na TV? Como já visto, comédias – séries episódicas por excelência – têm essa característica de aparecer com episódios que aparentemente são semi-independentes dos demais. Cada um tem sua história, e as tramas somente têm continuidade em linhas muito gerais e quando convém aos roteiristas, evitando as amarras próprias dos programas serializados. Também por causa disso, atores às vezes vão e voltam em uma mesma série em papéis diferentes sem muita preocupação. Jonathan Silverman, de *The Single Guy*, por exemplo, chegou a participar de *Friends* como um médico em nada relacionado à sua série – que teoricamente deveria ser ligada a *Friends*.

Um *crossover* memorável da televisão norte-americana envolve o detetive John Munch, interpretado por mais de 20 anos pelo ator e comediante Richard Belzer. O personagem era central e apareceu em quase todos os episódios da elogiada série policial *Homicide: Life On The Street* durante a década de 1990. Nesse período, sua série cruzou caminhos com a *Law & Order* original algumas vezes, sempre tendo o detetive em primeiro plano. Quando *Homicide* foi cancelada, em 1999, a nova-iorquina *Law & Order: Special Victims Unit* (*spin-off* da original) estava justamente sendo criada, e o personagem preexistente, em vez de ser descartado como todos os outros, foi transplantado de programa com toda a naturalidade, incluindo justificativas e reconhecimento do seu passado em Baltimore, onde *Homicide* se passava. Não satisfeito, o detetive ainda faria participações especiais em *Law & Order: Trial By Jury*, na insuspeita *The X-Files*, na também baltimorense *The Wire* e, quem diria, até em dois episódios da escrachada *Arrested Development*.

Outros exemplos existem aos montes, já que a prática não é recente. Para ficarmos em um nome famoso, podemos tomar *The Beverly Hillbillies*, conhecida no Brasil como *A Família Buscapé*. A série dos anos 1960 tinha relações de parentesco com duas outras que se passavam em um mesmo vilarejo, *Petticoat Junction* e *Green Acres*, e as três compartilhavam personagens a torto e a direito. No fim da década de 1990, um personagem de *Spin City* está procurando o resultado de um jogo na televisão e sintoniza no programa ficcional que era mostrado nos bastidores da série *Sports Night*. Em um movimento engenhoso de *crossover*, a ação então se transferiu do episódio de meia hora de *Spin City*, que acabava ali, para o episódio de meia hora de *Sports Night* que apenas começava, mas sem o intervalo comercial que forçosamente haveria entre as duas séries.

Enquanto isso, na virada para os anos 2000, Ray Barone, personagem principal de *Everybody Loves Raymond*, tinha presença ocasional como amigo de Doug Heffernan em *The King Of Queens* (e vice-versa), que por sua vez ainda apareceu em *Becker* e em *Cosby*. Mas não precisam ser necessariamente protagonistas para que isso aconteça, vide o *crossover* entre as séries *Warehouse 13*, *Alphas* e *Eureka*, todas do SyFy Channel. Uma personagem recorrente da primeira, a Dra. Vanessa Calder, fez uma curta participação na segunda, enquanto a terceira já era conectada àquele universo por outras razões.

Animações também trazem *crossovers* com possibilidades ainda mais criativas. Nas infantis, é algo até bem comum. Mas as adultas não ficam para trás, como comprovam as presenças de Mulder e Scully

(*The X-Files*), Jay Sherman (*The Critic*) e de toda a família Griffin de *Family Guy* em *The Simpsons*, entre outras participações menores. Já *The Flintstones*, passada na pré-história, teve pelo menos uma participação famosa de personagens centrais de outra série. Diretamente de *Bewitched*, a feiticeira Samantha Stephens e seu marido Darrin, transformados em desenhos animados (como na abertura de seu seriado), moraram em Bedrock durante um episódio em 1965. Os roteiristas nem se preocuparam em explicar a diferença de épocas das duas séries, mas há uma referência a uma "série de TV com aquela feiticeira"...

Antes, estabelecemos o que seria um *crossover* "de verdade", mas pode-se teorizar – e não é exatamente algo que faça muita diferença prática – que ele também acontece em diferentes "escalas de integração". Por exemplo, o universo compartilhado pode ficar apenas sugerido pela existência de algum personagem ou enredo vago em comum, sem que as histórias propriamente se cruzem em tela. O mote poderia inclusive ser um objeto extraordinariamente específico que tem até um nome e essa capacidade de criar um laço entre histórias. Sendo assim, talvez não dê para afirmar que um *crossover* verdadeiro acontece quando personagens de séries diferentes usam, por exemplo, uma mesma marca de algum produto, como é o caso dos já célebres (e fictícios) cigarros Morley, mostrados em lugares tão diferentes quanto *24*, *Buffy*, *Beverly Hills 90210*, *The X-Files*, *Friends* e *The Walking Dead*, entre outras. Talvez isso não signifique necessariamente um cruzamento de universos. A coisa está mais para uma espécie de piada interna dos roteiristas do que para um *crossover* propriamente dito.

Aliás, eventuais ligações debochadas entre séries, sem constituir um cruzamento de fato (e já fugindo da noção de "mesmo universo"), acontecem também quando um ator dá ou recebe indiretas sugerindo que viveu outro personagem em outra série. É comum os roteiristas e os próprios atores introduzirem esse tipo de brincadeira no roteiro – e é apenas isso, uma brincadeira para deleite dos fãs (e divertimento da produção, por que não?). É quando o personagem Richard Castle (da série *Castle*) se fantasia de Mal Reynolds, personagem do mesmo ator Nathan Fillion na ficção científica *Firefly*. Ou quando Alex, a personagem de Elisha Cuthbert em *Happy Endings*, pensa em como seria se ela fosse a filha de um superagente do governo sempre metida em encrenca, papel que a mesma atriz interpretou em *24*. Ora, se faz parte da constituição de uma série de TV referenciar famosos seriados anteriores, então essa simples menção, claro, não configura *crossover* – seria até o oposto disso, um reconhecimento de que a outra obra é ficcional.

Aproveitando que já estamos apenas tangenciando o terreno do universo compartilhado, merece uma menção o arranjo de programação que já foi sugerido antes, quando falamos de programas que vêm antes e depois de uma série. Isso pouco ou nada tem a ver com "universos comuns", mas de alguma forma inter-relaciona os conteúdos dos programas, porque os canais fazem combinações propositais de séries que tenham conteúdo vagamente semelhante ou que atraiam a mesma fatia de público. Esse é o chamado bloco de programação, que varia de noite para noite. Então, se a Fox investe em muitas comédias animadas, não as dispersa ao longo da semana aleatoriamente; a rede prefere criar o bloco *Animation Domination* com todas em sequência no domingo à noite.

Assim como esse, outros blocos ficaram famosos, como *TGIF*, *Must See TV* e *Nick At Nite*. Dentro deles, fala-se em "âncoras", determinados programas que serão sucessos absolutos independentemente do que vier antes ou depois e para o qual as pessoas migrarão naturalmente. Durante alguns anos, por exemplo, o *Must See TV* da rede NBC tinha como âncoras *Friends* e depois qualquer coisa às 20h30 da noite; então *Seinfeld* e outra coisa às 21h30; e em seguida *ER* às 22h, perfazendo uma combinação que sempre conquistava o primeiro lugar das quintas-feiras. Existem ainda noites somente para *reality shows*, e dificilmente o mesmo canal os seguiria com uma comédia, porque as duas coisas não costumam combinar bem em termos de tom e público.

Seguindo esse raciocínio, os canais costumam também confrontar programas mais ou menos semelhantes na disputa por audiência – uma *sitcom* bate de frente com outra no outro canal, um drama leve é exibido contra outro que atrai o mesmo público, e o peso-pesado de cá aparece contra o de lá no mesmo horário. Ou seja, existe, sim, uma noção de concorrência direta de gêneros e teores muito consciente, mas é óbvio que esse é um refinamento difícil de calibrar. Fala-se apenas de uma tendência, uma ideia geral de como arranjar os blocos de maneira competitiva. Como são cinco grandes redes abertas e mais algumas na TV paga, cada canal programa o que quiser no dia que quiser e não dá para afirmar que tudo sempre funcionará de maneira tão idealizada.

A vida após o fim

36. A série e o fã: da expectativa à entrega

Uma coisa que amo na TV é a possibilidade de mudar o tom da história de temporada para temporada, desenvolver profundamente os personagens, criar e explorar quantos arcos narrativos quisermos. E não estou nem falando de algo experimental, mas de um canal pago ou mesmo aberto. Você não precisa correr para desenvolver seu personagem. Não precisa nem mexer nele nas primeiras quatro horas de uma série! E, num filme, você tem duas horas para fazer tudo! Para quem escreve, como eu, é uma proposta irresistível. Hoje, podemos ser muito mais audazes, mais ousados, e ainda assim atingir uma grande plateia. Não me espanta que muitos de meus colegas diretores, como Alfonso Cuarón, David Fincher e Steven Soderbergh, estejam trabalhando na TV. É onde as coisas interessantes estão acontecendo.

– Guillermo del Toro, diretor dos longas *Pan's Labyrinth*, *The Hobbit*, *Hellboy* e *Pacific Rim*, e criador e produtor da série *The Strain*, em entrevista à jornalista Ana Maria Bahiana.

Por se prolongar no tempo, a série de TV tem um diferencial (veja bem que não é necessariamente uma vantagem) com relação ao filme para cinema e até mesmo ao disco de um artista, que é não poder se fiar simplesmente na promessa de um produto em entrega única. O disco e o filme se resolvem em uma única vez, uma única compra, não importando que tenham antecessores ou sequências. Cada produto dessas mídias responde por si em termos do que quer transmitir, da qualidade e tudo mais. Além disso, ambos se vendem baseados, em maior parte, na expectativa do público quanto àquilo que ele vai adquirir em uma única apresentação e com base no primeiro momento. Por exemplo, o terceiro disco de um artista consagrado não vende horrores logo nos primeiros dias por "ser um sucesso", como gosta de propalar a mídia – ele pode inclusive ser o pior de todos –, e sim porque os lançamentos anteriores geraram grande expectativa.

Por motivo semelhante, é também incrível como filmes muito ruins tantas vezes rendem altas bilheterias na estreia e na primeira semana. Não é que o público "já adorou" sem conhecer, mas sim que ele "queria adorar"; as pessoas comparecem achando que vão encontrar uma coisa boa tendo por base tudo o que elas experimentaram antes – um livro de sucesso, adaptações passadas, atores envolvidos, *trailers* bem-feitos ou qualquer outro indício. Assistido o filme, passado o *frisson*, qualquer que seja a impressão deixada, o preço do ingresso já foi contabilizado e não há volta. Muitos dentro da indústria e mesmo entre espectadores vão erroneamente alegar "sucesso" fundamentados somente em vendas iniciais e/ou arrecadação, como se o lucro imediato fosse a única e melhor resposta à arte ou ao entretenimento de qualidade.

No entanto, a série de TV não se resolve apenas com o piloto. A expectativa inicial obviamente pode existir do mesmíssimo jeito que nos casos anteriores, mas, como se trata de um produto cuja exibição continua acontecendo, não basta que haja boa audiência no começo. A série tem de continuar não apenas se sustentando na apresentação seguinte – em cada episódio posterior –, mas também criando força suficiente para garantir outra temporada, manter-se no imaginário em meses de folga e depois ainda chamar de volta os fãs conquistados, que em teoria terão novas promessas de constante melhoria. Isso nos leva a crer que a fama e o sucesso, quando alcançados por um seriado, sejam de certo modo mais "conquistados" na lida semanal, ao conseguir fomentar a propaganda boca a boca e boas avaliações da crítica durante meses, realmente refinando o produto apresentado de começo e procurando melhorá-lo durante a caminhada. É muito mais palpável a ideia de se matar um leão por semana para chegar a algum resultado sob aquele mesmo nome, com a mesma premissa, atores e praticamente tudo mais.

É claro que o oposto também ocorre na mesma moeda: às vezes, pode-se verificar, episódio a episódio, a derrocada de um produto que não se sustenta. Tanto público quanto crítica tendem a abandonar o programa se ele não mostra logo a que veio, e ele se despede francamente como um fiasco, vítima de sua própria falta de combustível, mesmo que às vezes tenha testado a paciência do espectador por algumas semanas. Ou seja, esse lado negativo da série também se alonga no tempo tanto quanto o positivo (daí dizermos antes que não se trata de uma vantagem); o fracasso deve ser igualmente visto como merecido e reconhecido, e vem reforçar o diferencial de que falávamos entre a série de TV e outros produtos culturais.

Agora, outro aspecto dentro dessa história de "apresentação": nos grandes filmes (e, em outra escala, também em discos), os fãs mais radicais são justamente os que não mandam nada em termos de como será conduzida uma produção cinematográfica. Executivos de Hollywood nunca estão preocupados em agradar especificamente quem tem uma opinião forte a respeito da trama, por ter, por exemplo, lido uma obra original (livro ou quadrinhos) que deu origem ao roteiro. Esse grupo representa uma parcela ínfima da arrecadação global de um filme. O que os figurões querem é o grande mercado, o fã chamado "casual", aquele que só ouviu falar, viu uma notícia ou um cartaz chamativo, soube de um amigo, simpatiza por alto com o tema, achou interessante e vai pagar para ver.

Já no caso da série, a adoração de fã será conquistada não de uma só vez, mas semana a semana. Espectadores se acumulam ou então são perdidos a cada exibição, e é o conjunto mais ou menos consolidado depois de algum tempo que vai efetivamente determinar se aquele seriado continua no ar ou não – mais uma vez, a despeito de uma audiência inicial repleta de curiosos e casuais cheios de expectativas. Só que se deve observar que existe uma enorme discrepância entre alvos e audiências de um produto e do outro. Filmes são feitos para o mercado mundial e rendem lucros gigantescos internacionalmente, enquanto séries norte-americanas, com seu caráter sempre mais imediatista, raramente levarão em conta outro público que não o nacional – há somente casos muito esporádicos de séries de baixa audiência nos Estados Unidos que foram mantidas no ar por causa de um retorno financeiro ligeiramente mais significativo no resto do mundo. É de se pensar, então: será que aquelas mesmas minorias ruidosas (os fãs mais apaixonados) seriam capazes de se fazer ouvir no caso dos seriados?

Dessa pergunta nasce uma aspiração em particular entre um grupo de espectadores fervorosos; a vontade dos fãs de influir no destino de seus programas preferidos é tão certa e presente como o nascer do sol no dia seguinte. É também uma faca de dois gumes. Por um lado, eles adorariam poder definir o destino de seus personagens do coração (e aqui provavelmente cabem algumas considerações de ordem psicológica); por outro, é tudo apenas uma grande empolgação sem direcionamento, técnica ou experiência na área. O fã desbragado que conseguisse esse milagre de interferir poderia muito bem afundar o programa que ele tem em tão alta conta. É algo como aquilo que os brasileiros gostam de fazer constantemente ao se arvorarem como técnicos de futebol, acreditando que têm sempre as melhores decisões. Como bem dizem os anglófonos, "cuidado com o que se deseja, porque pode virar realidade".

A manifestação do público na imprensa também deixa entrever um aspecto interessante. É fato que determinados programas despertam mais paixões do que outros. Por consequência disso, uma certa parcela de fãs costuma se manifestar com muito mais evidência e com isso ganha mais visibilidade, dando a entender, enganosamente, que seu adorado programa é um sucesso arrebatador. O mundo real, no entanto, aponta que dificilmente é esse o caso. Para além das revistas e demais publicações físicas, o exemplo definitivo disso pode ser visto na internet. Na teoria, muitos milhões têm acesso à rede, enquanto, na prática, o número de pessoas preocupadas em se fazer ouvir é muito menor, e mais reduzido ainda com relação a uma base de fãs de um certo programa. Mas esses acabam se mostrando muito mais presentes e estridentes do que aqueles que apenas assistem em silêncio. Um exemplo tão recente quanto possível é o da série *Constantine*. Com o anúncio dessa adaptação seriada do personagem John Constantine, tão querido nos quadrinhos, a impressão que se teve foi a de que toda a internet soltava foguetes de comemoração. No entanto, logo que estreou, a série foi recebida com uma audiência irrisória, o que resultou em uma temporada bem mais breve que o esperado e em posterior cancelamento.

A observação parece óbvia, mas as conclusões são interessantes. Por exemplo, o que já foi dito com relação a levar o fã em consideração ganha uma dimensão ainda maior, já que o conceito de popularidade no mundo real é radicalmente diferente daquele dentro do mundo *on-line*;

tantas vezes, o que se vê na internet é apenas uma minoria de entusiastas que fazem muito barulho, mas não traduzem o real público da série em quantidade ou qualidade. É exatamente por isso que tantos programas aparentemente idolatrados acabam sendo cancelados cedo demais; a idolatria e o falatório não significam audiência e não são suficientes para evitar o fim. Essa maior movimentação de um lado do espectro tende a chamar a atenção tanto do restante do público quanto dos jornalistas especializados. Aquela comunidade acaba conquistando uma determinada cara de que o grande público não dispõe – mas é ele quem continua mandando na audiência e nos cancelamentos. Enquanto esses poucos estão discutindo e às vezes até se engalfinhando em guerrinhas de preferências e minúcias, o grande público vai elegendo sucessos à margem de qualquer crítica.

Entre conhecidos *showrunners*, existe um pensamento que é bem sintetizado nas palavras de Marta Kauffman, uma das responsáveis por *Friends*: "Há coisas que as pessoas querem que aconteçam, e há coisas que você entende que são as melhores para o seu programa. E é o programa quem dita o próximo passo, não os fãs". David Benioff, um dos *showrunners* de *Game Of Thrones*, concorda: "Não podemos deixar de fazer alguma coisa só por medo da reação [de alguns fãs]. Prefiro pensar que sempre agimos tendo em mente o melhor interesse da série, e torcemos para a maioria concordar". Matthew Weiner, considerado turrão pelos colegas, concedeu uma entrevista logo antes do final de *Mad Men*, na qual dizia não dar a mínima para o que o público exigia de sua série imortal: "Eu não quero ver o rabo abanando o cachorro. Não quero ver o público decidindo o que eu faço. E isso porque eu não acho que eles sejam as melhores pessoas para julgar esse tipo de coisa". Para arrematar, Joss Whedon, de *showrunner* a prestigiado diretor de *blockbusters* no cinema, resume a ideia: "É um mandamento: não dê às pessoas o que elas querem; dê aquilo de que elas precisam". Em outras palavras mais incisivas: o fã não "conquista" direito algum ao assistir à série. Investe nela porque quer e deve aprender a aceitar a decisão do *showrunner* como sendo a melhor para a série, tendo apenas a liberdade de reclamar ou elogiar, sentir-se traído ou vingado o quanto quiser, mas nunca se sentir "dono" da história de outras pessoas. Nenhuma obrigação com o fã se cria a partir de uma série.

Reforçando essas declarações, existem os que afirmam nunca ler o que espectadores escrevem na internet, seja positivo, negativo ou especulativo; trabalham somente de acordo com o que, no conjunto do seu conhecimento, o time de escritores decidir nas reuniões e considerar melhor para a condução do programa. Importante reafirmar: isso é o que muitos alegam, mas não há como saber quem está disposto a simplesmente fazer a vontade do público, quem a leva em discreta consideração ou quem prefere a extrema honestidade intelectual. Ou seja, a pergunta anterior se vê respondida pelo menos em teoria: durante a vida de um programa, clamores dos fãs dificilmente serão ouvidos. Talvez a única manifestação que dê mesmo algum resultado – e mesmo assim muitos criativos se recusariam a admitir isso – é a fuga em massa e a queda na audiência.

37. Marchando por sua série preferida

Seguiremos Angel até o inferno... ou até outra emissora.
– fãs de *Angel* puseram essa frase em um *outdoor* circulando pelas ruas de Los Angeles para tentar salvar sua série favorita. Não conseguiram.

Então, temos o anúncio de que uma determinada série vai ser interrompida em futuro próximo, ou então ela apenas entra na "*bubble*" da imprensa e causa preocupação, ao mesmo tempo que conta com um desses grupos de fãs mais fervorosos, capazes de ir longe em sua devoção ao programa. O primeiro pensamento que ocorre a eles é fácil de adivinhar: "Precisamos dar um jeito de evitar isso". Entra em cena o tópico das campanhas de fãs para salvar uma série moribunda.

Uma campanha é apenas uma movimentação de um grupo que se organiza para fazer algum tipo de *lobby* junto à rede e evitar o cancelamento, ou então junto ao estúdio para que mantenha a série viva de algum outro jeito, ou então junto a um potencial novo parceiro para que ele adote a série e ela continue sendo produzida. A ideia por si só é simples; mais interessante é perceber como campanhas acontecem na prática, quais suas implicações e outros interesses por trás delas.

Por causa daquelas questões de interferência e audiência já comentadas, é possível adiantar que esse assunto sempre vai despertar controvérsias. Só para começo de conversa, é necessário atentar para o fato de que séries populares, é claro, não precisam de campanha para ficar no ar. Ou seja, por princípio, estamos falando de defender a visão idealista de um grupo bem restrito em contraposição à mais básica mentalidade das grandes redes, que é lucrar com seu produto. Outro problema relacionado aparece quando *sites* na internet começam a trazer listas do tipo "séries que foram resgatadas por campanhas de fãs" com um caráter assim tão definitivo, quando na verdade não é possível afirmar com tanta certeza a eficiência dessa ferramenta dentro desse cenário de embate com emissoras tão preocupadas com o aspecto econômico. É difícil apontar com exatidão os graus de sucesso de qualquer campanha já feita, e foram muitas. Os casos variam o suficiente para que não seja possível determinar por que exatamente uma certa série voltou. A maioria teve e terá mesmo o triste fim que a emissora pretendeu, e quanto a essas nem é necessário se alongar, porque qualquer eventual campanha, se existiu, não deu certo. Já algumas ganham temporadas extras; outras, apenas uma sobrevida com, digamos, um parzinho de episódios a mais fechando a história. Então, será que dá para falar em sucesso com todas as letras, em "ressurreição" ou mesmo em fracasso em termos tão absolutos quanto querem as listas *on-line*?

Em anos anteriores à penetração da internet no mercado doméstico, os fãs se organizavam, quando muito, em torno de fanzines e fã-clubes, mandando cartas uns aos outros, sem as possibilidades da divulgação em massa e mesmo sem o conhecimento das redes de TV. Portanto, há incerteza com relação a qual teria sido a primeira campanha formal para se tentar salvar um programa de TV lá pela década de 1960. Contudo, estima-se, com grande aceitação, que a primeira a ter um resultado efetivo teria sido a campanha por *Star Trek*, em 1969. Uma avalanche de cartas e mesmo manifestações grupais em frente ao prédio da NBC garantiram à série uma terceira temporada que foi importante não apenas como uma vitória em si mesma, mas também se mostrou crucial em todo o futuro da franquia. Foi a terceira temporada que tornou possível à série alcançar números suficientes para a venda de reprises, assim alcançando estrondoso sucesso nos anos seguintes e então os filmes e *spin-offs* que resultaram disso. Sem a campanha, muito provavelmente só ouviríamos falar em *Star Trek* no século XXI como, no máximo, uma nota de rodapé entre fenômenos *cult*.

Por sua vez, aquele que é considerado o primeiro caso de ressurreição de fato – porque a série já tinha sido cancelada – é o de *Cagney & Lacey*, um *procedural* policial extremamente feminista e progressista para os padrões do começo dos anos 1980. Em 1983, quando foi anunciado que os números estavam muito ruins e a série estava definitivamente cancelada, a CBS mudou o esquema de exibição dos últimos episódios de forma a "queimá-los" durante o verão. Curiosamente, a rede viu o público da série aumentar bastante nessa investida – o que, aliás, vem desde então colocar em suspeita aquela percepção de que não deveria haver TV inédita durante a *summer season*. Seguiram-se uma enxurrada de cartas de fãs, indicações a prêmios e a participação de entidades de caráter também feminista nas manifestações, e 1984 então testemunhou o retorno do seriado, que se estenderia até 1988, colecionando prêmios para a emissora e entrando para a história da TV.

A campanha para salvar *My So-Called Life*, no começo de 1995, é considerada a primeira a fazer uso parcial da internet, ao mesmo tempo que corria também no mundo de papel e caneta. A série acabou sendo mesmo cancelada com apenas os 19 episódios de sua primeira temporada, não só por não ter apresentado números dos mais satisfatórios – consta que não eram proibitivos, apesar de baixos –, mas acima de tudo porque a protagonista Claire Danes se considerou jovem demais para suportar a carga de um drama semanal junto às obrigações escolares e então pediu para se desligar do programa. Pode-se creditar o próprio surgimento da campanha às paixões que a série despertava; foi talvez o primeiro drama adolescente a lidar com problemas e atitudes genuínas de seu público-alvo (mesmo que de maneira ainda bastante estilizada, como pediam os anos 1990), com grande qualidade técnica para a época. No mesmo contexto passional, o desenrolar da campanha também viu um dos primeiros casos de guerras de acusações (entre fãs esperançosos, outros acusadores, os detratores da série e até gente da produção) em larga escala na então incipiente internet.

Mais recentemente, campanhas de salvamento foram e vêm sendo organizadas para dezenas de outros exemplos – curiosamente, na maioria dos casos, envolvendo algum tipo de comida. *Freaks And Geeks*, uma série adolescente de vanguarda, tão curta e adorada quanto *My So-Called Life*, estava praticamente cancelada quando seus fãs decidiram enviar toneladas de amendoins para os executivos (em alusão à alergia de um personagem) e assim tentar impressioná-los. Conseguiram inclusive arrecadar mais de três mil dólares para estampar um anúncio de página inteira na revista *Variety*. Nada deu certo. Amendoins e toneladas de nozes também foram usados pelos fãs de *Jericho*, além de centenas de *e-mails* comoventes à direção da CBS. Dessa vez veio algum resultado: a maior campanha já vista até então conseguiu trazer a série de volta para uma curta segunda temporada, apenas para dar um fechamento digno à história (ainda com audiência considerada baixa demais). Trata-se de um dos poucos casos de campanha bem-sucedida que são confirmados pelo próprio canal de TV.

Enquanto isso, *Arrested Development* teve diversas campanhas de resgate ao longo dos anos (uma delas satirizada dentro da própria série como "Salvem nossos Bluths!") e finalmente acabou voltando para uma quarta temporada – não exatamente por força de alguma delas em específico, mas porque demonstrou uma presença *on-line* absurda como um todo ao longo dos anos, possivelmente a maior da história da internet até então. Outras séries que se viram impulsionadas por campanhas em graus diversos e então conseguiram continuar no ar ou ter algum tipo de sobrevida por motivos nunca bem-definidos foram *Farscape*, *Fringe*, *Sliders*, *Party Of Five*, *Roswell*, *Firefly*, *Futurama* e *Reaper*. Dezenas de outros exemplos acabaram cancelados sem qualquer segunda chance. Dá para perceber que muitas dessas campanhas de salvamento foram feitas com vistas a *genre shows* e séries com viés adolescente, corroborando o que já foi dito a respeito de esses públicos serem apaixonados e fiéis.

A campanha para manter no ar *Chuck*, também um *genre show*, chamou a atenção por um motivo muito singular. Antes, é necessário esclarecer que a série garantiu sua permanência no ar em suas três últimas temporadas por conta de um combinado enorme de pequenas campanhas de naturezas diversas. Mas o grosso da movimentação começou quando do final da segunda temporada, com o risco iminente de não haver uma terceira. Os fãs então decidiram apelar não aos executivos, não a cartas, não a envios de tralhas diversas, e nem mesmo tentaram conclamar mais gente para engordar a sagrada audiência; em uma iniciativa inédita, organizaram-se para levar pencas de consumidores à rede de sanduíches Subway, um dos maiores anunciantes da série, deixando bem claro na internet quem estava impulsionando as vendas. Até mesmo o protagonista Zachary Levi se mobilizou para levar em torno de 600 fãs a uma lanchonete, enquanto estava na Inglaterra. A estratégia de impacto econômico deu muito certo, e a Subway então renovou seu apoio para uma terceira temporada, adicionando ao acordo uma quantidade enorme de *product placement*, ou seja, a marca da cadeia de sanduíches apareceria para todo lado nos episódios da série.

Anos depois, na reta final, outras iniciativas surgiram para garantir ao menos alguns episódios na última temporada de *Chuck*, mais uma vez utilizando extensivamente redes sociais e *sites* na internet. Destacam-se as campanhas "Chuck vs. the postcard" (em que os espectadores eram encorajados a enviar cartões-postais feitos por um *site* de fãs) e "Not a Nielsen family" (uma tentativa de inundar o Twitter com relatos de propagandas vistas nos intervalos da série por pessoas que não eram participantes diretas das pesquisas da Nielsen, mas que queriam se mostrar como também consumidoras atentas). A paixão demonstrada antes e então foi suficiente para que a série logo ganhasse uma oportunidade de conclusão em sua quinta temporada. Além disso, também se cogita que não foi o fim do mundo para a NBC trazer de volta uma série cuja temporada final já estava próxima de alcançar a mágica marca de 88 episódios que garantia a venda de reprises.

Levando em consideração a cada vez mais constante movimentação de grupos para salvar quaisquer programas, em anos recentes foram os próprios canais que tentaram uma inversão curiosa e lançaram seu apelo contra o cancelamento, produzindo vídeos com mensagens do tipo "Quer salvar a série X? Então assista no dia tal". Também a crítica faz vez ou outra campanhas *mezzo* discretas, *mezzo* declaradas por alguma série que os jornalistas em peso considerem digna de salvamento e que não conquistou a atenção da audiência e por isso está correndo perigo. Quando o final parece iminente e a imprensa tem o programa em boa conta, ela começa a dar mais espaço para aquele título, incluí-lo em listas ou fazer coberturas particulares dos seus astros aparentemente a troco de nada. Tudo isso acaba fazendo parte da tal presença *on-line*. Mas o fato é que, se as campanhas de fãs só alcançam resultados bissextos, esse tipo de apoio da mídia especializada parece conseguir, no máximo, alguma visibilidade extra para os episódios finais, despertando a curiosidade de fãs que ainda não conheciam a série e estavam em cima do muro. A mesma incerteza de antes também vale aqui: não há texto bem escrito por jornalista ou crítico de respeito que salve uma série com audiência péssima. Mas, quem sabe, o burburinho pode ter o efeito de estimular a audiência de reprises e assim resultar em um efeito em cascata. No mínimo, o epíteto de "aclamada pela crítica" na caixinha de DVDs lançada depois do cancelamento será verdadeiro, o que é um ponto a favor.

Outro caso que merece detida atenção aconteceu em março de 2013, quando se abriu um precedente da maior importância nesse tópico das campanhas de longo prazo. A história começa entre 2004 e 2007, época em que a série *Veronica Mars* permaneceu no ar. No meio da terceira temporada, já à beira do cancelamento, viu nascer uma movimentação de fãs que se propunham a enviar cartas e chocolates Mars (uma brincadeira com os nomes) para o canal CW. Não deu certo, e a detetive adolescente pôde ser vista apenas em cinco episódios finais que o canal ainda viria a exibir depois de um hiato forçado. Acabava a série ali.

O que ninguém podia prever então é que aquele não seria necessariamente o fim. Anos depois da exibição original, aquele universo que todos julgavam finalizado se viu como alvo de nova campanha, agora com a intenção de fazer um filme-continuação. O mais surpreendente: a iniciativa não era encabeçada por fãs, mas pelo criador e *showrunner* da série, Rob Thomas, contando com o apoio integral da estrela Kristen Bell. O clamor dos fãs e sua eterna expectativa de ressurreição de um programa já cancelado encontravam acolhida prática na vontade do próprio criador do programa, algo até então inédito. Para alcançar seu intento, Thomas pretendia obter financiamento por meio de doações dos fãs pela internet, usando o *site* especializado em contribuições Kickstarter. Ninguém sabia exatamente o que esperar, mas a sorte estava lançada.

Para surpresa geral, a campanha, planejada para durar 30 dias, já começou sua trajetória quebrando um recorde do *site* ao arrecadar um milhão de dólares em pouco mais de quatro horas. E então, menos de 10 horas depois de colocada no ar, alcançou os dois milhões de dólares pretendidos pela produção – e tudo financiado somente por fãs, que, em troca das doações, recebiam desde brindes comuns, como camisetas e pôsteres, até uma ponta no futuro filme, dependendo da quantia doada.

O poderoso estúdio Warner, dono da marca, já havia concordado previamente em bancar a distribuição do filme caso o público se mostrasse suficientemente interessado. O dinheiro levantado na campanha seria destinado somente a contratações e aos aspectos técnicos da filmagem. Ao dar seu aval oficial, o estúdio pretendia acima de tudo usar o projeto como um tipo ousado de pesquisa de mercado, um teste de aceitação. E a estratégia funcionou maravilhosamente bem. Naquela quarta-feira, ficou claro que a legião de fãs – mesmo em se tratando de um programa que nunca fora campeão de audiência, longe disso – não apenas estava disposta a desabafar sua saudade em fóruns na internet, mas também manifestava de forma contundente sua disposição em trazer de volta aquele universo.

Antes de iniciar formalmente a campanha, Thomas nutria planos até mais ambiciosos, envolvendo valores mais altos, mas nem tinha ainda um roteiro pronto, somente ideias delineadas. Estava muito receoso quanto a uma possível rejeição em massa, mas imaginava que, caso seu objetivo mais modesto fosse alcançado – os dois milhões – no período planejado inicialmente, isso já seria suficiente para uma boa produção e ainda poderia representar uma pequena revolução na maneira como filmes são financiados.

A rapidez com que a soma pretendida foi levantada deixou o *showrunner* estupefato e virou notícia mundial. Ao final do período completo de 30 dias, até mesmo aquela ideia inicial ligeiramente megalomaníaca e não manifesta acabou sendo superada, quando a campanha arrecadou pouco mais de cinco milhões e setecentos mil dólares. É bom ressaltar: tratava-se de um filme-continuação de uma telessérie de nicho cancelada anos antes! Os fãs demonstravam que, como não poderia deixar de ser em assunto que envolve um estúdio de TV, a manifestação com dinheiro vivo falava muito mais alto que as barrinhas de chocolate (e que as demais campanhas emocionais para outras séries).

Outros desenvolvedores de televisão com poder de barganha instantaneamente enxergaram no caso a possibilidade real de ressuscitar suas séries queridas que duraram pouco ou que foram canceladas sem conclusão a contento. Thomas relata, por exemplo, que, tão logo a boa notícia se espalhou, recebeu um *e-mail* de Bryan Fuller, criador da adorada *Pushing Daisies* (2007-2009), pedindo para entrar em contato assim que possível e dar mais informações – e Thomas disse ter certeza de que a conversa abordaria *Daisies*. Mas é fato que Fuller foi também o criador de outra série curta e reverenciada em cantos obscuros, *Wonderfalls*, então, sabe-se lá...

Também na esteira da novidade, horas depois, o ator Zachary Levi – já trazendo sua experiência anterior com campanhas – começou prontamente a falar em redes sociais de um possível filme-continuação de *Chuck*, mesmo que ela tivesse sido concluída com um final bem planejado. E Shawn Ryan, envolvido na criação de *Last Resort* e *Terriers*, duas séries que tiveram vida curta, mas rapidamente viraram objeto de culto, também recorreu às redes para dizer: "Estou muito interessado em saber como aconteceu essa coisa de *Veronica Mars* no Kickstarter. Poderia ser o modelo para um filme de fechamento de *Terriers*".

É claro que os fãs de outras produções *cult* (incluindo aqueles que trabalham na imprensa) ficaram animados com a forma como esse caso particular se desenrolou, e logo começaram a especular a respeito de possíveis outros filmes baseados em suas séries preferidas. Afinal, durante anos, os espectadores que quisessem um longa resgatando a história de uma série ou dando a ela um fechamento apropriado só podiam contar com a compreensão dos criadores e com as constantemente infrutíferas pesquisas de viabilidade dos estúdios.

A iniciativa do financiamento aberto a público criou uma brecha gigantesca nessa cadeia de produção e, claro, também abriu margem para críticas. As principais diziam respeito ao temor de que o Kickstarter, criado para priorizar os pequenos produtores que não tinham outras alternativas de financiamento, pudesse ser tomado por projetos de celebridades que ofuscariam causas mais tímidas, mas igualmente merecedoras. A propósito disso, os próprios cofundadores do *site* depois soltaram um comunicado dizendo que algumas campanhas mais discretas, na verdade, acabaram sendo beneficiadas pela exposição trazida pelo caso *Veronica Mars* e por outros também célebres.

No mesmo veio, falou-se que os estúdios a partir de então poderiam começar a demonstrar ainda menos comprometimento com projetos arriscados, sob a justificativa de que quem quisesse fazer determinado filme deveria arrumar seu financiamento por conta própria. Seria outra forma de corromper o propósito original do Kickstarter, que definitivamente não fora criado para aliviar os riscos a serem assumidos por conglomerados gigantes. Além disso, foi apontada a deturpação na lógica desse investimento, uma vez que quem bancou o projeto – os fãs – não veria qualquer retorno financeiro e ainda teria de pagar o próprio ingresso normalmente quando o filme fosse lançado (sem saber se o resultado compensaria), com o lucro resultante revertido para o poderoso estúdio. Também foi destacada a gritante desregulamentação da novidade sob diversos pontos de vista legais, como o tributário e o trabalhista.

Entretanto, apesar de críticas e possíveis empecilhos de naturezas diversas, e independentemente da qualidade do filme que sairia dali a alguns anos, o grande resultado da empreitada é ela ter imediatamente servido de inspiração e precedente para outros projetos que se seguiram e poderiam surgir em moldes parecidos. Todas as possíveis considerações negativas ainda estariam sujeitas ao passar do tempo e a uma verificação de consequências na prática, mas elas certamente empalideceram frente à novidade em si e à conquista imaterial que os fãs de séries alcançaram naquele momento.

Discute-se atualmente que, quando a noção de "boa audiência" despenca absurdamente, como ocorreu no século XXI, aquele pequeno grupo que sustenta um programa no ar tem seu poder aumentado com relação aos destinos da série. Aliás, com essas mesmas possibilidades tecnológicas ao alcance de tantos, hoje é o público quem decide, no mar de opções à disposição, o que vai ver, quando vai ver e quem vai merecer seu apoio.

De modo geral, só se pode afirmar uma coisa a respeito de campanhas de salvamento como um todo: não há certeza com relação a quais retornos ou continuações se devem a campanhas bem-sucedidas dos fãs, ou em que grau elas foram determinantes, e quais campanhas e séries dependeram ainda, e talvez até mais, de outros fatores que nem sempre estavam muito claros e passaram a ser levados em conta pela emissora. A observação do noticiário ao longo dos anos sugere que alguns raríssimos casos foram vencedores declarados, mesmo que às vezes parcialmente. Mas é romântico demais pensar que os fãs têm o poder de salvar determinada série, quando, de fato, os interesses econômicos das emissoras e dos estúdios sempre vêm em primeiro lugar – e que o espectador não tenha qualquer dúvida disso. Para o canal de TV, pouco importa quantos fãs enviam diversos itens pelo correio ou fazem mutirões deste ou daquele tipo; o que interessa é quantas pessoas assistem ao programa (e aos comerciais) toda semana, e ponto. Por outro lado, quem sabe os executivos só venham a olhar diferentemente e relativizar os números e o cancelamento de um programa por causa de uma mobilização que chamou sua atenção? As campanhas continuam e provavelmente continuarão tentando o impossível, com base em devoção e força de vontade.

38. Pelo direito de reprisar

O vídeo on demand *é perfeito para sucessos já estabelecidos e para reprises de programas que não tiveram audiência suficiente para se manter no ar na primeira exibição. Com o VOD, você não precisa se preocupar em conseguir um* share *de 15. Se o programa já teve sua trajetória em uma rede de TV e os custos de produção já se pagaram, tudo o que vier depois é lucro.*

– Robert Thompson, professor da disciplina Televisão e Cultura Popular da Universidade Syracuse e pesquisador de TV bastante reverenciado nos meios acadêmico e de crítica televisiva.

Campanhas estão longe de ser a última forma de manter uma série viva depois do seu fim. Mesmo que elas falhem, é certo que um bom programa – ou pelo menos um com um público fiel e bem-conquistado – sempre tem pernas mais longas e ainda terá mais caminhada pela frente de maneiras variadas e nem sempre intuitivas. Vale a pena dar uma olhada nas diferentes modalidades de preservação observadas nos últimos anos.

Há, mesmo, uma forma que pode acontecer antes mesmo de a série acabar. Falamos das reprises de material que já foi exibido em primeira mão pelas grandes emissoras. A reprise pode acontecer na mesma emissora, como é comum durante a época em que a série está em seu descanso entre temporadas – *I Love Lucy*, revolucionária em tantos sentidos, inventou esse conceito quando Lucille Ball ficou grávida e não pôde gravar episódios inéditos durante algum tempo. Nesse caso, claro, não se fala em venda de direitos. O que muito nos interessa, no entanto, é a prática chamada de *syndication*, de extrema importância para a série como produto. *Syndication* é o direito de reprise de episódios antigos por um canal regional que não necessariamente pertence à rede de veiculação original. A venda desses direitos é tão importante e significativa que é contabilizada com grande antecipação como parte do retorno total da série, o que significa que um programa não depende só do dinheiro dos anunciantes da primeira exibição. Na verdade, pode-se considerar que, depois dos anúncios, a venda do direito de reprises é a segunda maior fonte de arrecadação de uma série. E que fique claro ainda que a venda só envolve direitos de reprise, porque a propriedade da série não muda de mãos. Tanto o canal que reprisa quanto o estúdio original continuam lucrando fatias estabelecidas em contrato.

O mercado de *syndication* é altamente lucrativo para os grandes conglomerados de mídia, mas de um jeito, digamos, mais sorrateiro do que um *blockbuster* para cinema ou a venda de brinquedos. Por exemplo, em pleno 2016, mais de 12 anos após seu término, *Friends* ainda era uma das maiores audiências da Netflix não só nos Estados Unidos, mas no mundo inteiro. Em 2014, muitos anos depois de encerrada, *Seinfeld* quebrou a barreira dos três bilhões de dólares arrecadados unicamente pelos direitos de exibição de reprises, que vêm sendo comercializados desde 1995 – e reprises em canais convencionais, porque a série nem tinha entrado ainda em nenhum *site* de *streaming* até aquele ponto, o que viria a significar ganhos ainda maiores. Mesmo com os altos custos de produção e de salários que acometem uma série de sucesso em suas temporadas finais, a exibição em longo prazo pode trazer um retorno significativo do investimento, o que serve de estímulo para que os estúdios continuem produzindo episódios depois de um certo ponto com o único objetivo de alcançar o (atual) número mágico para o mercado de *syndication*: 88 episódios. (Lembre-se de que esse número foi brevemente abordado antes, com relação à campanha de *Chuck*.)

A marca de 88 episódios foi estabelecida muito recentemente. Para entendê-la, é necessário antes esclarecer que reprises por via de *syndication* não costumam ser semanais como as séries inéditas, e sim diárias (ou podem até ser semanais, em casos isolados e raros), em um modelo bem parecido com o que temos nos canais a cabo no Brasil. Durante décadas, o tal "número mágico" era de 100 episódios, calculado de forma a render um mínimo de cinco exibições por semana (de segunda a sexta) por 20 semanas consecutivas, e assim evitar repetições constantes. Ora, tendo em vista o que foi discutido até aqui com relação à dificuldade cada vez maior de as séries permanecerem no ar por muito tempo, fica fácil entender por que esse número se viu forçosamente diminuído para os atuais 88 episódios. Essa nova barreira também não é arbitrária: além de representar o equivalente a quatro temporadas de no mínimo 22 episódios cada – quantidade ainda suficientemente alta para cobrir mais de quatro meses sem repetições –, significa também um bom indício de estabilidade na narrativa e de audiência conquistada. Ou seja, sob certo ponto de vista, o número é um indicador para os canais pequenos de que a série tem "saúde" suficiente para fazer valer a pena a compra de reprises.

O sistema é muito próprio dos Estados Unidos por causa do modelo, comum por lá, de muitos canais dentro de um mesmo grupo de mídia, mas é também possível que o estúdio, esteja ele corporativa ou contratualmente ligado à rede original, venda os direitos de reprises para uma emissora pequena de um grupo concorrente. Os contratos de *syndication* podem ser, e não raro são, elaborados caso a caso entre os estúdios que produzem a série e a companhia dona do canal que a reprisará. Sendo assim, essa quantidade mínima de episódios pode variar, e, mesmo antes da redução da marca, uma série podia acabar entrando em *syndication* com bem menos que os 100 (ou mesmo 88) ideais, desde que isso representasse um bom negócio para os dois lados – além do que esse número é considerado mais como uma referência, não uma obrigatoriedade. Uma rede não deixaria de tentar vender reprises se tiver 80 episódios de uma boa série, por exemplo. Uma curiosidade: programas infantis têm sua marca ainda mais baixa, em 65 episódios, o que perfaz 13 semanas de episódios diários ou quatro exibições da série inteira em um ano. Credita-se isso ao fato de os pequenos não se importarem e até gostarem mais de repetições que os adultos – a se investigar.

Como já visto, a TV a cabo tem nas reprises do material da TV aberta uma de suas grandes atrações, ao lado das séries originais e das muitas reprises de filmes. É assombroso, inclusive, que um pequeno canal a cabo consiga impulsionar e até mesmo competir com as poderosas redes abertas quando transmite uma reprise de uma série de grande sucesso. Um exemplo desse poder aconteceu quando a TBS começou a exibir episódios das primeiras temporadas de *The Big Bang Theory* em 2011 e viu sua audiência disparar. Ao mesmo tempo, os inéditos na CBS, que ainda eram exibidos normalmente todas as semanas, viram seu público aumentar em 20% exatamente na mesma época. Especula-se que o lucro combinado da *sitcom* para seu estúdio (exibição original, venda para mercado internacional, reprises no cabo, DVDs das temporadas anteriores e outras fontes) em torno de sua oitava ou nona temporada chegava à casa do bilhão de dólares por ano. Outro exemplo vem da grande repercussão gerada pelo *Nick At Nite*, bloco de programação (ou canal compartilhado, dependendo de como se enxerga a relação com o canal Nickelodeon) que é formado quase que só por reprises de comédias, apesar de já ter incluído programação original muito discreta.

Existem diversos casos de programas que não fizeram muito sucesso na sua exibição original e só conquistaram fama e audiência quando se tornaram reprises diárias em outro canal e em outro horário, independentemente de quantos episódios foram produzidos. Como mencionado no tópico das campanhas, um ótimo exemplo é o da *Star Trek* original, que foi cancelada em sua terceira temporada por falta de interesse do grande público, entrou em reprises com seus 79 episódios e somente por essa razão se tornou o sucesso que é hoje. Sem a campanha, não teria havido *syndication*; sem as reprises, não se despertaria toda a posterior febre *trekker*, que resultou nos muitos filmes para cinema que a série gerou, assim como as séries *The Next Generation*, *Deep Space Nine*, *Voyager*, *Enterprise*, *Discovery*, a série animada, convenções, brinquedos, livros e tudo mais.

De maneira semelhante, há aqueles programas que não renderam à produtora e ao estúdio o tanto que poderiam ter rendido originalmente, mas que acabam se redimindo com o licenciamento e a exibição de reprises. Na verdade, alcançar a marca para *syndication* passa a ser um objetivo tanto dos produtores executivos quanto da emissora para qualquer série que conseguir se estabilizar no ar depois de algum tempo. O investimento em licenciamento é considerado excelente acima de tudo porque os episódios já estão prontos de qualquer forma e o custo de veiculação passa a ser mínimo; a série não acarreta mais despesas, somente receita, e os anunciantes vão continuar investindo durante muitos anos nas reprises de uma série querida que se mantiver no ar. Aliás, o advento da *syndication on-line* em serviços de *streaming* veio somar enormemente a essas possibilidades, já que nenhum programa significativo de qualquer época fica esquecido por muito tempo.

O pensamento direcionado à *syndication* acarreta algumas práticas específicas ainda na exibição original. Por exemplo, programas que já se aproximam da marca de 88 episódios, mas não têm grandes números entre a audiência, são geralmente continuados e empurrados para horários ingratos da grade televisiva norte-americana apenas para "cumprir tabela" e ter seus últimos episódios "queimados" em uma exibição *pro forma* (lembre-se do *burning off*). De forma semelhante, quando adquire um programa que não fez grande sucesso em sua transmissão original, o canal de *syndication* terá algum estofo para ajudar a preencher sua grade, mas também vai alojá-lo em horários que não valorizem a transmissão, como de manhã bem cedo ou no meio da tarde.

Quando séries são reprisadas no Brasil ou nos Estados Unidos, é comum que o episódio que você vê naquele momento não seja exatamente a mesma coisa que foi ao ar originalmente. Episódios que, por qualquer motivo (seja naturalmente, seja por ocasião especial), nasceram mais compridos que o usual, às vezes ultrapassando o limite habitual tanto de dramas (42-44 minutos) quanto de comédias (22-24 minutos), são reeditados para as reprises, a fim de caber no tempo destinado e permitir ainda mais comerciais do que o costumeiro. Da mesma maneira, ocasionais episódios duplos de comédias são, claro, divididos em dois. Se o espectador quiser ver a íntegra de determinado episódio que era um pouco mais comprido originalmente vai ter de procurar outra fonte, como caixas de DVDs ou, em casos ainda mais complicados, somente uma gravação da exibição original, que às vezes pode estar disponível na internet, legítima ou ilegitimamente.

Uma prática relacionada à *syndication* e muito importante para os fãs de seriados é a chamada *first-run syndication*. É oportuno abordá-la neste momento, mesmo que ela não se inclua no assunto geral de preservação de uma série no ar. Isso porque, apesar do nome parecido, não mais falamos de reprises, mas sim da primeira exibição de episódios originais (de *first run*, "primeira exibição") por canais pequenos sem o apoio das grandes redes (e daí *syndication*). O que acontece é que uma produtora resolve criar uma série, ou continuar investindo em uma preexistente, e, por qualquer motivo, não vende seu produto para transmissão em nenhuma rede em particular, aberta ou a cabo, como acontece ordinariamente com a grande maioria das séries. Em vez disso, os produtores vão bater às portas de muitos e muitos pequenos canais locais para vender os direitos de exibição da série inédita. Sim, isso parece estranho, mas é uma carreira possível para um programa.

As regras desse tipo de comercialização são curiosas. Por exemplo, o que mais chama a atenção é o fato de que a série pode vir a ser exibida em afiliadas locais que podem pertencer a grupos diferentes. Ou seja, imagine a retransmissora da NBC em um estado norte-americano exibindo a mesma série que a retransmissora da CBS em outro estado. E mais: como a transmissão não vem de uma central, não é necessário obedecer a um horário específico. Com isso, a série pode ser exibida no momento da semana em que a afiliada assim decidir, inclusive por cima de outra série que está, naquela hora, sendo mostrada em rede nacional. E, claro, se uma afiliada nada deve à outra, alguns estados verão o programa na segunda-feira em horário nobre no canal X, outros, na quarta à meia-noite em outro canal Y, e talvez algum ainda veja no sábado à tarde no canal Z. Por causa disso, não faz sentido discutir da mesma forma aquela questão do encadeamento de programas e da retenção de público, nem se pode imaginar aqui o grau de promoção que uma série nacional consegue. O programa vai depender muito mais dele mesmo, de suas qualidades próprias e de seu elenco, com quase nada de apoio externo. Para as pequenas retransmissoras, é uma grande aposta deixar de lado a máquina promocional de sua matriz para exibir uma série em *first-run syndication* por cima de um programa nacional. Sem a rede para ajudá-las a faturar, elas seguem acreditando muito justamente nesse poder próprio do programa – mas também os lucros advindos da exibição não precisam ser divididos com a rede.

Como são os próprios produtores da série que a vendem de canal em canal, eles têm um poder de decisão muito maior na continuidade ou não do programa. Não é como nas redes, que decidirão, todas-poderosas, quem continua e quem será cancelado. Além disso, os contratos da série vendida nesse esquema costumam garantir a produção da boa e velha temporada cheia, com seus aproximadamente 22 episódios. Não há mais aquela história de pedir os seis primeiros, depois estender a ordem, então completar a temporada. Dependendo da audiência conquistada, do teor da série, da ambição das pequenas emissoras e da vontade dos produtores, pode até mesmo acontecer de uma série começar em exibição por redes e se transformar em *first-run syndicated* (por quase cancelamento ou qualquer outro motivo); ou também o oposto, quando a série chama demais a atenção localmente e acaba sendo contratada pelas redes.

Um exemplo notório dessa mudança é *Baywatch*, que estreou pela NBC e foi cancelada após só uma temporada, depois de ser massacrada pela crítica e derrapar feio em audiência. Acreditando no potencial de sua série, os produtores (entre os quais o próprio astro David Hasselhoff) compraram os direitos do estúdio e foram adiante, saindo pelos Estados Unidos e oferecendo uma segunda temporada em *first-run syndication* dois anos depois. A boa aceitação em mercados específicos onde a audiência não tinha sido ruim a levou a um estrondoso sucesso nos anos seguintes. Enfatizando: uma série formalmente cancelada por um canal aberto se tornaria depois uma das mais populares da história da TV! Trata-se de uma das maiores confirmações até hoje de que a mentalidade baseada unicamente em audiência tem furos enormes e pode cometer injustiças do ponto de vista criativo e representar perdas econômicas para a emissora. *Baywatch* seguiria o mesmo esquema de distribuição até seu final, em 2001.

Como o programa em *first-run syndication* não precisa ser atrelado a nenhum esquema engessado de produção, próprio dos canais estabelecidos, até outras convenções podem ser quebradas, como a relação entre gênero e duração. Um exemplo interessante disso é o de *Superboy*, que, exibida entre 1988 e 1992, abriria caminho para as grandes redes se interessarem pelo universo do Superman em *Lois & Clark*, *Smallville* e *Supergirl* anos depois. A série era um drama de ficção científica e aventura, como seria de se esperar, mas seus episódios tinham apenas os 22 minutos de uma comédia. Apesar desse formato inusitado, o público a acolheu, e *Superboy* durou quatro temporadas, sempre distribuída por canais pequenos.

À parte a própria relevância dos programas que a *first-run syndication* revelou e a louvável independência e sobrevida que esse sistema pode ocasionar, é de particular importância o fato de que *Star Trek: The Next Generation*, uma série assim comercializada e veiculada do início ao fim, tenha sido fundamental, no final dos anos 1980, para reerguer o segmento dos *genre shows* como um todo na TV aberta norte-americana. O setor passava por uma crise; séries novas de ficção científica exigiam muito investimento, custavam cada vez mais caro, atendiam a um público sempre restrito e já eram postas no ar com a sina de perder dinheiro no começo e só recuperar o investimento lá adiante. Mas os estúdios Paramount sabiam da qualidade dos roteiros que tinham em mãos, além da força da estabelecida franquia *Star Trek*. Foi proposto, então, um acordo comercial inédito com dezenas de retransmissoras pelo país (originalmente afiliadas a diversas redes) e pequenas estações independentes, repartindo os lucros das propagandas. O programa começou a ser produzido – com altos custos – dessa maneira algo temerosa. A aposta se pagou quando *TNG* se mostrou um grande sucesso e o acordo resultou altamente lucrativo para as duas partes. É por influência desse caso que, de décadas para cá, as séries em *first-run syndication* tradicionalmente trazem mais ação, aventura e ficção científica em um formato episódico. A popularidade dos programas produzidos nesse esquema fez com que os anunciantes voltassem a acreditar nos *genre shows*, e as grandes redes, então, voltaram a produzi-los, reerguendo o subgênero no imaginário do público – aliás, uma das primeiras beneficiárias dessa mudança foi justamente *Superboy*, logo em seguida.

Além dessas, outras séries populares começaram e terminaram em *first-run*, como *Xena: Warrior Princess* e *Highlander: The Series*. O procedimento é bastante corriqueiro em animações, mesmo as mais famosas. As versões originais oitentistas de *He-Man*, *ThunderCats* e *Transformers*, por exemplo, eram programas em *first-run syndication*. Já as comédias assim produzidas e negociadas são bem menos comuns. Um exemplo que ficou famoso no final da década de 1980 foi *Small Wonder* (ou *Super Vicky* no Brasil).

39. Reinventando: resgates, *remakes*, *reboots*, *revivals*, *reunions*

> *Tenho um lado mais cínico que diz que isso é programar com as cinzas de um falecido. Como é algo que funcionou antes, há a possibilidade de funcionar de novo. O meu outro lado diz que é uma coisa boa, que significa que aquilo não necessariamente tinha acabado. Não está apenas na prateleira juntando pó, mas sim vem aumentando seu valor durante esse tempo.*
>
> – quando *The X-Files* anunciou seu retorno, em 2015, seu próprio criador, Chris Carter, não sabia bem o que pensar a respeito.

Existe uma cultura na TV norte-americana de não se "tentar demais" para fazer um programa iniciante emplacar. Há promoção e investimento, mas não paciência suficiente. Se ele não deu certo de começo (leia-se: não atraiu audiência), suas chances de continuar no ar tendem a cair para quase zero muito rapidamente. As grandes emissoras, então, partem para uma atitude que, para a maioria de nós, é completamente ilógica: ano após ano, resolvem substituir séries que já demandaram quantidades enormes de tempo, trabalho e investimento, que já estavam prontas e caminhando, e que poderiam ser melhoradas se ainda não estivessem satisfatórias, por outras séries também iniciantes que são mistérios completos e representam riscos maiores ainda. Não seria mais razoável pensar que, se uma coisa não deu certo *ainda*, isso não significa que ela não daria certo *de jeito nenhum* em outra circunstância? Por que não repensar e apenas reajustar um pouquinho o curso das coisas ou trocar alguns componentes? Talvez aquela premissa que todos conseguem perceber que é boa pudesse ser mais bem-sucedida com uma mudança de horário, dia, emissora, ator ou *showrunner*.

Infelizmente, a mentalidade das grandes redes não é essa – e talvez devesse ser, para evitar que tantos bons programas fossem retirados do ar cedo demais por pura disputa de audiência. Existem pelo menos duas evidências fortes em favor desse desejo por mais tolerância: os já mencionados *brilliant-but-cancelled*, que se tornam programas adorados nos anos seguintes, a despeito do cancelamento precoce; e o fato de muitas séries posteriormente aclamadas terem tido primeiros episódios fracos, mas audiência suficiente para que as emissoras as mantivessem no ar e elas então se desenvolvessem melhor na sequência, a ponto de serem lembradas pelas boas temporadas que se seguiram (*Cheers* e *Seinfeld* são emblemáticas nesse sentido). Essa poderia ser a história de dezenas ou até centenas de séries que nunca tiveram a chance.

Mas o cancelamento ou mesmo o encerramento planejado de uma série não precisam significar necessariamente um fim de assunto. Se, na teoria, cancelar significa interromper o compromisso que existe entre a produção de episódios inéditos pelo estúdio e o canal que os veiculava, então essa definição dá margem a outras formas de longevidade. A trajetória de algumas séries de TV mostra que existem ocasionais chances de recuperação – difíceis e mesmo raras, porém cada vez mais possíveis – e também que, uma vez iniciado e desenvolvido um universo suficientemente interessante, os fãs e mesmo a equipe criativa manterão viva a discussão em torno daquilo de muitas outras formas imagináveis. Com isso, sempre há esperança de que aquele universo possa ser revisitado de alguma maneira, ou de que pelo menos não seja esquecido. E, para se manter viva uma série que aparentemente chegou ao fim, existem alguns recursos, modalidades e nuances a serem consideradas.

A primeira e mais óbvia forma de manter viva uma série depois do cancelamento é o "descancelamento" puro e simples, ou seja, reverter a decisão e assim ressuscitar o programa sem rodeios, produzindo mais novos episódios ou até novas temporadas inteiras. Algumas vezes, quando descem o machado sobre o pescoço de algum seriado, os canais se reservam a opção de voltar a produzi-lo caso não consigam substituí-lo a contento nos meses seguintes, ou então se o acordo entre emissora e estúdio for alterado para termos mais razoáveis que voltem a permitir a permanência no ar – isso se a audiência verificada até ali for pelo menos razoável, e não fraca demais.

Essa ressurreição em primeira mão vem do próprio canal, por qualquer influência que seja. O tópico das campanhas já começou a mostrar como isso pode funcionar, se ela tiver sucesso. O caso de *Family Guy*, por sua vez, é emblemático de outra possibilidade. Em 2001, a série foi cancelada com três temporadas por causa da péssima forma como a Fox lidou com seu horário de exibição. Reprises compradas por uma ninharia pelo Adult Swim em 2003 se tornaram de imediato o programa mais assistido do canal, deixando claro que o público adorava a série. Com isso, mostrou-se viável o lançamento das primeiras temporadas em DVD. O que aconteceu em seguida foi uma surpresa para todos: o volume de vendas foi tão absurdo que a mesma Fox viu que valia a pena ressuscitar a animação em 2005, e ela seguiu com sucesso por muitos anos mais.

Outras séries também ganharam voz de cancelamento e depois se viram ressuscitadas com menos explicações. Uma delas foi *Unforgettable*, que não conquistou audiência em sua primeira temporada, encerrou-se oficialmente e, quando ninguém esperava, acabou sendo renovada pela mesma CBS pouco tempo depois para mais uma temporada e depois outra. Na época, circularam suspeitas de que a rede simplesmente não conseguira nenhuma série promissora para colocar no lugar da cancelada, então apenas reverteu a decisão que já tinha sido comunicada a todos – só que *Unforgettable* voltou apenas na *summer season*, o que deixa essa hipótese meio mal explicada. Enquanto isso, no canal a cabo Lifetime, *Drop Dead Diva* se viu encerrada com o final da quarta temporada por causa do seu alto custo de produção, mas ainda com audiência muito boa para os termos do pequeno canal. Depois de divulgar a decisão para os veículos especializados e para a equipe, eis que as discussões com vistas a reduções de custos com os estúdios Sony Pictures TV alcançaram bom resultado, e lá estava a série de volta para resolver seu gancho na quinta temporada, e depois em uma sexta e última.

Se um retorno parecer de fato improvável no mesmo canal, a providência seguinte dos produtores é oferecer a série a outras redes e criar um jeito de continuar existindo. Quando uma série é cancelada em um canal, mas ressuscitada em outro, os meios de imprensa chamam isso mais propriamente de "resgate" (*rescue*) por outra emissora. Por estranho que pareça, esse cenário é mais provável que o anterior. Os exemplos são fartos: *Futurama* não deu muito certo na Fox, fez sucesso em reprises e acabou resgatada pelo Comedy Central; depois de cinco temporadas na NBC, *Community*, prestes a deixar de existir em definitivo, conseguiu voltar pelas mãos do serviço de vídeo *on-line* Yahoo! Screen; única comédia do então novo canal CW, *The Game* durou apenas três temporadas, mas foi resgatada pelo canal BET, onde durou anos mais com boa audiência. De maneira semelhante, *The Killing*, *American Dad!*, *Friday Night Lights*, *Southland*, *Damages*, *The Mindy Project* e *Cougar Town* quase chegaram ao fim em uma casa e acabaram acolhidas por outra. As últimas temporadas de *Buffy*, *Medium* e *Scrubs* tiveram histórias parecidas. E até o canal de música *country* CMT resgatou *Nashville*. Enquanto isso, alguém na NBC deve se arrepender até hoje por ter negligenciado *JAG* em sua única temporada naquele canal. A série não apenas foi resgatada pela CBS como também se tornou um arrasa-quarteirões nos anos seguintes, perpetuando sua dominação da audiência com a *spin-off NCIS*.

Como visto com *Family Guy*, uma esperança para a sobrevida (mesmo que não necessariamente de uma ressurreição) de uma série está na carreira póstuma em caixas de DVDs, na qual se costuma considerar somente o mercado norte-americano, e não o do resto do mundo. É uma estratégia que funciona em duas frentes. Primeiro, pela possibilidade do aluguel ou da compra propriamente ditos, que permitem o contato continuado com o espectador já conquistado ou novo e vão apontar se a série tinha mesmo um fôlego considerável; depois, porque a inserção de atrações extras e comentários dos produtores, diretores e atores estende a conversa para além dos episódios, expande a mitologia e revela novidades de bastidores que fazem a alegria dos fãs. *Freaks And Geeks* mais uma vez aparece como exemplo disso. A excelente série era inicialmente assistida por um grupo tão pequeno de fãs que acabou cancelada por falta de audiência. O lançamento daquela temporada única em DVD e o disse-me-disse mundial, só possível graças à internet, fizeram com que a série adquirisse ao longo dos anos um *status* que ela nunca conquistara durante sua produção em exibições regulares – tanto que, apesar de ter tido apenas 18 episódios produzidos, é comentada e reverenciada até hoje. Uma extensão desse fenômeno *post-mortem* acontece hoje com os serviços de vídeo *on demand* que mantêm catálogos de séries mais antigas. Mais sobre eles adiante.

O *remake* é também uma forma de conferir nova vida a uma série. Para quem não sabe, significa tomar a premissa, os elementos e mesmo as histórias de uma série que fez sucesso em algum momento e refilmar tudo em outra época, com outros atores e para um público diferente, tudo novo e sem relação direta com a série anterior. Se antes a prática já existia, no século XXI ganhou uma dimensão maior ainda. O exemplo mais notável talvez seja o de *Battlestar Galactica*, uma série curta do final dos anos 1970 que foi totalmente reimaginada e encantou os fãs de ficção científica em sua versão de 2004. É bastante raro, no entanto, que um *remake* consiga aumentar (como fez *Galactica*) ou mesmo repetir o sucesso da série original. Que o digam *Dragnet*, *Knight Rider*, *Bionic Woman*, *Charlie's Angels* e *Melrose Place* – todas produções que ganharam *remakes* muitos anos depois e afundaram logo na linha de partida. Enquanto isso, *Hawaii 5-0*, *Nikita*, *V* e *Beverly Hills 90210* (levemente rebatizada) tiveram graus variados de sucesso se comparadas às suas primeiras versões.

Um conceito relacionado é o do *reboot*. A terminologia usada pela imprensa envolvendo continuações, resgates, *remakes* e a própria definição de *reboot* não é muito exata e costuma ser objeto de alguma confusão. Em geral, o *reboot* se caracteriza como um reinício, uma continuação da série original, agora necessariamente distante no tempo, seja do mesmo ponto onde ela deixou de existir lá atrás, em uma primeira modalidade, seja então de outro tipo, atualizada e com novos personagens – mas não um completo *remake*, e sim uma retomada do que vinha. Séries que começam de onde foram interrompidas ilustram bem a mistura de conceitos de que falávamos. Afinal, alguns anos depois de terem sido canceladas, simplesmente voltam a ser produzidas com toda a naturalidade no mesmo canal, colhendo os louros de sua fama alimentada no tempo fora do ar. *The Comeback*, na HBO, e *24*, na Fox, demonstram essa possibilidade. Já *Dallas* seguiu o segundo caminho, retratando duas décadas depois (em um canal diferente) uma nova geração das famílias originais, sem nem de longe repetir o alarde da primeira incursão. Outro exemplo de *reboot* é *The X-Files*, que retornou depois de anos ausente da TV. Pode-se dizer que o mesmo ocorreu com *Doctor Who*, com muito sucesso. A série começou em 1963, foi até 1989 e, por sua longevidade e características únicas, continuou acesa no imaginário do público (especialmente em romances e revistas) com tanto vigor que foi retomada em 2005, aproveitando-se das capacidades de regeneração do Doutor, seu personagem principal.

Apenas para aproveitar o assunto, convém lembrar ainda dos *remakes* internacionais, outra tendência cada vez mais forte na televisão norte-americana e que não pode ser ignorada. Se a adaptação de boas séries da TV inglesa já vinha intensa desde há algum tempo e não representa novidade (*All In The Family* e *Three's Company* já eram exemplos lá nos anos 1970), hoje ela é mais intensa do que nunca. Ótimas ideias vêm sendo compradas também de outros países e adaptadas pela máquina hollywoodiana. Enquanto *The Office*, *Being Human*, *House Of Cards*, *Whose Line Is It Anyway?* e *Shameless* eram originalmente programas britânicos, *Homeland* e *In Treatment* vieram de Israel, *Ugly Betty* foi trazida da Colômbia, *Red Band Society* nasceu na Espanha, *Chasing Life* era adaptada de uma novela mexicana e *The Killing* tem origem dinamarquesa, assim como *The Bridge* (em coprodução com a Suécia). A Austrália também começa a exportar sucessos locais (como *Rake* e *The Slap*), ainda sem boa ressonância nos Estados Unidos. As parcerias das produtoras norte-americanas com talentos estrangeiros também aumentaram bastante, resultando em mais coproduções.

Muitos atribuiriam esse aumento notável dos *remakes* de séries internacionais nos últimos anos a um esgotamento criativo no mercado norte-americano, o que é uma meia verdade. Mas, para sermos justos, deve-se destacar também o outro lado: houve uma melhoria incrível nas tramas e nos valores de produção das séries originadas em outros países, sobretudo os europeus, talvez inclusive propelidas pelos grandes exemplos da era de ouro norte-americana. E não se pode excluir ainda que nossos tempos, tão afeitos à comunicação globalizada, permitem uma maior exposição desses produtos, o que fatalmente acabaria mesmo por despertar interesse no maior mercado produtor e consumidor de seriados do mundo. Não é à toa que muitas dessas produções, apesar de não virem de países anglófonos, são faladas em inglês, já tendo em vista o mercado internacional.

Enquanto isso, o outro lado – a exportação de premissas bem-sucedidas de séries norte-americanas para outros mercados –, que sempre foi forte, continua de vento em popa. A Turquia e a Rússia, por exemplo, adoram refazer sucessos norte-americanos, como *The O.C.*, *Desperate Housewives*, *Prison Break* e *How I Met Your Mother*. Outros programas, como *The Golden Girls*, *Married... With Children* e especialmente *Everybody Loves Raymond*, já ganharam adaptações em muitos e muitos países. *Law & Order UK*, que poderia parecer mais uma *spin-off* da vitoriosa franquia, foi na verdade o primeiro *remake* licenciado para a Inglaterra de um drama norte-americano. As melhores histórias são literalmente adaptadas e recontadas à moda inglesa, perfazendo curtas temporadas, como já é costume por lá. E o que dizer de *Friends* no Irã?

Em anos recentes, toda essa reapropriação – a importação de conceitos estrangeiros, as continuações distantes no tempo e ressurreições antes consideradas improváveis, os velhos conceitos sendo refilmados para novas gerações e mesmo os *spin-offs* mais recentes, que também se enquadram de certa forma – aponta para uma tendência notável ao *revival* de maneira geral na televisão. Há fortes comprovações no noticiário cotidiano de que isso aumentou tremendamente na segunda década do século XXI. Considerando a já mencionada "linha burra" de impaciência adotada pelos canais, que vieram cancelando tantos programas novos sem dar a eles o tempo de aparar arestas e evoluir, não se poderia esperar outra coisa; as premissas originais e as ideias dos roteiristas um dia teriam mesmo de se esgotar. E tem mais: além desse iminente esgotamento criativo, há ainda a necessidade de se chamar atenção em meio à quantidade absurda de programas que aparecem todos os meses. Enquanto um programa inédito é só mais um, o *spin-off*, *remake*, *reboot* ou afim desperta reconhecimento em fãs de outrora e outros que já pelo menos ouviram falar do conceito preexistente.

"Hoje em dia, a familiaridade é uma grande vantagem", diz o crítico Matt Roush. Seu colega Alan Sepinwall brinca com a máxima imortalizada por Andy Warhol: "No futuro, toda série cancelada será revivida por 15 minutos".

A onda atual é claramente observável, mas não há como dizer ainda o que ela representa, além de uma tentativa de explorar o bom momento da era de ouro também com sucessos de outrora. Pode ter impacto muito restrito, ou ser um novo filão, ou até mesmo o começo de uma derrocada dos bons anos da TV, se a sanha por reciclagens apressadas for muito intensa e desmedida. Afinal, é um fato comprovado que a identidade de uma boa série de sucesso em outros tempos está intimamente ligada aos envolvidos em sua trajetória original e à época de sua realização. É sempre muito difícil recriar aquela mesma química sem tropeços feios, mas é fato que já estamos no começo de uma era de "reimaginações" completas à sombra da mesma premissa. Por outro lado, projetos que não puderam amadurecer do jeito certo em outros momentos talvez acabem tendo mais êxito com uma segunda oportunidade – mais uma vez comprovando a ineficiência dos obtusos responsáveis por decisões executivas malpensadas que levaram ao fim dezenas de ótimas séries com pouca audiência inicial.

Se estamos falando de sobrevida, *remakes* e *reboots*, é natural também que venham à mente os filmes saídos de séries. Falamos dos chamados filmes-continuação, que dão sequência natural à história iniciada em uma série de TV que os originou, como se fossem episódios estendidos ou talvez pequenas temporadas extras. Eles continuam a mitologia e trazem, na grande maioria dos casos, os mesmos atores e o mesmo exato contexto da série – só que agora na forma de um filme. *The X-Files*, *Sex And The City* e os primeiros filmes de *Star Trek* são exemplos famosos disso. Enquanto isso, *Twin Peaks: Fire Walk With Me*, um prelúdio de *Twin Peaks* lançado depois da série, foi vaiado em Cannes. Na década de 1970, *The Incredible Hulk* rendeu para a TV filmes de qualidade duvidosa, e a clássica *The Waltons*, que tinha vindo ela própria de um telefilme, foi sucedida já na década seguinte com nada menos que seis outros. *Dead Like Me* gerou um longa direto para DVD, e *Firefly* foi estendida no filme *Serenity* justamente porque as vendas dos DVDs da série original tinham sido muito boas. Essas continuações na forma de filmes são uma das grandes aspirações dos fãs de séries que foram canceladas, mesmo que gerem bombas esquecíveis como os filmes de *Entourage* (2015) ou *Absolutely Fabulous* (2016). Boatos e mesmo alguns poucos projetos reais (como o de *Veronica Mars*) ganham as notícias com certa frequência.

Esse tipo de extensão, no entanto, não deve ser confundido com as completas reimaginações de seriados para novos filmes que ganharam enorme monta no século XXI. Longas como *Bewitched*, *21 Jump Street*, *Starsky & Hutch*, *SWAT*, *The Addams Family* e *Maverick*, entre outros, foram todos *remakes* cinematográficos de séries de sucesso, mas de forma nenhuma são continuações e só guardam um leve parentesco com os seriados que apenas os inspiraram.

Quando falamos desses filmes derivados ou especiais para a TV, e dada a imensa nostalgia que constantemente cerca o universo dos seriados, merece uma consideração especial o conceito de *reunion*. O termo é muito usado na cobertura jornalística e fortíssimo no imaginário de espectadores, que sempre sonham em ver os astros juntos, especialmente se for para rememorar aquela série que veneramos há tanto tempo e hoje se encontra encerrada. Só por isso já deve ficar claro que aqui não falamos mais dos filmes-continuação que se seguem naturalmente aos episódios, e sim de uma coisa à parte. Vejamos como ela acontece.

A palavra "*reunion*", claro, traz para o português o sentido geral de "reunião". No entanto, não há nenhuma relação com reuniões como as de trabalho. No contexto das séries de TV, ela quer dizer algo mais como "reencontro", ou seja, uma ocasião em que ex-colegas de elenco se veem novamente juntos em um mesmo evento. Percebeu a abrangência dessa definição? É mais complicado do que parece estabelecer o que deveria ou não ser considerado *reunion*. A imprensa e os fãs costumam ser generosos com o termo e tachar qualquer tipo de reencontro sob essa mesma alcunha, em quase qualquer circunstância.

Sob o ponto de vista tradicional, reencontros de elenco de alguma série eram sempre comemorados com episódios ou programas especiais, anunciados com alarde. Vem daí o conceito de "filme de *reunion*", o filme feito para a TV e tratado formalmente como "reencontro muito especial" de personagens da defunta série muito tempo depois que ela se foi. Veja que ele se diferencia do filme-continuação e também não se trata de uma adaptação reimaginada. Não: o filme de *reunion* tenta, anos depois, recuperar o clima e a química da série original por uma mera questão de nostalgia – e dificilmente consegue isso.

É fato que tais reuniões acabam se saindo como cópias tristes dos programas em questão. Jamais repetem a magia da série original e não conseguem recriar o momento da série dentro de um esquema artificial, autoimposto, de como quem só está interessado em fazer um reencontro de personagens e então empurrar para o público aquele teatrinho em que seus ídolos de certa forma parodiam seus antigos papéis em uma trama possivelmente sem méritos, frágil, construída apenas como desculpa para "juntar o pessoal".

A verdade é que a maioria das séries de TV é feita tendo em mente um critério temporal, uma época na vida dos retratados. Passada aquela etapa, o programa perde sua razão de existir. É parte indissociável do próprio molde de que falávamos lá no começo. É por esse motivo que, na prática, essas *reunions* formais quase nunca dão certo, enquanto mesmo na teoria são cada vez mais desconsideradas por atores e criadores. Fazer esse tipo de filme é, hoje, considerado como uma admissão de derrota; afinal, ele só existe para tentar reerguer carreiras combalidas revisitando (alguns diriam surrando) conceitos consagrados. O resultado invariavelmente acaba ficando deslocado de sua boa época e carente de contexto, tantas vezes mais deprimente do que enternecedor para os fãs.

Um exemplo hipotético e largamente explorado, com que a maioria pode se identificar: quando *Friends* terminou, tivemos indicações de que as vidas de todos os seis amigos mudaram drasticamente. Como, então, reunir os seis – agora casados e com outros compromissos – em um local que não seja o apartamento de Monica ou o café Central Perk, dois locais que eram verdadeiros personagens por si mesmos? Como extrair daquelas pessoas – aos 40 e tantos anos, com filhos e até longe de Manhattan – as piadas que fizeram durante 10 anos dentro daquele contexto bem específico do atribulado começo de vida adulta? Não é à toa que os criadores, *showrunners* e até mesmo os atores principais consistentemente refutam qualquer possibilidade nesse sentido em tantas entrevistas que especulam a respeito. É claro que isso ainda pode acontecer (e pode até ser algo bom, quem sabe?), mas simplesmente não seria a mesma *Friends*, por mais que os fãs queiram revisitar sua velha série.

Como principal exemplo que de fato aconteceu, vêm à mente os filmes de *reunion* da clássica *sitcom The Brady Bunch* (1969-1974). A série se tornou tão querida em suas reprises ao longo dos anos que o público até compareceu aos primeiros reencontros do elenco original (em 1981 e 1988), mas os produtores, aparentemente desesperados em espremer até o último centavo da marca, tentaram relançar *spin-offs* baseadas nas novidades e deram com os burros n'água. Com isso, o universo dos Bradys ficou adormecido e acabou virando paródia com elenco totalmente diferente em novos filmes, com repercussões bem modestas.

Quando finalmente começou-se a se admitir que esse conceito formalizado não dava lá muito certo, veio um segundo momento, no qual *reunion* ainda era um reencontro dos personagens, mas agora de uma maneira bem mais informal e orgânica. A estratégia era usar um episódio de uma série qualquer que estivesse no ar para revisitar aquele pessoal como se eles fossem meros convidados especiais. A diversão está exatamente em burilar o roteiro para fazer menções engraçadinhas à série original. Esse modelo ainda é usado e costuma dar certo quando feito de maneira bem-amarrada.

Foi assim que parte do elenco de *Cheers* se viu reunida em ocasiões especiais da *spin-off Frasier*, ainda encarnando os mesmos personagens. Depois, a mesma *Frasier* se viu em um reencontro curiosíssimo em *The Simpsons*: o personagem Sideshow Bob, dublado por Kelsey Grammer (o próprio Frasier Crane), ganhou um irmão e um pai, dublados pelos mesmos atores que faziam o irmão e o pai do psiquiatra na *sitcom*, com direito a muitas piadas internas que só o público em comum das duas séries conseguiu pescar. De maneira semelhante, um pessoal da sisuda *Twin Peaks* reapareceu em peso em um episódio da detetivesca e cômica *Psych* que fazia homenagem à misteriosa série noventista. E, em 2009, todo o elenco principal de *Seinfeld* se viu reunido em um episódio que fechava um extenso arco de *Curb Your Enthusiasm*, justamente discutindo uma *reunion* da antiga série e já fazendo o metarreencontro.

Foi então que, possivelmente por interferência da imprensa, uma concepção ainda mais atual e espontânea passou a ser usada. Segundo o que se prega hoje, um reencontro pode acontecer... bem, de qualquer jeito que um encontro de duas ou mais pessoas pode acontecer. Sim, as coisas passaram a ser do modo mais simples do mundo: durante um evento, alguém tira uma foto e ali estão conversando sem qualquer compromisso dois ou três ex-integrantes de uma série já encerrada. Ou então eles são escolhidos para apresentar um prêmio juntos. Ou se juntam para uma sessão de fotos para uma revista. Podem não ser reuniões formais de elenco, mas esses encontros já fazem a alegria dos fãs e são encarados pela imprensa como legítimas lembranças da tal série que já se foi.

É importante, então, destacar uma diferença fundamental no próprio conceito: deixou de ser um reencontro de personagens para se transformar em um encontro de atores que trabalhavam juntos. Somando-se as acepções anteriores com esta, percebe-se que hoje é liberado chamar qualquer reencontro de *reunion*. A imprensa lança mão do termo em qualquer momento em que dois ex-colegas se cruzam em praticamente qualquer situação, talvez de maneira liberal demais. Afinal, "vale tudo" em nome de uma boa manchete que garanta o clique do internauta, não? Contudo, considerando o universo razoavelmente fechado das participações especiais, não parece tão apropriado gastar por aí o termo só porque dois atores que estiveram numa mesma série muitos anos antes acabam tendo pontas inexpressivas em uma série nova também inexpressiva. Encontros casuais e o já mencionado *typecasting* (escalar um mesmo ator para papéis sempre muito parecidos) estão fadados a acontecer no mundo das séries de TV e das premiações. Sob o ponto de vista dos espectadores, talvez seja mais honesto que a intenção de reunião seja clara: um ator é fixo na nova série, convida oficialmente o ex-colega para uma participação ocasional com algum destaque, são feitas referências ao passado em comum dos dois, um apelido, uma fala, uma situação inusitada, e os fãs se deleitam.

Exemplos dessa modalidade "oficial" mais recente se contam aos montes, pois se tornaram corriqueiros. Muitos dos *Friends* já participaram de séries uns dos outros; *The Big Bang Theory* trouxe reencontros de *Roseanne*; *The Middle* reuniu a ex-*Everybody Loves Raymond* Patricia Heaton ao seu "marido" de então, Ray Romano, em um episódio em que eles (literalmente) dormem juntos sem querer. Na verdade, é de se esperar que, toda semana, dois atores que já trabalharam juntos em outra ocasião se reencontrem de algum jeito em uma série atualmente na TV. Considerar isso como uma verdadeira *reunion* ou não é algo a ser discutido caso a caso entre os noticiosos e a opinião dos espectadores.

40. Prazer com culpa, culpa com prazer

A recente superabundância de TV de alta qualidade tornou muito mais difícil o meu hope-watching, *porque eu raramente tenho horas suficientes no dia (mesmo na minha área de trabalho) para assistir aos muitos programas que ainda estão lutando para se encontrar, e muito menos para me agarrar àqueles que não passam de ajuntamentos de potencial desperdiçado. Eu costumava usar meu* hope-watching *às vezes por temporadas inteiras, ou até mais que isso. Mas, hoje, dois episódios ruins seguidos – ou mesmo um piloto que não me empolgou em uma época ocupada demais do ano – podem ser suficientes para que eu abandone aquela esperança e vá ver a próxima coisa da fila.*

– o crítico de TV Alan Sepinwall, propondo a nova expressão *"hope-watch"* (em vez de *"hate-watch"*) para programas que continuamos assistindo na esperança de que eles finalmente alcancem todo o seu potencial.

Por que as pessoas às vezes se afeiçoam tanto a itens culturais de inegável baixa qualidade, seja em termos de séries de TV, seja filmes, livros, quadrinhos, música pop e mesmo *sites* e memes que rodam na internet? A olhos demagógicos, a questão poderia ter um indesejável viés elitista, quando o que se observa na realidade cotidiana, para além de opiniões, é que há, sim, o bem-feito, o magistral, a boa produção, e por outro lado o malfeito, o baixo nível, o tropeço escancarado. Ela também pode, com mais méritos, suscitar infindável discussão quanto aos muitos critérios que separam esses degraus. Tentar respondê-la neste momento levaria a outras tantas páginas, teorias e especulações a respeito de estética, mercadologia, psicologia e até direito, que acabariam fugindo ao assunto tratado até agora. Então, vamos deixá-la para acadêmicos dessas áreas e resistir à tentação de procurar alguma resposta.

Para além da polêmica, o espectador de qualquer origem e preferência pode ter duas certezas inegáveis com relação a produtos culturais. Primeira: não é por ele gostar de uma coisa que ela vai ser objetivamente boa e bem-feita; segunda: não é por ele não gostar que ela não pode gozar de excelentes predicados. Enquanto o gosto pessoal nos leva a fazer escolhas particulares, os acertos e erros tantas vezes estão lá na própria coisa, e não são as preferências individuais que garantem a superioridade de algum produto, especialmente quando se trata do consumidor comum, que não é muito dado a se aprofundar e analisar.

Estendendo o pensamento, podemos afirmar que não é o apelo junto ao público que prova que algum produto presta, nem a ausência dele seria atestado de falta de qualidade, a despeito do que possam pensar alguns engravatados e consumidores ingênuos de qualquer mídia. Há muitas excelentes realizações no constante aguardo de serem reconhecidas, enquanto tantos seriados terríveis tiveram mais temporadas do que deveriam. Exemplos de um caso e de outro se contam às dúzias.

O que vai interessar neste contexto é o conceito do *guilty pleasure* (algo como "prazer com culpa"). Assim como acontece com o já visto *brilliant-but-cancelled* (que são exemplos das tais realizações nunca reconhecidas) e com outras terminologias informais, "*guilty pleasure*" é uma expressão que tem seu uso imortalizado entre os fãs e jornalistas especializados. Seu emprego é bem justificado: mostrar que existem séries que, na verdade, têm a declarada intenção de não ser vistas como TV de primeira qualidade, mas sim como descaradamente apelativas aos mais rasteiros denominadores comuns, fugindo da verossimilhança, dos bons valores comparativos, da boa técnica e do aprofundamento esperado dos bons produtos. Pode parecer estranho, mas, quando é bem-sucedido nessa tarefa de ser questionável, esse tal programa alcança seu objetivo de conquistar sua audiência seja por qual mérito for.

Falamos de séries que caem no gosto de parte do público e são adoradas mesmo se reconhecendo que elas, antes de tudo, não são boa televisão. Daí o "prazer com culpa" da expressão original em inglês. Dá uma certa vergonha de gostar daquilo, levando o espectador a admitir que sabe o quanto aquilo é ruim, mas tem uma vontade irresistível de assistir assim mesmo. É por essa razão que nem sempre dá para associar qualidade e sucesso, e é por essa mesma exata razão que existem os *guilty pleasures* mais característicos.

A decisão sobre o que é um *guilty pleasure* fica no meio do caminho entre o bom senso da pessoa (que deve antes de tudo reconhecer a falta de qualidade, já que a "culpa" é elemento essencial) e o tratamento como algo duvidoso por um grupo maior. As principais vítimas costumam ser produções muito ostensivamente direcionadas para o público feminino, especialmente o adolescente, ou aquelas com altas doses de ação ou ficção científica não muito bem executadas, em que diálogos e personalidades ficam em segundo plano para dar lugar à trama incessante (e geralmente mal pensada).

Dar exemplos é mais delicado. É claro que algumas pessoas ficariam ofendidas com essa presunção quanto a uma série de que gosta – o que, mais uma vez, não melhora em nada a baixa qualidade da série de um ponto de vista objetivo. Uma vez ou outra, a própria imprensa em bloco passa a tomar um programa qualquer como algo que não pode ser levado a sério – salientando que, idealmente, críticos e repórteres estão ali justamente para esclarecer o público –, e aí ele ganha automaticamente a alcunha de *guilty pleasure*, gostem os fãs ou não. É o caso das novelas absurdas em forma de série, como *Melrose Place* ou *Scandal*, assim como boa parte da programação do canal CW, ou ainda a grande maioria dos *reality shows*. Também pode acontecer com as comédias – na verdade, um dos piores tipos de séries que se possa conceber nos termos discutidos até aqui é o subgênero da *sitcom* adolescente mal escrita e irrealista, e mesmo uma *Saved By The Bell* faz sucesso vez por outra. Quem quer que tenha se habituado a assistir a qualquer um desses exemplos tem de admitir: pode ser delicioso para passar o tempo, mas é muito ruim se comparado com o material realmente bem escrito e bem atuado que outras séries têm a oferecer.

A expressão até pode tomar uma forma, digamos, mais pessoal. É possível, por exemplo, que alguém considere uma série sólida e cuidadosamente produzida como *Spartacus* como um *guilty pleasure*, por conta de seus baldes de sangue jogados na tela, da nudez generalizada, da violência explícita e mesmo dos diálogos montados de forma a parecer uma linguagem antiga. Para aquela pessoa, causa certo embaraço assistir a algo assim e gostar. Não precisamos compactuar com essa visão, mas é possível entendê-la. Isso não faz da série, objetivamente, um reconhecido *guilty pleasure*; é apenas um problema qualquer que um indivíduo tem com aquele seriado. Talvez a expressão continue servindo, talvez não.

Outro caso particular é o do programa que nem sempre foi visto assim, mas que decaiu com o tempo. *Grey's Anatomy* foi uma série reconhecida como razoável e recomendada em seu início, um sucesso de público com grande alcance. Mas a vocação novelesca falou mais alto, e ela foi se transformando ao longo do tempo em um legítimo *guilty pleasure* (para um grupo cada vez mais restrito de espectadoras que seguiram em frente), com suas reviravoltas excessivas e forçadas, o apelo emocional fácil demais, o melodrama sensacionalista e as mudanças para um elenco cada vez menos em sintonia com seus assuntos hospitalares. Alguns dizem que, em temporadas posteriores, ela se reergueu e se redimiu; mas é apenas um exemplo. Assim como esse, há, houve e haverá muitos outros.

Algumas séries se pretendem nada mais que entretenimento inconsequente, feito com mais ou com menos qualidade dos valores de produção; outras têm aspirações mais sérias e querem pelo menos contar histórias de maior complexidade; e ainda existem seriados que, para o espectador pouco exigente, mais se pareceriam com um "dever de casa", demandando atenção simultânea a muitos níveis de leitura, metalinguagem, assuntos espinhosos, metáforas e paralelismos, acurácia histórica e científica e ênfase no psicológico dos personagens, o que talvez viria a diminuir, para essas pessoas, o que deveria ser a intenção primeira de se assistir a uma série: o prazer.

Entretanto, é fato que algumas produções nascem, sim, com determinadas intenções muito próprias, e é apenas salutar que não percamos isso de vista. Se o espectador está interessado no discernimento – e não em ser parte do público que quer "ligar a televisão e desligar o cérebro", como muito se diz –, o melhor que ele pode fazer, além de assistir ao máximo possível para ter boas bases de comparação, é admitir os acertos e os defeitos de cada série, limitado mais uma vez pela quantidade de bom senso que tem ou não. Para desenvolver essa percepção, uma boa prática é procurar ler mais a respeito de um programa que o interesse para encontrar novas camadas, analisar a percepção geral e descobrir outros pontos de vista sobre aquele conteúdo.

Em se tratando do grande público, claro, isso não pode ser visto como uma exigência. O que todos querem, em princípio, é se deixar encantar sem preocupações. Mas, com o costume, vamos aos poucos identificando os critérios de real qualidade das séries de TV em contraponto àquilo que apela às soluções de roteiro mais comuns e mais popularescas. Isso não significa que todos devem virar as costas em definitivo para os *guilty pleasures*, de forma alguma. Todos podemos tê-los e apreciá-los de forma muito pessoal. Falamos apenas de aprender a reconhecer que um certo programa, apesar de assistido e até estimado, pode estar longe do que de melhor o formato "série" e o meio "televisão" têm a oferecer. É uma forma de ser, mais que um fã, um conhecedor e apreciador com propriedade – seja do que é bom mesmo, seja do que a gente gosta em segredo.

Por fim, um conceito de certa forma correlato ao do *guilty pleasure*, mas que merece apenas menção e não muita discussão, é o chamado *hate-watching*. A tradução, mais uma vez, é complicada; significa assistir a algo não pelo prazer de presenciar boa TV, mas justamente pela razão oposta, a de não apreciar a série e querer fazer pouco dela.

Se parece não fazer sentido é porque talvez não faça mesmo. As pessoas que se dedicam ao *hate-watching* de alguma série estão gastando seu tempo com essa atividade pouco razoável e dando audiência para um programa que "adoram detestar", quando poderiam estar vendo algo bem mais proveitoso. Talvez queiram, no fundo, uma válvula de escape para suas frustrações e a encontrem exercitando seu desgosto pela série em questão. Criticam os personagens, os diálogos, as tramas, os figurinos e as escolhas de elenco, torcem pelo fracasso da série, e então ficam satisfeitas ao demonstrar nos fóruns *on-line* ter razão em seu ódio professado. Mas continuam vendo.

Trata-se de uma perda de tempo enorme, considerando a quantidade de boa televisão feita nos últimos anos, a dificuldade do espectador comum de seguir tudo de bom que é produzido e a fatal ocorrência de pontos baixos, também criticáveis, mesmo nos melhores programas, o que poderia muito bem servir como o ponto de controvérsia pretendido pelos *hate-watchers*. Em outras palavras: torcer pelo pior talvez não seja o melhor motivo para se assistir a uma série de TV. Como explicou o *showrunner* Damon Lindelof (*Lost*, *The Leftovers*) em 2015, "há programas que você diz que odeia, mas, se assiste, é porque não odeia. Se você assiste às 10 horas de uma série, não tem moral para dizer que está '*hate-watching*'. Você gosta da série. Espera ansiosamente ela entrar no ar, tem vontade de ver, está envolvido por ela. Pode até ter umas coisas que te deixam louco – e aí você pode reclamar da segunda temporada de *True Detective* o quanto quiser, mas, se chega o domingo e você está ansioso para ver, então você não odeia a série. Pode ficar esmiuçando e procurando falhas, mas tem algo ali que te conquistou. Só que você quer se distanciar da coisa e aí vem com essa história de '*hate-watching*' para se justificar".

Enfim, a cada um o que mais lhe convier. E devemos considerar que a imprensa efetivamente adota essa expressão para determinados casos e determinados públicos, logo, vale a pena pelo menos conhecê-la.

As premiações

41. O prêmio, o fosso e o público lá bem distante

É como se a TV aberta transmitisse uma cerimônia de premiação que desse todos os prêmios para a TV a cabo e para a Netflix. Seria loucura.
– o apresentador Seth Meyers, na entrega dos Emmys 2014 – premiação na qual, já há alguns anos, vinha acontecendo exatamente isso.

O que significa uma premiação de séries de televisão na vida de um espectador? Está aí uma questão que pode atormentar uma parcela do público mais interessado e que ouriça os críticos em demasia, mas que não deveria importar a ninguém além da própria indústria de televisão. O assunto das premiações talvez nem mesmo devesse ser observado à parte, mas não se pode simplesmente fingir que ele não existe, considerando que as cerimônias recebem tanta atenção da imprensa e dos fãs de televisão, e ainda mais quando, na nossa realidade tão imperfeita, um prêmio pode acabar tendo algum impacto real na audiência, no prestígio dos atores e demais envolvidos, em duração, patrocínio e outros aspectos das séries de televisão – e até nas nossas conversas cotidianas.

Então, quando se trata desse assunto, que o espectador consciente não tenha dúvida do seguinte, acima de tudo: a grande maioria das premiações em artes audiovisuais de massa, como são a TV e o cinema, constituem apenas uma forma de a indústria olhar para si mesma e parabenizar quem trouxe mais dinheiro e visibilidade ao meio em questão. Isso, *a priori*, exclui o critério "qualidade"; da mesma forma, exclui qualquer relevância para o público, ou deveria excluir. Essa é a realidade com que devemos trabalhar daqui por diante. E sim, isso deve ser dito de forma generalizada, porque todos esses prêmios sofrem de problemas semelhantes – e esses são problemas sérios que afetam sua credibilidade. Uma ressalva deve ser feita: falamos aqui das indicações e dos "títulos" conquistados, não da cerimônia televisionada, que pode de verdade ser divertida ou mesmo comovente, dependendo do grau de envolvimento do espectador. Não há dúvida de que a maioria das grandes cerimônias devem ser consideradas entretenimento válido. Discursos podem ser emocionantes, piadas podem ser boas, e claro que nos é permitido torcer – mas devemos cuidar para que não vá além disso.

No caso da TV, tais indicações raramente se alinham com perfeição ao que realmente há de melhor na programação – tomando-se por base o que a crítica aponta em conjunto – ou ao que de fato é de mais interesse do público – conforme aferido pelos números de audiência. Ou seja, é fundamental reconhecer que, assim como o gosto pessoal não diz nada sobre uma série, não existe relação necessária entre a maioria das premiações, qualidade, sucesso de audiência e avaliações dos críticos. Essas são todas variáveis que não dependem uma da outra e que só às vezes calham de ser coincidentes por puro acaso ou méritos específicos de algum programa. Mesmo a eventual premiação que talvez pudesse ser tida como mais interessante e relevante deve ser encarada apenas como a opinião de um grupo que dificilmente será formado por *experts* no assunto e que vai cometer deslizes sérios aqui e ali, e assim comprometer a credibilidade do prêmio como um todo, desmerecendo até a honraria mais acertada. A exceção nesse sentido vai para prêmios concedidos por instituições sérias formadas pela crítica; por definição, esses são *experts*, mas não dá para excluir presentinhos de canais ou concessões demagógicas. De forma geral, se é que existem tendências predominantes de elegibilidade, elas passam, primeiro, por favorecimentos pessoais; segundo, levando em conta o desconhecimento dos votantes, por uma questão de quem demonstra uma personalidade mais destacada no meio, o que comumente dá mais margem às séries da TV paga, naturalmente mais ousadas em todos os departamentos.

Portanto, caro telespectador, está na hora de deixarmos de pensar em termos de "Fulano ganhou um Oscar" ou "Tal série foi a grande vencedora do Emmy". Na prática, para nós, que só assistimos, isso não precisa significar nada e não deve ser levado em consideração.

Muito mais importante do que os troféus é a movimentação gerada pela série no meio *on-line* por pessoas reais (vide, mais uma vez, aquele conceito de presença *on-line*), tanto entre críticos respeitáveis quanto nos comentários com algum traço de inteligência.

Essas premiações que acompanhamos hoje nasceram em sua maioria como a "festa de fim de ano da empresa". Serviam apenas à congratulação entre pares, fossem eles atores de Hollywood, poderosos produtores, correspondentes estrangeiros, pessoal técnico, o que fosse. Um dia, alguém percebeu que transmitir as cerimônias para o público seria uma forma natural de fazer relações públicas disfarçada como entretenimento. Veja, cidadão comum: são todos os seus preferidos reunidos em um mesmo salão, bem-vestidos, felizes, celebrando o mesmo audiovisual que você, mero espectador, tanto idolatra. A partir de então, eventos que deveriam ser de interesse restrito foram imbuídos, aos olhos do público, de uma importância que nunca se justificou. Ou pior ainda: pela própria ilusão de sua falsa relevância, começaram a se levar cada vez mais a sério e se artificializaram por completo, tornando-se ainda menos representativos dos verdadeiros méritos do que em qualquer momento pretenderam ser. O peso dentro do próprio meio, no entanto, continuou valendo: assim como acontece naquelas festas de fim de ano, ser reconhecido pelos colegas ainda representa muito em termos de popularidade e afirmação.

Existem muitas instituições que premiam e prestigiam a programação de séries de TV em sua agenda anual. Acabam tendo todas a mesma aparência final, mas com algumas diferenças em essência, já que em algumas quem vota é a própria indústria, em outras é parte do público e em outras, quem escolhe são jornalistas e/ou críticos. Os troféus mais celebrados e mais cobiçados são os Emmys (que, sem entrar em muitos detalhes, são votados pela Academia de Artes e Ciências da Televisão) e os Golden Globes (votados pela extremamente restrita e autocentrada Associação de Correspondentes Estrangeiros de Hollywood, com não mais que inexpressivos 90-100 membros votantes que apelam demasiado ao *star power* do indicado ou potencial candidato, e não necessariamente ao mérito, que deveria ser a tônica de uma premiação). Justamente por serem os mais populares dentro da indústria, são também os mais comentados e assim reconhecidos pelo público.

Outras premiações menos badaladas são até ligeiramente mais críveis. Entre elas estão, por exemplo, as cerimônias das chamadas guildas (que são como sindicatos ou associações de cada categoria: atores, diretores, figurinistas, produtores, escritores e assim por diante) e da American Society of Cinematographers (sociedade cultural de cineastas), os prêmios de mérito e excelência Peabody e Humanitas (ambos com a professa intenção de ser um "Pulitzer para a televisão" e conferidos por organizações de caráter ilibado e à parte da indústria) e o prêmio da Associação de Críticos de Televisão (TCA), entre muitos outros. Também publicações especializadas andaram se organizando para entregar prêmios direcionados pela crítica e pela cobertura diária, como as revistas *on-line* TV Guide e Entertainment Weekly.

Já festinhas como People's Choice Awards, Kids' Choice Awards e Teen Choice Awards podem até ser lembradas, mas são declaradamente concursos de popularidade entre crianças e adolescentes e os troféus que mais se afastam de qualquer arremedo de credibilidade. Se já demonstramos que qualidade e popularidade não andam de mãos dadas, isso fica ainda mais tangível quando se trata da faixa de público mais imatura e influenciada por estratégias de *marketing*. Na verdade, esse tipo de premiação popularesca chega ao abuso de abraçar de todo o coração os piores *guilty pleasures* em nome de uma pretensa democratização de escolhas. Mas, claro, representam um grupo consumidor importantíssimo, então redes, patrocinadores e afins dão a ele esse "direito".

De maneira nenhuma é importante conhecermos detalhes de cada uma dessas premiações. Muito mais relevante é entendermos como elas se relacionam com o espectador. E, por mais que o público mencione tal série como ganhadora disto ou daquilo e que abrace essas cerimônias com fervor semelhante ao que dedica aos próprios programas semanais a cada temporada, veremos que essa relação é, na verdade, a de distanciamento e até de estranhamento. É uma relação que o espectador de séries precisa tornar mais bem resolvida consigo mesmo, ao enxergar melhor o que significam essas premiações e finalmente entender que elas são projetadas para ignorar quaisquer eventuais expectativas do público. Em tempo: esse distanciamento coloca por terra uma costumeira grita de certos detratores, que dizem que "premiações são apenas concursos de popularidade". Ainda que aqui também se advogue a desimportância dessas premiações, a verdadeira razão não passa por aí. Não é o que elas são.

Tomemos apenas como exemplo daqui por diante aquela que é considerada a maior premiação voltada à televisão norte-americana: a entrega dos Emmys. Fato pouco conhecido do grande público brasileiro é que os Emmys não são restritos à cerimônia de que ouvimos falar todos os anos, os Primetime Emmys, prêmio mais famoso que é voltado à grade noturna e às séries que viemos discutindo até aqui, além de *reality shows* e *talk shows*. Nos Estados Unidos, são bastante populares os Daytime Emmys, que se voltam à programação diurna de novelas e programas de variedades. Há também variantes de acordo com outros tipos de programa e também do ponto de vista regional. Além deles, talvez o espectador já tenha ouvido falar dos International Emmys, que se estendem ao resto do mundo, inclusive à programação brasileira, e dos Creative Arts Emmys, que acontecem mais ou menos uma semana antes dos prêmios principais e incluem categorias técnicas.

Ao contrário do que seria razoável concluir, para a indicação de performances individuais nos Emmys não é considerada a atuação de um profissional – ator, diretor, roteirista, figurinista ou quem quer que seja – no decorrer de toda uma temporada, como seria justo. Nada disso: a pessoa vai enviar para apreciação apenas um episódio que ela escolheu como seu ponto alto. Começam aí as discrepâncias que reinam nesse tipo de premiação. Com relação à indicação de títulos (como melhor série), são enviados seis episódios do programa, mas eles são divididos em grupos de dois e distribuídos aleatoriamente aos votantes. Ou seja, é bem possível que um votante tenha visto apenas dois episódios soltos de uma série e vá dar seu veredito baseado nisso – se é que ele assiste ao que lhe é enviado.

Se, por um lado, é impossível escolher qual a melhor série por meio de dois episódios somente – e reforçamos que não é apenas difícil, mas virtualmente impossível e altamente injusto escolher com base apenas nessa amostragem –, também é extremamente improvável que votantes que assistiram por conta própria a toda(s) a(s) temporada(s) e chegam influenciados pelo conjunto, tanto positiva quanto negativamente, venham a se decidir tendo por base somente aqueles parcos exemplos. E isso pensando naqueles que tentarem ser honestos, já que nada garante que todos assistirão a todas as amostras. Além disso, é claro que a escolha do tal episódio-chave pode ser bastante equivocada e influenciada por fatores externos (frequentemente acontece, aliás) e não representaria o melhor trabalho a ser julgado na categoria. Ou seja, todo o processo já começa profundamente falho em sua raiz.

Se conseguirmos passar por cima dessa fase inicial, veremos que as premiações têm incongruências que já se tornaram "marca registrada" de cada uma e que passaram a ser próprias delas com o passar do tempo. Essas estranhezas se mostram de muitos jeitos: nomes e definições de categorias confusos ou amplos demais, presunção de determinadas categorias sob alegações indevidas, junções de categorias claramente diferentes, regras obtusas ditando quem é elegível em certa categoria, preconceitos totalmente infundados, corpos votantes que nem sempre fazem sentido e por aí vai.

Se podemos apontar um motivo principal para essas discrepâncias, então vamos voltar nossos dedos acusatórios para nada menos que os frágeis egos dos votantes e dos produtores encarregados de cada prêmio, que parecem nunca deixar seus cargos e assim perpetuam enganos. Voltando ao exemplo, os Emmys têm a peculiaridade de ter, entre seus votantes, exatamente as equipes dos programas indicados – e nada impede que esse grupo em peso vote em si mesmo. Quanto maior a equipe, maiores as chances de a série se destacar. Isso evidentemente anula qualquer pretensão de imparcialidade tanto nas indicações quanto no merecimento dos próprios prêmios.

Aliás, isso até ajuda a explicar o fato de os Emmys terem uma tendência indesejável ao que chamaríamos de "preguiça", ou melhor, a tendência de indicar repetidamente as mesmas séries em anos subsequentes, mesmo elas decididamente não sendo as melhores representantes desta ou daquela categoria transmitidas naquele momento. Se fosse uma ocorrência ocasional, passaria despercebida e não mereceria acusação; mas a cada ano fica mais óbvio que indicações acontecem apenas porque já aconteceram do mesmo jeito no ano anterior, independentemente dos méritos de cada temporada. Em uma premiação séria, essa indicação indevida daria lugar a outra série que se destacou de fato e mereceria reconhecimento. Outras explicações para isso são desconhecidas. Desconfia-se de que se baseiem em pura ignorância do material concorrente, o que leva os votantes a se apoiarem em alguma noção distorcida de "conforto" e "segurança" quanto àquilo que já indicaram em vezes anteriores, como se eles não pudessem se arriscar ou mesmo dizer a verdade em cada oportunidade de votar.

De maneira semelhante, mas com efeito contrário, os votantes às vezes assumem uma postura de que algum programa não vai ser prestigiado, seja por características da produção, seja por fatores externos que (não deveriam, mas) intervêm na escolha. Cria-se uma espécie de cegueira seletiva nociva e inexplicável, considerando-se que uma premiação desse tipo deveria apreciar a programação como um todo e realmente destacar o melhor, não o mais conveniente. Essas ingerências podem ser vistas na forma de lançamentos cinematográficos e entrelaçamentos com filmes, relações de gênero, cor ou etnia, a vida pessoal de indicados e demais candidatos, a arrecadação, o noticiário dos jornais e a fama ou infâmia dos nomes envolvidos. Nada disso deveria influenciar em uma escolha objetiva de eventuais melhores em cada categoria, se fosse uma premiação por méritos. Mas a verdade é que essa interferência é forte e constante. Infelizmente, como em tantos ramos da atividade humana, o modelo ideal dá lugar à política, ao poder econômico e à vaidade dos envolvidos.

Alguns creditam essa cegueira à desconfiança de que os Emmys teriam uma tendência infantil a certa "positividade" (alegadamente ligada ao tradicional moralismo norte-americano) e não seriam afeitos a "sombras" – personagens sombrios, anti-heróis, tramas densas, atmosferas opressivas. É uma hipótese tão defensável quanto bastante discutível. Esse pessoal também argumenta que séries como *The Sopranos* e *Breaking Bad* apareceram com um grau tão alto de excelência que teriam começado a quebrar esse preconceito. Seria, então, ponto para a Renascença? Somente se a hipótese for verdadeira.

A propósito, registre-se ainda que o pessoal do Emmy desenvolveu uma obsessão por TV paga nesses anos de ouro da televisão. Tudo bem, isso se justifica em algum grau: em termos de bons roteiros, o cabo costuma estar muito à frente da produção da TV aberta, e o reconhecimento é devido. Mas também é certo que ainda existem excelentes séries sendo feitas nas forjas das grandes redes, programas que deveriam no mínimo ser reconhecidos como realmente grandes e – já que é o caso de conceder prêmios – pelo menos indicados a algumas honrarias em uma teórica premiação voltada a méritos. Como justificar um prêmio para "melhores da TV" e virar as costas a toda a produção da TV aberta simplesmente com base em qual canal uma série é exibida? Parece que substituíram um preconceito por outro. Pode-se entrever um aspecto positivo, no entanto: isso poderia ocasionar certa elevação do grau de exigência das redes abertas, já que elas se veem com tanta frequência confrontadas com séries de tão alta qualidade vindas do cabo e podem se cansar de ficar no prejuízo.

Esse arranjo, aliás, traz uma situação incômoda adicional para as "Quatro Grandes". A cada ano, CBS, ABC, Fox e NBC se revezam na transmissão de uma celebração que já premia muito mais a TV a cabo do que os programas dessas próprias redes abertas. E é claro que um dos objetivos iniciais (além de conquistar a liderança em audiência da noite) era o de prestigiar a prata da casa. Para agravar essa incongruência, ganham cada vez mais atenção produtos que nem mesmo são veiculados por canais, na forma dos serviços *on demand*. Ou seja, a própria transmissão do Emmy começa a não fazer sentido para a TV aberta – ainda que, para o espectador, a cerimônia continue sendo basicamente o mesmo espetáculo de sempre.

Passemos às categorias, e o espectador verá que parte do problema também está lá na essência, nas próprias regras de indicação. Há critérios bem estabelecidos (não diríamos "bem claros") para o encaixe de um programa ou de um profissional em uma categoria X. Em alguns casos, talvez o espectador já tenha se acostumado e nem desconfie mais da falta de nexo. Por exemplo, qual a razão da divisão entre "masculino" e "feminino" nessas premiações? Qual o sentido em premiar atores e atrizes separadamente, quando ambos fazem parte de um mesmo trabalho? Será que uma próxima etapa, na ânsia do politicamente correto, seria premiar diretores e diretoras em categorias distintas? Roteiristas e figurinistas também? Em seu auge, quando era a maior série do mundo, *The Simpsons* ganhou inúmeros prêmios, mas nunca pôde ser indicada a melhor comédia na categoria principal, só pelo fato de ser uma animação.

Vejamos ainda uma distinção que costuma causar certa confusão no público: a mobilidade de uma produção entre as categorias de série e minissérie. Segundo as regras oficiais do Emmy, as definições seriam: uma minissérie "é baseada em um único tema ou linha narrativa que se resolve dentro daquela apresentação única", enquanto uma série é aquele produto em que "um tema ou uma linha narrativa recorrentes, assim como personagens principais, são apresentados sob um mesmo título e com uma continuidade em termos de produção". Ambas tentam ser claras e se referem a coisas distintas, mas parecem permitir brechas quando expostas à realidade mista da programação atual.

Todos os anos, são muitas as estranhezas em termos das indicações por conta de inadequações. Por exemplo, por que a duração da série parece, aos olhos do Emmy, suficiente para definir seu teor dramático ou cômico? Como interpretar uma situação em que um programa é indicado em categorias principais de atuação, roteiro e direção ao mesmo tempo, e não é cogitado como melhor série? E ainda: se existe toda essa tentativa de estabelecer critérios bem individualizados para cada categoria, como explicar que, em determinado momento, a premiação se viu "obrigada" (termo usado muito livremente) a unir sob uma mesma categoria as premiações de minisséries e telefilmes – produtos bastante diferentes –, sob a alegação de que não havia representantes suficientes em ambas para que elas permanecessem separadas? A pretensa solução sem sentido foi mesclar as duas, como acontece também em muitas outras premiações.

A ousadia em temáticas e formatos vista no século XXI realmente desafia os rótulos e as definições de categorias. Não existe, por exemplo, premiação específica para dramédias, o que significa, por um lado, que muita coisa pode ser (e efetivamente é) deixada de fora das categorias principais por não se encaixar mais propriamente, e, por outro, que algumas indicações na categoria errada acabam causando grande estranhamento no público e na crítica, especialmente quando os outros candidatos são muitos fortes em seu segmento. Exemplo recente: a versão norte-americana da série *Shameless*, que concorreu anteriormente como drama e chegava a ser até bem pesada em ocasiões, conseguiu que em certo momento os Emmys a incluíssem na categoria comédia com base em sua meia hora de duração e em suas eventuais subtramas mais descontraídas.

Produções inglesas, em especial, que têm menor número de episódios por temporada, procuram evitar a concorrência com os mais poderosos dramas norte-americanos e começaram uma certa mania de se lançar como minisséries. E o maior problema é que o Emmy permite isso! Será que uma temporada de *Sherlock* (a aclamada série inglesa com Benedict Cumberbatch e Martin Freeman), com seus três episódios de uma hora e meia cada, deveria ser erroneamente considerada como uma minissérie – que tem temporadas!? Ou talvez, pior ainda, como três filmes para a TV? E será que *Downton Abbey* deveria ser considerada uma minissérie, apesar de ter todas as características de uma série absolutamente regular, apenas para vencer em uma categoria que não é a sua e evitar os pesos-pesados? Do lado norte-americano, *True Detective*, que é uma variação da série antológica, talvez se visse em casa na categoria de minisséries – já que tem temporadas fechadas e distintas –, mas, para desespero de muitos executivos, foi aceita como drama comum em 2014, o que desequilibrou fortemente a balança nessa categoria.

Aparentemente, a adequação depende da cara de pau de quem se inscreve: séries contínuas, com temporadas e tudo, entram como minisséries; atores coadjuvantes tentam como principais e vice-versa; convidados com segundos de tela querem ser reconhecidos como coadjuvantes e por aí vai. Se o Emmy tivesse mais seriedade, julgasse e considerasse caso a caso os pedidos descabidos de produtores e canais poderosos usando critérios puramente humanos e de bom senso, talvez aumentasse sua credibilidade.

Por falar na Inglaterra, os prêmios BAFTA entregues por lá tentam pôr um pouco de ordem na casa ao estabelecer mais critérios, mas pecam talvez de forma mais aberrante. Por exemplo, minisséries confessas – fechadas, de apresentação única, sem temporadas –, se tiverem mais de cinco episódios, são consideradas junto a séries abertas e comuns. O outro lado também é verdadeiro e igualmente inexplicável: séries com cinco episódios ou menos por temporada, mesmo que sejam universalmente consideradas contínuas e abertas, são tratadas como minisséries, coisa que elas definitivamente não são. O prêmio se complica ainda mais: seriados cômicos nem mesmo são considerados séries; apenas produções dramáticas com seis a 19 episódios por temporada são consideradas sob a inventiva categoria "séries"; e, absurdo dos absurdos, se ela tiver mais de 20 episódios em um ano, entra para a estranha categoria de "séries de longa duração". Em categorias de atuação, séries, minisséries e telefilmes são todos jogados no mesmo saco. Quando dizemos que nenhuma premiação deve ser levada a sério pelo público, e quando utilizamos os Emmys apenas como exemplo de discrepâncias, não é à toa.

Com relação aos lendários injustiçados das premiações, apontados e discutidos todos os anos, a cada cerimônia, temos uma questão que resvala demais em preferências subjetivas. É claro que todos os fãs têm seus preferidos e suas rusgas pessoais, mas é bem difícil dizer com objetividade quem mereceu, não mereceu ou deveria ganhar em algum ano, em qualquer categoria. Raramente os "vencedores" serão séries de baixa qualidade, mas também não dá para atestar que serão realmente os melhores programas no ar naquele momento. Parece que, todos os anos, existem no ar comédias melhores que a que levou o troféu, textos melhores que aquele reconhecido como melhor roteiro, dramas muito mais interessantes e bem-cuidados do que "o grande vencedor da noite".

Nesse aspecto, se há uma aberração que deve ser apontada como altamente simbólica – e é lembrada por críticos e público todos os anos, em peso – é o fato de *The Wire* ser hoje largamente considerada uma das maiores séries da história da televisão e jamais ter conseguido nem mesmo uma indicação ao Emmy de melhor drama nos cinco anos em que esteve no ar pela tão visada HBO. Trata-se de um resultado claro daquela cegueira praticamente proposital de que falávamos e um ponto de grande constrangimento em uma premiação já tão repleta de falhas.

Para crédito da Academia que vota os Emmys, deve ser dito que existem esforços ocasionais e pontuais para se corrigir muito lentamente esse imbróglio de definições e categorias. Percebendo a necessidade de reformas, a instituição, primeiro, reconheceu rapidamente uma das mudanças que já invadiam a vida prática e sem demora alterou seus estatutos para incluir produções veiculadas na internet ou por serviços de *streaming*, sobre as quais veremos adiante. Isso permitiu, por exemplo, que *Orange Is The New Black* (da Netflix) também pudesse ser, com justiça, considerada TV, ainda que não fizesse parte de nenhum canal convencional, e assim chegasse à premiação de 2014 indicada em diversas categorias. Só que isso não resolvia a questão das definições. Por isso, aquele drama, que trata das agruras de uma prisão feminina e é por vezes bem pesado, concorreu como se fosse uma comédia ao lado de *sitcoms* radicalmente diferentes como *The Big Bang Theory* e *Modern Family*.

Depois, no começo de 2015, a Academia decidiu atualizar discretamente alguns de seus critérios de elegibilidade. Todas as votações foram estendidas a todos os membros, as categorias de melhor série passaram a receber sete indicados em vez de seis (reflexo ainda desequilibrado do aumento de produção dos anos anteriores) e criaram-se novas definições, ainda falhas, do que a partir de então deveria ser considerado drama, comédia e minissérie no contexto da premiação, com a possibilidade de uma bem-vinda avaliação de adequação por uma banca examinadora – única medida que de fato significaria alguma diferença. E ela veio: um mês depois, três dramédias de uma hora de duração (*Shameless*, *Jane The Virgin* e *Glee*) foram aceitas dentro da categoria de comédia após deliberação da nova banca, e *Orange Is The New Black*, que lá estava em posição irregular, foi movida para sua categoria adequada entre os dramas. A iniciativa como um todo indicou uma pequena vitória do bom senso, mas não mais do que isso.

No começo de 2016, mais mudanças: inclusão de categorias para *web series* de formato reduzido, aumento do número de indicados para roteiro e direção em comédias e dramas, e uma subdivisão em categorias dos shows de variedades, além de uma saudável redefinição do conceito de minissérie usado pela premiação. A velha grita de uma categoria separada para as dramédias, cada vez mais presentes e desafiando classificações decanas, mais uma vez não foi abordada. Muito embora seja um esforço tardio, deve-se reconhecer que a academia dos Emmys passou a pelo menos tentar acompanhar a evolução na produção de séries e deixou de se posicionar magnânima e à parte da realidade como parecia acontecer antes. Por sua vez, Golden Globes, SAG e Critics' Choice Awards continuaram engolindo recomendações gananciosas dos produtores de alguns programas e misturando as dramédias de maneira praticamente aleatória.

Como último ponto negativo nesse tópico dos prêmios – e, depois do exposto, essa se torna uma consideração quase virtual, mas ainda muito importante – entra o respeito com os envolvidos. Isso não significa respeitar automaticamente um programa ruim simplesmente porque ele está no ar e é o produto do esforço de muitos, ainda que essa visão pudesse ser considerada até certo ponto. Que nos desculpem os apologistas, mas um programa ruim deve ser apontado e denunciado como tal, doa a quem doer, se a intenção for exercer a livre crítica e dedicar nosso tempo a outras séries mais merecedoras.

O que tomamos por "respeitar", nesse caso, está dentro do contexto das tais premiações; está no engano de chamarmos de "perdedores" alguns indicados em cerimônias que não têm razão de existir – por todo o visto anteriormente –, e em premiarmos supostos "vencedores" sempre injustificados por princípio. É imperativo entender que simplesmente não há necessidade de uma eleição; podemos ver tantos programas excelentes quanto assim desejarmos. Para o público, escolher um candidato em uma premiação em detrimento de outro de excelente nível não faz sentido. O preterido, ao fazer seu trabalho, nem mesmo estava concorrendo para ser "o melhor" e ainda assim alcançou um bom resultado, que é o que deve contar na hora em que assistimos a um programa.

E o que fazer do fato de que, se estamos em uma assim chamada era de ouro, as indicações em cada categoria só podem incluir uns poucos concorrentes? Em um dado período, há boas séries demais e reconhecimento de menos por parte dessas premiações, considerando que elas, infelizmente, ainda conferem visibilidade a alguns em detrimento de outros. A imprensa, pelo menos, costuma ter espaço suficiente para consagrar tudo o que merece ser elogiado ao longo do ano. Felizmente, na imprensa especializada (falando, mais uma vez, como um todo), não existem somente vagas para este ou aquele, mas textos diários analisando os muitos bons produtos que se observam na Renascença, ganhem eles prêmios ou não.

Há montes de atores no papel de coadjuvantes ou convidados em dezenas de episódios a cada semana, o que soma um número absurdo no fim de alguns meses. Como desmerecer trabalhos só por serem mais curtos? Como elevar outros apenas como mais duradouros, para fins de premiação? Não importa quem se indique, uma pequena multidão de injustiçados se forma de imediato. E, além desses mais proeminentes, é fato que há um grupo enorme de atores que são "reféns" da nuvem de participações especiais, pontas e demais papéis menores – e tantos desses atores ora desconhecidos são simplesmente excelentes. Dado um papel realmente bem escrito e bem adequado, essas pessoas facilmente se tornam a próxima "grande coisa" da TV, o que diminui ainda mais a importância de premiações; estão premiando profissionais individualmente por, primeiro, fazer um trabalho que não é só seu, mas extremamente colaborativo, e, segundo, por estarem no local e no momento certos. Outros poderiam estar naquela mesma posição, e o acaso ditou que só um teria acesso àquela oportunidade. E quem poderá afirmar que aquele trabalho foi melhor que o trabalho de outro, em outra série bem diferente?

Não é de se desconsiderar a quantidade de premiados que, na verdade, estão sendo bajulados não por causa de sua competência absoluta como "grandes atores" que seriam, e sim por um grande papel que eles calharam de pegar e levar adiante sem arruinar. É largamente reconhecido no *showbiz* que muitos atores simplesmente não dispõem de muitos recursos, fazendo sempre o mesmo papel. Prova disso é o já mencionado *shtick*, tão corriqueiro em comédias, mas que também é aproveitado em dramas. Ou seja, às vezes, quem é "ótimo" e reconhecido é o personagem da série, elevado por um talento passável, e não o ator que o personifica (e, veja, ainda é premiado!). Pense bem: será que algum prestigiado ator atual não deve muito mais de seu sucesso aos criadores e roteiristas do que às suas próprias habilidades em atuação? Nunca querendo desmerecer combinações brilhantes de personagem e profissional, que seguramente apareceram ao longo dos anos, mas manter essa distinção crítica é fundamental na hora de pensar em quem mereceria palmas. Apenas um exemplo célebre e confesso: em *Seinfeld*, Kramer era uma criação genial, acima do bem e do mal; mas não nos enganemos: o comediante Michael Richards já provou a todos que não consegue fazer outra coisa que não seja Kramer, ao passo que o próprio Jerry Seinfeld já admitiu em entrevistas que nunca mais fez outra série porque não se considera um ator – e sim um comediante de *stand-up* – e não teria mais a apresentar além de sua memorável série em que ele vivia uma versão de si mesmo.

A audiência das maiores premiações ainda é alta, e isso é um fato. Os números a cada ano podem oscilar de acordo com favoritos, com o humor do público, com o programa que antecede a transmissão, com o apresentador escolhido para a cerimônia – mas a audiência em si ainda é bastante boa e perseguida pelos canais. Só que a influência dessas transmissões como ferramentas de RP, como elas sempre se desejaram, talvez não seja mais tão decisiva em uma era em que as informações sobre tantos programas estão mais disponíveis, em que grupos de fãs ávidos se formam e se manifestam com mais presença e que os suportes e momentos para se assistir a um bom programa se diversificam tanto.

O descompasso enorme entre o que é indicado e premiado e aquilo a que público assiste de verdade e quer ver mais na TV é outro fato incontestável. Isso, quem sabe, pode vir a se traduzir em um distanciamento cada vez maior do público em geral – há, mesmo, uma visão atualmente forte na imprensa de que a falta de sentido dessas premiações estaria cada vez mais evidente. Difícil dizer qual será o futuro delas, todos os anos tachadas de bregas, chatas e longas por crítica e público, mas ainda assim muito assistidas ao redor do mundo. No momento, elas não parecem perder tanto fôlego, e infelizmente o público ainda parece conferir a elas uma aura de superioridade que cada vez menos se justifica. Se a indústria pretende afagar apenas os egos da própria indústria, e não o do público, por que ainda nos deixamos impressionar tanto?

Ainda representa muito dentro da indústria conseguir nem que seja uma indicação e figurar entre, digamos, os "cinco mais" de um ano em uma categoria qualquer. Por essa razão, há interesses internos de todos os lados, inclusive dos canais, que leem os resultados como "tendências" a serem copiadas em outros programas. Mas essa questão de prestígio só deve valer para os profissionais em seu próprio meio. Veja que nem mesmo essa é uma verdade absoluta: por exemplo, a indicação a Emmys de melhor elenco, direção e atriz principal, mesmo com só uma temporada de 13 episódios (e audiência baixíssima), não impediu *The Comeback* de ser cancelada em 2005. Talvez seja, no entanto, um indicativo de por que a série se tornou *cult* rapidamente e acabou sendo resgatada pela mesma HBO anos depois.

Mesmo dentro da imprensa, observa-se um comportamento que demonstra que os jornalistas especializados estão muito cientes de que premiações não são a coroação de verdadeiros merecedores, e sim mera forma de alavancar nomes dentro da indústria. Os críticos estimulam uma ideia – latente, dificilmente expressa – de que "não convém" premiar uma mesma pessoa ou série em anos seguidos, de modo a "dar chances" a novos nomes. O raciocínio deixa entrever mais uma vez que não se trata de uma questão de mérito independentemente de outros critérios. Também não é que seja o caso de se levar isso tão a sério – de novo, tratamos de premiações já demonstradas como totalmente falhas, e aqui falamos de um poder de alterá-las que a imprensa não tem –, mas é mais uma prática que ajuda a abrir os olhos do espectador para a fragilidade dessa tradição.

O que se pode depreender de todo esse desenvolvimento a respeito de premiações, do mais rasteiro Kids' Choice ao mais prestigiado Oscar, são duas conclusões principais. Primeira: entre os simples mortais, nenhuma premiação sozinha jamais deve ter qualquer peso em discussões de méritos. Erros crassos acontecem o tempo inteiro, e o espectador jamais se deve deixar levar por qualquer prêmio isolado, positiva ou negativamente. Ou seja, o popular argumento de que "a série tal ganhou um prêmio" simplesmente não representa mais nada nos dias de hoje, para nós que só assistimos. No máximo, dá para alegar que o programa que conquistou um conjunto de premiações bem diferentes no mesmo ano ou em anos seguidos deve ser investigado pelo espectador, sem garantias e com todas as ressalvas já expostas. Para quem quer se basear em boas indicações e palavras com alguma expressão, termômetros muito mais confiáveis serão dados pela imprensa e pela tal "presença *on-line*" como um todo. E segunda conclusão: essas premiações ainda têm grande representatividade para aqueles profissionais da TV, e não se pode culpá-los por isso. Elas continuarão acontecendo e dando aos meios de comunicação oportunidades de cobrir ajuntamentos de famosos, dar notas em vestidos e paparicar poderosos. Pode servir inclusive para dar um último fôlego a uma série que vinha com audiência muito combalida, e isso não é pouco. Mas, fora as horas entre o início e o término da cerimônia em si, nada daquilo é ligado a você, espectador. Convença-se disso.

Atualidades

42. Revolução dentro da revolução: a televisão 2.0

Me promete que você não vai assistir a Mad Men *sem mim. E que, quando eu sair daqui, nós vamos assistir juntos em maratonas.*
– Piper Chapman, implorando ao noivo em *Orange Is The New Black*.

Tudo o que foi abordado até aqui ficou mais ou menos restrito aos modos mais convencionais de produção e exibição de séries, envolvendo emissoras de TV e seus usos tradicionais. Entretanto, a internet, como mais um suporte possível para vídeo, não poderia ter ficado por muito tempo fora desse universo e, efetivamente, conquistou seu lugar nesse universo a passos rápidos e diversificados.

Em um primeiro momento – em uma prática que se estende até hoje e deve continuar –, séries comuns da TV fizeram uso da *web* para ganhar uma exposição além da televisão, sob a forma de vídeos ou miniepisódios promocionais que somente tangenciavam a trama principal, como fizeram *Lost*, *Community*, *The Walking Dead*, *24*, *The Office* e muitas outras. Os curtos e curiosos "webisódios" (*webisodes*) são uma forma de os escritores explorarem personagens e cenários secundários, enquanto os produtores mantêm vivo o interesse do espectador pela série quando ela está fora do ar sem precisar alterar em nada o conteúdo televisivo. É uma proposta geralmente tímida, vista como acessório à série principal, de modo que muitos fãs nem ficam sabendo da existência desses trechinhos a mais, disponibilizados gratuitamente nos *sites* oficiais das séries ou em serviços de vídeo.

Outra estratégia envolvendo a *web* que vem dando muito certo é a de os canais de TV lançarem o primeiro episódio de séries novas em seu próprio *site* ou em serviços *on-line* (restritos ou abertos a todos) pouco antes da exibição televisiva ou logo em seguida, de forma a atingir mais e mais espectadores, permitir o compartilhamento de *links* (o internauta não apenas recomenda a série, mas também fornece o modo de seus amigos assistirem imediatamente) e gerar aquele burburinho *on-line* que já há tempos é bem mais representativo e penetrante do que a repercussão no "mundo real".

Então, com a melhoria nas tecnologias de armazenamento e transmissão de vídeo para o internauta e a coincidente diminuição nos custos, formou-se um novo modelo de negócios tanto para os produtores dos conteúdos tradicionais – estúdios, produtoras, roteiristas, diretores, *showrunners* e atores já conhecidos – quanto para amadores e iniciantes ávidos por mostrar suas boas ideias que não teriam outra forma de divulgação, dada a dificuldade já vista de se penetrar no mercado televisivo.

Por seu lado, as grandes redes passaram a negociar com as companhias de mídia digital o *download* ou *streaming* dos mesmos episódios que eram transmitidos pela TV, que agora ficariam disponíveis para além da telinha (e do horário) de costume. Em anos mais recentes, com o sério declínio nas vendas de ingressos e mídias físicas (DVDs e Blu-rays) nos Estados Unidos e em boa parte do mundo, os grandes estúdios de Hollywood passaram a investir muito mais em seus canais de TV como fonte importante de arrecadação e, em âmbito mais específico, dando atenção especial ao licenciamento para exibição *on-line*. Com isso, as séries de TV representam hoje uma das mais importantes fontes de renda dos grandes estúdios que fizeram fama no cinema.

Um dos atores mais importantes nesse quadro é a audiência de séries tradicionais pelos serviços de vídeo *on demand* via internet (seja via computador, seja pelo dispositivo acoplado à televisão), como a Netflix, o Hulu ou o Yahoo! Screen (extinto em 2016). A própria reexposição de um determinado programa no cômodo serviço já ajudava o público a crescer, mas então, com a popularização desses serviços, ganhou monta o fenômeno chamado *binge watching*, ou "assistir compulsivamente", algo como o que nós popularmente conhecemos no Brasil como maratonas, mas em escala maior. Para quem não sabe, isso significa assistir a longas levas de episódios de uma vez só, sem levantar do sofá nem precisar comprar DVDs, e bem longe daquela preocupação de seguir o programa em doses semanais. É necessário ter em vista que muitas das séries que se tornaram disponíveis para visualização a qualquer momento já tinham sido exibidas em algum canal de TV e, portanto, já dispunham de muitas temporadas produzidas quando chegaram a esses serviços. O espectador mais ávido pode, assim, assistir a temporadas ou mesmo à série completa em seu próprio ritmo, alimentando sua devoção sem reservas.

Um exemplo de sucesso alcançado por meio dessa prática vem da neoclássica *Breaking Bad*; apesar de exibida com bons números no canal pago convencional AMC, a série conquistou de vez o público ao ser disponibilizada na íntegra para visualização via Netflix. Rapidamente, criaram-se muitos e novos fãs ardorosos, e a própria audiência na televisão cresceu capítulo a capítulo, respondendo a esse fenômeno que foi declaradamente reconhecido pelo próprio criador da série, Vince Gilligan. Outro caso curioso envolvendo também a Netflix é o da cultuada comédia *Arrested Development*, que foi tão assistida quando se tornou disponível nesse serviço que a própria Netflix se dispôs a bancar mais uma temporada da série – seis anos depois de seu cancelamento original pela Fox.

Esse novo, digamos, método de se assistir a um conteúdo pensado de maneira seriada veio inclusive a introduzir interessantes discussões sobre qual seria a forma "correta" de se consumir esse conteúdo – tudo em sequência ou com pausas? – e até uma reavaliação de alguns elementos tradicionais típicos das séries, como o gancho no fim do episódio, que não mais introduz uma semana de ansiedade, e sim alguns meros segundos de suspense até que comece o episódio seguinte. Presume-se que algum impacto também foi sentido pelos roteiristas na forma de elaborar a série como um todo e cada episódio. É fato que aspectos como os recordatórios em meio à ação (necessários a uma trama que transcorre por meses) ou mesmo a continuidade entre episódios (que pode variar imperceptivelmente de uma semana para a outra) se vêm afetados pela forma como espectadores consumirão a série. Mas a forma como os escritores lidarão com essas questões, se é que se preocuparão com isso, é um caso a se pensar.

No começo de 2014, de acordo com a revista eletrônica especializada em cultura pop Pajiba, as séries de TV têm mais do que o dobro de popularidade com relação a filmes entre os títulos mais assistidos da Netflix (28 programas vindos da TV *versus* 12 filmes para cinema). Segundo avaliação feita pelo próprio *site*, esse sucesso se deve, em primeira instância, ao fato de que, terminado um episódio, o próprio serviço de *streaming* já inicia automaticamente o episódio seguinte e induz às maratonas. Mas o mais importante parece ser a aproximação conceitual que o serviço tem da televisão tradicional. Ao contrário dos filmes, que são eventos únicos e centralizadores de atenção, feitos para ser presenciados em cinemas escuros, com mais circunstância, as muitas séries se apresentam como "canais" prontos para o *zapping*, para a informalidade, para a invasão da sala de casa. Em outras palavras: é simplesmente natural que esse tipo de serviço guarde uma relação mais próxima com o ato de ver televisão do que com o de assistir a filmes.

Mas a contribuição dos serviços *on demand* para as séries de TV está longe de ser esse primeiro estágio de mera retransmissão, como veremos adiante. Apenas deve ser salientado que ele continua forte e presente. Que o diga a tradicionalmente exclusiva HBO, que, no começo de 2014, finalmente cedeu e fez um acordo para exibir suas séries premiadas pelo braço de *streaming* da Amazon, a fim de concorrer com a Netflix, medir a aceitação do público e então lançar um similar ao seu serviço HBO GO, até então vinculado ao cabo, de maneira independente, em 2015, na forma do novo HBO Now. O assinante se vê assim, pouco a pouco, livre das amarras de assinaturas de pacotes de cabo inchados, e a Nielsen presumivelmente terá outra forma de aferir audiência diretamente desses serviços, mais condizente com as práticas atuais do público.

Eis que, na primeira década do século XXI, a própria produção de dramaturgia seriada começa a se desvincular decisivamente da até então necessária televisão. Séries de realização independente ou semi-independente miram com exclusividade a *web* e passam a ser oferecidas somente por *sites* que agem como servidores de vídeo. Assim como as séries da TV adaptaram aspectos das produções do rádio, o novo suporte puxou suas principais características do modo usual de se fazer séries na TV, mas subvertendo muitos dos aspectos formais. Era o que se esperaria de uma plataforma tão diferente como a *web* – afinal, a experiência de se assistir a uma série no monitor do computador ou no celular nunca poderia ser a mesma de se assistir a um programa na televisão.

As possibilidades de interação com o espectador, por exemplo, são muito maiores e permitem que este exerça um papel mais ativo, e não somente "receba" a série como sempre fez. A inovação é discutível, mas não pode ser ignorada. A duração dos episódios costuma ser bem menor que a usual, com histórias mais enxutas e voltadas para o internauta, um espectador comprovadamente menos atento; o número de episódios por temporada é bem mais flexível, variando de um mínimo limitado por orçamento ou mesmo de acordo com a sobrevida da ideia até uma quantidade indeterminada bem maior que a da TV, tendo em vista a menor duração dos episódios e a acessibilidade (organização, disponibilidade) própria da *web*. A periodicidade também é seriamente afetada: pode ser tanto maior – imagine realizadores livres de contratos formais, escrevendo, atuando e gravando somente quando é possível – quanto menor que a semanal, chegando ao extremo de se lançar uma temporada inteira de uma só vez, como em exemplo já mencionado.

Durante os anos 2000, algumas *web series* se destacam como produções pioneiras, como a animação *WhirlGirl*, o drama de meia hora *California Heaven* e o blogue que começou "real" e se revelou ficcional *lonelygirl15*. É impossível não mencionar ainda a divertida minissérie em três partes *Dr. Horrible's Sing-Along Blog*, criada por ninguém menos que Joss Whedon (*showrunner* de *Buffy The Vampire Slayer* e diretor do arrasa-quarteirão *The Avengers*) e estrelada por Neil Patrick Harris (*How I Met Your Mother*), Nathan Fillion (*Firefly*, *Castle*) e Felicia Day (já então uma veterana de outras *web series*, como *The Guild*, e participações especiais). A excelência na realização dessa minissérie exclusiva para a internet foi recompensada por premiações e pelo público, e conquistou até mesmo um Emmy em categoria especial.

Não apenas os produtores de conteúdo já estabelecidos, como o canal Showtime, os estúdios Warner e o diretor Bryan Singer, começam a se interessar em criar seriados *on-line*, mas também realizadores independentes aproveitam essa nova oportunidade, atraídos pelo baixo custo de produção, distribuição e divulgação e pela chance de exposição de seus produtos em serviços de altíssima audiência, como YouTube, Revver e Vimeo.

Para o espectador, em alguns casos, as séries saem gratuitamente e com anúncios; em outros, sob a assinatura de serviços. Com relação aos profissionais envolvidos, a impressão que se tem é que quanto mais independente (e anárquico) é o projeto, mais todos se divertem fazendo e assim mais gente conhecida se envolve na base da camaradagem, sem precisar de contratos formais e ingerências de estúdios. Por isso, tornaram-se comuns as participações especiais ou até papéis fixos de nomes conhecidos da TV e do cinema em projetos bem mais modestos de *web series*.

Novas tendências começaram a se delinear em torno do fenômeno. Algumas séries que começaram na *web* fizeram a transição para canais tradicionais de TV, como a própria *Dr. Horrible*, exibida posteriormente em apresentação única pelo canal CW, e a canadense *Sanctuary*, acolhida e desenvolvida em temporadas pelo canal SyFy. *Web Therapy*, estrelada por Lisa Kudrow (a Phoebe de *Friends*), ganhou exposição dos webisódios originais e depois novas temporadas pelo canal Showtime; *High Maintenance*, sucesso no serviço Vimeo, foi parar na HBO; *Broad City* se tornou um pequeno fenômeno e um dos carros-chefes do Comedy Central. A tresloucada comédia *Childrens Hospital* foi outro exemplo. Quando apareceu no *site* TheWB.com, a paródia de séries médicas já trazia um apanhado exemplar de nomes famosos da TV: Rob Corddry, Lake Bell, Megan Mullally, Henry Winkler, Michael Cera, Jon Hamm e tantos mais. Com um lugar no canal Adult Swim, a série conseguiu manter seu formato original, bem mais curto do que uma *sitcom* tradicional, e se transformou em sucesso de crítica mesmo sendo transmitida depois da meia-noite.

Foi então que os principais serviços com suporte de vídeo *on-line* e *on demand*, que já vinham participando como meros distribuidores, começaram a se organizar aos moldes dos canais e passaram a anunciar séries originais e exclusivas, agora sob a chancela de sua própria marca, e não mais a cargo de realizadores terceiros. Dentro desse novo modelo, *Battleground* e *We Got Next* estiveram entre as primeiras a ser promovidas como séries exclusivas do Hulu, como se o serviço fosse um canal a cabo. Não demorou para que outras companhias também anunciassem produções próprias, como Netflix (*Lilyhammer*, *Orange Is The New Black*, *House Of Cards*), Crackle (*Backwash*, *The Unknown*) e o braço da livraria Amazon dedicado à criação de séries, o Amazon Studios, que inovou ao disponibilizar seus pilotos *on-line* para que o público, e não os executivos, decidisse o que vingaria ou não, assim criando uma pequena onda que pode ter repercussões até nos canais de TV aberta.

O YouTube lançou "canais" (na terminologia do próprio serviço) específicos de programação seriada inédita, como o WIGS, com programas voltados para o público feminino (*Serena*, *Jan* e *Blue*), e rapidamente alcançou audiências similares à da TV aberta com a exibição de um drama como *The Lizzie Bennet Diaries*, adaptação do clássico *Orgulho e Preconceito*, de Jane Austen, que lança mão justamente das novidades narrativas propiciadas pelo meio *on-line* e pelo formato bem particular das *web series* para atualizar a história – e com direito a *spin-off* e lançamento em DVD. Não muito tempo depois, o portal Yahoo! passou a divulgar esquetes cômicos como uma espécie de prévia de possíveis *sitcoms* inéditas, e então resgatou *Community* do cancelamento na NBC. Até a gigante de *softwares* Microsoft decidiu entrar nessa onda, com uma adaptação dramática de *Halo*, seu jogo de sucesso, no que foi seguida pela Sony, que decidiu lançar a série original *Powers*, baseada em quadrinhos, na rede do console de *games* PlayStation, e pelo serviço de música Spotify, que, em 2016, também anunciou sua entrada no ramo das séries originais.

Essas séries de fontes alternativas à TV tradicional seguem um modelo burilado durante décadas, mas, claro, não estão limitadas às regras da televisão. Não há, em princípio, restrições de linguagem nem de conteúdo, não há competição nem necessidade de *timeslots* específicos, nem arranjos como nas redes. "Temos de fazer um programa funcionar por seus próprios méritos", diz Ted Sarandos, diretor de conteúdo da Netflix. É também normal, por exemplo, que nem haja encomenda preliminar de pilotos; pede-se logo uma temporada inteira com base na ideia inicial, o que é bastante celebrado pelos criadores (assim como a imensa liberdade criativa e aquela mesma paciência extra da TV a cabo de que falávamos antes).

A disponibilização de episódios pode ser feita semanalmente, como na TV, ou esporadicamente, sem compromisso algum e obedecendo apenas ao ritmo da produção. Ou então, como se tornou comum, uma temporada pode ser ofertada inteira de uma vez e assistida segundo a conveniência do espectador (retomando aquela ideia do *binge watching*, tendo em vista que o modelo mais uma vez privilegia a serialização). Essa alta flexibilidade, somada a uma indefinida disponibilidade do serviço, inviabiliza por completo as formas atuais de tomada de audiência usadas na TV e mesmo a avaliação de sucesso ou fracasso de uma série dentro dos parâmetros a que estamos acostumados.

A ausência das restrições habituais de tempo das redes abertas também vem alterando a forma como os episódios são pensados e estruturados. Ainda que continuem sendo respeitados os limites e as convenções razoáveis, dentro do esperado pelo espectador, os dramas não precisam se cercear em 42 minutos e têm mais tempo para desenvolver suas histórias primárias e secundárias da forma adequada, alongando-se o quanto precisarem até a hora cheia sem tanta preocupação. Em particular, as comédias se beneficiam do fato de não precisarem espremer três tramas por semana em 22 minutos e já podem incluir no episódio *gags* e sequências paralelas que contribuem para a graça e que acabariam excluídas em caso de exibição por uma rede aberta. Se isso é visto como vantagem por alguns críticos, para outros representa um inchaço desnecessário e uma quebra de ritmo. Fato é que a flexibilidade existe.

Foi por causa desse modelo novo e tão mais permissivo que o das grandes redes que *Unbreakable Kimmy Schmidt* teve tão calorosa recepção quando de sua chegada ao serviço de *streaming*, no começo de 2015. A série fora encomendada e desenvolvida pela NBC, que depois se viu impossibilitada de colocá-la no ar por não ter um *timeslot* nem um pareamento adequado com outras séries com que ela pudesse formar um bloco. Em vez de apenas absorver o prejuízo ou empurrar a série para a temporada de verão, a rede vendeu a primeira temporada já completa para a Netflix, que tinha demonstrado interesse. Considerando-se os elogios quase unânimes recebidos pela nova comédia, muitos se apressaram em apontar o "grande engano" cometido pela NBC ainda no fim de semana da estreia, especialmente em um momento em que a própria NBC penava nesse segmento, depois de 25 anos como o bastião das *sitcoms* na TV norte-americana. A verdade, no entanto, é que o acordo foi vitorioso para todos os lados. Em vez de amargar o prejuízo do engavetamento ou de uma exibição sem compromisso e eventual cancelamento, a NBC lucrou com a venda; a Netflix apostou no produto certo e teve sua primeira comédia bem-sucedida; os criadores Tina Fey e Robert Carlock viram seu filhote valorizado, muito elogiado e mesmo contemplado com uma segunda temporada por antecipação, em vez de ignorado e cancelado na TV aberta com poucos episódios exibidos; e o público teve a oportunidade de acompanhar aquela boa leva inicial sem o fantasma do cancelamento. O caso configurou um ótimo exemplo da efetividade desse novo modelo de negócios e distribuição.

Essa desvinculação entre o conteúdo (das séries ficcionais) e o suporte tradicional (canal de televisão, que dá lugar a serviços) deve ser vista como um ponto crucial na caracterização da Renascença, ainda que tardio, bem posterior ao que vinha acontecendo na TV paga. Aliás, o advento da produção própria pelos serviços de vídeo deve ser encarado como uma nova revolução dentro daquela revolução que já era declarada; a qualidade já vinha aumentando tanto dentro dos meios de sempre que outros potenciais participantes desse mercado também enxergaram a possibilidade de explorar o filão das séries, só que longe das amarras da TV. Como consequência, poderiam elevar ainda mais o nível. Esses serviços inclusive já começaram a realizar seus próprios *upfronts* em 2012 e a disputar direitos de exibição com os competidores tradicionais, como os canais *premium*.

Trata-se de um aspecto que estava ausente no começo do processo, mas que se torna crucial na nova forma de se enxergar a televisão. Como toda transformação natural, ao mesmo tempo que parece ser tão óbvia, é também extremamente profunda e enseja diversas novas discussões. Afinal, o que é televisão e o que não é? Qual é o próximo passo nas mudanças do formato seriado que aprendemos a conhecer via TV? Como ficam os já tão problemáticos critérios das premiações, que agora devem levar em conta algumas produções exatamente iguais às séries televisivas, mas que não mais dependem daquele suporte? Qual a forma mais apropriada de se consumir uma série? E qual o melhor modelo de negócios para se lançar uma nova série? Será que a nova competição é justa? E o quanto ela é popular? Será (mais uma vez) o fim da televisão aberta? Análises e discussões se espalham na internet e devem continuar sendo levantadas por um bom tempo.

As duas tendências – maior entrosamento da *web* com a TV e a transformação de serviços *on demand* em análogos supostamente melhorados da TV paga atual – vieram para ficar, como é atestado pela audiência às vezes superior à da exibição em uma TV aberta (observadas e consideradas as diferenças entre as medições). O número de estreias cresce diariamente, e as opções já se contam em centenas. A Netflix se tornou o principal fornecedor dentro desse novo esquema e constantemente anuncia perto de uma dezena de novas temporadas e séries encomendadas para os meses seguintes, incluindo, em 2014, um acordo de cinco novos programas baseados nos quadrinhos da Marvel. Enquanto isso, mesmo a vetusta CBS faz seu esforço para aderir ao novo modelo. Como forma de chamar a atenção para o serviço de *streaming* próprio do canal, a rede aprovou em 2016 duas novas séries (um *spin-off* de seu sucesso *The Good Wife* e uma nova série da franquia *Star Trek*) que, pelo menos em um primeiro momento, seriam exclusivas do serviço. Segundo foi anunciado, entretanto, a liberação dos episódios continuaria sendo semanal. Por isso, é prudente o fã de séries tradicionais ficar atento ao noticiário especializado – que se especializa ainda mais, até com seções exclusivas de *web series* – para não perder conteúdo de qualidade sendo oferecido por meios além da televisão convencional.

Entre os executivos de TV, já se firmou a percepção de que a maioria dos espectadores nos grupos econômicos de maior interesse não distingue mais entre TV aberta, cabo e *streaming*. Na imprensa, tornaram-se comuns os relatos de que números cada vez maiores de assinantes estão deixando para trás seus pacotes de TV a cabo todos os anos e migrando para serviços *on demand* e outros dispositivos que vêm suprir a demanda por gravadores e um sinal decente de canais abertos. Se antes dizíamos que é irônico que a era de ouro venha enterrando a TV aberta, é também curioso que hoje o papel da própria televisão a cabo esteja sendo diminuído por essa fuga, enquanto o número de assinantes da Netflix e de banda larga de internet só aumenta; no começo de 2015, 40% dos lares norte-americanos já assinavam algum serviço de *streaming*. Ainda não há como saber como isso vai impactar a qualidade e a quantidade da produção de séries e representar alguma mudança significativa nessa era de ouro, mas o fenômeno dos chamados *cord cutters* (em tradução livre, "cortadores de cabo"; pessoas que param de assinar os pacotes das operadoras) é galopante nos Estados Unidos em 2014 e 2015 (e crescente também no Brasil). Considere-se, no entanto, que muitos dos protagonistas de TV aberta, *premium* e *basic cable* (e mesmo outros agentes de entretenimento) já começavam a lançar seus produtos também por vias *on demand* próprias ou então atrelados a serviços preexistentes, como a própria Netflix.

De acordo com o experiente consultor em tecnologia e negócios Ben Thompson, no caso de o consumidor cortar o atual serviço de cabo para aderir a outro serviço, os produtores de bom conteúdo de TV e os provedores de acesso à internet, que são atualmente os mesmos provedores de TV a cabo, continuariam tendo o mesmo poder de barganha. O pagamento da(s) mensalidade(s) pelo consumidor apenas mudaria de mãos, de modo que esse consumidor praticamente não observaria diferença em termos de economia. "O modelo de TV a cabo é um tipo de socialismo que funciona; assinantes pagam igualmente pelo todo e assistem apenas ao que lhes interessa, com benefícios para todos. Qualquer que seja a 'visão grandiosa' que alguma empresa de tecnologia tenha com relação à televisão, ela vai apenas sustentar esse modelo atual, sem perturbá-lo diretamente", ele diz.

O que Thompson não afirma explicitamente, mas outros autores, como o crítico Todd VanDerWerff, defendem em consonância com sua explicação é que a atual diversidade de canais a cabo, muitos dos quais rejeitados pela grande maioria do público, porém preferidos por alguns, só se sustenta porque o valor que os consumidores pagam hoje corresponde ao privilégio de se ter alguns poucos canais. Esse grupo seleto apenas leva de carona todos os outros. Com essa consideração, fica mais fácil prever que provedores de cabo devem continuar existindo, e que o modelo atual favorece a diversidade e mantém no ar canais de nicho que não teriam outra forma de sobreviver. A conclusão é que transformar o cabo em um oferecimento exclusivamente *à la carte* faria com que todos os consumidores perdessem suas opções particulares, por vezes excêntricas, ao passo que cada um continuaria pagando basicamente o mesmo valor atual, só que por bem menos canais. Escolher só os que interessam e fazer nossa própria grade não significaria, portanto, a economia com que gostamos de sonhar.

43. O novo papel do ator

Dia desses, eu estava no aeroporto e vi muitas capas de revista em exposição em uma loja. Em todas havia rostos de atores e atrizes de TV, não de cinema. Aí eu pensei "Obviamente, a mentalidade mudou bastante desde aquela época". [...] Nos filmes, há um determinado processo que me fez querer ser ator lá no começo. Mas ele não acontece mais, em termos de assuntos tratados, orçamento, abordagem. Eu acredito que a TV vem se dando muito bem nesse aspecto, contando justamente aquelas histórias. O modo como as pessoas têm acesso àquele tipo de material agora é a TV.
– quando foi tentar trabalhar em Hollywood, em 2002, o ator galês Michael Sheen, que vinha do teatro e de importantes papéis no cinema, foi fortemente aconselhado a não fazer televisão. Experimentou na prática a atual mudança de mentalidade quando estrelou a bem-sucedida série *Masters Of Sex*, mantendo em paralelo uma sólida carreira cinematográfica.

Também durante a primeira década dos anos 2000, o fortalecimento da produção televisiva em quantidade e qualidade não só criou movimentações interessantes no mercado de entretenimento como um todo, mas ainda aumentou e deu mais prestígio ao trabalho dos atores.

O caso é que, até meados da década de 1990, havia uma distinção muito patente entre profissionais que atuavam na TV e os que eram exclusivos do cinema. A mentalidade naquela época era a de que o ator precisava fazer uma escolha: ou queria fazer filmes ou iria para a televisão. No meio, caso alguém decidisse fazer a transição (sempre para o cinema, nunca de volta à TV), haveria um trabalho árduo de reconhecimento e "reposicionamento" da própria imagem do ator. Era comum diminuir a estatura de um ator dizendo que ele era "só um ator de televisão", considerando que a distância – em exposição, em respeito, em cifras – entre os dois mundos era mesmo inegável.

Considerando-se a quantidade de séries de TV produzidas a cada ano, é fácil perceber que a grande maioria dos atores de TV da década de 1980 e da primeira metade dos anos 1990 (só para ficarmos em tempos mais recentes) simplesmente sumiu e teve de se contentar com aquele seu único momento de glória – quando ainda teve a sorte de conseguir algum sucesso moderado da TV. Outros seguiram em pontas e um ocasional papel fixo em outras séries; um número ainda menor foi tentar o cinema, que era considerado o próximo passo lógico daquela época, mas pouquíssimos foram bem-sucedidos nessa mudança, pelo menos em longo prazo. Enquanto isso, sem recorrer a qualquer pesquisa quantitativa, parece razoável supor que uma porcentagem muito maior dos que vieram depois disso continua na ativa na década de 2010, seja na TV, seja em filmes.

Muita gente que hoje é grande no cinema acumulou experiência fazendo pontas em séries quando ainda não tinha uma cara conhecida. Essas participações especiais, hoje relembradas com certo saudosismo e até deboche pela internet afora, contam-se em muitas centenas. Mas muitos atores que depois explodiriam para o mundo devem sua revelação a um papel de destaque no elenco principal de alguma série de TV. Dos mais antigos aos mais novos, podemos nos lembrar de Steve McQueen (em *Wanted: Dead or Alive*, tida como a primeira série a revelar para o cinema um astro da TV), Clint Eastwood (*Rawhide*), Sally Field (*The Flying Nun*), Tom Hanks (*Bosom Buddies*), Robin Williams (*Happy Days*, *Mork & Mindy*), Bruce Willis (*Moonlighting*), Michael J. Fox (*Family Ties*), Johnny Depp (*21 Jump Street*), Will Smith (*The Fresh Prince Of Bel-Air*), Kevin Spacey (em um arco de *Wiseguy*), Clive Owen (primeiro com *Chancer*, depois com *Second Sight*, ambas na TV inglesa), George Clooney (*ER*), Michelle Williams (*Dawson's Creek*),

Mila Kunis (*That '70s Show*), Joseph Gordon-Levitt (*3rd Rock From The Sun*), James Franco (*Freaks & Geeks*), Ryan Reynolds (*Two Guys, A Girl And A Pizza Place*), Jeremy Renner (*The Unusuals*) e tantos mais. Outros(as) ainda começaram em *soap operas*. Esse movimento continuou e continua ainda hoje, com o pessoal das séries sempre procurando produções nas telonas, especialmente entre as temporadas.

É claro também que ainda existem superastros que vão preferir estrelar grandes filmes ao dia a dia mais cansativo das melhores séries para a TV. Mas recentemente, mais que em qualquer outro momento, podemos ver Charlton Heston, Brad Pitt e Julia Roberts aparecendo em *Friends* (ela depois também em *Law & Order*), Edward Norton se divertindo em *Modern Family*, Matt Damon com seu miniarco em *30 Rock*, Colin Farrell fazendo uma ponta em *Scrubs*, muitos grandes nomes em *Extras* e por aí vai. Isso sem falar em uma infinidade de gente que mantém um perfil mais discreto tanto lá quanto cá, mas que vive trafegando sem embargos entre os dois meios e colecionando papéis menores e exposição.

E também existem rostos que se sentem mais confortáveis na telinha, já tendo sido consagrados dessa forma. À parte um filme ocasional, esses não se veem alçando grandes voos cinematográficos, como é o caso de Heather Locklear, Julia Louis-Dreyfus ou Mark Harmon. Da mesma forma, como muito se lê em entrevistas, há profissionais que não trocam o teatro por nada. Ou seja, nem todos se identificam com todos os meios, mas é fato que as oportunidades hoje se abriram tremendamente.

Para o espectador, já ficou comprovado que é bobagem, no contexto atual, lançar olhares diferentes para uma coisa e outra, tendo em vista que gente de talento e futuros astros estão em formação constante em qualquer dos dois mundos. Para os atores – e não podemos nos esquecer dos diretores e dos roteiristas –, a coisa é mais intercambiável do que nunca. A movimentação é ainda longe da ideal, mas profissionais hoje vão e voltam entre os dois meios com bem menos embaraços do que em qualquer outro momento, afastando-se cada vez da situação que se vivia nos primórdios da TV, quando profissionais do cinema eram proibidos pelos estúdios de trabalhar nos dois meios. Grandes nomes "híbridos", como Regina King, Martin Freeman, Bryan Cranston, Olivia Wilde, Lena Headey e John Goodman, que o digam.

"Nossos melhores diretores, produtores, roteiristas e atores transitam com elegância entre os filmes e a televisão" – palavras do anfitrião

Robert De Niro no Tribeca Film Festival de 2016, ao apresentar um novo telefilme do canal OWN. Não era uma declaração vã: a importância do meio televisivo já vinha sendo atestada por diversos festivais como aquele, originalmente voltados para o universo do cinema, que passaram a incorporar painéis e *premières* de televisão como forma de convidar grandes nomes de diversas especialidades que estariam trabalhando em projetos de TV em algum momento.

Contribuiu e ainda contribui para essa mobilidade a já discutida redução brutal na produção de filmes de grande e médio porte direcionados ao público adulto por parte dos principais estúdios. O jornalista Kyle Buchanan, da revista *on-line* Vulture, repesca aquela história vista antes, da TV substituindo o cinema em pelo menos dois aspectos fundamentais: "Os filmes pagavam melhor e davam mais fama que a televisão, mas hoje, com os grandes estúdios limitando salários e as redes de TV pagando um absurdo para alcançar a *syndication*, essa diferença praticamente não existe [...] A era de ouro da TV não é a única razão pela qual os papéis na telinha se tornaram mais respeitáveis; nesse meio-tempo, também os filmes deixaram a peteca cair no sentido de oferecer as opções polpudas que os atores tanto desejam interpretar".

Existe, inclusive, já há anos, uma reclamação pública de atrizes com relação à escassez de bons papéis no cinema para as mulheres, especialmente aquelas na faixa de idade entre 40 e 60 anos. Ora, dentro do contexto visto até aqui, não é difícil para quem acompanha a TV perceber que essas oportunidades, ainda deficitárias, também se transferiram e estão cada vez mais interessantes na televisão.

Na segunda década do século XXI, um filme grande ainda representa menos trabalho por mais dinheiro, mas... onde estão esses filmes grandes? Como já visto, projetos cinematográficos de interesse adulto se tornaram mais escassos, enquanto a TV floresceu. Com isso, e o circuito independente à parte, o pessoal consagrado nas produções hollywoodianas, já tendo ou não em algum momento experimentado a tela pequena, passou a procurar qualidade de roteiros e boa paga em uma série de televisão. Já é bem possível conceber astros da chamada *A-list*, o primeiro escalão do cinema, como Tom Cruise, Leonardo DiCaprio, Jennifer Lawrence, Scarlett Johansson ou mesmo George Clooney (em um retorno), decidindo estrelar uma série forte na TV a cabo. O mesmo Buchanan lembra que "Benedict Cumberbatch apareceu em quase todos os filmes grandes do ano passado [2013], mas seus parcos episódios em *Sherlock* geraram mais repercussão *on-line* entre os fãs do que todos aqueles filmes combinados". A crítica Linda Holmes complementa que "já há muito passamos do ponto em que grandes astros do cinema, posteriormente esquecidos, foram se refugiar na TV atrás de bons papéis [...] Agora, mesmo aqueles que estão no auge de seu poder de estrelas da tela grande, como Oscar Isaac [*Show Me A Hero*] e Bradley Cooper [*Limitless*, *Wet Hot American Summer*], movem-se confortavelmente entre o cinema e a televisão se encontrarem o projeto certo, e fazem isso sem causar nenhuma estranheza".

Fazer parte de um bom programa televisivo, hoje, é tão importante quanto fazer um filme de tamanho razoável, com reconhecimento de público, salários altíssimos, grandes desafios profissionais e privilégios de protagonista e produtor-executivo. Um procedimento comum no caso dos figurões é, primeiro, pegar uma ponta em uma série já estabelecida para testar a receptividade e o ritmo de trabalho, e então embarcar em um novo projeto que o tenha como astro principal. É uma tendência crescente que atores de primeiro escalão diferenciem seus contratos, que serão mais curtos e mais flexíveis que o que se via normalmente. Dessa forma, a experiência é feita e adquirida, mas o compromisso é passageiro e, dali a pouco, todos os envolvidos podem parar e pensar um pouco, sem a pressão de compromissos que amarram profissionais por anos.

Essa é uma precaução necessária, uma vez que o ritmo de produção da TV semanal é bem mais intenso que o de um filme. No caso dos dramas, é comum que não haja muito tempo para ensaiar a contento, e tantas vezes o que vai ao ar é quase que literalmente uma tomada que deveria ter sido um ensaio final da cena. As comédias, por serem mais curtas e ágeis, permitem certa desenvoltura, mas as alterações de última hora no roteiro são muito mais constantes, de modo a apurar melhor as situações e piadas. Só que essa correria também abre caminho para algo que muitos atores consideram um atrativo insubstituível: a participação mais ativa na composição do personagem. A falta de tempo hábil para discutir detalhes com o diretor e/ou o *showrunner* faz com que o ator ganhe uma importância muito maior no processo de composição, uma vez que ele tem de reagir sem pensar demais e se vê compelido a contribuir a seu modo na criação daquela pessoa que está na tela.

Nesse contexto dos contratos e do maior entrelaçamento entre TV e cinema, existe ainda uma consequência indesejada, que felizmente é rara.

O caso é que, vez ou outra, o envolvimento de uma certa pessoa-chave na concepção de uma série, quando tudo ainda está no papel, é determinante para que um canal aprove a produção rapidamente, contando com a confiança dos executivos e a antecipação do público assim que a notícia é divulgada. Então, com tudo pronto para começar, esse mesmo figurão subitamente se desliga sob qualquer alegação fajuta (conflito "imprevisto" de agenda, falta de tempo para se dedicar mesmo sabendo que uma série exige dedicação integral, divergências criativas aparecidas do nada) e deixa a realização nas mãos daqueles que, provavelmente, eram os verdadeiros interessados originais – que somente usaram aquele grande nome como chamariz. O resultado é, assim, apenas outro projeto que deveria ser ordinário e que nasceu de maneira praticamente fraudulenta, já detentor de uma ordem de produção de piloto ou mesmo de temporada completa. Não seria surpresa se canais e estúdios começarem a frear essa prática com amarras contratuais mais ferozes e pré-cancelamento sumário de produções já encomendadas que apelem a esse expediente.

Parafraseando o diretor Richard Linklater em entrevista ao *Los Angeles Times*, pode-se dizer que qualquer ator ou diretor hoje se pergunta se uma determinada premissa tem potencial para ser uma boa série de TV, porque há muito dinheiro a ser ganho nesse ramo, e filmes muitas vezes simplesmente não alcançariam o mesmo resultado. Buchanan complementa: "Hoje, em vez de os atores pularem da TV para os filmes, o movimento contrário é cada vez mais viável. Astros de cinema partiam para a televisão somente quando sua celebridade diminuía, mas agora há muitos atores fazendo a transição em pleno ápice da carreira. É notável, por exemplo, que, no mesmo ano em que ganhou um Oscar, Matthew McConaughey viu as pessoas comentando muito mais sua performance em *True Detective*, da HBO [do que no filme *Dallas Buyers Club*, que rendeu a ele o prêmio e quase teve sua produção cancelada]". O jornalista ainda lembra Philip Seymour Hoffman, que, no auge de seu reconhecimento como um dos maiores atores de sua geração, morreu deixando para trás o projeto da série *Happyish*, que estrelaria para o canal Showtime e cujo piloto já estava até pronto. O projeto foi retomado e o piloto foi reformulado com o ator Steve Coogan no papel principal.

O pessoal que sai da telona e dá uma chance à televisão nem sempre encontra os melhores projetos do mundo ao seu dispor. Mas, além dos mencionados, outros casos de relativo ou grande sucesso estão cada vez mais comuns, como podemos ver com Glenn Close (*Damages*), Kiefer Sutherland (*24*), James Woods (*Shark*), Martin Sheen (*The West Wing*), Sigourney Weaver (*Political Animals*), David Strathairn (*Alphas*), Alec Baldwin (que começou no novelão *Knots Landing*, fez uma imensa transição e voltou a se consagrar com *30 Rock*), Holly Hunter (*Saving Grace*), Kevin Bacon (*The Following*), Jeremy Irons (*The Borgias*), Patricia Arquette (*Medium*), John Malkovich (*Crossbones*), Halle Berry (*Extant*, depois de algumas tentativas no começo da carreira) e Kathy Bates (*Harry's Law*), entre outros que ainda estão no aguardo de triunfar também no meio televisivo.

44. Uma bela mãozinha da mídia

Dizer que estamos vivendo uma era de ouro na TV é, na verdade, uma forma de autoelogio; é melhor deixar que a História faça esse tipo de proclamação.
– Todd VanDerWerff, crítico especializado em TV, em um longo comentário de 2013 a respeito da expressão "era de ouro".

No contexto da Renascença, é fundamental destacar e compreender o papel da imprensa, principalmente a especializada, na promoção e discussão das séries e na cobertura da escalada de qualidade por que elas vêm passando. É claro que, já há décadas, o que acontece na televisão, tanto nos Estados Unidos quanto em diversas outras culturas, é notícia em grandes publicações. Quando a gradual mudança de *status* das séries começou a ganhar o final do século XX, lá estava a mídia, pronta para reconhecer o fenômeno e reportar essa evolução como uma Renascença.

Fenômenos específicos já vinham, anos antes, tomando lugar em notícias que alcançavam públicos generalistas, muito além dos fãs aguerridos. Sucessos como *The Simpsons*, *Beverly Hills 90210*, *Baywatch*, *The X-Files*, *Dinosaurs* e *Twin Peaks* eram destrinchados em colunas e análises cada vez mais relevantes, que se perguntavam por que aqueles programas causavam tanto alvoroço quando outros passavam e passaram despercebidos. Afinal, eram "só" séries de TV. O grande público percebia só esses picos ocasionais na cobertura, mas os aficcionados já começavam a se reunir.

Com a chegada da internet doméstica e dos consequentes primeiros *sites* feitos por fãs, que se destacavam sobremaneira pelo pioneirismo e pela reação emocional que despertavam (assim como os dedicados a filmes, bandas, coleções, carros e outras paixões afins), a atenção dada às séries pelos grandes veículos de mídia ganhava o mundo. Não demorou para que aparecessem *sites* noticiosos dedicados exclusivamente à cobertura televisiva, agora frequentados por fãs conquistados em qualquer parte do globo. Detalhes históricos desse momento específico do jornalismo talvez não venham ao caso no momento; basta entender que houve esse acompanhamento paralelo e saber que tudo o que foi visto como marcante até aqui mereceu figurar também nos noticiários.

É mais fácil perceber, hoje, como a exposição conferida pela rede mundial de informações foi um fator determinante no estabelecimento da Renascença. O aumento de qualidade provavelmente teria acontecido da mesma forma, mas não teria tido tanto impacto e popularidade se não tivesse sido reportado à exaustão, enquanto aos fãs era dada a possibilidade de se juntar e se identificar com tanta facilidade para celebrar seus favoritos e a própria era de ouro da TV como um todo. E isso apenas para falar em um primeiro momento, já que, como visto, a rede se tornaria rapidamente um suporte muito mais direto para inovações e ganharia uma dimensão incomensuravelmente maior.

No começo do século XXI, a televisão sempre tem seu próprio espaço dentro da editoria de cultura dos grandes veículos. Não apenas eles dedicam blogues e colunas ao tema, entre semanais e diários, como também o número de veículos especializados cresceu a um ponto bem satisfatório. Nesse contexto, as séries do horário nobre em especial ganharam noticiários e um colunismo à parte, com enorme destaque na imprensa norte-americana. Existe uma divisão essencial na cobertura: as notícias da indústria (em peças isoladas ou em fragmentos de informação reunidos em uma coluna), a crítica de episódios, temporadas ou programas inteiros (em peças isoladas ou em colunas fixas, com uma variante comum constituída de perguntas dos espectadores) e as recapitulações de episódios. Sempre existe a possibilidade de alargar esse básico em qualquer direção, mas é basicamente isso o que se vê hoje.

Sobre as duas primeiras modalidades, não é preciso explicar muito. Já as chamadas *recaps* podem ser novidade para muita gente. São verdadeiras recontagens pacientes, em texto, de tudo o que aconteceu no episódio sob a perspectiva de alguém que pode ser um fã da série ou um colunista fixo, com um tom mais reverente e compromissado que o de um mero espectador. As *recaps* já existiam informalmente na Usenet, um "braço" da internet que reunia comunidades de discussão muito antes das atuais redes sociais. Na *Web*, começaram como um trabalho de fãs devotados em *sites* especializados em televisão (presume-se que foi com a série *Dawson's Creek*) e só depois ganharam reputação suficiente para ir parar na grande mídia, onde perfis detalhados de *The Sopranos* vieram demonstrar e consolidar sua importância.

Em termos de imprensa reconhecida e propriamente dita, poucas são as séries que contam com esse tipo de cobertura, já que nem todo programa pede *recaps*; nem sempre há detalhes e nuances interessantes o suficiente para se observar e interpretar. Mas, hoje, praticamente todos os *sites* especializados em cultura pop (nos Estados Unidos) trazem essa abordagem.

Há jornalistas e fãs que se especializam em análises de peso de um episódio ou série, ou mesmo de uma cena em particular. Muito além de detalhar as origens e consequências da trama e as atitudes de personagens que todos viram, as *recaps* mais perfeccionistas analisam o psicológico, o aspecto literário, a linguagem corporal, o figurino como símbolo de algo mais, o uso de cores, a escolha de palavras específicas e outras nuances bastante técnicas. É impressionante a capacidade de alguns desses profissionais, que não estão interessados em fazer aquela avaliação superficial do tipo "vale a pena" ou "não vale", mas sim em discorrer em textos longos, bem-escritos (muitas vezes literalmente da noite anterior para a manhã seguinte) e com *insights* surpreendentes para os fãs. Pode parecer absurdo e mesmo excessivo para o espectador pouco habituado a esse tipo de análise tão profunda, mas a verdade é que cada um desses aspectos constitui uma escolha consciente do time de pessoas que realiza a série. Aquele mesmo espectador ligeiro geralmente percebe intenções e mudanças em um quadro geral, mas não as identifica conscientemente – e os encarregados das *recaps* mais sérias se dispõem justamente a apontar as razões por detrás dessas escolhas que não são acidentais. Em outras palavras: a cena produziu "aquele" efeito... mas o que exatamente foi o responsável pelo efeito?

Se antes dizíamos que a importância do episódio isolado para o espectador corriqueiro foi diminuída pela serialização cada vez maior, as *recaps* tentam, ao contrário, destacar a importância de cada episódio para os mais fanáticos. Nesse embate, não se pode deixar de assinalar um argumento contrário à existência delas conforme proposto por alguém do porte do *showrunner* David Simon. Em entrevista ao *site* HitFix, o criador de *The Wire* afirma que existe um total descompasso entre se fazer uma resenha de episódio em episódio (como *recaps* geralmente são feitas) e as reais intenções de uma história televisiva serializada contada em formato longo, como ele quis fazer em sua série mais famosa.

É claro que recapitulações fiéis do que foi exibido nem sempre são essenciais para se desfrutar uma série, mas elas trazem esse lado acessório interessante que vai além da crítica. Reapropriando a visão do acadêmico Peter Orlik, podemos dizer que elas expandem a função da crítica, de "o que eu deveria ver na TV?" para "o que foi que eu acabei de ver na TV?". As análises, aliadas à "tradução" do subtexto, ajudam o espectador a entender resumidamente o que se passa, a essência de uma série e de cada episódio, determinados detalhes das cenas e tramas, nomes de personagens e de atores, aspectos da trilha sonora e tudo mais que puderem trazer como curiosidade de uma maneira mais voltada à objetividade, mas também lançando mão de juízos ocasionais e um pouco de humor afiado para buscar a identificação com o leitor.

Na imprensa especializada, muito mais é escrito a respeito de programas de nicho do que a respeito de programas de apelo popular. Líderes de audiência episódicos são noticiados normalmente e muitas vezes abordados como os sucessos que são até mesmo pela grande imprensa (aquela não especializada), mas dificilmente merecem colunas e análises de veículos especializados em TV – veja bem que "dificilmente" não quer dizer "nunca". Isso não configura uma declaração a respeito do que o espectador deve ou não assistir, e não necessariamente confere toda a lucidez do mundo à crítica e exclui o público. É apenas um fato observado em massa entre os textos críticos. Certamente os autores não "combinaram" nada, mas isso também não é apenas uma coincidência vazia. Deve existir uma razão.

Tentativas de se explicar em definitivo o porquê dessa prática podem ser especulativas, já que nem os próprios críticos saberão (ou terão qualquer intenção de) esclarecer suas razões. Mas há algo que se pode afirmar pelo simples fato de ser óbvio demais a partir da observação cotidiana: os programas no topo das listas de mais populares tendem a ser pouquíssimo arriscados, seguindo fórmulas muito convencionais, repetitivas, que não despertam qualquer necessidade de análise (mais uma vez, falando em termos de maiorias com possíveis exceções). Talvez por isso eles se mostrem desinteressantes para uma crítica em busca de arrojo, novidades, experimentações, grandiosidade e outras características excepcionais que praticamente só são encontradas em programas do cabo ou que conquistam baixa audiência nas TV abertas. É um passo na direção de explicar tal descompasso.

Se, afinal, (quase) não há renovação sem bons números e se a imprensa especializada não fala muito das séries mais popularescas, os estúdios e canais já aprenderam a se fiar pouco no que dizem os críticos, e apenas seguem os números de audiência acima de tudo. O público, no entanto, além de ter a liberdade de ver o que bem entender, também tem a crítica para ajudá-lo a identificar os melhores produtos nos quais, às vezes, não estamos prestando atenção. Cabe perguntar, então, o que vale a pena acompanhar. Falamos ao longo de todo o texto, de forma quase obsessiva, dos "bons críticos", às vezes mencionando alguns nomes. Essas citações até aqui e as referências no final deste volume são um ótimo começo para saber quem e onde procurar para se ter o conteúdo mais recomendável e confiável dos últimos anos, tanto em termos de críticas quanto para notícias cotidianas. É um cenário que obviamente muda com alguma frequência.

Apenas como curiosidade, é interessante registrar que, nesta era de redes sociais e mídia globalizada, os principais críticos de TV, sejam colegas no mesmo veículo, sejam concorrentes, não apenas se conhecem como também batem papo diariamente em plataformas como Twitter e Facebook – o que traz seus "perigos", uma vez que de fato ocasiona modinhas e súbitas ondas de elogio exacerbado ou crítica generalizada a programas específicos que caem nas graças do grupo.

Ainda com relação a esse tópico dos críticos, é importante para o espectador de séries saber a respeito das reuniões semestrais da Television Critics Association (TCA, ou Associação dos Críticos de Televisão dos Estados Unidos), pagas de próprio bolso. Duas vezes por ano, os membros dessa associação se reúnem na Califórnia para conversar com executivos de televisão, trocar figurinhas e fazer contatos, entrevistas, debates, festas, encontros e eventos especiais. Durante duas semanas, jornalistas e críticos especializados em TV norte-americanos e canadenses (especialmente aqueles fora dos grandes centros e que não teriam a mesma oportunidade de acesso às fontes oficiais) têm um verdadeiro parque de diversões. As reuniões são chamadas de *press tours* ("turnês de imprensa", em tradução livre).

A primeira do ano, chamada de *TCA press tour* de inverno, acontece em janeiro com um impacto moderado, pois se presta mais a noticiar as estreias do primeiro semestre. Já as reuniões acontecidas em julho guardam uma relação interessante com as antes vistas *upfronts*. Se lá no fim de maio as coletivas são convocadas pelos canais para divulgar à imprensa (e ao público) as renovações e os cancelamentos, a *press tour* de verão da TCA, menos de dois meses depois, promove outro encontro em lados opostos. São os críticos e jornalistas que convidam executivos das redes e do cabo para discutir com muito mais profundidade tudo o que foi divulgado nas *upfronts* e receber novidades em primeira mão das filmagens e contratações que estão acontecendo para a tão consagrada temporada de outono que virá. Assim como antes, tudo o que acontece de relevante nessas reuniões vira notícia. É uma época de declarações e colunas interessantes na imprensa especializada.

Durante a *press tour* de verão, são entregues os TCA Awards, possivelmente a única premiação de televisão que guarda algum arremedo de consistência. Não corresponde à visão do público, e não se pode afirmar necessariamente que seus resultados traduzam o que há de melhor; mas, se não os principais críticos como um todo organizado (ou seja, sem tomar como referência um nome ou veículo específico), quem mais poderá dizer o que tem qualidade na televisão sem envolver interesses particulares? Nesse sentido, os TCA Awards são notáveis: os críticos são muito mais flexíveis com relação a introduzir e premiar quaisquer tipos de novidades, os indicados são sempre a nata da televisão naquele momento, os premiados são sempre condizentes com o que a crítica em peso vem saudando nos últimos meses, e dificilmente se fala em zebras. Outros problemas, como os vistos anteriormente, acontecem de maneira semelhante: a falta de uma categoria para as dramédias, a desnecessidade de se premiar um e deixar outros à margem, eventuais confusões de categorias, etc. Convém notar que essa cerimônia não se confunde com a dos Critics' Choice Awards, bem mais recente. São prêmios diferentes concedidos por entidades diferentes, ainda que mais ou menos na mesma época (o meio do ano) e pelo mesmo perfil de profissional.

45. Será que tudo o que é novo é melhor?

Me é exigido o tempo todo que eu fique a par de uma quantidade bastante significativa de programas sempre no ar. Mas é impossível para qualquer pessoa hoje assistir a todos os episódios de todas as séries, de modo que no fim acaba virando uma questão de preferência pessoal e profissional. Ainda assim, tento me manter por dentro de qualquer grande momento daquelas séries em que eu só dou uma olhadinha ocasional, já que nem mesmo um crítico profissional consegue se obrigar a assistir programas que ele odeie ou que sejam estupidamente entediantes.

– Matt Roush, crítico especializado da revista *on-line* TV Guide, respondendo a uma pergunta sobre o dia a dia de sua atividade profissional.

Fala-se do "corpo" de séries como um todo – o conjunto de seriados feitos até o momento e em irrefreável produção o tempo inteiro –, e uma questão bastante atual se anuncia: a abundância do novo, como a que vivemos hoje, vem criando um problema paralelo curioso, que é o abandono do antigo. As novas gerações, sobrecarregadas de boa programação atual, cada vez menos conhecem o que veio antes e assim vão perdendo sua base de comparação para dizer o que é inovador e o que já foi feito (e como foi feito). Esse conflito traduz-se em uma dificuldade básica: tentar identificar o que é objetivamente bom ou ruim. Afinal, "gostar", qualquer um gosta de qualquer coisa, mas apontar as verdadeiras qualidades em qualquer área do conhecimento é um trabalho para percepções mais treinadas.

Esse problema então se ramifica em duas matizes: o espectador-blogueiro de hoje vai continuar tendo liberdade para dizer o que quer na internet, enquanto o crítico profissional vai (ou deve) tentar aperfeiçoar sua formação cultural em séries passadas, ao mesmo tempo que acompanha a produção da semana. Seria natural, portanto, concluir que esse descompasso tende a alargar o abismo já existente entre o que é percebido como "ótimo" por um grande grupo espectador e aquilo que será louvado com mais propriedade por entendedores bem-informados. Que fique claro, no entanto, que essa diferença também depende sempre da influência de outros fatores, como bom senso e grau de educação, idade do autor, matérias pagas e mesmo a importância do veículo de mídia em questão.

Mas é importantíssimo para o fã antenado prestar atenção a esse contexto. Brandon Nowalk, um dos críticos do *site* The A.V. Club, traz algumas questões pertinentes relacionadas a essa impossibilidade de se acompanhar o novo e o velho. Quando nem mesmo os críticos profissionais estão conseguindo seguir a quantidade atual de programas para fazer um balanço mais ponderado, então, Nowalk pergunta, "como esperar que todas as pessoas que não são profissionais da área avaliem bem o que se produz hoje, e que ainda por cima consigam tempo para assistir também ao que foi feito anteriormente? [...] A televisão já existia meio século antes de *The Sopranos*. Sendo assim, será que estamos realmente em uma posição que permita chamar qualquer coisa atual de 'a melhor série de todos os tempos'? O que, na verdade, queremos dizer com isso? Será que o enorme sucesso de *The Sopranos* ou *Breaking Bad*, hoje, é razão suficiente para ignorarmos *M Squad* [série policial do final dos anos 1950], *The Westerner* [faroeste de 1960 criado e produzido por Sam Peckinpah] ou *Twin Peaks* [*thriller* de sucesso do começo dos anos 1990]? Será que não perdemos mais do que ganhamos ao constantemente elevar o novo e o que está na moda, enquanto esquecemos do antigo?".

Pode ser proposto um remédio algo limitado para essa situação: que os bons críticos continuem tentando falar do passado na medida do possível, filtrando séries inteiras e episódios mais fracos, e escrevendo em defesa daqueles que continuam merecendo elogios. Enquanto isso, os espectadores procuram se informar cada vez mais ao pelo menos acompanhar essas análises escritas, já que dificilmente terão tempo e oportunidades de acompanhar eles mesmos séries mais antigas. Uma espécie de divisão de tarefas pode ser também uma alternativa viável: enquanto tantos colunistas falam da programação da noite anterior, outros enfocariam produções passadas, especializando-se em gêneros, décadas, formatos, temáticas ou o que preferirem. A disponibilização de toda essa informação pode ser um pequeno tesouro para verdadeiros fãs do formato seriado, por representar uma economia enorme de tempo e uma discussão sempre presente contrapondo séries atuais e antigas.

É claro que a controvérsia levantada com relação a "melhores de todos os tempos" continua e provavelmente jamais terá fim. Não basta apenas ter um favorito, porque todos o têm. É preciso assistir a muita televisão para se chegar a algum veredito superficial e temporário. Uma coisa, entretanto, deve ficar clara: a atual Renascença representa um ápice, é uma realidade amplamente aceita e documentada e é inclusive mensurável até certo ponto. A quantidade de excelentes programas simultâneos e a palpável evolução de todas as artes envolvidas na produção televisiva permitem que qualquer um – pessimista, otimista, fã ou profissional – afirme sem titubear que a televisão nunca foi tão rica e relevante quanto se tornou no começo dos anos 2000. Eventuais problemas trazidos por essa emergência são discussões à parte, como prova essa mesma questão de novo *versus* antigo.

46. Favor não estragar a surpresa

Você é todo esquisito com esse negócio de spoilers. *Se é tão obcecado assim com televisão, por que não fica em dia com ela o tempo todo?*
– Mindy Lahiri, em *The Mindy Project*.

Deve ser feita apenas uma breve menção tardia a respeito do *spoiler* para quem não sabe o que isso quer dizer. "*Spoiler*" vem do verbo em inglês "*spoil*", ou "estragar", o que deixa o termo em português na posição de "estragador de surpresas". Para mastigar um pouco mais: o *spoiler* é aquele segredinho da história que não se pode sair contando por aí, como "o vilão morre no final" ou "o culpado é o mordomo".

Diz a boa cartilha de um crítico ou resenhista, nem sempre seguida, que um texto de apresentação de uma obra jamais pode desvendar as surpresas da história e em hipótese alguma conta o desfecho. Toda a experiência da descoberta – o prazer, o susto, a interpretação, o balde de água fria, a alegria inesperada, o que for – deve ser preservada para quem quer assistir, ou ler, e descobrir por si mesmo. Veja que isso diz respeito ao segredo da história, sem fazer distinção quanto a ela ter sido contada outras vezes, ser inédita ou estar no meio do caminho. Contar o final de uma piada sempre destruirá sua razão de ser.

Em tempos de informação democratizada, fóruns de discussão e mídias sociais, o *spoiler* virou uma figura badalada não apenas no mundo das séries de TV, mas em qualquer contexto da cultura pop. Os posicionamentos acerca do tema incluem desde espectadores que odeiam patologicamente qualquer informação a respeito da obra até aqueles que, acredite, adoram ter acesso em primeira mão a qualquer surpresa e reviravolta mesmo quando a obra ainda nem foi lançada. Há quem alegue, por exemplo, que isso ajuda na triagem daquilo que "vai valer a pena" assistir. Para atender àqueles que preferem ler todas as notícias disponíveis e separá-los do público que não quer *spoilers*, os meios de imprensa criaram, à parte do conteúdo principal, colunas e *sites* especializados em adiantar notícias sobre as produções, uma boa forma de dar opções a todos os leitores.

A questão tomou outra dimensão quando as pessoas começaram a ver televisão de maneira não simultânea (assincronia, ou, como a imprensa chama em inglês, *time shifting*), ainda na era do videocassete, deixando para assistir a um programa quando fosse mais conveniente – quantas vezes não se ouviu falar em "gravar o final da novela", por exemplo, e ai de quem contasse os segredos do último capítulo! A adoção em massa do gravador digital TiVo e similares (nos Estados Unidos), a disponibilização não autorizada dos programas na internet, a popularização das séries em DVDs e Blu-rays e a possibilidade de se discutir *on-line* os episódios, seja em tempo real, seja imediatamente após a transmissão original pela TV, transformaram uma preocupação menor e estritamente pessoal em uma espécie de "problema cultural" de escala internacional.

O que configura *spoiler* também é objeto de discussão. Em termos de seriados, à parte as informações adiantadas vindas de jornalistas especializados em conseguir furos do *set* de filmagens, a própria revelação de que determinado ator vai participar de um episódio pode ser um estragador de surpresa para muita gente – se o personagem era dado como morto, por exemplo, ou se pensávamos que jamais o conheceríamos. De maneira semelhante, a notícia de que um ator regular em uma produção se tornará fixo em outra já significa sua saída da primeira, e isso também configura um adiantamento de notícias não deliberado. Por parte do espectador, existe a expectativa do bom senso: se ele não está em dia com os acontecimentos da série ou se só começou a assistir há pouco tempo, e ainda assim escolhe ler notícias ou um fórum com informações atualizadas, não pode reclamar de *spoilers*.

Do outro lado, há quem defenda que, uma vez veiculada a obra, todos teriam direito a discuti-la abertamente. Em outras palavras, para esse pessoal, a informação que vaza para o público antes da história é *spoiler*; o que é discutido depois de ela ser oficialmente lançada não seria. Até mesmo os *showrunners* e atores são culpados por isso. Mas como fica o muitíssimo real e tangível fenômeno da assincronia nesse contexto? Qual deveríamos passar a considerar como "o momento oficial", se as pessoas hoje têm esse poder de escolha com relação a quando assistir a um episódio? Evitar *spoilers* seria um direito de todo espectador ou uma cortesia do grupo que o cerca, incluindo aí os meios de comunicação? E até quando o segredo deve ficar retido?

O espectador afoito para discutir os acontecimentos da sua série favorita (e os profissionais que comentam televisão se incluem nisso) deve(m) entender, acima de tudo, que não estamos mais na década de 1990. Não são mais as mesmas regras. Aceite: ver televisão hoje é diferente e demanda atitudes e até, digamos, responsabilidades diferentes da parte de quem viu e de quem não viu. O debate, antes público e linear, hoje se vê mais restrito, mas a assincronia deve ser vista como um poder, não uma fraqueza, virtualmente à disposição de todos. Sendo assim, faz parte do melhor discurso democrático levar em consideração quem ainda desconhece os rumos da história, seja lá pelo motivo que for.

Na internet, existe algum respeito com base em um critério temporal comumente aceito: a discussão sem reservas fica restrita a locais considerados seguros e somente depois de passado certo tempo do lançamento. A "netiqueta" não oficial prevê uma semana, pelo menos, para se sair em público abertamente com uma grande revelação, tempo considerado suficiente para que a maioria interessada já tenha pelo menos tido a chance de se familiarizar com a obra por outros meios que não a TV ao vivo.

No entanto, mesmo com tais cuidados, a prevenção de *spoiler* é uma preocupação contínua dos *sites* de notícias. A dificuldade de alguns meios com o assunto é palpável. Por exemplo, noticiar algo como "determinado ator discute a grande reviravolta no episódio de ontem à noite" já implica, primeiro, que houve uma grande reviravolta, e segundo, que aquele ator está envolvido nela. Pior: às vezes incluem no título uma declaração que se queria inócua do próprio ator, e a manchete acaba pecando em um terceiro momento, dando a entender o que teria acontecido, como uma morte, uma prisão, um rompimento. Outros *sites* mais comedidos simplesmente se resumem a publicar recapitulações ou análises sob títulos como "comentários/resenha do episódio de ontem", deixando quaisquer revelações para o conteúdo e assim se mantendo neutros pelo menos na chamada. Infelizmente, em tempos de comunicação exacerbada com os nossos, manter até mesmo uma participação especial em segredo é uma tarefa dificílima – e que fique registrado que os fãs deveriam ter também direito de ser surpreendidos nesse sentido, sem precisar saber antes que determinada pessoa (ator ou personagem) aparece no episódio.

Em países grandes como os Estados Unidos e o Brasil, há ainda uma questão curiosa que talvez seja pequena demais para merecer delongas, mas ainda assim é pertinente nesse contexto do *spoiler*: os diversos fusos horários. Basta dizer que eles são uma preocupação muito real e constante de todas as redes e da imprensa, e que isso se manifesta na forma de arranjos complexos que levam o conceito de horário nobre de cada uma das seis regiões dos Estados Unidos a ter acepções diferentes. Afinal, não faria sentido uma série noturna ir ao ar às 18 horas na Califórnia só porque está sendo mostrada às 21 horas em Nova York. Portanto, moradores da Costa Oeste, por exemplo, convivem o ano inteiro com essa "ameaça" (com o perdão do exagero) de *spoilers*, uma vez que os mesmos programas já foram mostrados três horas antes na Costa Leste.

Conforme visto antes, a incipiente participação de serviços *on-line* na produção de séries, com divulgação de todos os episódios de uma só vez (em vez da tradicional periodicidade semanal) criou ainda um novo problema: como não ser alvo de *spoilers* ou, do outro lado, como não ser um divulgador de *spoilers* (*spoilsport*, no original), se a nova série se torna integralmente disponível para todo mundo ao mesmo tempo, mas cada pessoa terá uma rotina diferente para assistir a ela? A novidade reforça a grita do grupo dos que não querem informações e talvez ajude a esclarecer de vez o conceito: deve ser considerado *spoiler* tudo aquilo o que uma pessoa não sabe de uma história, independentemente de ela já ter sido veiculada (e em que medida) ou não.

De todo modo, seguindo o velho modelo dos filmes, sempre foi uma questão de educação não discutir reviravoltas e finais sem antes perguntar se a pessoa assistiu. Convém, então, agir com a mesma exata precaução na hora de se falar ou escrever a respeito de uma série de TV. Cabe ao, mais uma vez, bom resenhista ou bom comentarista advertir o espectador incauto com o já popular "aviso de *spoiler*", de forma clara, no seu título, em um *post* ou no começo ou no desenrolar do texto sempre que precisar abordar os segredos da trama – e, mesmo assim, só revelar os detalhes isso for muito necessário à discussão proposta.

A relação com a cultura

47. Todos os dias, novas cores no panorama cultural

Prefiro fazer arte que seja polêmica a algo que as pessoas só adorem. O pior tipo de arte é aquele depois do qual as pessoas saem do cinema ou desligam a TV e perguntam "E aí, o que tem pro jantar?".
– a atriz Carrie Coon falando de seu papel na (polêmica e bastante artística) série *The Leftovers*.

Já dá para concluir que a série de TV é um alicerce cultural de primeira grandeza dentro do modo de pensar norte-americano. Goste-se disso ou não, aceite-se isso ou não, programas desse tipo ajudam os espectadores a formar novas visões de mundo sempre que eles se deparam com as encruzilhadas dos personagens. Essa importância se tornou ainda mais patente no século XXI, uma vez que, conforme já visto, a série se tornou o grande refúgio dramatúrgico dos norte-americanos depois que se verificou a debandada do cinema mais adulto.

A trama televisiva seriada é especialmente poderosa por unir harmoniosamente qualidades notáveis em outros meios: a apresentação de um novo mundo de forma tangível, como no cinema, e o tempo para imersão e desenvolvimento de longas narrativas que se observa na literatura. A série ganha vulto por extensão em toda a cultura mundial, tendo em vista sua exportação em massa, o apelo generalizado em qualquer lugar a que se vá, o resultante impacto dessas manifestações culturais em tantos e tantos países e a qualidade inegável da produção norte-americana se comparada a virtualmente todas as outras indústrias de entretenimento do planeta – se nem sempre em qualidade absoluta, porque realmente há muitas séries péssimas, então em termos da quantidade impressionante gerada por aquela linha de produção tão bem azeitada.

Além de ser um dos produtos culturais mais imediatistas no que diz respeito a espelhar os usos, a linguagem, o visual, a mentalidade – em suma, a cultura – da época em que é produzida, a série semanal também pode ter o efeito oposto de influenciar aqui e ali esse mesmo espírito de época. É fato que as séries são mais perecíveis justamente por serem retratos da cultura de sua época de produção. Praticamente tudo envelhece mal em um seriado: as roupas e os cabelos, as gírias, as referências, a articulação do roteiro, os temas, a trilha sonora e mesmo a própria fotografia e os enquadramentos. Talvez por essa exata razão, que poderia ser vista como negativa, as séries (de maneira geral, mas muito mais em alguns casos e bem menos em outros) devam ser vistas como decisivamente influenciadas por seu tempo e ao mesmo tempo alteradoras de cultura vigente.

Não é o caso de entrar no mérito da evolução ou do histórico comparado mais profundo das séries de TV e discutir, por exemplo, a transformação das *sitcoms* de besteirol desenfreado em programas socialmente conscientes e incrivelmente ricos do ponto de vista da literatura, da dramaturgia e do desenvolvimento de personagens. Esse tipo de assunto mais próximo do campo acadêmico renderia mais capítulos, mas não nos interessa neste extenso retrato das séries no século XXI.

Contudo, somos obrigados a perceber que, tanto no sentido de ida quanto no de volta, as séries pautam a sociedade quase como uma coluna jornalística de costumes, com efeitos muito mais profundos e duradouros do que "a gíria da semana" proporcionada pelas tenebrosas telenovelas (daqui ou de lá). Primeiro, afirmando o óbvio: é muito comum em diversas sociedades que o horário nobre da TV se torne assunto de discussões acaloradas, especulação da imprensa e dos espectadores, e que permita o desenvolvimento de teorias e colunas aprofundadas de análise. Quando, nos anos 1990, as pessoas começaram espontaneamente a usar a expressão "*watercooler TV*" para designar os momentos televisivos mais marcantes que eram comentados entre o pessoal do trabalho na manhã seguinte, durante uma eventual visita ao bebedouro ou ao cafezinho, percebeu-se que isso teria começado com discussões de episódios de *Seinfeld*. Então a própria comédia foi adiante e se apropriou do conceito em seu episódio final, em uma divertida referência. Foi uma forma de reconhecer seu reflexo na sociedade e introduzir a expressão como uma piada autodepreciativa.

Só que o inverso também ocorreu, por exemplo, quando a mesma *Seinfeld* apresentou novas palavras ao vocabulário cotidiano dos cidadãos. Pense em "*shrinkage*" (encolhimento), "*regifting*" (passar adiante um presente) ou "*sponge-worthy*" (um quase intraduzível "pessoa com a qual vale a pena gastar um método contraceptivo que não se vende mais"), termos até hoje imediatamente associados à série quando usados em qualquer conversa de urbanitas norte-americanos. Até aí, podemos considerar normal. Afinal, dado o decisivo poder da televisão no cotidiano de tantos povos no mundo, qualquer país que tenha uma programação televisiva minimamente forte consegue introduzir algumas palavras no vocabulário da população em geral, mesmo que seja apenas uma insuportável modinha passageira, como acontece com as novelas brasileiras. Só que, considerando a atual penetração da cultura norte-americana, estamos falando aqui de um alcance bem maior no espaço – uma influência mundial – e bem mais persistente no tempo – porque uma série pode permanecer no ar durante anos.

Em questões superficiais de modismos, e aí envolvendo roupas, cabelos e usos de época, é claro que vamos encontrar séries que tanto podem inovar seu meio, refletindo na TV o que já se vem fazendo nas ruas, quanto alterar levemente os costumes ao lançar uma tendência que será copiada. Se *Friends* deu ao mundo o corte de cabelo chamado "The Rachel", *Beverly Hills 90210* teve reflexos fortes inclusive no Brasil, com sua moda em *looks* masculinos. Um dos segredos da sedução de *Melrose Place* sobre o público estava "escondido" em seus bem trabalhados cenários e objetos de cena, repletos de obras de arte cuidadosamente pinçadas pela equipe, que conferiam aos ambientes – e às histórias novelescas beirando o *trash* – um ar de sofisticação que "justificava" a audiência e tiveram alto impacto no setor de decoração e mesmo na carreira dos artistas representados. E o que dizer de "metrossexual"? Discute-se se o termo já existia antes, mas ele só entrou mesmo de sola no léxico internacional por força dos fenômenos *Sex And The City* e *Queer Eye For The Straight Guy*.

Mas esse é apenas um primeiro momento no qual não se precisa refletir e discutir, apenas olhar para a TV e aceitar. Questões muito mais contundentes foram levantadas a partir de incipientes nacos da realidade trazidos para o primeiro plano da TV – e uma impressão que temos com frequência é a de que a realidade costuma adiantar qualquer coisa que pudéssemos imaginar como ficção. Aquele assunto que muitas vezes pareceria tão distante e continuaria "misterioso" para tantas pessoas é pelo menos apresentado a elas em uma versão inicial romantizada. Uma pequena realidade particular embasa a trama televisiva para que a TV então embase novas realidades particulares; em outras palavras, a televisão pode ampliar o sinal inicial, seja ele o feminismo ou outro pensamento em ascensão, a visão de mundo de alguma minoria, a luta contra o racismo e a homofobia, o modo de vida de um grupo, um problema de saúde, uma perspectiva em algum assunto, o universo fechado de uma subcultura e daí por diante.

Ainda na década de 1970, os escritores de *Mary Tyler Moore* incorporaram naturalmente em seu texto as tendências de sua época e ideais então bastante progressistas para uma comédia de escritório (Mary morava sozinha, decidia sua própria vida e não estava nem um pouco preocupada com casamento). Quase sem querer, criaram um verdadeiro ícone dos movimentos de emancipação feminina, além de terem revolucionado a maneira como se encaravam as comédias de televisão – não apenas como produtos "bobinhos" de entretenimento, mas a partir de então como portadores de uma influência enorme a ser reconhecida na vida dos espectadores. Especialmente de 1990 em diante, as comédias se tornaram cada vez mais atulhadas de referências intertextuais a todos os tipos de cultura – erudita, pop, política, científica, lendas tradicionais e urbanas e daí para mais – e portanto fonte de novos conhecimentos para muitos espectadores, especialmente os mais jovens.

Anos depois de *Mary Tyler Moore*, em 1992, a influência feminista daquela *sitcom* se fez sentir mais uma vez quando, em *Murphy Brown*, a personagem principal decidiu ser mãe solteira e, com isso, não apenas acendeu o assunto fortemente em meio à opinião pública, mas também levou até o então vice-presidente norte-americano, Dan Quayle, a criticar abertamente a decisão – de uma personagem de TV, vale ressaltar. Pouco depois, a própria controvérsia, incluindo partes do discurso de um já publicamente desmoralizado Quayle, foi reinserida em um episódio da série e assim alastrou o que já vinha sendo chamado nos meios políticos de "guerra cultural" entre os valores familiares norte-americanos, que, no entendimento dos conservadores, vinham em decadência, e a supostamente "nefasta" influência liberal da mídia na vida dos cidadãos.

Em contextos sociais segregacionistas, a franquia *Star Trek* mais de uma vez ajudou o norte-americano a visualizar um futuro no qual seres humanos de diferentes etnias não apenas trabalhavam juntos naturalmente, mas também traziam alienígenas para colaborar com eles. Vez por outra, inclusive, espalha-se a lenda de que o primeiro beijo inter-racial da história da TV norte-americana teria acontecido entre o capitão Kirk e a tenente Uhura na *Star Trek* original, o que não é exatamente a mais pura verdade, mas foi ainda assim um enorme gerador de repercussão na sociedade racista de 1968 – tanto que o engano vem sendo repetido como fato até hoje.

Somando-se a isso comédias pioneiras na representação da cultura negra e de discussões raciais, como *Sanford And Son*, *The Jeffersons* e *Good Times*, só em 1984 Bill Cosby pôde finalmente mostrar uma bem-ajustada família negra de classe alta na televisão norte-americana com *The Cosby Show*, quebrando estereótipos que se sustentavam na TV por décadas e ainda dando novo impulso ao subgênero das *sitcoms* como um todo, que andava combalido por conta do sucesso das novelas e dos dramas de ação. *A Different World*, *The Fresh Prince Of Bel-Air*, *Girlfriends*, *My Wife And Kids*, *Everybody Hates Chris*, *The Game* e outras se seguiram (importante lembrar ainda dos elencos de *The Wire* e *Orange Is The New Black*), e então a era de ouro viu *Scandal* trazer, pela primeira vez em 30 anos, um drama com uma protagonista negra, e ainda ganhou a gigantesca representatividade de uma série tão popular quanto *Black-ish*. Segundo Kenya Barris, criador desta última, enquanto *The Cosby Show* falava de uma família abastada que por acaso era afro-americana (e era essa a intenção), *Black-ish* pretendia mostrar um núcleo familiar bem parecido, mas de um jeito mais assumidamente negro e tratando de assuntos bastante caros às suas origens.

De maneira semelhante, a homossexualidade vinha sendo abordada ou de maneira muito discreta, em pontas, ou de forma caricata ou cômica desde a década de 1970. Foi ganhando mais representação pouco a pouco, até que, em 1991, a série de advogados *L.A. Law* apresentou o primeiro beijo gay na televisão norte-americana, e com isso abriu portas. Assim chegamos a séries que discutem a identidade sexual abertamente e as temáticas gays como uma parte habitual da sociedade, como *Ellen*, *The L Word*, *Queer As Folk*, *Will & Grace* ou *Looking*.

Em paralelo, personagens transgêneros vinham sendo retratados como um truque de roteiro, uma "estranha curiosidade" que por vezes aparecia, por exemplo, em *Twin Peaks*, *Dirty Sexy Money*, *Ally McBeal* ou *Nip/Tuck*, entre outras, até chegarem com graus mais avançados de naturalidade em *Orange Is The New Black*, *Sense8*, *Glee* e *Orphan Black*, também alcançando papel de protagonista em produções de monta, como na inspirada *Transparent* e nas inglesas *Absolutely Fabulous* (a coprotagonista Patsy Stone foi revelada como uma transexual depois de muitas dicas esparsas, mas sem que isso nunca fosse declarado de maneira óbvia), *Hit & Miss* e *Boy Meets Girl*. Mesmo as pessoas assexuais, mencionadas sempre de passagem como uma espécie de brincadeira maldosa ao longo dos anos, vieram ganhando mais validação de sua orientação na hipersexualizada TV norte-americana, graças à ocorrência simultânea de alguns representantes marcantes na década de 2010. Entre eles estão o célebre Sheldon Cooper de *The Big Bang Theory* (perceba que não há desejo sexual pela namorada Amy Farrah Fowler, e sim afeição), o Daryl Dixon de *The Walking Dead* (segundo alegado pelos produtores), o Sherlock da série britânica homônima, retransmitida nos Estados Unidos, e ainda o protagonista de *Doctor Who* (também inglesa) e o conselheiro Varys de *Game Of Thrones* correndo à margem.

Em 2016, urgências múltiplas já empurram a TV na direção de um grau de diversidade – étnico-racial, de gênero, sexual, etária, social, biotipológica, religiosa, profissional e outras mais – tido como mais próximo do ideal. James Poniewozik, crítico do *New York Times*, pegando carona em declaração do presidente americano Barack Obama sobre a polêmica racial dos Oscars daquele ano, explica: "Diversidade é outro jeito de dizer especificidade, e especificidade constitui melhor entretenimento. Quanto menos homogênea for a TV, menos chata ela será". Em outras palavras, a diversidade permite à TV explorar mais panos de fundo, mais pontos de vista e mais conclusões. Mas é também uma questão de honestidade: se o realismo sempre foi um dos grandes objetivos da era de ouro, então fica fácil enxergar que o homem jovem heterossexual branco, aquele herói arquetípico da TV de outrora, abusou da paciência de cidadãos de todas as origens ao ignorar as muitas narrativas que de fato constroem o mundo. Hoje, mesmo quando ele ainda é o personagem principal de uma história, a variedade de pessoas em torno dele não apenas corresponde a uma realidade mais identificável (se e somente se a trama se passar em um mundo que se pretende calcado no nosso) como também torna a TV mais interessante ao possibilitar rumos mais imprevisíveis. Isso não significa ceder cegamente ao insuportável "politicamente correto", a alguma obrigação formal ou a uma risível quota; os personagens ditos "diversificados" não poderiam passar por qualquer forma de "higienização", e precisam ser tão bons ou maus, inteligentes ou estúpidos, bonitos ou feios, valentões ou sensíveis quanto as pessoas que observamos no dia a dia de qualquer grande cidade ocidental.

Na revista *on-line* Paste, o crítico Mark Rozeman pergunta: "Como seria uma série como *Love* com protagonistas negros? Que tipo de desventuras podem ser escritas quando *Togetherness* fala de uma família coreana de classe média? Será que existe uma versão de *Transparent* na qual os disfuncionais Pfeffermans são os disfuncionais Gonzaleses? E nem deveríamos ficar restritos a comédias – como seria um Frank Underwood [*House Of Cards*] de ascendência indiana, ou como seria uma *True Detective* estrelada por nativos americanos?". Fazendo esse exercício de imaginação, é fácil concluir que, além de muito mais fértil para o setor criativo, diversificar acaba sendo também mais lucrativo para os engravatados e mais honesto com o igualmente diversificado público, muito embora não signifique necessariamente aumento de audiência ou na qualidade de roteiros. Essa necessidade de expansão é, afinal, apenas mais um item entre muitos na construção de uma boa série de TV, e não um fim em si mesmo.

Até hoje, em grau variável, o que se passa em frente às câmeras tem um efeito observável no dia a dia da população, seja em pequenezas gestuais, na chamada cultura inútil ou em ensinamentos muito mais profundos do que o pretendido por um programa de humor ou um drama de ação. Por exemplo, é quase inacreditável que, ainda em 1996, a comédia *Roseanne* tenha mostrado a personagem de Laurie Metcalf (coincidentemente ao lado de Johnny Galecki, com quem atuaria depois em *The Big Bang Theory*) às voltas com um inédito vício em internet – e ainda emendando uma piada com o famoso personagem Urkel, da série *Family Matters*. É possível que, naquele contexto humorístico, ela tenha apresentado uma nova visão de mundo para muitos e muitos fãs que não estavam nem um pouco familiarizados com a então nascente rede mundial, e menos ainda com um distúrbio relacionado.

Como explicar que, seis meses antes dos atentados de 11 de setembro de 2001, em Nova York, o primeiro episódio de *The Lone Gunmen* (uma *spin-off* de *The X-Files*) trazia seus três protagonistas investigando um plano do governo para sequestrar um avião 727 com pilotos e passageiros, jogá-lo contra o World Trade Center usando controle remoto e então responsabilizar terroristas de outros países? Isso é um sinal claro de que os roteiristas estavam bastante antenados com o clima de apreensão que se avizinhava. Na mesma época, diversas questões de alto teor político foram levantadas durante a exibição de *The West Wing* e são trazidas à tona até hoje em fóruns de discussão que citam os modelos da série como "ideais". Presume-se que a série até mesmo tenha influenciado a convenção do Partido Democrata norte-americano em 2000. Se chegou a tanto, ou mesmo que não tenha ido tão alto, que efeito mais ou menos decisivo teria tido nas ideias de tantos cidadãos eleitores e em toda a política que se seguiu depois de sua exibição com tanto sucesso?

Também pela sua complexidade e verossimilhança, seriados de prestígio vêm sendo usados para embasar disciplinas universitárias em entidades de renome. Veja que não se trata só da importância do formato do seriado televisivo dentro dos cursos de mídia e comunicação, o que seria esperado, mas sim de se tomarem séries em particular e estudá-las sob ópticas aprofundadas, como já se faz há décadas com a literatura e os filmes. Exemplos se encontram nos estudos de gênero e historiografia comparada em *Mad Men* (Whitman College), na socioeconomia em *The Wire* (Emory, Harvard, Duke, UC Berkeley), na análise literária em *Game Of Thrones* (University of Virginia), na psicologia em *Seinfeld* (Rutgers) e em literatura, filosofia e sociologia em *The Simpsons* (UC Berkeley, SUNY Oswego, UC San Jose).

Esses são apenas alguns exemplos de interferências, maiores ou menores, que saíram da TV para abalar de alguma forma a sociedade de sua época. Tendo em vista esses exemplos práticos e tantos outros, juntamente ao corpo histórico das milhares de séries já produzidas e as declarações anteriores a respeito da atual excelência da televisão, não é possível concordar com o escritor e Nobel peruano Mario Vargas Llosa, um grande fã de séries norte-americanas, quando ele faz pouco desses produtos, dizendo que "não têm pretensões culturais e são só uma forma de diversão justificável". É claro que não se pode tomar cada exemplar de série já feita – bobagens existem aos montes em todas as áreas –, nem o militantismo deve ser uma bandeira sustentada por todas as produções, de um modo que acabaria chateando até o mais ardoroso fã. Mas é fato que, enquanto se prestam, nominalmente, ao papel de entreter, os seriados televisivos levantam e/ou refletem discussões que são absolutamente pontuais na cultura dos Estados Unidos e do mundo inteiro em dado momento, coisa que o cinema e a literatura não têm como fazer com a mesma agilidade e o mesmo alcance.

48. O essencial está nas frestas da programação

Como é possível pôr no ar um drama com alguma profundidade se a cada 15 minutos a transmissão é interrompida por 12 coelhinhos dançando e carregando papel higiênico? [...] O fato é que esses senhores vendem bens de consumo, e não qualquer forma de arte.

– Rod Serling, criador de *The Twilight Zone,* conforme declaração no documentário *Rod Serling: Submitted For Your Approval*, exibido pela PBS nos Estados Unidos em 1995.

Algum fã porventura talvez queira ir mais longe e discutir se séries de TV devem ser consideradas arte, ou se ocupam alguma classificação dentro do escopo da arte. Ao longo do texto, já ensaiamos tocar nesse assunto em alguns momentos, sem avançar. A discussão, para os entendidos em artes, é perfeitamente válida. O problema é que, sem nem cogitar a consulta a livros especializados, podemos de antemão lembrar o interessado de que não há mesmo consenso sobre a definição de arte e qual deve ou deveria ser seu papel – e seguramente não temos aqui o contexto apropriado para reabrir essa discussão, que tomaria outros livros inteiros. Considerando que a questão é pertinente e pode ser frutífera, cabe para este momento apenas fornecer mais elementos para tal discussão e retomar tópicos já discutidos sob a perspectiva artística.

Para começar, temos, de um lado, o gritante e inegável comercialismo envolvido de maneira geral na própria essência da televisão; por outro, qualquer série em particular poderia ser considerada uma reunião de diferentes artes mais, digamos, validadas pela tradição: atuação dramática, literatura aplicada ao roteiro, direção, confecção de figurinos, edição, arquitetura e construção de cenários, toda a pesquisa de reconstituição e assim por diante. Indo mais longe, alguém pode querer avaliar méritos caso a caso, da mesma forma como estudaria diferentes pinturas ou livros. Mesmo os leigos sabemos reconhecer que, muito embora escrever seja uma arte, isso não quer dizer que qualquer escrito será artístico. Poderia haver, assim, exemplos de séries "mais artísticas" do que outras, do rabisco infantil à *Santa Ceia*. E daí, se *Mad Men* for considerada artística (presumindo que possa), então ela estaria isolada em uma categoria? Ou será que outras (ou todas?) poderiam receber o rótulo, e assim *According To Jim* estaria no mesmo barco? Se não é o caso, o que objetivamente as distingue? Será, inclusive, que a dificuldade inerente de se criar, escrever, concretizar, colocar no ar e conduzir uma série de TV, qualquer série, em oposição a uma discutível maior acessibilidade de se manejar a palavra escrita, já faz com que qualquer série seja um feito artístico por si mesmo – seja, sabe-se lá, pelo esforço, pelas muitas técnicas empregadas, pelas artes mais identificáveis que agrega ou por quaisquer outros critérios objetivos?

E, sem fechar possibilidades, podemos entrever ainda outra abordagem: será que só mais recentemente as séries de TV teriam adquirido algum *status* de arte – se é que adquiriram? Ou será que já deveriam ser assim consideradas desde sua criação? Fato é que elas vieram mudando espantosamente e passaram a exigir cada vez mais qualidades e habilidades intelectuais dos seus realizadores e certamente também de quem recebe os produtos, seja crítico profissional, seja espectador. Aos olhos desses apreciadores, o próprio fato de a TV atual suscitar tanta análise e interpretação de conteúdo, assim como a metadiscussão de como abordar séries e episódios em resenhas, já justificaria o viés artístico da série de televisão.

Emily Nussbaum, renomada colunista da revista *The New Yorker* e ganhadora do Pulitzer de crítica, defende que a televisão mergulhou em definitivo no domínio da arte (uma escolha de palavras que deixa sutilmente entrever um namoro anterior entre os dois conceitos) durante a década de 2000, em particular com o surgimento de *The Wire* na HBO. "Naquela década, os melhores criadores de televisão exibiam uma ousadia própria de artistas, o que é um risco dentro de uma indústria que depende não apenas de anunciantes, mas também da boa vontade da audiência em se deixar levar todas as semanas", ela diz. Em outra análise, afirma que, no duradouro embate entre arte e comercialismo na televisão, "aqueles dentre nós que amamos a TV ganharam a guerra. As melhores séries ficcionais de hoje são tidas mesmo como arte significativa – são debatidas, reverenciadas e destacadas. *Showrunners* são encarados como heróis ou modelos de conduta, e até como filósofos. Enquanto isso, o modelo de negócios da TV se encontra em meio a um caos, estilhaçado e tentando se reconstruir, batalhando contra sua própria história".

Há mais questões – por exemplo, com relação aos dois pontos de vista que estão aparentemente em eterno conflito. Como em toda atividade humana, há grupos inteiros que, munidos apenas de uma visão superficial ou de interesses enviesados, assumem posturas radicais. Uns teimam em endeusar o honorável "projeto autoral" sem interferências como sendo o único passível de consideração, tachando todo o resto de "trabalho comercial" e "vendido"; enquanto isso, outros pecam pelo oposto, enfatizando o pragmatismo do mundo dos negócios e matando o idealismo e a imprevisibilidade da mente humana, que também são fundamentais à realização de uma boa série. Arte pura *versus* comercialismo puro: talvez seja uma discussão já muito bem cimentada no mundo das artes, mas provavelmente os leigos pensariam em termos mais próximos desses.

Nussbaum, mais uma vez: "A propaganda é o pecado original da TV. Quando as pessoas chamavam programas de televisão de lixo, e faziam isso o tempo todo e até recentemente, era o comercialismo que estava no âmago dessa reclamação. Mesmo a melhor TV jamais podia ser vista como boa arte, uma vez que o meio era maculado por definição. Aquilo só existia para vender coisas". O principal alvo continua a ser os comerciais entre os blocos, mas não se pode desconsiderar, hoje, a inserção publicitária dentro da narrativa (*product placement*), às vezes chamada no Brasil (talvez impropriamente) de *merchandising*. E isso quando falamos apenas da televisão norte-americana; no Reino Unido, o *product placement* era proibido até 2011. Será que isso, sempre e necessariamente, fazia da TV inglesa algo mais artístico em todos os momentos?

O que pode ser novo para o fã mais irredutível é reconhecer que existe uma simbiose bastante vantajosa entre a arte e o comercialismo. Os dois lados têm seus respectivos méritos, e, idealmente, o lucro maior acontece quando eles se combinam em um bom programa que é muito visto. O *showrunner* pode mesmo se preocupar em adicionar valores artísticos, culturais, intelectuais e sociais a serem degustados pelo apreciador mesmo que de forma subconsciente, promovendo e elogiando os envolvidos e aspirando a um ideal mais elevado de realizações na TV; só que o apelo comercial deve fazer seu papel de atrair, entreter e conquistar olhos e ouvidos, e vai representar o sucesso cru e a arrecadação financeira, gerar empregos, perpetuar o gênero da série televisiva e sustentar o negócio para que o primeiro aspecto continue existindo. Por causa dessa interdependência, diversas séries e mesmo canais inteiros acertam cotas de aparições de produtos comerciais de maneira orgânica dentro da narrativa, sem que isso afete a história. A cerveja que seria bebida de qualquer modo, sem identificação, passa a ser "aquela" específica; o carro que teria de ser usado passa a ser fornecido por uma empresa parceira com um *close-up* no emblema. *Community* teve um miniarco no qual personagens protestavam contra corporações, que eram simbolizadas no programa pela rede de sanduíches Subway... com apoio e cenários fornecidos pela própria Subway.

Todos somos capazes de apontar empreitadas altamente artísticas e livres que resultaram duvidosas, e todos também conhecemos projetos que foram encomendados aos artistas (tantas vezes em empreitada) pelos donos do dinheiro e que se saíram brilhantes. Parece, afinal, que às vezes é mesmo necessário tolher excessos nas liberdades criativas, e é também conveniente incluir elementos de apelo mais óbvio em produtos que, de outra maneira, seriam considerados difíceis e deixados de lado, mesmo com toda a sua glória autoral. O casamento perfeito seria aquele em que o resultado final vem declaradamente do setor criativo, mas analisado e polido por uma sensibilidade mais comercial de um executivo inteligente. Ninguém é gênio o tempo inteiro, o ego atrapalha e a ajuda muitas vezes é bem-vinda. Resta admitir que são muitas as variáveis para perfazer o processo ideal, em especial a raridade do tal executivo de bom senso, que deve ser valorizado. Mas é válido continuar tentando. A grande maioria dos bons trabalhos vai mesmo se situar em algum meio-termo mais puxado para a criação.

Algo que não tem mais como ser discutido – porque é uma constatação antiga, ainda válida, notória e persistente – é que o grande público vai sempre procurar entretenimento simples e direto sem se importar com outros critérios de validade que não a satisfação pessoal imediata (e essa noção de "satisfação" poderia tomar capítulos inteiros). Ocasionalmente, vai assistir a alguma coisa pelo motivo também duvidoso de corresponder à pressão do grupo. Não é nada difícil observar isso na prática. Basta comparar as recomendações mais consistentes da crítica – mais uma vez, tomada como um todo, não como uma voz isolada de um jornalista aqui ou ali – e as listas de séries mais vistas, digamos, ao longo de um ano, e assim perceber que a boa televisão não anda de braços dados com os maiores números de audiência, como já discutido.

Então, ao espectador mais devotado, o recado é: apaixone-se por sua série, veja-a, guarde-a, aprenda com ela sobre o assunto como um todo ao compará-la com outras. Mas saiba que ela também diz algo sobre você. Entenda que, no quesito das séries de TV, mais ou menos como acontece no futebol, ser um fanático que defende algum lado até o último fiapo e ser uma pessoa com senso crítico são duas coisas tão diferentes que podem ser opostas. O ideal (e, em certa medida, o próprio objetivo destas páginas) é fazer com que, com o tempo, essas duas inclinações se aproximem – obedecendo um pouco mais à razão do espectador consciente e fugindo outro tanto da expectativa puramente emocional de fãs, que somos todos – sem nunca abandonar a essência de se adorar aqueles produtos.

A paixão não pode cegar o espectador consciente para o fato de que uma série de TV é, em última análise, uma maquininha de espalhar propaganda que, vez por outra, consegue resultados artísticos consideráveis, ou pelo menos boa diversão. Um episódio tem custos altos e datas de entrega, e é apenas um trabalho para um monte de gente. Sua intenção maior é a de ser bom o suficiente para atrair a atenção das pessoas, de modo que elas aturem os comerciais durante a exibição. Já se viu que mesmo o programa mais bem-intencionado do mundo não vai ficar no ar se não conquistar audiência. Pense naquela dramédia delicada, tão bem escrita, com tudo no lugar; por trás de seu caso bem-cuidado, com uma equipe esmerada, um personagem memorável, um roteiro lapidado, histórias cativantes e qualquer revolução cultural que represente, a série ainda existe para vender produtos de higiene bucal, perfumes, guloseimas hipercalóricas e carros familiares. Nada importa tanto quanto o retorno financeiro para aqueles que detêm o poder de vida e morte de uma série, seja ela tão boa ou tão ruim quanto puder ser.

Uma série existe para funcionar, antes de qualquer outra função, como bom entretenimento. Captar e manter audiência ao primeiro vislumbre é fundamental. Se ela falhar nessa tentativa, toda a sua profundidade que vem em seguida foi desperdiçada. Toda a discussão sobre o eventual papel social, educacional ou familiar da televisão se torna secundária se ninguém assiste a ela; a prioridade é o programa ser agradável, e não uma obrigação tediosa e pretensiosa. Uma comédia tem de ter humor, ou então toda a sua pertinente crítica de costumes terá sido em vão; um drama de ação deve também cativar pela coerência e pela plasticidade, ou sua bela metáfora que deveria aparecer em um segundo momento será ignorada. Felizmente para alguns e infelizmente para outros, no universo televisivo, qualquer pretensão à arte deve se submeter a isso.

49. Longa vida à nova era de ouro

Eu sei que deveria abraçar a vida e ir lá pra fora, e que tem o sol brilhando e que eu vou morrer um dia. Mas, cacete, a TV está boa DEMAIS esses dias! De verdade! [Elogia dezenas de programas] E por cima de tudo isso, temos Mad Men, Orange Is The New Black, Orphan Black, Wet Hot American Summer, Veep, Silicon Valley *e ainda* Powers *e* Daredevil *chegando. Que se dane o sol! [Elogia outras dezenas de programas] Agora, boa noite. E me desculpem, tanto os meus seguidores no Twitter quanto os programas que deixei de fora. Tem coisa demais e é tudo da mais alta qualidade.*
– o comediante Patton Oswalt (@pattonoswalt) no Twitter, em março de 2015.

O reconhecimento generalizado da presente Renascença foi um enorme passo adiante com relação ao discurso dos observadores da mídia que já vinham, desde os anos 1990, advogando que os seriados de televisão deveriam ser considerados com mais seriedade. Ficou claro que tinham razão – se não antes, então pelo menos daquele período em diante. A série de TV no século XXI deve ser celebrada porque elevou as mentalidades de espectadores e criadores e ofereceu alternativas mais saudáveis também para ambos os lados – e, ainda que o público em geral nem sempre queira algo diferente, acabou sendo afetado pelas reverberações mesmo assim. Afinal, existem dezenas de títulos contemporâneos a todos os mencionados com importância no decorrer do texto que talvez não tenham tido também sua menção especial, mas que ajudam a engrossar o quadro geral. Sem eles, talvez não houvesse essa acachapante percepção de excelência que se observa para todos os lados, apenas casos isolados de boas séries acontecendo ao mesmo tempo aqui e ali.

Parece oportuno e importante documentar este momento em particular como um recorte e em pleno desenrolar. Seria mais difícil elaborar um texto com a abrangência vista aqui se tivéssemos tentado enxergar o fenômeno quando ele ainda estava em formação. Mas isso não impediu a imprensa de registrar, desde o começo, as muitas etapas e facetas dessa trajetória de canais e programas à medida que elas iam acontecendo e chamando a atenção no dia a dia. Também o público aproveitou a evolução a contento, na posição de grande agraciado. Não há como dizer que essa pequena revolução tenha passado em branco enquanto se desenrolava e que só será reconhecida mais adiante, como costuma acontecer com alguns nomes e fenômenos da história cultural humana. Grandes sucessos do mundo das séries foram reconhecidos e apreciados em seu próprio tempo, e muitos continuam sendo recordados e descobertos por meio dos DVDs, serviços de vídeo *on demand* com grande acervo, artigos constantes na mídia e por reprises e maratonas promovidas pelos canais, que bem sabem da qualidade dos produtos que tiveram e têm em mãos.

O que talvez seja um pouco mais difícil de enxergar são os limites em torno dessa leva de bons produtos que formam uma nova era de ouro da TV. Não se pode dizer que ela foi súbita, dada a preparação de terreno que já vinha acontecendo; também não se pode dizer que era esperada ou planejada, porque poucos poderiam antever o que estava para acontecer maciçamente. A movimentação começou de maneira disfarçada, nunca facilmente discernível; no seu desenvolvimento, teve e vem tendo um período de altíssima fruição já há algum tempo, o suficiente para permitir sua observação em pleno vapor e mesmo algumas conclusões antecipadas. Mas não se sabe como acabará, se será como uma bolha que estoura seja lá por quais motivos – que, no momento, podem parecer até contraintuitivos – ou se veio para durar infinitamente. O que se sabe com certeza é que alterou de maneira decisiva o meio televisivo e a percepção do que é ou deve ser a televisão, tanto em seu próprio momento quanto em anos subsequentes, destinados a ser repletos de ótimas reprises e lembranças.

O eventual fim está envolto em questionamentos: haverá falta de espaço para *syndication*? Falta de ideias, de pessoal qualificado ou mesmo de público para tanta série? Ou poderia haver até mesmo uma bolha econômica, tendo em vista uma possível supervalorização dos agentes criadores? Será que uma Netflix, por exemplo, em algum momento terá de parar de estrear programas para dar tempo às pessoas de assistir ao que já está no serviço? Quem sabe como serão tratados os futuros bons programas de TV, se exibidos a um público cada vez mais cínico por estar mal-acostumado a ter qualidade demais? Só o que podemos convir para o momento é que estamos muito bem servidos. Continuaremos a sentir o mesmo? E quanto ao impacto da internet e da disponibilização imediata do prazer de assistir a tudo, algo que nos torna a todos tão impacientes e exigentes? Diz-se com frequência que a grande variedade de bom entretenimento é um ótimo "problema" a se ter. Mas, então, qualidade à parte, o que vai ser do próprio excesso de programação que já se observa hoje, considerando que nunca se produziu e se difundiu tanta ficção televisiva como neste momento? E o que dizer da generalizada sobrecarga de informação como um todo, que já vem assolando os cidadãos do século XXI em tantos *fronts* e ainda incluem a boa televisão?

Em meados de 2015, John Landgraf, CEO do FX e sempre um investigador e observador incansável da televisão, deixou escapar a expressão "*Peak TV*" ao afirmar que a televisão norte-americana teria alcançado ou estaria muito próxima de um ponto de saturação máxima em quantidade (o "pico da TV", na tradução) de produtos de alta qualidade. Nas palavras do executivo, "existe competição demais – tanta, na verdade, que eu acho que a quantidade de programas 'apenas bons' já está dificultando para que o público encontre os verdadeiros excelentes programas". No encalço de suas palavras, importantes comentaristas já começam a advogar a transformação da atual era de ouro em uma suposta "era de platina" – o conjunto de todas as características da atual Renascença, mas com uma ênfase cada vez mais absurda na competição acirrada e na superabundância de que falávamos antes. Segundo os defensores da nova terminologia (a expressão *Peak TV* já foi encampada pela imprensa como nome próprio e é usada com maiúscula), muitas das séries até aqui consideradas como "de ouro" simplesmente não teriam como sobreviver mesmo com excelente premissa, personagens, elenco e execução; apesar de sua altíssima qualidade, acabariam perdidas em meio ao ruído, não assistidas e canceladas sem chances de crescer. Exemplos disso já se fariam sentir com o cancelamento prematuro, naquele mesmo período, de algumas excepcionais séries sem audiência, como *Hannibal*, *Manhattan*, *Looking* e *Togetherness*. O combinado de volume absoluto e crescente fragmentação da audiência levaria a uma consequente diluição da importância do *prestige show* em meio a dezenas de outros bons programas.

Ainda segundo a proposição de Landgraf, a espetacular e dificílima era *Peak TV* seria curta, pois não teria como se sustentar por muito tempo. Para esses críticos e executivos, uma bolha está se aproximando – e talvez não estoure de súbito, mas aos poucos teria de se desinflar. Enquanto hoje ainda ouvimos falar de alguma excelente série durante meses e mesmo anos, esse período de *hype* está ficando cada vez mais restrito a semanas, de modo que excelentes programas perdem fôlego muito mais rapidamente, levando a um desinteresse dos agentes produtores em investir em qualidade e, portanto, a uma implosão da era de bonança. Se isso é verdade ou não, teremos de esperar e assistir muita coisa boa para saber.

Em janeiro de 2016, durante a turnê de imprensa da Television Critics Association, a Netflix, mais recente superpotência no campo das séries televisivas, desdenhou essa discussão sobre o excesso. O presidente de conteúdo Ted Sarandos deixou claro o posicionamento do serviço de *streaming*: "Não acho que exista TV demais. E, se é que existe, então outro agente vai ter de diminuir a marcha, porque nós temos grandes planos para 2016 e além". Na mesma ocasião, Sarandos divulgou que gastaria nada menos que 6 bilhões de dólares em programação original e aquisição de conteúdo, em âmbito mundial, só naquele ano. Registre-se que, pouco antes, na Consumer Electronics Show, em Las Vegas, Reed Hastings, CEO da companhia, teria divulgado um número apenas ligeiramente mais modesto – 5 bilhões de dólares –, o que, segundo ele, já seria "mais do que os 4,5 bilhões de dólares estimados como orçamento coletivo de HBO, Amazon, Starz e Showtime juntos, em 2014". Não se pode ter certeza de qual valor declarado seria mais correto, mas ambos significavam a mesma coisa: a Netflix, com presença estendida para 190 países em 2016, sem dúvida pretendia se tornar um dos maiores expoentes da *Peak TV*, e não estaria para brincadeira em termos de volume de produção. Não foi à toa que, em abril de 2016, a pesquisa anual feita entre consumidores americanos pela empresa de serviços financeiros Morgan Stanley mostrou que, pela primeira vez em seis anos, a HBO havia perdido para a Netflix a primeira colocação no quesito "melhor conteúdo original em TV a cabo *premium* ou via internet".

É certo que essa nova era de ouro foi a grande razão para, em dado momento, enxergarmos que esse campo das séries de TV pedia – e já há algum tempo, mas com cada vez mais veemência – um esforço de explicação e de um bom bate-papo para maior esclarecimento dos espectadores. Foi essa nova forma de ver e de pensar as séries que inspirou a criação deste conteúdo explorando o assunto, sua identidade e suas características para um entendimento expandido. E interessante ainda é perceber que provavelmente foi também por causa do abalo cultural provocado por essa Renascença que o leitor-espectador se interessou por este volume que ora tem em mãos.

Referências

Entre notícias, páginas de fãs, fóruns semianônimos, comentários idem, páginas corporativas e demais formas de se escrever na internet, foram consultados literalmente alguns milhares de textos. Salvaram-se as referências seguintes.

Cabe ainda uma observação. Só comecei a anotar as referências que se seguem quando da efetiva elaboração do livro, mesmo ainda nos primeiros dias. No entanto, é certo que anos anteriores de leitura e pesquisa foram decisivos na escolha de palavras, assuntos, exemplos e tratamento, mas não teriam como aparecer na relação abaixo. Sendo assim, semelhanças não referenciadas serão muito provavelmente só coincidências.

* * *

ADALIAN, Josef. *How Will We Know If Netflix's House of Cards Was a Hit or a Failure?*. Disponível em: <http://goo.gl/yusnO>. Acesso em: 2 fev. 2013.

ADALIAN, Josef. *Network TV Is Suffering Through a Great Sitcom Recession. Here's How to Pull Out of It.* Disponível em: <http://goo.gl/OOQHcD>. Acesso em: 5 fev. 2014.

ADALIAN, Josef. *Shrinking Sitcom Ratings May Be the Best Thing to Happen to Smart Comedies.* Disponível em: <http://goo.gl/WdUU2f>. Acesso em: 22 mar. 2014.

ADALIAN, Josef. *Why You Feel Like There's Too Much TV to Watch, in One Graph.* Disponível em: <http://goo.gl/Knv6qx>. Acesso em: 23 jan. 2015.

ADALIAN, Josef; FERNANDEZ, Maria Elena. *The Business of Too Much TV.* Disponível em: <http://goo.gl/l5G6pJ>. Acesso em: 14 jun. 2016.

ANDERS, Charlie Jane. *7 Deadly Sins Of Talking About Pop Culture.* Disponível em: <http://goo.gl/R1mbwE>. Acesso em: 12 set. 2014.

ANDERS, Charlie Jane. *How to Tell from a Pilot if a TV Show is Going to be Any Good.* Disponível em: <http://goo.gl/xxl9gI>. Acesso em: 23 ago. 2012.

ANDREWS, Dave. *How Nielsen TV Ratings Work*. Disponível em: <http://goo.gl/btunlv>. Acesso em: 20 maio 2012.

ATAD, Corey. *In Defense of Episodic TV Reviews*. Disponível em: <http://goo.gl/7XIY0m>. Acesso em: 31 jul. 2014.

ATKINSON, Katie. *'Sports Night': An Oral History, Starring Aaron Sorkin and His Cast*. Disponível em: <http://goo.gl/PE5Mk9>. Acesso em: 6 nov. 2014.

AUSIELLO, Michael. *May 2012 Sweeps Scorecard: Deaths, Weddings, Pregnancies, Sex, Graduations and More!*. Disponível em: <http://goo.gl/Et2K8h>. Acesso em: 15 maio 2012.

BAHIANA, Ana Maria. *Confissões de um homem muito estranho: uma conversa com Guillermo del Toro*. Disponível em: <http://goo.gl/dKT2DT>. Acesso em: 1 ago. 2014.

BAHIANA, Ana Maria. *Sucesso na TV: história, com uma pitada de fantasia*. Disponível em: < http://goo.gl/1tmqfo>. Acesso em: 30 abr. 2013.

BATTAGLIO, Stephen. *Networks Rediscover the Single-Camera Sitcom*. Disponível em: <http://goo.gl/cYuzF2>. Acesso em: 25 jun. 2012.

BBC News. *TV Drama Silk in Radio Spin-off*. Disponível em: <http://goo.gl/9tlfzg>. Acesso em: 10 nov. 2014.

BERNARDIN. Marc. *Inside the Writers Room: Top Scifi TV Writers Reveal Tricks of the Trade*. Disponível em: <http://goo.gl/rsP3UX>. Acesso em: 5 dez. 2014.

BERNARDIN, Marc. *'Star Trek's' Damon Lindelof on Brad Pitt, Having Power as a Writer and His Agony Over 'Lost'*. Disponível em: <http://goo.gl/xJbnfp>. Acesso em: 18 maio 2013.

BLOCK, Alex Ben. *Nielsen Agrees to Expand Definition of TV Viewing*. Disponível em: <http://goo.gl/vMwrgb>. Acesso em: 21 fev. 2013.

BUCHANAN, Kyle. *TV Stars Don't Need to Make It in the Movies Anymore*. Disponível em: <http://goo.gl/8DOIa2>. Acesso em: 6 ago. 2014.

CARLSON, Daniel. *How Long Should You Stick With a New TV Show?*. Disponível em: <http://goo.gl/CofkJJ>. Acesso em: 24 out. 2013.

CARLSON, Daniel. *Why Is TV So Popular on Netflix?*. Disponível em: <http://goo.gl/j9LrKn>. Acesso em: 30 jan. 2014.

CELLANIA, Miss. *The 25 Most Powerful TV Shows of the Last 25 Years*. Disponível em: <http://goo.gl/gHRzSx>. Acesso em: 7 jun. 2014.

CHOZICK, Amy. *Madam Secretary's Oval Office Ambitions*. Disponível em: <http://goo.gl/9cVvOp>. Acesso em: 28 abr. 2015.

COYLE, Jake. *YouTube Promotes Channels, Pledges $200 Mil in Ads*. Disponível em: <http://goo.gl/zt2ipH>. Acesso em: 20 jun. 2012.

CRIME DRAMAS. *Pioneers of Television*. Arlington: PBS, 1 fev. 2011. Programa de TV.

CRUPI, Anthony. *No Dino-Mite Showing for 'Terra Nova': Pricey Fox Drama Gets off to an Iffy Start*. Disponível em: <http://goo.gl/SJhNV5>. Acesso em: 16 maio 2012.

DAWIDZIAK, Mark. *Death of Sitcoms, It Turns out, Was Greatly Exaggerated*. Disponível em: <http://goo.gl/A2iBs0>. Acesso em: 9 maio 2015.

DAY, Patrick Kevin. *Richard Linklater packs a mixed travel bag with 'Up to Speed'*. Disponível em: <http://goo.gl/3oJkn2>. Acesso em: 6 ago. 2012.

DEGGANS, Eric. *New Streaming Services Are Changing TV — And Viewers, Too*. Disponível em: <http://goo.gl/cdOBtf>. Acesso em: 11 jan. 2015.

DIGILIO, David. *Four-quadrant Television*. Disponível em: <http://goo.gl/RBqHCF>. Acesso em: 19 maio 2013.

DOUGLAS, Pamela. *A Better Understanding Of TV Dramas*. Disponível em: <http://goo.gl/AgqyKW>. Acesso em: 26 jun. 2012.

DOUGLAS, Pamela. *The Rules of Series Television Writing*. Disponivel em: <http://goo.gl/oVG94d>. Acesso em: 22 jul. 2012.

DUMENCO, Simon. *TV-Show Hiatus Effect: Does Absence Make the Heart Grow Fonder?* Disponível em: <http://goo.gl/YsXPLD>. Acesso em: 26 jun. 2012.

EAKIN, Marah. *Airwolf, Punky Brewster, and Saved By The Bell Are Getting Comic Book Adaptations*. Disponível em: <http://goo.gl/DEIE0g>. Acesso em: 3 jul. 2013.

ENGBER, Daniel. *The Reason for the Season: Why Do Television Shows Premiere in September?* Disponível em: <http://goo.gl/uX9Zxx>. Acesso em: 25 abr. 2012.

ENGLER, Craig. *Explaining 12 Things TV Networks Do That Seem Crazy*. Disponível em: <http://goo.gl/qVttFM>. Acesso em: 4 abr. 2014.

EPSTEIN, Alex. *Crafty TV Writing – TV FAQ*. Disponível em: <http://goo.gl/X2Jwku>. Acesso em: 23 maio 2012.

ETKIN, Jaimie. *'Pushing Daisies' Movie: Bryan Fuller Talks Kickstarter Campaign And More Showrunners Join In*. Disponível em: <http://goo.gl/1Cnnax>. Acesso em: 17 mar. 2013.

FALLON, Kevin. *The Surprising (and Not-So-Surprising) Lessons of This Past TV Season*. Disponível em: <http://goo.gl/Q6Q1R2>. Acesso em: 28 maio 2012.

FISCHER, Russ. *Ang Lee to Follow 'Life of Pi' With Pilot For FX Show 'Tyrant'*. Disponível em: <http://goo.gl/K2BVBD>. Acesso em: 14 mar. 2013.

FIXMER, Andy. *Cord Cutting Accelerates as 150,000 Cancel TV Service*. Disponível em: <http://goo.gl/UXLOa0>. Acesso em: 18 nov. 2014.

FLINT, Joe. *Higher DVR Usage Becomes a Mixed Blessing for TV Industry*. Disponível em: <http://goo.gl/ELxk7L>. Acesso em: 2 nov. 2012.

FRIEDMAN, Wayne. *Fox TV Pushes Brand Tie-Ins, Ad Sales On C7 Viewing*. Disponível em: <http://goo.gl/gZayZA>. Acesso em: 15 jan. 2016.

FURQUIM, Fernanda. *Os números da audiência*. Disponível em: <http://goo.gl/Dttxj9>. Acesso em: 11 maio 2012.

GIFFORD, Pamela. *What is a Backdoor Pilot and Does it Guarantee Television Series' Success?*. Disponível em: <http://goo.gl/q3gsGD>. Acesso em: 25 ago. 2012.

GIOIA, Ted. *Five Lessons the Faltering Music Industry Could Learn From TV*. Disponível em: <http://goo.gl/26vOTX>. Acesso em: 7 ago. 2014.

GOLDBERG, Lee; RABKIN, William. *Successful Television Writing*. Disponível em: <http://goo.gl/bPTfij>. Acesso em: 27 jun. 2012.

GOLDBERG, Lesley. *Fisting, Anal Sex, Penis Pictures: Broadcast TV's Ratings Grab Gets Raunchy*. Disponível em: <http://goo.gl/m4oTiM>. Acesso em: 6 nov. 2014.

GOODMAN, Tim. *TCA Journal No. 6: Welcome To the Platinum Age Of Television – And Good Luck With That*. Disponível em: <http://goo.gl/zbJW0O>. Acesso em: 11 ago. 2015.

GORMAN, Bill. *TV Economics 101: Cable vs. Broadcast Dramas*. Disponível em: <http://goo.gl/DhD8k1>. Acesso em: 31 ago. 2012.

GRAY, Julie. *Network, Studio, Production Company – Oh My!*. Disponível em: <http://goo.gl/nsOXq6>. Acesso em: 24 maio 2012.

GRILLO-MARXUACH, Javier. *The Lost Will And Testament Of Javier Grillo-Marxuach*. Disponível em: <http://goo.gl/VXZsRL>. Acesso em: 24 mar. 2015.

HAKALA, Kate. *The End of the Hollywood Sex Scene*. Disponível em: <http://goo.gl/KtqX4j>. Acesso em: 29 mar. 2013.

HAYES, Dade. *TV Execs Rip Nielsen and Digital Newbies, But Concede an Image Problem*. Disponível em: <http://goo.gl/dWD26Y>. Acesso em: 2 abr. 2015.

HAYNES, Natalie. Star Trek and the kiss that changed TV. Disponível em: <http://goo.gl/uWSVWG>. Acesso em: 6 ago. 2016.

HERRMAN, John. *Why Nielsen Ratings Are Inaccurate, and Why They'll Stay That Way*. Disponível em: <http://goo.gl/mfa7Iq>. Acesso em: 11 jul. 2012.

HERSEY, Will. *Breaking Bad: An Interview With Bryan Cranston*. Disponível em: <http://goo.gl/5jXanI>. Acesso em: 15 ago. 2013.

HIBBERD, James. *7 Potentially Awesome Shows Canceled Before They Premiered*. Disponível em: <http://goo.gl/EL8KiG>. Acesso em: 1 jul. 2014.

HIBBERD, James. *ABC Cancels '666,' 'Last Resort'*. Disponível em: <http://goo.gl/ThoNha>. Acesso em: 17 nov. 2012.

HIBBERD, James. *Amazingly, No Fall Shows Have Been Canceled Yet – Here's Why*. Disponível em: <http://goo.gl/DNvzBX>. Acesso em: 21 out. 2014.

HIBBERD, James. *Damon Lindelof Interview: Leftovers Showrunner Gets Brutally Honest*. Disponível em: <http://goo.gl/4qRbWR>. Acesso em: 11 set. 2015.

HIBBERD, James. *Game of Thrones Showrunner: Why Those Two Iconic Characters Just Met*. Disponível em: <http://goo.gl/JyHRLl>. Acesso em: 24 maio 2015.

HIBBERD, James. *HBO: We're Not Releasing Overnight Ratings Anymore*. Disponível em: <http://goo.gl/NDvuhp>. Acesso em: 17 dez. 2014.

HIBBERD, James. *Netflix to spend $6 billion on content this year. Six. Billion*. Disponível em: <http://goo.gl/aw2imm>. Acesso em: 17 jan. 2016.

HIBBERD, James. *'New Girl' Gets Big DVR Boost: Does It Matter?*. Disponível em: <http://goo.gl/H5kYGb>. Acesso em: 3 out. 2012.

HIBBERD, James. *The Nine Highest-rated Canceled Shows*. Disponível em: <http://goo.gl/lExvin>. Acesso em: 16 maio 2012.

HIBBERD, James. *TV Legend Norman Lear Gives 6 Strong Opinions About American Life*. Disponível em: <http://goo.gl/8e69TH>. Acesso em: 2 ago. 2015.

HIBBERD, James. *What 'The Walking Dead' Can Teach Broadcast TV*. Disponível em: <http://goo.gl/cMmAuW>. Acesso em: 23 out. 2012.

HOLMES, Linda. *Television 2015: Are We Done Hating Television?*. Disponível em: <http://goo.gl/N12a4D>. Acesso em: 24 ago. 2015.

JAGERNAUTH, Kevin. *Netflix Will Spend $5 Billion On Content In 2016*. Disponível em: <http://goo.gl/dtbJsL>. Acesso em: 17 jan. 2016.

JONES, Healy. *Tablet TV Overtakes Laptop*. Disponível em: <http://goo.gl/jbtoAZ>. Acesso em: 2 ago. 2012.

KING, Susan. *The Why and How of First-Run Syndication*. Disponível em: <http://goo.gl/N5LQzB>. Acesso em: 20 jun. 2012.

KIRKMAN, Robert. *Reddit AMA*. Disponivel em: <http://goo.gl/HCzZbD>. Acesso em: 26 abr. 2015.

KOBLIN, John. *How Many Scripted TV Shows in 2015? A Precise Number, and a Record*. Disponível em: <http://goo.gl/BOQm2R>. Acesso em: 16 dez. 2015.

LETIZIA, Anthony. *Cable Channels and Original Programming*. Disponível em: <http://goo.gl/yuS0zG>. Acesso em: 30 maio 2012.

LEVIN, Gary. *On Netflix, 'Arrested Development' Blazes New Trails*. Disponível em: <http://goo.gl/DT3VsE>. Acesso em: 10 jan. 2013.

LEWIT, Meghan. *Fans Rally for Favorite Shows, but Is It Worth It?*. Disponível em: <http://goo.gl/L56u6j>. Acesso em: 18 mar. 2014.

LITTLETON, Cynthia. *HBO to Stop Issuing Overnight TV Ratings in Favor of Live Plus* 7. Disponível em: <http://goo.gl/IrgPlA>. Acesso em: 18 dez. 2014.

LOLI, Eugenia. *Why Episodic TV Is Bad*. Disponível em: <http://goo.gl/wIrhxt>. Acesso em: 15 ago. 2012.

LUSSIER, Germain. *Joss Whedon, Ron Moore and More on What Makes a Good TV Showrunner [Exclusive Excerpt]*. Disponível em: <http://goo.gl/CqYIeS>. Acesso em: 3 set. 2014.

LYNCH, Jason. *What Netflix, HBO, Amazon, Showtime and the Rest of TV Need to Resolve to Do in 2015*. Disponível em: <http://goo.gl/4DI2kk>. Acesso em: 18 dez. 2014.

MACHADO, Cassiano Elek. *Em entrevista, Mario Vargas Llosa adianta temas de palestra e fala sobre séries de TV*. Disponível em: <http://goo.gl/xHgbMM>. Acesso em: 9 abr. 2013.

MATHESON, Whitney. *Excerpt: What Exactly do TV Showrunners Do?*. Acesso em: <http://goo.gl/rfIDcJ>. Acesso em: 22 ago. 2014.

MCFARLAND, Melanie. *The Death of Network TV Has Been Greatly Exaggerated – Or Has It?*. Disponível em: <http://goo.gl/GRI7dr>. Acesso em: 18 set. 2015.

MCGEE, Ryan. *Did The Sopranos Do More Harm than Good?: HBO and the Decline of the Episode*. Disponível em: <http://goo.gl/LCgTe1>. Acesso em: 26 ago. 2012.

MILLER, Liz Shannon. *Why Arrested Development on Netflix Could Change Everything*. Disponível em: <http://goo.gl/X5LJ4J>. Acesso em: 31 ago. 2012.

MILLER, Liz Shannon. *Why TV Isn't Working At Festivals Yet: A Modest Proposal*. Disponível em: <http://goo.gl/1cTF9p>. Acesso em: 30 abr. 2016.

MITOVICH, Matt Webb. *Number of 'Nielsen Families' that Fuel TV Ratings to Grow 'Significantly'*. Disponível em: <http://goo.gl/9MRWBI>. Acesso em: 29 maio 2014.

MITOVICH, Matt Webb. *The New DVR Ratings Surge: Why Your Playback Habits Matter (and Why They Don't)*. Disponível em: <http://goo.gl/NFDMnA>. Acesso em: 18 out. 2012.

MOLINA, Brett. *Nielsen, Twitter Partner on Social TV Ratings*. Disponível em: <http://goo.gl/eFKwcx>. Acesso em: 17 dez. 2012.

MOORE, Schuyler. *The Dangers of the 'Veronica Mars' Kickstarter Victory*. Disponível em: <http://goo.gl/V48fmS>. Acesso em: 29 mar. 2013.

MURRAY, Noel. *Not Prestige, Not Trash: The Rise of Mid-reputable TV*. Disponível em: <http://goo.gl/M8m7V0>. Acesso em: 5 jan. 2015.

MURRAY, Noel. *What Do We Want from a TV Finale?*. Disponível em: <http://goo.gl/vv8VX2>. Acesso em: 16 maio 2012.

NOWALK, Brandon. *How (and Why) to Fight Television Culture's Amnesia*. Disponível em: <http://goo.gl/xJK1L6>. Acesso em: 8 abr. 2014.

NUSSBAUM, Emily. *In Living Color*. Disponível em: <http://goo.gl/U9LB16>. Acesso em: 25 abr. 2016.

NUSSBAUM, Emily. *Swing States - The Realpolitik of The Middle*. Disponível em: <http://goo.gl/oHHQe9>. Acesso em: 21 mar. 2016.

NUSSBAUM, Emily. *The Price Is Right - What advertising does to TV*. Disponível em: <http://goo.gl/qrdwUT>. Acesso em: 15 dez. 2015.

NUSSBAUM, Emily. *When TV Became Art - Good-bye boob tube, hello brain food*. Disponível em: <http://goo.gl/AtDRpu>. Acesso em: 15 dez. 2015.

O'NEAL, Sean. *Nielsen Agrees that Some People Watch TV on Things Besides TVs, and Maybe They Should do Something About that*. Disponível em: <http://goo.gl/c30OjC>. Acesso em: 21 fev. 2013.

OWEN, Rob. *TV Q&A: Reruns, Super Bowl Ratings and 'Downton Abbey'*. Disponível em: <http://goo.gl/NR6Or0>. Acesso em: 25 jun. 2012.

PASKIN, Willa. *Nothing's a Hit Anymore.* Diponível em: <http://goo.gl/nqKMM8>. Acesso em: 12 nov. 2015.

PEARSON, Jeff. *Rutgers University Professor Uses Seinfeld to Teach Psychology*. Disponível em: <http://goo.gl/4JJ6iL>. Acesso em: 5 jan. 2015.

PEDROSA, George. *Serializado ou episódico?*. Disponível em: <http://goo.gl/JQhTYC>. Acesso em: 16 maio 2012.

PELOQUIN, Bill. *The Nielsen Problem: Understanding the Ratings and How We Can Beat Them*. Disponível em: <http://goo.gl/heVmWf>. Acesso em: 20 maio 2012.

PENNINGTON, Gail. *'Desperate Housewives,' 'House' Say Goodbye.* Disponível em: <http://goo.gl/NZTC1N>. Acesso em: 11 maio 2012.

POND, Steve. *Shonda Rhimes, Bill Lawrence, Nigel Lythgoe: Our Worst Pitches Led to Hit Shows*. Disponível em: <http://goo.gl/kvPR5d>. Acesso em: 10 jun. 2012.

PONIEWOZIK, James. *The Good Wife Watch: Whose Side Are You On?*. Disponível em: <http://goo.gl/BrFSrg>. Acesso em: 29 maio 2012.

PONIEWOZIK, James. *The Morning After: Handyman Special*. Disponível em: <http://goo.gl/3lwcpq>. Acesso em: 19 maio 2012.

PONIEWOZIK, James, MORRIS, Wesley. *Why 'Diverse TV' Matters: It's Better TV. Discuss*. Disponível em: <http://goo.gl/fTBbem>. Acesso em: 10 fev. 2016.

POWERS, Kate. *How Do TV Writers Develop Episode Plots?*. Disponível em: <http://goo.gl/4cb1gS>. Acesso em: 27 mar. 2015.

PULLELLA, Philip. *Bernardo Bertolucci Says TV SHOWS better than Hollywood Now*. Disponível em: <http://goo.gl/Swkr0O>. Acesso em: 10 jul. 2013.

RABIN, Nathan. *Commercial-Minded My World Of Flops Case File #15: Cavemen*. Disponível em: <http://goo.gl/IKD0Fo>. Acesso em: 9 maio 2012.

RAFTERY, Brian. *"The Best TV Show That's Ever Been": The GQ Oral History of Cheers*. Disponível em: <http://goo.gl/7fNS6Q>. Acesso em: 29 set. 2012.

RAYMOND, Adam. *Why Are 23.4 Million People Watching The Big Bang Theory?*. Disponível em: <http://goo.gl/GHLxBf>. Acesso em: 8 maio 2014.

READ, Max. *Why Community Is the Most Popular Show on the Internet*. Disponível em: <http://goo.gl/6M7Ovc>. Acesso em: 11 maio 2012.

REILLY, Natalie. *Do TV Recaps Make Us Feel Less Alone?*. Disponível em: <http://goo.gl/GQIkTo>. Acesso em: 2 ago. 2014.

RICE, Lynette. *'24' to End this Season; Film Version in the Works*. Disponível em: <http://goo.gl/YX2zNm>. Acesso em: 10 maio 2012.

RICE, Lynette. *Canceled Shows: Does Your Outrage Matter?*. Disponível em: <http://goo.gl/YsoogY>. Acesso em: 18 nov. 2012.

RICE, Lynette. *Study: TV Writers Mostly White and Male*. Disponível em: <http://goo.gl/mstKRl>. Acesso em: 27 mar. 2013.

ROBERTSON, Ed. *History Lesson: Birth of the Midseason*. Disponível em: <http://goo.gl/WuAqC9>. Acesso em: 16 maio 2012.

ROBINSON, Tasha *et al*. *Familiar Faces in Unfamiliar Places: 17 TV Cast Reunions on Other Shows*. Disponível em: <http://goo.gl/xcLBv4>. Acesso em: 5 out. 2012.

ROSE, Lacey. *Kevin Reilly's War on TV Pilot Season: Will Other Networks Follow Fox? (Analysis)*. Disponível em: <http://goo.gl/ZWZLZl>. Acesso em: 30 jan. 2014.

ROSE, Lacey. *Pilot Season: 4 Hot Trends for 2014*. Disponível em: <http://goo.gl/QpM0zA>. Acesso em: 25 fev. 2014.

ROSE, Lacey; GOLDBERG, Lesley. *TV Brain Drain: Development Season Off to Slow Start*. Disponível em: <http://goo.gl/MECsce>. Acesso em: 20 ago. 2014.

ROUSH, Matt. *Ask Matt: Breaking Bad, Remakes, Work of Art, Fall Preview, Doctor Who, More*. Disponível em: <http://goo.gl/HVSTjc>. Acesso em: 13 set. 2012.

ROUSH, Matt. *Ask Matt: Gracepoint, Walking Dead, New Girl, Dallas RIP, Parenthood, Castle and More*. Disponível em: <http://goo.gl/TYllxw>. Acesso em: 9 dez. 2014.

ROUSH, Matt. *Ask Matt: Idol Judges, Glee, Sleepy Hollow, The Following*. Disponível em: <http://goo.gl/ftpAqe>. Acesso em: 27 jan. 2014.

ROUSH, Matt. *Ask Matt: Rewarding The Knick and Transparent, Backdoor Pilots, Child Actors, Downton Abbey, and More*. Disponível em: <http://goo.gl/Kmh9zd>. Acesso em: 14 abr. 2015.

ROUSH, Matt. *Ask Matt: Serial-Killer Thrillers, CSI: NY and Criminal Minds Renewals*. Disponível em: <http://goo.gl/WojVAM>. Acesso em: 8 abr. 2013.

ROUSH, Matt. *Ask Matt: Teen Wolf and Awkward, Political Animals, Damages, Emmys and More*. Disponível em: <http://goo.gl/cuGSHW>. Acesso em: 13 ago. 2012.

ROUSH, Matt. *Ask Matt: Zero's Epic Fail, CSI Split, Americans, Following, Southland*. Disponível em: <http://goo.gl/0iVRnU>. Acesso em: 4 mar. 2013.

ROWLES, Dustin. *All Your Favorite Shows May Be Cancelled: Why Bad Nielsen Ratings Should Be Great for Quality Television*. Disponível em: <http://goo.gl/raSFTA>. Acesso em: 11 maio 2012.

ROXBOROUGH, Scott. *Why Niche Audiences Are Golden for AMC*. Disponível em: <http://goo.gl/CpGoNf>. Acesso em: 15 mar. 2015.

ROZEMAN, Mark. *Funny, Sad, Overwhelmingly White: Why Is Every New Dramedy Feeling Like Déjà Vu?*. Disponível em: <https://goo.gl/o7v5za>. Acesso em: 24 maio 2016.

RYAN, Maureen. *'Happy Endings' Future And The Scary State Of Network Comedy*. Disponível em: <http://goo.gl/6NuZUX>. Acesso em: 12 abr. 2013.

SCHNEIDER, Michael. '*Pilot Whisperer' James Burrows on Hitting a Major Milestone: Directing 1,000 Episodes*. Disponível em: <http://goo.gl/39i9gK>. Acesso em: 19 dez. 2015.

SCHNEIDER, Michael. *The Networks Are Eager to Get You On Demand and Off Your DVR*. Disponível em: <http://goo.gl/VjItCJ>. Acesso em: 24 set. 2014.

SEPINWALL, Alan. *Be Our Guest: How 'The Good Wife' Has Mastered the Art of Stunt Casting*. Disponível em: <http://goo.gl/ed1Naj>. Acesso em: 12 mar. 2013.

SEPINWALL, Alan. *David Chase Finally Answers the 'Is Tony Soprano dead?' Question (Sort of)*. Disponível em: <http://goo.gl/lMkCP6>. Acesso em: 27 ago. 2014.

SEPINWALL, Alan. *Emmys Change Eligibility Rules, but Does that Solve All the Category Confusion?*. Disponível em: <http://goo.gl/yGmq6k>. Acesso em: 20 fev. 2015.

SEPINWALL, Alan. *Exclusive: 'Veronica Mars' Creator Rob Thomas on the Wildly Successful Kickstarter Movie Campaign*. Disponível em: <http://goo.gl/yGlySt>. Acesso em: 15 mar. 2013.

SEPINWALL, Alan. *From Must-See TV to Peak TV: 20 Years of covering television*. Disponível em: <http://goo.gl/3XP7cD>. Acesso em: 4 jun. 2016.

SEPINWALL, Alan. *Funeral Plans for 2013-2014's Network TV New Series Casualties*. Disponível em: <http://goo.gl/dNcDuQ>. Acesso em: 30 maio 2014.

SEPINWALL, Alan. *Hope-Watching vs. Hate-Watching in TV's New Golden Age*. Disponível em: <http://goo.gl/2ojVPS>. Acesso em: 16 abr. 2015.

SEPINWALL, Alan. *How Much Good TV Is too Much?* Disponível em: <http://goo.gl/h7iQHC>. Acesso em: 12 abr. 2013.

SEPINWALL, Alan. *Interview: David Simon doesn't want to tell you how to watch 'The Wire'*. Disponível em: <http://goo.gl/tjKqlG>. Acesso em: 10 abr. 2012.

SEPINWALL, Alan. *'I Pretty Much Wanted to Die': The Origins of Lost, as Told by the People Who Made It, in an Exclusive First Serial Excerpt from The Revolution Was Televised*. Disponível em: <http://goo.gl/pGqS6Q>. Acesso em: 29 nov. 2012.

SEPINWALL, Alan. *Mega Dan Harmon Interview, Part 3: 'Rick and Morty'*. Disponível em: <http://goo.gl/fSYgyJ>. Acesso em: 27 mar. 2014.

SEPINWALL, Alan. *'Peak TV in America': Is There Really too Much Good Scripted Television?*. Disponível em: <http://goo.gl/3du7iG>. Acesso em: 19 ago. 2015.

SIMMONS, Bruce. *Nielsen TV Ratings Explained*. Disponível em: <http://goo.gl/2oeZ2U>. Acesso em: 11 jul. 2012.

SITCOMS. *Pioneers of Television*. Arlington: PBS, 2 jan. 2008. Programa de TV.

SMITH, Zack. *Author Alan Sepinwall on 'The Revolution was Televised'*. Disponível em: <http://goo.gl/r0mmH5>. Acesso em: 28 nov. 2012.

SNIERSON, Dan. *'Friends' Creators Marta Kauffman and David Crane Look Back at the Finale – and Why They Won't Do a Reunion Show*. Disponível em: <http://goo.gl/4wpKay>. Acesso em: 17 abr. 2014.

SNIERSON, Dan. *'Lost' Exec Producer Carlton Cuse Looks Back at Plotting the Finale – and Picks TV's Best Goodbye*. Disponível em: <http://goo.gl/iyVi90>. Acesso em: 19 abr. 2014.

SPANGLER, Todd. *Netflix Displaces HBO for Best Original Programming: Survey*. Disponível em: <https://goo.gl/70HAvM>. Acesso em: 12 abr. 2016.

STRECKER, Erin. *'Veronica Mars' Movie Is a Go! 'My Mind Is Blown' Says Rob Thomas*. Disponível em: <http://goo.gl/q96MDe>. Acesso em: 13 mar. 2013.

TASSI, Paul. *'Game of Thrones' Sets Piracy World Record, But Does HBO Care?*. Disponível em: <goo.gl/U0Z6Ar>. Acesso em: 20 abr. 2014.

The TV IV. *Verbete "Dramedy"*. Disponível em: <http://tviv.org/Dramedy>. Acesso em: 20 nov. 2012.

THOMAS, June. *TV's Strange Habit of Airing Episodes Out of Order*. Disponível em: <http://goo.gl/RKfSQk>. Acesso em: 4 abr. 2014.

THOMPSON, Ben. *The Changing – and Unchanging – Structure of TV*. Disponível em: <http://goo.gl/mDxJFK>. Acesso em: 18 mar. 2015.

THOMPSON, Derek. *Why Nobody Writes About Popular TV Shows*. Disponível em: <http://goo.gl/m2Hxu6>. Acesso em: 11 maio 2014.

THR NETWORK. *Drama Actors: Full Uncensored Interview*. Entrevista em vídeo veiculada no YouTube. Disponível em: <http://goo.gl/Hxd6Z7>. Acesso em: 25 ago. 2012.

THR Staff. *Network Jumpers: 'Cougar Town' and 12 Other TV Series Saved by a Switch*. Disponível em: <http://goo.gl/GYWtmv>. Acesso em: 13 mar. 2013.

TUCKER, Ken. *New NBC Sitcoms: Pitting 'Broad' Comedy Against 'Sophisticated' Comedy Is the Wrong Approach*. Disponível em: <http://goo.gl/ihzZuX>. Acesso em: 12 abr. 2013.

TV BY THE NUMBERS. *Numbers 101*. Disponível em: <http://goo.gl/xpvyYr>. Acesso em: 13 ago. 2012.

TV BY THE NUMBERS. *Numbers 102*. Disponível em: <http://goo.gl/A8o9Pc>. Acesso em: 13 ago. 2012.

TV TROPES. *Home page*. Disponível em: <http://goo.gl/CzdFel>. Acesso em: 19 maio 2012.

VAGO, Mike. *TV Audiences Are Steadily Shrinking, and It's All the Internet's Fault*. Disponível em: <http://goo.gl/qmZpeO>. Acesso em: 12 mar. 2015.

VANDERBILT, Tom. *The New Rules of the Hyper-social, Data-driven, Actor-friendly, Super-seductive Platinum Age of Television*. Disponível em: <http://goo.gl/oPULfU>. Acesso em: 21 mar. 2013.

VANDERWERFF, Todd. *Happy Days Became One of the Biggest Hits on TV by Selling Its Soul*. Disponível em: <http://goo.gl/QfKtky>. Acesso em: 28 ago. 2012.

VANDERWERFF, Todd. *Homeland: "Broken Hearts"*. Disponível em: <http://goo.gl/qGw98n>. Acesso em: 10 dez. 2012.

VANDERWERFF, Todd. *How to Keep the Audience Laughing at a Sitcom Taping – even on Take 10*. Disponível em: <http://goo.gl/h6WfWc>. Acesso em: 14 jul. 2014.

VANDERWERFF, Todd. *How to Save Star Trek: Make it the True Detective of Science Fiction*. Disponível em: <http://goo.gl/KmfgeA>. Acesso em: 5 mar. 2015.

VANDERWERFF, Todd. *Orange Is The New Black*. Disponível em: <http://goo.gl/aT1X68>. Acesso em: 10 jul. 2013.

VANDERWERFF, Todd. *Steven Soderbergh watches TV: "Why do you think you can improve on what's real?"*. Disponível em: <http://goo.gl/TZRTLW>. Acesso em: 10 abr. 2016.

VANDERWERFF, Todd. *The Golden Age of TV Is Dead; Long Live the Golden age Of TV*. Disponível em: <http://goo.gl/jP65zJ>. Acesso em: 21 set. 2013.

VANDERWERFF, Todd. *Why Dan Harmon's Firing from Community Is Just the Latest Shot in an Increasingly Familiar Showrunner-vs.-Network Battle*. Disponível em: <http://goo.gl/cYXBsr>. Acesso em: 23 maio 2012.

VERINI, Bob. *Binge Viewing Is Forcing Showrunners to Evolve*. Disponível em: <http://goo.gl/JJs7OT>. Acesso em: 24 jun. 2014.

VODKASTEROFFICIEL. *Danny Boyle Talks About a "Pixarification of movies"*. Disponível em: <http://goo.gl/TWl1Fu>. Acesso em: 3 maio 2013.

VOGT, Tiffany. *The Fall of Smart TV: Why It is Disappearing Off The Television Landscape?*. Disponível em: <http://goo.gl/NfXTkx>. Acesso em: 30 maio 2012.

VOGT, Tiffany. *The Great Divide: An Examination of the Ever-Growing Disconnect Between Television Critics and Viewers*. Disponível em: <http://goo.gl/CIbcwJ>. Acesso em: 26 abr. 2013.

WALLENSTEIN, Andrew. *Why Networks Split The Seasons Of Popular Shows*. Disponível em: <http://goo.gl/zK11jU>. Acesso em: 30 maio 2012.

WEINMAN, Jaime. *On the Impossibility of Enjoying TV Episodes*. Disponível em: <http://goo.gl/oVF9h2>. Acesso em: 8 maio 2013.

WILSON, Stacey; BELLONI, Matthew. *Drama Actor Roundtable: Jon Hamm, Josh Charles, Mark Ruffalo on Character Deaths, Twitter's Merits and Typecasting Fears*. Disponível em: <http://goo.gl/tlVO4E>. Acesso em: 12 jul. 2014.

WISEGEEK. *What Is a Genre Show?*. Disponível em: <http://goo.gl/4mdwWb>. Acesso em: 23 maio 2012.

Verbetes da Wikipedia (em inglês)

100 episodes
Ally McBeal
Buffy the Vampire Slayer
Burning off
Cable television in the United States
I Love Lucy
Jumping the shark
List of Babylon 5 episodes
List of Everybody Loves Raymond episodes
List of Buffy the Vampire Slayer episodes
List of Smallville episodes
List of The Big Bang Theory episodes
Mad Men
Midseason replacement
Multiple-camera setup
My So-Called Life
Nielsen Media Research
Nielsen ratings
Procedural (genre)
Public Broadcasting Service
Ratings (broadcast)
Samantha Who?
Single-camera setup
Sitcom
Superboy (TV series)
The Seinfeld Chronicles
The Sopranos
The Wire
Upfront
Web television

Este livro foi composto com tipografia Bembo Std
e impresso em pape Off-White 80g/m² na Paulinelli.